Jule Govrin
Begehren und Ökonomie

Undisziplinierte Bücher

Gegenwartsdiagnosen und ihre historischen Genealogien

Herausgegeben von
Iris Därmann, Andreas Gehrlach und Thomas Macho

Wissenschaftlicher Beirat
Andreas Bähr · Kathrin Busch · Philipp Felsch
Dorothee Kimmich · Morten Paul · Jan Söffner

Band 3

Jule Govrin

Begehren und Ökonomie

Eine sozialphilosophische Studie

DE GRUYTER

Überarbeitete Fassung einer Dissertation, die am Fachbereich für Philosophie und Geisteswissenschaften der Freien Universität Berlin eingereicht wurde.

Gedruckt mit freundlicher Unterstützung der Ernst-Reuter-Gesellschaft und des Centre Marc Bloch.

ISBN 978-3-11-113036-1
e-ISBN (PDF) 978-3-11-068697-5
e-ISBN (EPUB) 978-3-11-068708-8
ISSN 2626-9244

Library of Congress Control Number: 2020939898

Bibliografische Information der Deutschen Nationalbibliothek
Die Deutsche Nationalbibliothek verzeichnet diese Publikation in der Deutschen Nationalbibliografie; detaillierte bibliografische Angaben sind im Internet über http://dnb.dnb.de abrufbar.

www.degruyter.com

Danksagung

„Wir haben den Anti-Ödipus zu zweit geschrieben. Da jeder von uns mehrere war, ergab das schon eine ganze Menge", stellen Gilles Deleuze und Félix Guattari zu Beginn des Nachfolgebandes fest. Ein Text ist immer ein kollektives Gefüge – so auch dieses Buch. Deshalb will ich all denen danken, die in verschiedensten Weisen zu diesem Buch beigetragen haben.

Anne Eusterschulte und Dagmar Herzog haben die Doktorarbeit betreut und damit den Prozess von Anfang an begleitet. Sie haben mir dabei jeden erdenklichen Freiraum gegeben, mich quer durch die Philosophiegeschichte zu schlagen, und mich mit ihren kritischen Kommentaren und beflügelnden Beobachtungen bestärkt, diesen Weg beharrlich weiterzuverfolgen. Anne Eusterschultes Aufforderungen, die Pluralität und die Ambivalenzen von philosophischen Konzepten und die kaum beschrittenen Pfade der Philosophiegeschichte im Blick zu behalten, haben meine Forschungsperspektive nachhaltig geprägt. Dagmar Herzogs Ermahnungen, meine Überlegungen immer wieder in die konkreten sexualitäts- und ökonomiegeschichtlichen Kontexte einzubinden, haben meine begehrenstheoretischen Betrachtungen davor bewahrt, sich in Abstraktionen zu verlieren. Für diese Begleitung möchte ich mich bei ihnen bedanken. Mein Dank geht außerdem an Sybille Schmidt und Susanne Lettow, beide Mitglieder der Kommission, deren Vorschläge und Rückfragen während der Disputation wegweisend waren, um die Promotion für die Publikation umzuarbeiten.

Bedanken will ich mich auch bei denjenigen, die Kapitel der Dissertation gegengelesen und kritisch kommentiert haben: Eliah Arcuri, Hannes Kuch, Philipp Wüschner, Rainer Mühlhoff, Anja Breljak, Jorinde Scholze, Christian Schütze und Ana Daase. Bei Theodora Becker und Elisa Barth, die den ‚Wackerstein' der Dissertationsschrift in ganzer Länge durchgearbeitet haben, will ich mich besonders bedanken.

Die Idee für die Dissertation entstand während der gemeinsamen Arbeit an dem 2015 erschienenen *Sammelband Global Justice and Desire. Queering Economy.* Für ihre Denkanstöße danke ich Volker Woltersdorff aka Lore Logorrhöe, Nikita Dhawan, Antke Engel und Christoph Holzey. Mit Antke Engel und Christph Holzey habe ich während meiner Promotionszeit die Vortragsreihe *Desire's Multiplicity and Serendipity* konzipiert, die 2014 und 2015 am ICI Berlin stattfand. Diese Zusammenarbeit hat meinen Schreibprozess begleitet und bereichert. Dafür bedanke ich mich bei ihnen, dem ICI sowie unseren Gästen. Eine der Vortragenden war Teresa de Lauretis. Das Gespräch mit ihr über das transgressive Potenzial des Todestriebs, welches wir im Laufe der Jahre immer wieder aufgenommen haben, bestimmt maßgeblich meine begehrenstheoretische Betrachtungsweise. Ich danke ihr dafür.

Für gemeinsame Gespräche und Lektüren, für Anmerkungen und Anregungen gilt mein Dank Hilge Landweer, Sarah Speck, Bini Adamczak, Eva von Redecker, Georg Dickmann, Rosa Eidelpes, Felix Gerloff, Jenny Willner, Catherine Newmark, Katja Dieffenbach, Caio Yurgel, Joseph Vogl, David Lauer, Sybille Krämer, Kerstin Andermann, Marie Cuillerai und Sofia Kousiantza.

Meinen Dank aussprechen möchte ich auch der Friedrich Schlegel Graduiertenschule und ganz besonders Anja Hallacker, Rebekka Mak und Kathleen Kriebitzsch, die mir stets mit Rat und Tat beigestanden haben.

Ebenso bedanke ich mich bei Andreas Gehrlach, Iris Därmann und Thomas Macho, die diese Buchreihe herausgeben – einen passenderen Publikationsort hätte ich für mein undiszipliniertes Buch nicht finden können. Dabei gilt mein Dank dem Verlag Walter de Gruyter und vor allem Anja Michalski und Stella Diedrich, die die Reihe mit einem Engagement begleiten, das mir in der gegenwärtigen Verlagslandschaft einzigartig erscheint. Die Privatisierung der Publikationskosten von Promotionen erschwert es gerade prekären Forschenden, ihre Dissertation zu veröffentlichen. Ohne die finanzielle Unterstützung der Ernst-Reuter-Gesellschaft, der Alumni-Vereinigung der Freien Universität Berlin, sowie die unbürokratische Hilfe durch das Centre Marc Bloch wäre die Veröffentlichung nicht möglich gewesen. Auf den letzten Metern hin zum druckreifen Manuskript haben sich Andreas Gehrlach, Stella Diedrich, Anja Michalski, Stephan Zandt, Barbara Heindrich und Marcus Böhm kurzerhand zu einem solidarischen Korrektoratskollektiv zusammengetan und damit ermöglicht, dass aus der Dissertationsschrift ein Buch wird. Ihnen gilt mein besonderer Dank.

An letzter Stelle – und umso ausdrücklicher – bedanke ich mich bei meinen Freundinnen, meinen Weggefährtinnen während des Schreibprozesses, sowie meiner Familie, die mich stets bestärkt und unterstützt, kritische Fragen zu stellen und meiner Wissbegierde zu folgen.

Berlin, den 24. August 2020, Jule Govrin

Inhalt

I. Teil: **Für eine politische Ökonomie des Begehrens**

Es gibt nur den Wunsch und das Gesellschaftliche, nichts sonst.

(Deleuze/Guattari 1974, S. 39)

Einleitung

Sex sells. Begehrenswert. Sexshop. Libidoökonomie. Money Shot. Erotisches Kapital. Desirability Score. Gunstgewerbe. Kauflust. Lustgabe. Pornoindustrie. Heiratsmarkt. Matchmaking. Liebeswerbung. Frauentausch. Billiges Flittchen. Luxusweib. Sexuelle Dienstleistungen. Käufliche Liebe. Sexarbeit – Wirtschaft und Erotik. Kalkül und Leidenschaft. Sexualität und Kapitalismus. Begehren und Ökonomie. Zwischen diesen Begriffen spannt sich eine lange Theoriegeschichte über Leben und Lieben in kapitalistischen Gesellschaftsverhältnissen auf.

Derartige Begrifflichkeiten sind zwar alltagssprachlich geläufig, dennoch wird Begehren gemeinhin als Antipode zum Ökonomischen betrachtet. Wirtschaftspraktiken gelten als rationale Handlungen, wohingegen Begehren das Irrationale verkörpert. Trotz dieser angeblichen Gegensätzlichkeit sind Begehren und Ökonomie unauflöslich miteinander verbunden, da das unzähmbar scheinende Begehren in ökonomische Bahnen gelenkt werden soll. Durch die Ökonomisierung des Begehrens etablieren sich soziale Ordnungen, angefangen bei der Institution der Ehe als Hauswirtschaft, die Geschlechterverhältnisse regelt und die soziale Reproduktion sichert. Doch das Ökonomische wird nicht bloß von außen an das Begehren herangetragen, es regiert im Erotischen selbst wie in der wollüstigen Gier danach, andere zu besitzen, sie zu konsumieren. Ebenso muss der Markt Begehren anheizen, um aus basalen Bedürfnissen immer neue Begehrlichkeiten zu schöpfen, um Konsum zu potenzieren und Mehrwert zu produzieren. Vor dem Hintergrund, dass Begehren, Sexualität, Intimität und Affektivität feinmaschig in die spätkapitalistische Matrix eingewebt sind, erkundet dieses Buch die politische Ökonomie des Begehrens in den ineinander verwobenen Erzählsträngen der Philosophiegeschichte, der Sexualitätsgeschichte und der Kapitalismusgeschichte.

Kapitalismusgeschichtlich verkörpert sich die Verbindung von Begehren und Ökonomie vor allem in der Diskurfigur des ‚homo oeconomicus‘. Während er wirtschaftswissenschaftlich zumeist als rational abwägender Agent betrachtet wird, zeigt er sich als ausgeprägter Begehrensmensch. Schließlich lässt er sich nicht lediglich von seiner Rationalität leiten, sondern agiert als Subjekt seiner Leidenschaften – Leidenschaften, die dem Kapitalismus zuträglich sind, ihn anreizen und vorantreiben (vgl. Vogl 2012, S. 33 – 36; S. 43 f.). Die Marktmechanismen kalkulieren mit der Kategorie des Begehrens, das nie befriedigt wird, sodass es unentwegt zum Konsum anreizt, ohne sich darin zu erschöpfen – dieser Kerngedanke findet sich in frühen ökonomischen Theorien, beispielsweise in der erstmals 1714 veröffentlichten *Bienenfabel* des Sozialtheoretikers und Mediziners Bernard de Mandeville sowie in den Schriften des Moralphilosophen Adam Smith

https://doi.org/10.1515/9783110686975-001

(1776/2005).[1] Wie unstillbares Begehren den Wirtschaftskreislauf dynamisiert demonstriert die Diskursfigur des ‚homo oeconomicus' im marktphilosophischen Denken ab dem 18. Jahrhundert. Dort erscheint er als Mangelwesen, das seine Begierden zu befriedigen sucht, ohne vollends Erfüllung zu erlangen. Somit „werden ökonomische Subjekte durch eine Einverseelung des Mangels produziert, sie sind zu Automaten des Begehrens geworden, die notwendig wollen [...], was sie nicht bekommen" (Vogl 2012, S. 43 f.). Damit adressiert der Markt den ökonomischen Menschen in seiner Konsumkraft, mitsamt den Begehrlichkeiten, die durch Kaufanreize erweckt werden.[2] Doch dessen Begehren erschöpft sich nicht in der Wollust des Warenkonsums, es spornt seine Arbeitskraft an, da sein Handeln vom Verlangen gesteuert ist, Kapital anzureichern und Mehrwert zu erlangen. Dieses Akkumulationsbegehren ist, wie Karl Marx aufzeigt, kein rein subjektives Streben, sondern das Begehren, welches das kapitalistische System antreibt (vgl. Marx 1867/1962, S. 741–791).[3] Diese Logik des Mehrwerts prägt auch die sozialen Beziehungen. Neid, Gier, Geiz – auf diesen Regungen baut der Markt auf, um eine Atmosphäre der Konkurrenz zu kreieren, die den Wettbewerb befördern soll. Deshalb bildet Begehren eine elementare Kategorie für ökonomische Wissensordnungen.

[1] Der Literatur- und Kulturwissenschaftler Joseph Vogl schreibt über Smiths Ökonomietheorie, dass dort „ein stets ungestilltes Begehren eingeführt [wird], das mit einer gewissen Grenzlosigkeit über alle Bedürfnisse und Befriedigungen, über das Fassungsvermögen des leiblichen Behälters hinausführt", ein Begehren, das Marx später die „‚abstrakte Genusssucht' des Kapitalisten nennt, dessen Akkumulation von Geld und Kapital sich in keinem konkreten Bedürfnis abgleichen lässt" (Vogl 2012, S. 33).
[2] In dieser Arbeit werden weder das Binnen-I, noch Satzzeichen wie * oder _ verwendet, um auf die vergeschlechtliche Dimension der Sprache hinzuweisen und Geschlechtsidentitäten jenseits des Binarismus von weiblich/männlich sichtbar zu machen. Bei aller politischen Relevanz verfolgen diese Ansätze die Idee, Geschlecht akkurat repräsentieren zu können. Dahingegen wird hier dezidiert unsystematisch gegendert, um darauf hinzuweisen, wie arbiträr Geschlechtszuweisungen sind. Anstatt Geschlechtsidentitäten zu multiplizieren, erscheint es mir politisch wünschenswerter, dass die Kategorie der Geschlechtlichkeit eines Tages obsolet sein wird. In dieser Hoffnung wird hier der Anspruch aufgegeben, in systematischer Form Geschlecht adäquat repräsentieren zu können. Für diesen Gedanken und die anregenden Gespräche danke ich Bini Adamaczak.
[3] Der Begriff des Akkumulationsbegehrens geht auf Ève Chiapello und Luc Boltanski zurück, die ihn in ihrer Studie *Der neue Geist des Kapitalismus* einbringen: „Der kapitalistische Geist beinhaltet eine ständige Spannung zwischen der Stimulierung des Akkumulationsbegehrens und seiner Rückbindung an Normen, die den Wünschen entsprechen, die in andere Wertigkeitsvorstellungen eingebettet sind." (Boltanski und Chiapello 2003, S. 520 f.) Diesem Spannungsverhältnis werden wir im Folgenden nachgehen.

Entgegen der Annahme, dass der Markt allein dem rationalen Prinzip der Regulierung folgt, stellen sich dessen Dynamiken auch als affektive Dynamiken dar. Der Soziologe Urs Stäheli arbeitet diese affektive Aufladung ökonomischer Praktiken am Beispiel der frühen Finanzspekulation ab dem 19. Jahrhundert heraus. Wie er aufzeigt, waren deren Diskurse überaus lustvoll aufgeladen, da die spekulativen Praktiken an der Börse „ein ökonomisches Spiel arbiträrer Signifikanten" freisetzten, das sich auf dem Begehren der Spekulanten begründete (Stäheli 2007, S. 40). Der Unterhaltungswert der Spekulation, der Adrenalinrausch und die ‚thrills' des ‚money making' bildeten die affektiven Anreize der Spekulation. Während der Spekulant einen prototypischen ‚homo oeconomicus' figuriert, wird die Spekulation feminisiert, „um die damit verbundene Verführungskraft zu thematisieren", durch diese Semantik werden die „frühen Finanzmärkte nicht als Orte rationaler Gesetze und autonomer Akteure [...], sondern als Orte wilden Begehrens und unvorhersehbarer Kontingenz" beschrieben (Stäheli 2007, S. 272). Dadurch wird das Verhältnis von Spekulant und Spekulation heterosexuell codiert, da die Börsenpraktiken als Verführungsspiel zwischen männlichen Spekulanten und feminisierter Spekulation geschildert werden, ein Spiel, auf das sich der Spekulant libidinös einlassen soll, ohne darin die Kontrolle zu verlieren (vgl. Stäheli 2007, S. 274). Das Spekulationsspiel legt offen, welche Leidenschaften das wirtschaftliche Handeln beherrschen, das im Zeichen der ökonomischen Rationalität steht. Diese affektökonomische Beschreibung der Börsenspekulation wirft ein beispielhaftes Schlaglicht darauf, welch wesentliche Rolle Begehren in der Kapitalismusgeschichte zukommt. Während das Ökonomische sexualisiert wird, wird das Sexuelle ökonomisiert. Dieses chiastische Verhältnis wird uns immer wieder begegnen. Indessen stellt sich die Frage, ob sich die politische und die libidinöse Ökonomie überhaupt voneinander trennen lassen.

Die Sphärentrennung zwischen Begehren und Ökonomie scheint angesichts der aufgeführten Phänomene und Perspektiven zweifelhaft, daher ist zu vermuten, dass es sich bei dieser Ausdifferenzierung um ein modernes Phänomen handelt. Bereits der Begriff der ‚oikonomia' aus der griechischen Antike verweist darauf, wie unlösbar Begehren und Ökonomie miteinander verbunden sind.[4]

---

[4] Ergänzend lässt sich auf Aristoteles' Chrematistik verweisen, wo Geldwirtschaft als künstliche Reproduktion konzipiert wird (vgl. Vogl 2010/2012, S. 126). Wie die Literaturwissenschaftlerin Sabine Schülting herausarbeitet, wird dieser aristotelische Gedanke in der Frühen Neuzeit von Thomas von Aquin aufgenommen, der zwei Formen des ökonomischen Umgangs unterscheidet, das vernünftige und das verschwenderische Wirtschaften. Das vernünftige Wirtschaften wird mit der familiären Reproduktionslogik verglichen, während das verschwenderische Wirtschaften mit Perversion assoziiert wird. Geld zu vermehren stellt für Aquin eine unnatürliche Fortpflanzung dar (vgl. Schültling 2002, S. 269). In der mittelalterlichen Wucherkultur erscheint die pekuniäre

‚Oikos' bezeichnet die eheliche Institution, welche sexuelle Verhältnisse hauswirtschaftlich organisiert (vgl. Foucault 1989, S. 189–224). Haus und Haushalt (oikos) sind zentrale Elemente der ‚oikonomia' und gelten als „zweckmäßige Teile der pólis", wodurch „herrschaftliche, eheliche und väterliche Verhältnisse [...] als Teile der oikonomia" bestimmt werden (Vogl 2012, S. 117). Als Organisation des Haushalts und damit der Geschlechter- und Allianzverhältnisse bildet ‚oikos' eine Ordnung des Begehrens. Diese sozialen Praktiken und Diskurse rund um den ‚oikos' deuten darauf hin, dass Begehren und Ökonomie keine differenten sozialontologischen Register bilden.

Wie wir während unseres genealogischen Spaziergangs sehen werden, erscheint Ökonomie als Ordnungsversuch des Begehrens. Dies widerspricht der oftmals postulierten Ansicht, dass die Hyperkommerzialisierung des Sexuellen im Spätkapitalismus ein Phänomen der sogenannten Postmoderne sei. In genealogischer Betrachtungsweise zeigt sich deutlich, dass soziale Verhältnisse ganz grundlegend als ökonomische Ordnungsversuche des Begehrens aufzufassen sind. Während dies in der etymologischen Verbindung von ‚oikos' und ‚oikonomia' offen zutage tritt, wird das Nahverhältnis von Begehren und Ökonomie vielfach verschleiert. Grund dafür ist die diskursive Trennung von romantischen Beziehungsformen und wirtschaftlichen Organisationsformen, die ein modernes Phänomen darstellt. Die Annahme, dass Liebe und Begehren nicht dem wirtschaftlichen Kalkül unterstehen und sogar dessen Gegenpol bilden, etablierte sich gesamtgesellschaftlich erst im 20. Jahrhundert. Ideengeschichtlich betrachtet bildet diese Annahme einen Ausnahmefall, da soziale Begehrensarrangements über Epochen hinweg im Zusammenhang mit wirtschaftlichen Tauschbeziehungen ausgehandelt wurden.

Indessen lässt sich Begehren nicht auf sexuelles Begehren beschränken, schließlich ist die Idee der Sexualität selbst eine moderne Idee. Das Denken der Sexualität beruht auf der Annahme von sexuellen Subjekten, deren Identität, die immer schon sexuelle Identität ist, durch ein bestimmtes, hetero- oder homosexuelles, normales oder perverses Begehren bestimmt ist. Dieses Identitäts- und Sexualitätsdenken ist ein Produkt der europäischen Kapitalismus- und Aufklärungsgeschichte. Für den Sexualwissenschaftler Volkmar Sigusch ist Sexualität „Bestandteil einer profanen Kultur, die an jener Schnittstelle entstand, die der Zerfall der religiösen Weltsicht und das Aufkommen des Kapitalismus im

---

Akkumulation als Vorstufe von kapitalistischen Verhältnissen, auch wenn sie als moralisch verwerflich gilt, da die christliche Traditionslinie, die sich auf Thomas von Aquin beruft, Wucher als amoralisch, pervers, kannibalisch, sodomitisch und unnatürlich verteufelt. Die Metaphorik der geschlechtlichen Reproduktion und der sexuellen Devianz, die diesen Diskurs prägt, verdeutlicht die Verquickungen von Begehren und Ökonomie.

Abendland bilden" (Sigusch 2005, S. 21). Mit dieser Aussage bezieht er sich auf Michel Foucaults *Der Wille zum Wissen* (1977), den ersten Teil der vierbändigen Reihe zu *Sexualität und Wahrheit*. Darin legt Foucault dar, wie sich Sexualität ab dem 18. Jahrhundert durch juridische und medizinische Diskurse als Subjektivierungsmodus herausbildete. Mit seinem Konzept der Pastoralmacht zieht er eine genealogische Linie von christlichen Beichtpraktiken im 17. Jahrhundert über die säkularisierten Wissenschaftsdiskurse im 18. Jahrhundert hin zu den Praktiken der psychoanalytischen Sprechsituation des 19. und 20. Jahrhunderts (vgl. Foucault 1977, S. 23–36). Ohne dezidiert auf die geschichtlichen Details und Differenzen einzugehen sei zur Pastoralmacht gesagt, dass sich dadurch die Idee des Begehrens epistemisch mit den Ideen von Identität und Authentizität verschaltet. Im Geständnis ihres geheimen, ‚authentischen' Begehrens, ob vor dem Priester oder dem Psychoanalytiker, formt sich die Subjektivität der Beichtenden diskursiv heraus. Ihre Identität ist dergestalt durch ihr Verlangen definiert und wird insofern grundlegend als sexuelle Identität erzeugt, wobei dieses Verlangen stets soziokulturell vorgeprägt ist. Diese narrativen Praktiken der Erzählungen des eigenen Begehrens wirken als Regierungsweisen des Selbst.

Ferner legt Foucault dar, wie das Nutzbarmachen des Sexuellen mit der Entdeckung der Bevölkerung als Regierungsobjekt einherging. Wie er aufzeigt, verlagerte sich der Regierungsfokus von der Sichtbarkeit des Souveräns auf die Sichtbarkeit des Bevölkerungskörpers. Die Techniken des Regierens und der Regulierung dieses Bevölkerungskörpers, der durch statistische Erfassung und diagrammatische Darstellung performativ hervorgebracht wird, bezeichnet Foucault als Biopolitik. Um die Reproduktion der Arbeitskraft zu gewährleisten, wird die Kontrollierbarkeit von Geburtenrate, Gesundheitszustand, etc. strategisch ausgefeilt. Man kann hier, mit Marx formuliert, die nationalökonomische Absicht erahnen, über ausreichend Arbeitskraft zu verfügen und zusätzlich eine „industrielle Reservearmee" (Marx 1867/1962, S. 664) an Arbeitslosen bereitzuhalten, auf welche die Wirtschaft jederzeit zugreifen kann. In der biopolitischen Regulierung dient Sexualität als Scharnier zwischen Individuum und Gesellschaft, da die Analyse und Lenkung der Sexualbeziehungen die Reproduktionsrate steuern sollen (vgl. Foucault 1977, S. 30 f.). Die Bio-Macht greift mikropolitisch auf das Leben zu und in das Sexuelle ein, um die Reproduktions- und Produktionskräfte der Bevölkerung zu organisieren. Sexualität wirkt als Modus der Subjektivierung und als diskursive Zurichtung des Begehrens hin auf seine Regierbarkeit. Als sich der moderne westliche Staat herausbildet, wird „die Bevölkerung zu einem ‚Volkskörper', in dessen Quantität und Qualität qua Regieren der Sexualität und des Begehrens eingegriffen wird" (Ludwig 2014, S. 92).

Mit der Biopolitik wird ein analytisches Raster entwickelt, das sich auf die Register des Biologischen wie des Ökonomischen begründet, da es als Verankerungspunkt der Rassismen des 19. und 20. Jahrhunderts dient und zugleich die Politisierung und Ökonomisierung des ehelichen Sexuallebens vorantreibt (vgl. Foucault 1976, S. 32). Diese biopolitischen Operationen vollziehen sich anhand einander überschneidender Machtachsen: entlang der Trennung von homo- und heterosexuell, von Körpernormen, durch Klassenunterschiede und rassistische Zuschreibungen. Der kolonialgeschichtliche Hintergrund des Sexualitätsdispositivs, den Foucault in seiner Studie vernachlässigt, war konstitutiv für sexualmoralische Diskurse über ‚normale' und ‚deviante' Sexualformen, da sich die „Herausbildung einer ‚modernen' bürgerlichen weißen, westlichen Sexualität" (Ludwig 2014, S. 96) durch rassifizierte Grenzziehungen vollzieht. Man unterscheidet zwischen der sexuellen Selbstdisziplin von europäischen Staatsbürgern und der angeblich ungezähmten Erotik von Nicht-Europäerinnen, die zugleich in ihrer Alterität exotisiert und fetischisiert werden (vgl. Said 2009; vgl. hooks 1994).

In Verschränkung mit diesem rassistischen Raster stratifizierte sich Sexualität klassenspezifisch. Im Idealbild der bürgerlichen Kleinfamilie organisieren sich die sexuellen und geschlechtlichen Rollen anhand der Unterscheidung von privater und öffentlicher Sphäre. Vor allem regelt die sexuelle und geschlechtliche Rollenverteilung die Trennung zwischen bezahlter und unbezahlter Arbeit (vgl. Federici 2012). Damit garantiert die Ordnung des Begehrens die Reproduktion der Arbeitskraft. Die Sorge-, Erziehungs- und Haushaltsarbeit, die gemeinhin Frauen zufällt, wird symbolisch entwertet, da sie – im Gegensatz zur Lohnarbeit – nicht als Arbeit anerkannt wird. Dabei entspricht die Annahme, dass Frauen alleine im Privaten tätig seien, dem damaligen Idealbild der bürgerlichen Kleinfamilie, wohingegen Frauen aus der Arbeiterklasse notwendigerweise der Lohnarbeit nachgingen. Die Arbeiterin, die in die Fabrik ging, galt – im Vergleich zur Ehe- und Hausfrau, die sich rein im Privaten aufhielt – als moralisch gefährdet. Daher bemühte man sich staatspolitisch darum, Arbeiterinnen in ihrer Sexualität zu kontrollieren, da man ihnen als Angehörige einer ‚niederen Klasse' einen angeborenen Hang zur Unzucht unterstellte (vgl. Eribon 2016, S. 32–35). Die frühkapitalistische Bourgeoisie agitierte sowohl gegen die moralische Verwahrlosung der Arbeitermilieus als auch gegen die Ausschweifungen der Aristokratie, vor allem aber zielten ihre sexualregulatorischen Maßnahmen auf sie selbst ab, da die bürgerliche Kleinfamilie als biopolitische Keimzelle und moralisches Ideal galt (vgl. Foucault 1977, S. 122–126). Um nachzuvollziehen, wie sich Familienformationen an wirtschaftlichen Zwecken ausrichten, führt Foucault den Begriff des Allianzdispositivs ein, den er folgendermaßen umreißt:

> Das Allianzdispositiv hat wesentlich die Aufgabe, das Spiel der Beziehungen zu reproduzieren und ihr Gesetz aufrechtzuerhalten; das Sexualitätsdispositiv hingegen führt zu einer permanenten Ausweitung der Kontrollbereiche und -formen. [...] Während sich schließlich

das Allianzdispositiv durch die Rolle, die es bei der Weitergabe oder beim Umlauf der Reichtümer spielt, eng an die Ökonomie anschließt, verläuft der Anschluss des Sexualitätsdispositivs an die Ökonomie durch zahlreiche und subtile Relaisstationen – deren wichtigster aber der Körper ist, der produzierende und konsumierende Körper. (Foucault 1977, S. 106)

Es gibt keine ungebrochene geschichtliche Abfolge dieser beiden Dispositive, vielmehr überlappen und überlagern sie sich.[5] Im 18. und 19. Jahrhundert bildete sich ein Markt heraus, der sich, wie die Kulturtheoretikerin Rosemary Hennessy betont, von der familiären Hauswirtschaft löste und ungebundene Subjekte als Konsumentinnen benötigte, sprich: Subjekte, die sich vom familiären Kontext lossagten und in die großen Städte zogen, um im Schatten der Metropolen subkulturelle Nischen der sexuellen Vielfalt zu begründen (vgl. Hennessy 2000, S. 98). Zum Ende des 19. Jahrhunderts bedurfte der Markt besonders Frauen als Arbeitskräfte in den Metropolen und begünstigte liberale Lebensentwürfe jenseits des familiären Haushalts, wodurch urbane Räume erschlossen wurden, in denen sich Subjekte als sexuelle Individuen verstehen konnten, anstatt in familiären Strukturen zu verhaften. Diese Entwicklung, in der sich Sexual- und Intimitätsformen aus dem familiären Nahumfeld entfernten, war von dem sexualwissenschaftlichen Diskurs über nicht-heterosexuelle Identitäten geprägt. Daraufhin bildete sich ein subversiver „Gegen-Diskurs" (Foucault 1977/2003, S. 342) heraus, durch den – gemäß Foucault – Homosexuelle die sexologischen Stigmatisierungen aufgriffen und sich emanzipatorisch aneigneten. Die selbstermächtigende Rede, in der Homosexuelle die stigmatisierte Zuschreibung in ein emanzipatives Selbstverständnis über das eigene Begehren und die eigene Identität verwandelten, war eine Reaktion auf einen Wissenschaftsdiskurs, der von der heterosexuellen Norm abweichendes Verhalten als pathologisches Phänomen verhandelte. Während sich feststellen lässt, dass spätestens ab dem 17. Jahrhundert im städtischen Raum Subkulturen entstanden, in denen Männer sexuellen und intimen Kontakt zueinander pflegten, kann man die Herausbildung einer homosexuellen Identität erst zum Ende des 19. Jahrhunderts festhalten (vgl. Herzog 2011, S. 33 f.). Die Sichtbarkeit lesbischer Sexualität und Subkultur lässt sich zwei Jahrzehnte später in den 1920ern vermerken; dieser Umstand erklärt sich durch die sozioökonomische Abhängigkeit von Frauen, die es ihnen erschwerte, außerhalb von den wirtschaftlichen Sicherheitsverhältnissen der Ehe zu leben (vgl.

---

5 In seiner Beschreibung der Diskursivierung des Sexes wechselt Foucault von einem Diskurs in den anderen, springt von einem Jahrhundert ins andere. In dieser non-chronologischen Narration wird deutlich, dass sein Geschichtsdenken keinesfalls linear und kausal ist, sondern von Kontinuitäten und Konflikten, Brüchen und Widersprüchen geprägt

Herzog 2011, S. 34). In diesen Entwicklungen überschneiden sich die Wirkungssphären des Allianz- und des Sexualitätsdispositivs. Die Familie blieb als Grundstruktur für soziale Reproduktion ebenso erhalten wie die Reproduktion von Besitz durch Erbschaft. Indessen erweiterte sich der Markt, da im urbanen Raum zunehmend Subjekte außerhalb familiärer Hauswirtschaften lebten, als neue Konsumentinnengruppen sowie als flexibel einsetzbare Arbeitskräfte verfügbar wurden und damit den merkantilen Bedürfnissen nach produzierenden und konsumierenden Körpern entsprachen.

Wie dieser geschichtliche Überblick aufzeigt, kam Sexualität in kapitalistischen Entwicklungsprozessen eine Schlüsselrolle zu, mithin wurde sie zu einem bevorzugten Schauplatz politischer Aushandlungen, der starke Affekte mobilisiert. Die Historikerin Dagmar Herzog resümiert: „At the beginning of the twentieth century, in short, and in a multitude of ways, sex became political." (Herzog 2011, S. 6) Der Grund, warum sexuelle Fragen politisch so leicht instrumentalisierbar sind, liegt für sie in der grundlegenden Ambivalenzerfahrung von sexueller Lust: „[T]he range of (so often so profoundly conflicting) psychological and physiological reactions that sexuality can evoke: arousal and anxiety, attachment and repulsion, ennui or envy as well as ecstasy." (Herzog 2011, S. 70) Begehrenstheoretisch lässt sich Herzogs These dahingehend umformulieren, dass Begehren als Glücksversprechen sowie als Gefahrenquelle wirken kann, weshalb es leicht zu politisieren ist.

Der Kapitalismus muss Subjekte mobilisieren, was nicht vorrangig über rationale Argumente, sondern über Affekte erfolgt. Wie die Soziologin Eva Illouz herausarbeitet, ging „die Bildung des Kapitalismus Hand in Hand [...] mit der Bildung einer stark spezialisierten emotionalen Kultur." (Illouz 2007b, S. 12). Dieser „emotionale Kapitalismus", wie ihn Illouz bezeichnet, ist

> eine Kultur, in der sich emotionale und ökonomische Diskurse und Praktiken gegenseitig formen, um so jene breite Bewegung hervorzubringen, die Affekte einerseits zu einem wesentlichen Bestandteil ökonomischen Verhaltens macht, andererseits aber auch das emotionale Leben – vor allem das der Mittelschichten – der Logik ökonomischer Beziehungen und Austauschprozesse unterwirft. (Illouz 2007b, S. 13)

Darauf weist bereits Marx' Konzept des Warenfetischismus hin. Der Warenfetischismus bezeichnet den Umstand, dass man Produkte als Ware veräußert und ihnen Wert zuweist, wobei sich dieses Preisverhältnis nicht als Effekt der Produktionsverhältnisse darstellt, da den Produkten der Warenstatus und der monetäre Wert als dingliche Eigenschaften zugeschrieben werden. Dadurch wird in quasireligiöser Illusion die Künstlichkeit der Waren- und Wertlogik verschleiert, gesellschaftlich geschaffene Zustände werden naturalisiert (vgl. Marx 1867/1962, S. 86). Diese warenfetischistische Logik schreibt sich in soziale Verhältnisse ein.

Dies manifestiert sich insbesondere in den Sphären des Erotischen, des Intimen und des Romantischen. Illouz, die einen dezidiert alltagssprachlichen, konsum-kulturellen Begriff von romantischer Liebe verwendet, der nicht auf die kultur-geschichtliche Epoche der Romantik abzielt, will daher die ökonomischen Grundbedingungen von romantischen Praktiken offenlegen. Ihrer Ansicht nach nimmt man romantische Liebe als Antipode zum wirtschaftlichen Kalkül wahr, obwohl sie zutiefst in Konsumpraktiken eingelassen ist. Das bedeutet, dass die Idee von Liebe naturalisiert und verschleiert wird, was letztlich bezeugt, wie sehr sie sozioökonomisch geprägt ist (vgl. Illouz 2007a, S. 183). Diese diskursive Ent-kopplung des Begehrens vom Ökonomischen begann Anfang des 20. Jahrhun-derts, als Fragen der Sexualität und Intimität verstärkt ins Interesse der Öffent-lichkeit rückten.

In ihrer Studie zur europäischen Sexualitätsgeschichte im 20. Jahrhundert macht Herzog drei Gründe für dieses Interesse an sexuellen Fragen aus. Erstens: eine Diskussion über Prostitution, deren moralischer Doppelstandard von Akti-vistinnen der ersten Frauenbewegung kritisiert wurde. Zweitens: das steigende Bedürfnis nach Geburtenkontrolle. Drittens: die mediale Skandalisierung von gleichgeschlechtlichen Praktiken und deren Wandel zu identitätsstiftenden Le-bensweisen. In sozioökonomischer Hinsicht ist die Prostitutionsdebatte, die zwischen 1900 und 1914 stattfand, besonders interessant. Dabei kam der Frage nach der Ansteckungsgefahr von Geschlechtskrankheiten eine wesentliche Rolle zu. Dieser Aspekt steht in einem breiteren diskursiven Zusammenhang, in man den „Volkskörper" in den Termini der Immunisierung und Ansteckung beschrieb. Diese biopolitische Sorge um einen ‚gesunden Volkskörper' galt einer stabilen Nationalökonomie, die einer gesicherten Reproduktionsrate bedurfte, wodurch man der geschlechtlichen Gesundheit der Individuen gesamtgesellschaftliche Relevanz zusprach.[6]

Außerdem machte die Prostitutionsdebatte Klassenunterschiede im Begehren sichtbar. Sowohl der damalige Umgang mit Prostituierten als auch mit gleichge-schlechtlichen Partnern zeigt, wie Herzog feststellt, dass Begehren in asymme-trischen Machtbeziehungen erfahren wurde. Die soziale Wahrnehmung von Be-gehren als einvernehmliche, geteilte Lusterfahrung zwischen gleichberechtigten Partnerinnen war Ergebnis eines langen Prozesses, der sich über die nachfol-genden Jahrzehnte hinzog.

> [T]here were yet more similarities between some men's same-sex activities and activities with female prostitutes: a tendency for the relationships or encounters, and the desire animating them, to cross the class-divide – as well as a tendency for the sex to be transactional rather

---

6 Für diesen wertvollen Hinweis bedanke ich mich bei Theodora Becker.

than rooted in mutual affection. Class differences rather than similarity in status were often the very basis for the strength of sexual desire. Indeed, the eventual shift from a power-differentiated-based understanding of desire to a concept of desire based in egalitarianism and approximately similar status between partners would take many decades to gain wide hold. (Herzog 2011, S. 32)

Sex wurde folglich in klassendifferenzierten Machtverhältnissen als ökonomische Transaktion betrachtet. In diesem Sexualitätsdenken arrangierte man auch Eheschließungen als wirtschaftliche Bündnisse. Diese Perspektive auf Ehe als hauswirtschaftliche Allianz stellten im Zuge der Prostitutionsdebatte Feministinnen in Frage, die für eine Befreiung der Sexualität eintraten, diese mit Liebe verbinden und sie somit aus dem volkswirtschaftlichen Vertragsrahmen der Ehe herauslösen wollten, der die geschlechterpolitische Ungleichheit begründete.

Pro-sex feminists also proposed that rather than [...] justifying sex primarily through the possibility of procreation, sex should be justified on the basis of love – and precisely not on calculations about economic security. In this way they also pointed out that marriage was too often like prostitution, since in marriage as well women exchanged sexual services for financial security and gain. (Herzog 2011, S. 11)

Diese feministische Position war jedoch minoritär, da erotisches Begehren und eheliches Bündnis den gesellschaftlichen Gepflogenheiten gemäß als gegensätzlich galten.

Middle-class men were in many cases prepared from birth – breast-fed and toilet-trained as they were by working class women, experimenting with the domestic servant girls long before they started to court women of their own class – most strongly to desire women who were socially ‚beneath‘ them. (Herzog 2011, S. 17)

In dieser klassendifferenzierten Organisation des Sexuellen wurden bürgerliche Frauen dahingehend erzogen, kein Begehren zu empfinden und sich weder als sexuelle Wesen wahrnehmen noch als solche aufzutreten. Innerhalb der Arbeiterklassen beruhten dagegen die meisten Ehen auf sexueller Anziehung, allerdings erschwerten die Lebensumstände ein erfülltes Sexualleben, Gründe dafür waren der Mangel an Privatsphäre, Alkoholkonsum, verinnerlichte Sexualtabus sowie die körperliche Belastung durch Arbeit und Schwangerschaften (vgl. Herzog 2011, S. 17). Indessen veränderte sich das Denken über Eheverhältnisse im Zuge der Prostitutionsdebatte:

There was, in short, an important link between the effort to re-envision marriage as a site for lasting mutual eroticism and the effort to shift cultural mores away from an acceptance of prostitution as the inescapable accompaniment to marriage to a notion of premarital sexual experiences as perfectly appropriate, even beneficial, also for women. European nations only gradually – and never without struggle – switched from what we might call the prostitution paradigm to premarital paradigm. (Herzog 2011, S. 18)

Dabei musste sich das Modell der Ehe erneuern, um sich den sexualpolitischen und sozioökonomischen Entwicklungen anzupassen.[7] In ihrer Studie zum Konsum der Romantik befasst sich Illouz damit, wie das Eheleben erotisiert wurde, wobei sie diese Entwicklung in den USA der 1920er und 1930er Jahre erörtert. Sie zeigt auf, dass die fordistischen Arbeitsverhältnisse neue Liebeserfahrungen ermöglichten, da Romantik zum integralen Bestandteil der aufkommenden Freizeitkultur wurde. War vormals eine formelle Vorstellung im Kreise der Familie vonnöten, fand das moderne Rendezvous in der Freizeitsphäre statt (vgl. Illouz 2007a, S. 89 – 102). Ehe sollte nicht lediglich Stabilität bedeuten, sondern von Leidenschaft und Intensität zeugen. Kurzum, das traditionelle Ehemodell veränderte sich aufgrund von konsumkulturellen Angeboten und Praktiken (vgl. Illouz 2007a, S. 78).

Das romantische Treffen wurde [...] dem Freizeitkonsum unterworfen, so dass die Praxis des Rendezvous das symbolische und praktische Eindringen des Marktes in die Liebesbeziehung markiert. Damit verschob sich auch der Fokus der romantischen Begegnung von der Ehe als dauerhafter und einziger Verbindung hin zur fragmentierten, aber wiederholbaren Jagd nach lustvollen Erfahrungen. (Illouz 2007a, S. 40)

Die Praktiken des Datings ersetzten die formelle Vorstellung im familiären Kreise und erschufen neue Konsumbereiche wie Restaurants oder Bars, die darauf abzielen, amouröse Atmosphären zu erzeugen. Hier erblühte die Idee, dass Begehren und Ökonomie getrennten Sphären angehören, dass Liebe und Romantik jedwedem wirtschaftlichen Kalkül widerstreben. Somit vollzog sich die diskursive Trennung von Begehren und Ökonomie als modernes Phänomen.

Nach Illouz ist das Modell der romantischen Liebe den kapitalistischen Verhältnissen förderlich, da sich der Individualismus und das Glücksversprechen der romantischen Utopie auf zwiespältige Weise in die konsumkapitalistische Emotionskultur fügen.

---

7 Innerhalb dieser Diskussionen wurden Perspektiven im linkspolitischen Spektrum publik, die sexuelle Liberalisierung mit Kapitalismuskritik verbanden und freie Liebe propagierten (vgl. Herzog 2011, S. 27). In diesen sexualliberalen Interventionen betonte man, wie wirkmächtig sozioökonomische Strukturen das Sexual- und Liebesleben beeinflussen, allerdings wurde Sexualität als per se frei von Macht gedacht, eine Annahme, die überaus problematisch ist, weil sie übersieht, wie grundlegend Begehren von Machtstrukturen geprägt ist.

> Während das romantische Ideal auf der einen Seite die demokratischen Ideale des Konsumkapitalismus widerspiegelt und mit aufrechterhält, wurden die für den Markt konstitutiven Ungleichheiten auf die Liebesbeziehung übertragen. Die moderne romantische Liebe ist alles andere als ein vor dem Marktplatz sicherer ‚Hafen', sondern vielmehr eine Praxis, die aufs Engste mit der politischen Ökonomie des Spätkapitalismus verbunden ist. (Illouz 2007a, S. 51)

Die Werbewelt nahm eine Schlüsselrolle dabei ein, den Warencharakter der Romantik hervorzubringen (vgl. Illouz 2007a, S. 64–73). Wünsche werden erzeugt, Begierden kanalisiert und die feilgebotenen Produkte verwandeln sich in Begehrensobjekte, daher bietet Liebe einen idealen Einsatz für die Werbung (vgl. Illouz 2007a, S. 103). Indem sich Liebesdiskurse und Konsumsphären zunehmend überschnitten, vollzog sich die „Romantisierung der Waren und die Verdinglichung der romantischen Liebe" (Illouz 2007a, S. 53).

Diese Entwicklung sollte sich in Europa noch eine Weile hinziehen, obwohl sich bereits in der Prostitutionsdebatte zwischen 1900 und 1914 Tendenzen zur Emotionalisierung des Ehelebens abzeichneten. Nach dem Zweiten Weltkrieg versuchte man in westeuropäischen Staaten, eine konservative Sexualmoral zu reetablieren (vgl. Herzog 2011, S. 192). Dennoch änderte sich das Ehemodell ganz grundsätzlich. Während zwischen den Weltkriegen eheliches Leben als weitgehend lustfrei galt und man sexuelle Vergnügungen in außerehelichen Zusammenhängen suchte, zeichnete sich ab den 1950ern die Erotisierung der Ehe ab (vgl. Herzog 2011, S. 106).[8] Herzog betont, dass man zwei scheinbar paradoxe Narrative über Sexualität zur Ära des Kalten Kriegs erzählen kann. Erstens: die Restauration sexualkonservativer Sozialverhältnisse. Zweitens: die aufkommende Aushandlung von Fragen der sogenannten Ehehygiene. In den sexualpolitischen Aushandlungen der späten 1950er und 1960er Jahre postulierte man zunehmend

---

[8] Obwohl sich der Nationalsozialismus nicht aus der Kontinuität der deutschen Sexualgeschichte herausschreiben lässt, sind die dortigen sexuellen Politiken und die nachfolgenden Auseinandersetzungen darüber zu komplex, um hier angemessen darauf eingehen zu können. An dieser Stelle sei auf Dagmar Herzogs Studie *Die Politisierung der Lust. Sexualität in der deutschen Geschichte des 20. Jahrhunderts* (2005) verwiesen. Sie legt dar, dass die Nationalsozialisten einerseits für eine bürgerlich-repressive Sexualmoral eintraten und anfangs mit den Kirchen kooperierten, andererseits die liberalen Ansichten von progressiven Sexologen übernahmen, welche die 1920er und 1930er Jahre bestimmten, diese jedoch rassentheoretisch zurechtschnitten und eugenische Sexualpolitiken betrieben. Während in den 1950er Jahren der Nationalsozialismus in seiner vermeintlichen Perversität verunglimpft wurde, um sexualkonservative Maßnahmen durchzusetzen, erklärte die Nachfolgegeneration in den 1960er und 1970er faschistische Strukturen anhand von Triebunterdrückung – eine These, die maßgeblich von dem Psychoanalytiker Wilhelm Reich geprägt wurde (vgl. Reich 1933/2003).

offen das persönliche Recht auf Lustbefriedigung und äußerte verstärkt Akzeptanz für vorehelichen Sex (vgl. Herzog 2011, S. 109).

In der BRD der 1950er Jahre bezeichnete man diese gesamtgesellschaftlichen Debatten als ‚Sexwelle‘, die u. a. von der Rezeption der Kinsey-Studien, dem Erfolg von Erotikversandhäusern wie *Beate Uhse* und der Erfindung der Antibaby-Pille geprägt waren (vgl. Heinemann 2015). Insofern herrschte in den als besonders bieder verschrieenen 1950er Jahren ein aufgeheiztes Klima, in dem sich ein öffentliches Interesse an Sex manifestierte. Der Wirtschaftshistoriker Franz X. Eder merkt zur Vorgeschichte der sexuellen Revolution an, dass Kommerz, Medien und Sexualitätserziehung zu einem langsamen Einstellungs- und Verhaltenswandel führten, wodurch ersichtlich wird, wie sehr das neue Lustangebot warenweltlich eingebunden war (vgl. Eder 2015, S. 37). Der Konsum der Romantik, der sich in der europäischen Jahrhundertwende zögerlich angebahnt hatte, entfaltete sich in den 1950er Jahren als konsumkapitalistisches Angebot von Erotik-Versandhäusern und Eheratgebern. Diese Sexualisierung und Individualisierung von intimen Beziehungen überführt die Ehe, vormals als ‚oikos‘ gedacht, in das Zeichen des ‚eros‘.

Dieser kurze Abriss europäischer Sexualitätsgeschichten zeigt Kristallisationsmomente, in denen Sexualität zum Schauplatz ökonomischer Wandlungen wurde. Trotz ihrer geschichtlichen Differenzen zeugen die Phänomene allesamt davon, wie Sex rationalisiert und Begehren kalkulierbar gemacht werden soll. Das rationalistische Moment ist tief in das Sexualitätsdispositiv eingeschrieben. Foucault macht darauf aufmerksam, dass Sexualität nicht aus dem Inneren eines angeblich authentischen Begehrens entspringt, sondern ein Dispositiv ist, das Körper wie Denken regiert.

> ‚Sexualität‘ ist der Name, dem man einem geschichtlichen Dispositiv geben kann. Die Sexualität ist keine grundlegende Realität, die nur schwer zu erfassen ist, sondern ein großes Oberflächennetz, auf dem sich die Stimulierung der Körper, die Intensivierung der Lüste, die Anreizung zum Diskurs, die Formierung der Erkenntnisse, die Verstärkung der Kontrollen und der Widerstände in einigen großen Wissens- und Machtstrategien miteinander verketten. (Foucault 1977, S. 103)

Der Drang zum Messen und Bewerten hat sich jahrhundertelang in die Vorstellungen von Sexualität eingeschrieben. Der Glaube der christlichen Beichtpraktiken, dass die geheimen lüsternen Wünsche den Wesenskern der Menschen entblößen, wird während der aufklärerischen Säkularisierung von den Humanwissenschaften aufgenommen und diskursiv in die Idee der Identität integriert (vgl. Foucault 1977, S. 38 f.). Insofern ist die Annahme, dass das sexuelle Verlangen unsere Identität ausmacht, eine moderne Idee, die dem aufklärerischen Drang geschuldet ist, den Menschen wissenschaftlich zu erfassen. Dabei bildete sich die

Sexualwissenschaft als eigene Disziplin heraus. Eines der Gründungswerke ist die 1886 erschienene *Psychopathia sexualis* von Richard von Krafft-Ebing. Penibel aufgelistet und kategorisiert finden sich darin sämtliche dem Forscher bekannten Perversionen. Diese damals begonnene Kartografie der Lüste erstreckt sich über das gesamte 20. Jahrhundert hinweg bis in die Gegenwart.

Das Wünschen und das Werten scheinen somit unauflöslich miteinander verbunden zu sein. Dadurch formt sich der Glaube, mit den eigenen Wünschen, seien sie sexuell oder nicht, das eigene wahre Wesen und die eigene Identität ausdrücken zu können. Mithin hat das Sexualitätsdispositiv das kapitalistische Kalkül mit Affekten und Begehren verstärkt und einen biopolitischen Zugriff eröffnet, um die intimsten Wünsche verwertbar zu machen. Dieser Versuch, durch die Analytik des Begehrens Menschen vermessbar zu machen, zeigt sich in sexualwissenschaftlichen Diskursen, die danach strebten, Lüste mit wissenschaftlichen Maßstäben zu erfassen, um Rückschlüsse auf menschliche Eigenschaften und Verhaltensformen zu ziehen. Allerdings sind diese Maßstäbe stets moralisch geprägt, sodass sie Menschen in den Kategorien von normal oder pervers auf- oder abwerten. Schließlich wird das, was vermessen wird, auch bewertet. Auf süffisante Weise macht schon im 18. Jahrhundert der Marquis de Sade darauf aufmerksam, wie stark dem Sexuellen der Drang zum Vermessen und Bewerten innewohnt. In seinen literarischen Schilderungen von ruchlosen Geheimgesellschaften werden die perversen Gelüste nicht nur offen zelebriert, sondern auch gezählt und abgeschätzt. Je perfider sie ihr libidinöses System ausfeilen, desto mehr ergötzen sich Sades literarische Gefährten daran. Dieses kaltblütige Kalkül der grausamen Leidenschaften enttarnt, dass dem von der Aufklärung gepriesenen Rationalitätsideal aggressive Affekte innewohnen. Der aufklärerische Wissensdrang verlangt danach, das geheime Wesen des Menschen und dessen sexuelle Wünsche zu durchringen und zu dirigieren. Dies hat die Marktwirtschaft dazu inspiriert, aus liberalisierten Sexualverhältnissen Mehrwert zu schöpfen, ein Beispiel bietet das sich herausbildende Metropolenleben Ende des 19. Jahrhunderts, das Lebensentwürfen Raum gab, die sich jenseits von familiären Hauswirtschaften abzeichneten und deren Protagonistinnen dem expandierenden Markt als Arbeitskräfte sowie als Konsumentinnen dienten. In derartigen Entwicklungen verändert sich das Sexualitätsdispositiv und dadurch wandeln sich auch wissenschaftliche und sexualmoralische Bewertungen.

Vor diesem historischen Hintergrund muss man den Sexualitätsbegriff im breiten Blickwinkel betrachten. Sexualität bezeichnet nicht bloß einen Akt, der sich im Schlafzimmer abspielt. Sexualität ist überall, in den Straßen, in der Schule, in Einkaufszentren, in Behörden, in Krankenhäusern, in Werbebildern, in Film und Literatur, in Büchern und Ideen. Vor allem wirkt Sexualität in uns, in unseren Körpern und in unserem Denken, in unseren Wahrnehmungen und

Weltanschauungen, in unseren Selbstbildern und Beziehungswünschen. Sexualität bildet einen Subjektivierungsmodus, da sich das moderne Subjekt im Raster der sexuellen Identitäten hervorbringt.[9] Die Allgegenwart des Sexuellen ermöglicht es, die Konsumsphäre zu erweitern, und erlaubt zugleich den biopolitischen Zugriff auf intime Lebenswelten. Das führt uns direkt zu 1968.

Dass die späten 1950er und 1960er Jahre in Westeuropa zu einem liberaleren Umgang mit Sexualität führten, ist nach Herzog ökonomisch günstigen Bedingungen geschuldet wie konstantem Wirtschaftswachstum, Vollbeschäftigung und Konsummöglichkeiten (vgl. Herzog 2011, S. 129). Dementsprechend wirkten die Wirtschaftswunderjahre als Ermöglichungsbedingung der sexuellen Revolution. Im Tumult der bewegten 1960er und 1970er Jahre feierte man Begehren als emanzipative Kraft. Besonders in Frankreich verbanden sich die Ereignisse des Mai 1968 mit einer *Philosophie des Begehrens*, um einen Begriff des Philosophen Vincent Descombes aufzunehmen (vgl. Descombes 1981; vgl. Bourg 2007). An den Wänden der Sorbonne stand geschrieben: *Mes désirs sont la réalité. Meine Begehren sind die Wirklichkeit.* Dieser Satz steht emblematisch für den Glauben daran, dass Begehren als revolutionär-performative Kraft die Gesellschaft radikal verändern kann.

Luc Boltanski und Ève Chiapello halten in ihrer Studie zum neuen Geist des Kapitalismus fest, dass sich in dieser sexualpolitischen Umbruchsphase neben den Protesten gegen verkrustete konservative Gesellschaftsverhältnisse ein Wandel der Unternehmensstrukturen andeutete: von der familienweltlichen Firmenorganisation zu einem durchbürokratisierten Konzernkapitalismus ab den 1960ern und der autoritären Wirtschaftspolitik des Neoliberalismus ab den 1980er Jahren mitsamt seinen dynamischen Organisationsformen und flachen Hierarchien ab den 1990er Jahren hin zum gegenwärtigen, globalisierten Finanzkapitalismus (vgl. Boltanski/Chiapello 2003, S. 57). Dass sexualpolitische Fragen liberaler verhandelt werden, dass Sexualität weniger unterdrückt und

---

9 Die Kategorisierung sexueller Identitäten ändert sich im Zuge der sexualwissenschaftlichen Theoriegeschichte. Prägend für das späte 20. Jahrhundert war die Unterscheidung von Hetero- und Homosexualität, die sich bis in die Gegenwart zieht, wobei sich das Verständnis von sexuellen Identitäten durchaus pluralisiert hat. Die Anthropologin Gayle Rubin weist in ihrem Aufsatz *Sex denken. Anmerkungen zu einer radikalen Theorie der sexuellen Politik* (2003) darauf hin, dass unterhalb dieser kategorischen Trennung von hetero- und homosexuell feinere sexualmoralische Abstufungen am Arbeiten sind, die zwischen denjenigen unterscheiden, die Sexualität lediglich im dafür vorgesehenen Rahmen des Privaten ausleben und denjenigen, die sexuellen Aktivitäten außerhalb monogamer Partnerschaften nachgehen und als pervers verschriene Praktiken ausüben.

vielmehr reguliert wird, lässt sich, wie sich im Folgenden zeigen wird, auch als Ausdruck von veränderten wirtschaftlichen Strukturen verstehen.

Inmitten des sozioökonomischen Wandels von 1968 lässt sich im poststrukturalistischen Theoriegefüge ein verstärktes Interesse an dem Verhältnis von Begehren und Ökonomie verzeichnen. Zu nennen sind hier, neben vielen anderen, die Ökonomietheorie von Georges Bataille, dessen antirationalistisches Ökonomieverständnis die poststrukturalistische Philosophie entscheidend prägt (1975), der Essay über das lebendige Geld seines Zeitgenossen Pierre Klossowski (1998), die Bände zu Kapitalismus und Schizophrenie des Autorengespanns Gilles Deleuze und Félix Guattari (1974; 1992), die Schrift *Libidinöse Ökonomie* von Jean-François Lyotard (2007) und *Das homosexuelle Begehren* von Guy Hocquenghem (2019). Dabei ist der *Anti-Ödipus. Kapitalismus und Schizophrenie* (1974), der 1972 in Paris bei *Éditions Minuit* erscheint, besonders herausstechend, da er eine begehrensphilosophische Wende vollführt, indem er Begehren als Produktivkraft umdeutet, die den Kapitalismus antreibt. Außerdem bildet der *Anti-Ödipus* ein markantes Zeitzeugnis des gesellschaftspolitischen Aufbruchs, von 1968. Im gemeinsamen Gedankengefüge betrachtet, bilden die Texte von Deleuze und Guattari, Bataille, Klossowski, Lyotard und Hocquenghem eine theoriegeschichtliche Bewegung, die darauf abzielt, Begehren umzudenken und den Kapitalismus als Begehrensökonomie zu begreifen.

Der optimistische Glaube daran, dass es möglich sei, bestehende Machtverhältnisse umzustürzen, ist nach der sexuellen Revolution und den sexuellen Emanzipationsbewegungen in den 1970er und Anfang der 1980er Jahre deutlich gedämpfter, da das kapitalistische System nicht aufgrund seiner Selbstwidersprüche kollabiert, sondern sich in subtiler Spielart Kritik- und Widerstandsformen aneignet. Daher müssen viele der Thesen von Bataille, Klossowski, Lyotard, Hocquenghem und Deleuze und Guattari revidiert werden, dennoch finden sich in ihren Texten Ideen und Impulse, um spätkapitalistische Gesellschaftsverhältnisse zu studieren. Geteiltes Anliegen der Texte ist es, den Kapitalismus nicht anhand des marxistischen, monokausalen Erklärungsansatzes zu untersuchen, der alle Machtverhältnisse hauptwidersprüchlich auf den Klassenkampf zurückführt. Man will sich stattdessen vom teleologisch gelenkten Blick der marxistischen Denkausrichtungen lösen und die affektiven Dynamiken des Kapitalismus untersuchen, die den rational vorgebrachten Interessen zugrunde liegen.

Nach Deleuze und Guattari ist Begehren im Kapitalismus durchaus sexuell, ohne dabei zwangsläufig auf Sex abzuzielen. Mit dieser These argumentieren sie gegen die Idee der libidinösen Sublimation und vertreten ein allumfassendes Verständnis des Sexuellen. „In Wahrheit ist die Sexualität überall: darin, wie ein Bürokrat seine Akten streichelt, wie ein Richter Recht spricht, wie ein Geschäftsmann Geld fließen läßt, wie die Bourgeoise dem Proletariat in den Arsch

fickt, und so weiter und so fort." (Deleuze/Guattari 1974, S. 377) Nach dem Sie-
depunkt der sexuellen Revolution führen sie einen brandneuen, brodelnden
Begehrensbegriff ein, der Begehren nicht als Mangel, sondern als Produktion
bestimmt. Im Anschluss an das Zitat lässt sich festhalten, dass im Kapitalismus
Begehrensformen wirken, die nicht sublimiert, sondern durchaus sexuell sind,
ohne genitale Lustbefriedigung zu forcieren wie schon das Beispiel der Börsenspekulation bezeugt. Anzuführen wären auch das erotisch knisternde Geldzäh-
len, der ekstatische Moment des Kaufrauschs, die postorgiastische Leere nach
dem Erwerb, der Adrenalinrausch des Bankers. Solche Beobachtungen machen
die Unterscheidung zwischen sexuellem und nicht-sexuellem Begehen unmöglich, da auch ökonomische Praktiken begehrlich aufgeladen sind. Wenn man
davon ausgeht, dass Begehren das Soziale hervorbringt und die Ökonomie antreibt, muss man Begehren als motivationale Kraft verstehen, die sämtliche soziale Praktiken bestimmt, seien sie nun sexuell oder ökonomisch codiert.

,Oikos' als hauswirtschaftlicher Regulierungshort der Lüste, sexueller Konsum, der ,homo oeconomicus' als Begehrensmensch, Begehren als ökonomietheoretische Kernkategorie, die Sexualisierung von Wirtschaftspraktiken, die Bio-
Macht als soziale Reproduktionsmaßnahme, sexuelle Subjektivierung als Herausbildung von Konsumententypen, sexuelle Liberalisierung als Markterweite-
rung, der Konsum der Romantik, die Warenfetischisierung intimer Bindungen, die
begehrlich aufgeladene Werbewelt – diese Fülle an Phänomenen bestätigt die
Vermutung, dass Begehren und Ökonomie epistemologisch miteinander verbunden sind. Sie verstärken außerdem den Verdacht, dass diese ontologisch nicht
differenzierbar sind. Schließlich bildet Begehren eine Kategorie der politischen
Ökonomie und ebenso erscheint Ökonomizität als wichtiges Prinzip, um Begehren
zu denken. Damit sind wir beim Kernthema dieses Buches angelangt.

1 Die begehrensökonomische Kartografie

Die verflochtenen Theorietraditionen von Begehren und Ökonomie wirken im engen Zusammenspiel mit gesellschaftlichen Kräfteverhältnissen und Subjektformationen. Die jeweiligen Modellierungen von Begehren stiften sozial regulierte und regulierende Identitätsangebote, die mit Wirtschafts- und Herrschaftsverhältnissen wechselwirken. Folglich ist der analytische Ausgangspunkt die epistemologische Verbindung von Begehren und Ökonomie. Dabei liegt die Annahme zugrunde, dass Ökonomie einen konstitutiven Faktor darstellt, um Begehren zu begreifen. Umgekehrt lassen sich sozioökonomische Systeme nicht ohne die Rolle des Begehrens erfassen. Über diese epistemologische Verbindung hinaus wirkt Begehren – so meine Grundthese, die auf eine sozialontologische Verschränkung von Begehren und Ökonomie abzielt – dahingehend sozial mobilisierend, als dass es vermag, normative Ordnungen hervorzubringen und diese zugleich zu überschreiten.

1.1 Der begehrensökonomische Begriffsapparat

Um Ökonomie dergestalt in ihren Begehrensbewegungen, und Begehren in seiner Ökonomisierung zu begreifen, bedarf es des entsprechenden Begriffswerkzeugs, das analytische Nähe als auch kritischen Abstand erlaubt.

Begehrensökonomien

Der erste Arbeitsbegriff ist derjenige der *Begehrensökonomie*. Davon ausgehend, dass ein intrinsischer Zusammenhang zwischen Begehren und Ökonomie besteht, da Begehren ökonomisch operiert und Ökonomien in sich begehrlich aufgeladen sind, soll der Begriff der Begehrensökonomie dieses Verschränkungsverhältnis aufzeigen. Wie Deleuze und Guattari darlegen, sind politische und libidinöse Ökonomien nicht ontologisch verschieden, daher muss man ihre epistemische Trennung untersuchen sowie ihre Wechselwirkungen und Überkreuzungen herausarbeiten (vgl. Deleuze/Guattari 1974, S. 446). Wenn bisweilen von der Sexualisierung des Ökonomischen und der Ökonomisierung des Sexuellen die Rede ist, dann soll diese chiastische Formulierung den analytischen Fokus anzeigen. Der Begriff der Begehrensökonomie benennt den Nexus von Begehren und Ökonomie und bezeichnet sowohl libidinöse Ordnungsprinzipien, wie sie in Sigmunds Freuds Begriff der *Libidoökonomie* anklingen, als auch soziale Dynamiken, die

https://doi.org/10.1515/9783110686975-002

durch Begehren motiviert werden und dieses kanalisieren. Demnach wirkt Begehren mikro- und makropolitisch und organisiert das Soziale als Begehrensökonomie.

Aufbegehren / Begierden

Um diese Begehrensdialektik aufzuzeigen, bedarf es technischen Vokabulars, das diese Operationsebenen analytisch unterscheidbar und die widerstrebenden und gleichsam ineinander greifenden Begehrensmodalitäten untersuchbar macht. Daher dient mein heuristisches Begriffspaar Aufbegehren/Begierden dazu, begehrenstheoretische Unterscheidungen wie Mangel/Produktion und Positivität/Negativität zu unterlaufen und stattdessen dynamische Wechselspiele zu betonen. Während Aufbegehren eine subjektentgrenzende Transgression beschreibt, bezeichnen Begierden machtvolle, hierarchische Gesten, durch die sich ein Subjekt gegenüber seinem Begehrensobjekt als überlegen positioniert.[10] Dabei kann Aufbegehren jederzeit in Begierden umschlagen, während Begierden Aufbegehren anreizen können. Während Aufbegehren die Möglichkeit dazu öffnet, zu affizieren und affiziert zu werden, verschließen Begierden diesen Resonanzraum.[11] Allerdings hat diese Schließungs- oder Feststellungsbewegung nicht rein negative Effekte, sie erlaubt auch Fokussierung und Persistenz.

Unzweifelhaft besitzt das Begriffspaar normative Wirkung, was durch die Assoziationskreise verstärkt wird, die von den Worten *Aufbegehren* und *Begierde* ausstrahlen. Aufbegehren assoziiert den Widerstand gegen Unterdrückung, den revolutionären Freischlag, aber auch den Tumult und die tobende Masse. Dagegen birgt Begierde den Begriff der Gier und evoziert damit eine Empfindung, die man als ökonomische Emotion bezeichnen kann, da sie, ähnlich wie Neid, auf Bereicherung abzielt und sich im Modus des Haben-Wollens nach Besitz und Bestand sehnt. Trotz dieser assoziativen Effekte soll der Begriff des Aufbegehrens kein geschlossenes politisches Programm befördern, welches auf Kontingenz und Ereignishaftigkeit beruht. Im poststrukturalistisch geprägten Denken werden Proteste zumeist im Zeichen des Ereignisses gedacht, doch politische Prozesse

---

10 Um die Mannigfaltigkeit zu betonen, die dem Begehren inhärent ist, wird der Begriff der *Begierden* im Plural verwendet.
11 In dieser Hinsicht ähnelt Aufbegehren/Begierden dem Begriffspaar Resonanz/Entfremdung des Soziologen Hartmut Rosa (2016). Indem Rosa jedoch einen durchweg positiven Resonanzbegriff vertritt, der das normative über das deskriptive Potenzial seines Begriffs stellt, verspielt er die Möglichkeit, Machtstrukturen als Effekt von Resonanz zu denken, schließlich muss Macht affizieren, um walten zu können.

sind einerseits von Ereignishaftigkeit geprägt, andererseits bedürfen sie der Persistenz, benötigen Strukturen und zeitliche Kontinuität, um weitere Möglichkeitsräume der aufbegehrenden Ereignisse zu schaffen. Insofern wäre es vorschnell, die Ereignishaftigkeit zum Merkmal linker Proteste wie Mai 1968 zu erheben, denn politische Ereignisse können durchaus reaktionär sein, ebenso wie progressive Politiken der Persistenz bedürfen. Persistenz bezeichnet insofern einen Zustand des Beharrens, der nicht flüchtig ist, sondern fortdauert. In dieser Perspektive kann Aufbegehren nicht als per se politisch progressiv und Begierden können nicht als rein reaktionär übersetzt werden, vielmehr beschreibt das Begriffspaar öffnende und schließende Bewegungen, die jedweder politischen Artikulation innewohnen. Obwohl besagte Assoziationen durchaus erwünscht sind, operiert das Begriffspaar in erster Linie deskriptiv, um Schwellenbewegungen aufzuzeigen, z. B. den Wandel von Aufbegehren in Begierden während sozialer Proteste, wenn der Versuch, bestehende Machtstrukturen aufzubrechen, darin umschlägt, dass sich neue Hierarchien herausbilden. Während Aufbegehren das ereignishafte Aufbrechen von etablierten Strukturen markiert, verweisen Begierden also auf Persistenz.

Auf sozialpsychologischer Ebene kommt die Doppeldeutigkeit von Aufbegehren ins Spiel, da es, neben Aufruhr und Revolution auch Selbstbehauptung bedeutet. Selbstbehauptung lässt sich als emanzipativer Akt lesen, doch dieser kann wiederum in Machtgier und damit in Begierden umschlagen Aufbegehren kann sich außerdem verschieden artikulieren. Es kann sich als Rausch und Transgression manifestieren, aber auch als Verweigerungshaltung des stummen Ausharrens wie es Bartleby, Hermann Melvilles literarischer Antiheld, verkörpert (1853/1985). Dahingegen wirken Begierden insofern subjektivierend, als dass der machtvolle Bezug auf die Andere das Subjekt erst hervorbringt.[12] Wie wir in der Auseinandersetzung mit Hegel und den Lesarten von Judith Butler und Georges Bataille sehen werden, birgt die Begierde, sich des Anderen zu ermächtigen, auch die Möglichkeit der Selbsthingabe. Sie kann also Aufbegehren hervorrufen, wodurch das Subjekt aus sich heraustritt, sich der Anderen öffnet, die eigene Selbstgewissheit riskiert und die Möglichkeit zulässt, die gesellschaftlich abgesteckten Grenzen der Identität zu überschreiten. Derartige Bewegungen zwischen Eingrenzen und Entgrenzen, Verflüssigen und Verfestigen beschreibt das Begriffspaar Aufbegehren/Begierden.

---

12 So schreibt Bataille im Rückgriff auf Hegels Herr/Knecht-Szenario: „Niemand kann sein anderes Selbst, das ja der Sklave ist, zu einem Ding machen, ohne sich damit von dem, was er selbst intimerweise ist, zu entfernen, ohne sich selbst die Grenzen eines Dings zu geben." (Bataille 1957/1994, S. 86)

Mangel vs. Produktion?

Im *Anti-Ödipus* argumentieren Deleuze und Guattari, dass bereits Platons Philosophie Begehren in die Gestalt kleidete und mit ökonomischen Wissensordnungen vermählte. Deshalb plädieren sie dafür, den Gegensatz von Mangel und Produktion als philosophiehistorischen Einsatzpunkt zu betrachten, um das leidenschaftliche Verhältnis von Begehren und Ökonomie in den Blick zu bekommen. Um diesen Blick weiter zu schärfen, dient hier das Begriffspaar Aufbegehren/Begierden als methodisches Handwerkszeug, um nicht alleine darzustellen, wie Begehren entweder als Mangel oder als Produktion gefasst wird, sondern um zu hinterfragen, wie trennscharf die Unterscheidung zwischen dem Mangel- und dem Produktionsdenken tatsächlich ist.

Die ideengeschichtlichen Denklinien des Begehrens als Mangel oder als Produktion sind weitverzweigt. Um sie hier schemenhaft zusammenzufassen: Der Linie des Mangelmodells lassen sich Platon, Hegel, Freud und Lacan zuordnen. In die Linie des Produktionsmodells sind Spinoza, Nietzsche, Deleuze und Guattari zu verorten. Letztere nehmen an, dass ein hierarchisches, quasi supplementäres Verhältnis zwischen den beiden Modellen besteht. Das Modell des Mangels habe stets regiert, nicht zuletzt im ödipalen Mythos der Psychoanalyse, und regulierend auf Begehren eingewirkt (vgl. Deleuze und Guattari 1974, S. 34 f.). In dieser Perspektive bildet die spinozistisch-deleuzianische Linie die Spur, die von dem machtvollen Mangelmodell überdeckt wurde. Allerdings ist eine derartige Gegenüberstellung selten so trennscharf wie es zunächst scheint. Daher ist anzunehmen, dass sich diese zwei Theorietraditionen trotz aller beteuerten Differenzen beeinflussen. Demnach erscheint es irreführend, Begehren entweder als Mangel oder als Produktion zu definieren. Im Einleitungskapitel des Sammelbandes *Global Justice and Desire. Queering Economy* (2015) schreiben wir:

> The genealogy of desire in the history of philosophy and psychoanalysis should be borne in mind when deploying the epistemological links between desire and economy. It reveals how desire and economy intertwine by oscillating between lack and productivity. (Dhawan/Engel/Govrin/Holzhey/Woltersdorff. 2015, S. 8)

Die Oszillationsbewegungen zwischen Mangel und Produktion zeigen, wie durchlässig die kategoriale Trennung der beiden Denklinien ist. Dennoch muss diese Trennung kurz nachgezeichnet werden, um sie nachfolgend in Zweifel zu ziehen.

Das Mangelmodell des Begehrens

Nach der Einschätzung von Deleuze und Guattari erstreckt sich die Denklinie, die Begehren als Mangelerleben, als ewig unerfülltes Streben darstellt, von Platon bis zur Psychoanalyse. Im psychoanalytischen Diskurs liest man Begehren gemeinhin als ödipal besetzten, mangelökonomischen Wunsch, der sich durch Unerfüllbarkeit nährt und im Sozialisationsprozess substituiert wie sublimiert, reguliert und normiert wird (vgl. Lacan 1978, S. 161; 215; 223–227; vgl. Lange 1989, S. 72–77). Obzwar diese Rezeption psychoanalytischer Theorie keineswegs deren Komplexität gerecht wird, finden sich in Freuds Schriften Hinweise, die zu solch einer Lesart einladen. Um ein beiläufiges Beispiel zu bringen: In der *Traumdeutung* beschreibt er, wie sich hinter dem begehrten Objekt stets ein anderes Objekt verbirgt, was einer hermeneutischen Enthüllungsstrategie bedarf, wie sie die Psychoanalyse bietet (vgl. Freud 1900/1975). Insofern verfehlt Begehren stets sein Ziel. Ähnlich wird dieses Dilemma von Jacques Lacan beschrieben, für den Begehren insofern unerfüllbar ist, als dass es sich metonymisch von einem Signifikanten zum nächsten verschiebt (vgl. Arbeitsgruppe Gender 2004, S. 284). In dieser Perspektive verfolgt das psychoanalytische Mangelmodell eine zeichentheoretische Repräsentationslogik, die stets auf ein Abwesendes verweist. Hier kommt Freuds Ödipusmodell ins Spiel. Es fixiert das Subjekt mit dem ödipalen Mangel, es lässt dabei die Vaterfigur in patriarchaler Allmacht erstrahlen, wodurch die Fülle an Begehrensartikulationen auf das ödipale Drama reduziert wird – dahingehend ließe sich die Kritik von Deleuze und Guattari zusammenfassen. Obzwar sich Freuds Schriften, wie sich zeigen wird, einer solchen Pauschalkritik widersetzen, trifft diese Kritik durchaus auf manche psychoanalytische Denkströmungen zu. Besonders beispielhaft ist die sogenannte Ich-Psychologie, die Abweichungen von heterosexuellen Normen pathologisiert und die Wiederherstellung der ödipalen Ordnung als Heilsversprechen erachtet.

Das Mangeldenken des Begehrens fügt sich in ökonomische Wissensordnungen, die den Markt als Produzenten von immer neuen Begehrlichkeiten verstehen, die sich niemals erfüllen, da die Akkumulationslogik des Kapitals stets neue Konsumtionsfelder erschließen muss. In *Kalkül und Leidenschaft. Poetik des ökonomischen Menschen* verortet Vogl das Aufkommen des Mangelkonzeptes in der frühen Phase der Nationalökonomie:

> Was man [...] um 1800 entdeckt hat, ist nicht die Rationalität von eigensinnigen Bedürfnissen und interessensgeleiteten Handlungen, die man noch hinter der Maske unvernünftiger Begierden und Taten entdecken kann, sondern ein Verlangen, das einen Fehl aller artikuliert und dessen Wirksamkeit, wie irrational auch immer, Ordnung und Systemkohärenz erzeugt. Der Mangel, der eine spätere Theorie des Begehrens systematisieren wird, ist also weder universal noch als anfänglicher und unwiderruflicher Schriftzug in die Seele des

einzelnen eingesenkt. Gerade in der Entstehung eines nationalökonomischen Diskurses lässt sich ablesen, mit welcher Umständlichkeit, [...] die Kontur eines Systems hervorgetreten ist, das die Rationalität seiner Funktionsweise vor allem in der Produktion von Mangel, Knappheit und ungestilltem Verlangen erkennt. Die Knappheit muss produziert werden. Und diese Knappheit wird nun unabhängig von natürlichen Bedürfnissen und bestehenden Mengen. Die Sorge, von der dieses neue Wissen getragen wird, betrifft nicht den Abbau und die Verteilung von Überschüssen, sondern die Verwaltung des Mangels, sie sorgt zuletzt dafür, dass das Wünschen gerade das konsequente Verfehlen seines Objekts bedeuten wird. (Vogl 2011, S. 348 f.)

Ein derartiges Ökonomieverständnis, das sich auf materieller Knappheit begründet, kann Ungleichheitsverhältnisse durch den natürlichen Mangel an Ressourcen erklären, doch anstatt diese aktiv anzufechten, dient dieses Denkmodell zumeist dazu, wirtschaftspolitisch bedingte Ungleichverhältnisse zu legitimieren.[13]

Mit Begehren als ökonomischer Kategorie sind zwei weitere Analysebegriffe verbunden: Interessen und Bedürfnisse. Die Annahme eines reflektierten, wohl abgewogenen Interesses baut auf wirtschaftswissenschaftlichen Rational-Choice-Modellen auf und spielt bereits in Adam Smiths Schriften zur Klassischen Nationalökonomie eine Rolle, die darauf angelegt sind, dass der eigennützige, seinen Interessen folgende Mensch dem wirtschaftlichen Nutzen der Nationalökonomie zuträglich ist (vgl. Smith 1776/2005). Interessen und ebenso Bedürfnisse bilden zweckrationale Kategorien, die dem Primat der Nützlichkeit unterstehen. Begehren zielt dagegen auf die affektiven Dynamiken ab, die rationalen Interessensbekundungen und Entscheidungsprozessen zugrunde liegen. Im Gegensatz dazu wird Bedürfnis oft als Vorstufe des Begehrens betrachtet (vgl. Böhme 2016). Somit nimmt man an, Begehren folge einer Logik des Nützlichen und des Mangels. Aus natürlichen Bedürfnissen macht der Markt künstliches, kulturelles Begehren, so suggeriert das Stufenmodell. In politischen Kämpfen hat diese Unterscheidung zu der marxistisch geprägten Einteilung in Haupt- und Nebenwiderspruch geführt, dem feministisch-marxistische Bewegungen die Forderung nach Brot und Rosen entgegenhielten (vgl. Dhawan/Engel/Govrin/Holzhey/Woltersdorff 2015, S. 7 f.). Begehren aus dem Bedürfnis abzuleiten ist insofern eine fälschliche Folgerung, als dass Bedürfnisse, wie der Philosoph Jean Clam darlegt, linear verlaufen, wohingegen sich Begehren nicht geradlinig bewegt (vgl.

---

13 Vogl schreibt zu den um 1800 entstandenen Nationalökonomien: „Nur unter der Annahme von Mangel und Not, d. h. durch das Ungleichgewicht und die Disproportion zwischen Bevölkerungen und Ressourcen ist ein ökonomisch relevanter Begriff von Arbeit und Arbeitskraft formulierbar; das System wird durch Knappheiten ausgesteuert und durch den Mangel, den es selbst erzeugt, in beständiger Bewegung gehalten." (Vogl 2011, S. 342)

Clam 2009, S. 27). Wenn man Clam darin folgt, dass Bedürfnis Zielorientierung und Linearität folgt, während Begehren mäandert, wird beispielsweise ersichtlich, wie widersinnig die Annahme eines primär reproduktiv ausgerichteten Begehrens ist, die den dynamischen Bewegungen des Begehrens widerspricht. Die Annahme, dass Begehren niemals linear und zielgerichtet verfährt, lässt sich ebenso bei Freud und Lacan finden, die darauf bestehen, dass sich im Begehren stets eine Verschiebung produziert, die das vermeintliche Ziel verfehlt und daher jegliche Wunscherfüllung verunmöglicht. Das Mangelmodell definiert Begehren dadurch, dass es sich in der Realität nicht erfüllen kann und sich von einem phantasmagorischen Wunschobjekt zum nächsten bewegt, wobei es von einer strukturellen Unerfüllbarkeit des Begehrens ausgeht. Zugleich führt diese Unerfüllbarkeit und Unabschließbarkeit des Begehrens dazu, dass der Mangel diese assoziativen Bewegungen fortführt, durch die es sich der linearen Logik der Bedürfnisse entzieht.[14]

Das Produktionsmodell des Begehrens

Dem negativen, durch Mangel geprägten Begehrensbegriff steht ein positiver, affirmativer Begriff gegenüber, der Begehren in spinozistischer Tradition als Produktivkraft bestimmt. Daran schließen Deleuze und Guattari an. In einer Parallelbewegung kritisieren und modifizieren sie sowohl psychoanalytische als auch marxistische Traditionen, die Begehren und Ökonomie als mangelmotiviert ausmachen. Für sie wirkt dieses mangelhafte Begehrens- und Ökonomiemodell als historisch bedingte Regulierungsinstanz, die das subversive Potenzial des Wunsches unterdrückt. Im Gegenzug bestimmen sie Begehren als dynamisch, plural, heterogen und produktiv. Es erscheint als anarchische, unregulierte Kraft, die sich in ihrer affirmativen Wirkungsweise Nietzsches Idee des Willens annähert (vgl. Schaub 2004, S. 119 – 125). Indem sie es als Produktivkraft denken, schreiben Deleuze und Guattari dem Begehren einen immanent ontologischen Status zu.[15]

---

14 Dahingegen wird heute im therapeutischen Feld prinzipiell von sexueller Wunscherfüllbarkeit ausgegangen und das Nicht-Erfüllen eines Begehrens als individuelles Problem pathologisiert (vgl. Heenen-Wolff 2009). Ein Grund für diese veränderte therapeutische Perspektive ist der historische Umstand, dass Freud seine Thesen zu Zeiten rigider Sexualmoral verfasste, die das Ausleben sexueller Wünsche untersagte.
15 Während diese beide Modelle des Begehrens als Mangel oder als Produktion als gegensätzlich dargestellt werden, zeigt sich auf phänomenaler Ebene, dass sie sich nicht so deutlich voneinander trennen lassen. Beispielsweise verweist der Überdruss an erotischen Konsumangeboten auf einen fundamentalen Mangel. Deshalb ist zu fragen, ob und wie der begehrliche Mangel in dieser

Dabei bleiben sie in ihren Beschreibungen näher am psychoanalytischen Begehrensmodell, als anfangs zu erahnen ist. Mithin zeigt sich, dass die Konzepte von Begehren als Mangel oder als Produktion näher beieinander liegen, als von Deleuze und Guattari dargestellt.

> The conception of desire as lack conjures up not only desire's regulation according to binary sex/gender differences and heterosexual coupling, but also the economic register of scarcity. However, are we always speaking of the same lack? Not only does lack function differently – for example, in economic scarcity or austerity and in the sexual fetish – but lack can also be taken to imply the impossibility of the closure of signification, of achieving stable meaning or of constituting a coherent identity. Only a small shift of perspective is therefore necessary to arrive at a notion of desire as excess and productivity. (Dhawan/Engel/Govrin/Holzhey/ Woltersdorff 2015, S. 8 f.)

Begehren lässt sich nicht allein durch Mangel bestimmen, ebenso wenig ist es pure Produktion, vielmehr oszilliert es zwischen Mangel und Produktion, Knappheit und Überfülle – so meine Gegenthese zu Deleuze und Guattari. Der epistemologische Widerstreit zwischen dem Mangel- und dem Produktionsmodell resultiert nicht nur aus dem Zwist zwischen verschiedenen philosophischen Ausrichtungen, sondern scheint dem Denken von Begehren inhärent zu sein. Schon Platons Ursprungsfiktion des Eros weist darauf hin, in der er als Kind von Armut und Reichtum, Mangel und Überfluss erscheint. Trotzdem werden diese zwei getrennten Denklinien in theoretischen Aushandlungen weiterhin in Widerstreit gebracht. Um nicht in die Falle dieser falschen Alternativen zu geraten, ist mein Gegenvorschlag, Mangel/Produktion nicht als Entweder/Oder, sondern Begehren als dazwischen oszillierend anzunehmen. Begehren als Überfülle des Seins oder Seinsmangel wirken in dieser Betrachtungsweise nicht als einander ausschließende, sondern als einander zuspielende Modelle. Begehren muss folglich in seinen Oszillationsbewegungen gedacht werden, die sich zwischen Polaritäten wie Mangel/Produktion, Negation/Affirmation, Sedimentierung/Verflüssigung, Öffnung/Schließung abspielen. In diesem Verständnis artikuliert sich Begehren in seiner ihm innewohnender Mannigfaltigkeit, die kein Entweder/Oder kennt.

Überfülle erzeugt wird. Dass sich Begehren nicht effizienzlogisch erfüllt, zeigen weiterhin verschiedene Phänomene: Eine zunehmende sexuelle Unsicherheit, die Wiedererstarkung religiös geprägter Sexualmoral (vgl. Herzog 2008), das Phänomen der Asexualität (vgl. Pfaller 2009), das Umschlagen von sexuellem Begehren in Gewaltexzesse (vgl. Sigusch 2013, S. 573–576), der Überdruss an der hypersexualisierten Umwelt (vgl. Clam 2009; 2011), die Paradoxien der romantischen Illusion/Desillusion (vgl. Illouz 2011; 2013).

Ökonomie als Ordnung des Begehrens

Der Ökonomiebegriff dient zunächst als Konvergenzpunkt, um verschiedene Begehrenstheorien zu vergleichen. Neben dieser methodischen Setzung wird Ökonomie als Wissensordnung betrachtet und gefragt, in welcher Wechselwirkung sie mit den diskutierten philosophischen Texten steht.

In dieser epistemologischen Hinsicht ist vor allem zu beachten, dass die ökonomische Wissensordnung performativ ihre eigenen Postulate hervorbringt, da, wie Vogl anmerkt, das „Konzept des Marktes Gestalt [annahm], bevor der Markt zu funktionieren begann" (Vogl 2012, S. 55). Ökonomie stellt sich somit als performative Wissensordnung dar, die ihre konkreten, materiellen Effekte selbst hervorbringt (vgl. Vogl 2012, S. 78 – 83). Vogl verdeutlicht, wie die ökonomische Wissensordnung mit anderen Wissensordnungen, z. B. literarischen und philosophischen, interagiert (vgl. Vogl 2011). Diesem Ansatz wird hier insofern gefolgt, als dass unser Unterfangen darin besteht, ökonomische Impulse in philosophischen Begehrenstheorien zu untersuchen. Obwohl sich die Wirtschaftswissenschaften im 18. Jahrhundert als eigene Disziplin behaupteten, sind ihre Wurzeln mit anderen Wissensordnungen verflochten, sodass ihre Thesen bisweilen aus disziplinfernen Theoriegebieten herstammen. Weiterhin wird Ökonomie als soziale Praktik verstanden z. B. im Gabentausch, der den Status eines sozialen Ordnungsprinzips erlangt. Vor allem aber wird die Hypothese verfolgt, dass in den philosophischen Versuchen, Begehren rationalisierbar und regierbar zu machen, bereits eine rudimentäre Idee des Ökonomischen enthalten ist, durch welches Ökonomie primär als Ordnung des Begehrens erscheint.

Von der Oikonomia zur ökonomischen Wissensordnung

Für dieses Unternehmen wird Ökonomie nicht auf die Wirksphäre von Wirtschaftsformen und -praktiken eingegrenzt, sondern in sozialphilosophischer Perspektive betrachtet. In diesem Verständnis ist nicht Ökonomie auf eine vom Sozialen abgetrennte Sphäre zu beschränken, da die ökonomische Dimension elementarer Teil der soziosymbolischen Ordnung ist. Beispielsweise legitimiert sich die Ideologiefigur des ‚homo oeconomicus' dadurch, dass Selbstökonomisierung, -optimierung und -disziplinierung als anthropologische Eigenschaften ausgemacht werden. Demnach affiziert Ökonomie nicht nur alle Lebenssphären, sondern durchdringt Subjektivierung (vgl. Vogl, 2011, S. 346 ff.).

Diese Mannigfaltigkeit des Ökonomischen drückt sich in dem facettenreichen Begriff der Ökonomie aus. Zum Beispiel steht ‚oikos' nicht allein für die ökonomische Institution der Ehe als Hauswirtschaft, sondern ebenfalls für den Körperhaushalt, Stoffwechsel, für die Arbeit am und im Körper. Wesentlich ist hier das körperökonomische, regulative Prinzip der Homöostase. Von diesen körperökonomischen Facetten des ‚oikos' sind es nur wenige Denkschritte zur Libidoökonomie und zur Biopolitik, die in Körpern und durch Körper arbeiten. Auch andere Termini verraten, dass das Ökonomische keine separate Wissenssphäre bildet. Begriffe wie ‚oikos' und ‚agora' arbeiten dabei als Reduktionsmetaphern. So umfasste die ‚agora' weit mehr als einen Markt, nämlich einen Gemeinplatz, einen Aushandlungsort, der über das Handeln hinausging. Ein weiterer Begriff, der zeigt, wie eng Ethik und Ökonomie miteinander verquickt sind, ist derjenige des Werts, welcher, wie wir sehen werden, eng mit dem Erotischen verbunden ist (vgl. Simmel 1990/2011). Der Wertbegriff steht wiederum in engem Verhältnis zu demjenigen des Kapitals.

Erotisches Kapital

In die Analyse von Ökonomien als Begehrensökonomien muss man – neben dem monetären Kapital – symbolische Kapitalformen einbeziehen, die auf Subjektivierungs- und Verkörperungsebenen arbeiten. In seiner Habitustheorie legt Pierre Bourdieu dar, dass sich die soziale Reproduktion von Ungleichheit nicht alleine durch die Anhäufung von pekuniärem Kapital vollzieht, sondern auch durch symbolisches und kulturelles Kapital möglich wird, das man mit Bildung und Erziehung erlangt (vgl. Bourdieu 2001, S. 177–182). Der Soziologe Didier Eribon kritisiert Bourdieu berechtigterweise dafür, den Aspekt der Sexualität vernachlässigt zu haben (vgl. Eribon 2016, S. 156–159). Deshalb wird hier in Erweiterung von Bourdieus Kapitalbegriffen die Kategorie des erotischen Kapitals eingeführt. Diesen Begriff schlägt bereits die Wirtschaftswissenschaftlerin Catherine Hakim vor (2011). Doch während Hakim populärwissenschaftlich dafür plädiert, Frauen sollten gezielt sexuelle Anziehungskraft einsetzen, um ihre Karriere anzutreiben, wird der Begriff des erotischen Kapitals als kritische Analysekategorie verwendet, der erschließen soll, wie Begehren für ökonomische Zwecke eingesetzt wird. Für dieses Unterfangen ist erotisches Kapital dahingehend charakterisierbar, dass Attraktivität, ästhetische Stilisierung und sozioökonomischer Status zusammenspielen und als sexuelle Subjektivität verkörpert werden. Wie der Soziologe Otto Penz schreibt, führt die konsumkapitalistische Kultur im Postfordismus zur „Selbstökonomisierung der sexuellen Attraktivität" (Penz 2015, S. 297), die sich insbesondere durch körperoptimierende Praktiken vollzieht. Diese Praktiken drehen sich um die „Herstellung von Unverwechselbarkeit und um die Steigerung sexuellen Kapitals, darum, der Ökonomie von sexuellen Märkten gerecht zu werden", insofern dient „sexuelle Selbstoptimierung [...] dem Zweck, im Konkurrenzkampf um Aufmerksamkeit und soziale Wertschätzung Erfolge einzufahren" (Penz 2015, S. 300). Das akkumulierte erotische Kapital ist nötig, um sich durch den begehrenswerten Status als erfolgreiches sexuelles Subjekt zu behaupten und sich gleichfalls als Begehrensobjekt zu inszenieren – eine erotische Konkurrenzdynamik, von der die spätkapitalistische Krisenerzählung des Begehrens zeugt. In dieser Untersuchungsperspektive dient die Analysekategorie des erotischen Kapitals – neben dem Begriff der Begehrensökonomie und dem heuristischen Begriffspaar Aufbegehren/Begierden – dazu, die epistemologischen und sozialontologischen Verbindungen zwischen Begehren und Ökonomie herauszuarbeiten.

1.2 Das genealogische Gefüge

Mit diesen Begriffen gilt es nun, sich dem theoriegeschichtlichen Gefüge anzunähern, das sich ausgehend vom *Anti-Ödipus* nachzeichnen lässt. Wesentlich ist dabei, nicht nur die intertextuellen Verbindungslinien, sondern auch die gesellschaftspolitischen Produktionsbedingungen der Texte in den Blick zu bekommen.

Rausch und Revolte: der Produktionskontext des *Anti-Ödipus*

Deleuze und Guattari verfassten den *Anti-Ödipus* in einem krisenhaften Moment, in dem sich der Kapitalismus strukturell wandelte: von familienweltlichen Unternehmensstrukturen zu einem durchbürokratisierten Konzernkapitalismus, der sich in ein globalisiertes Netzwerk der Multikonzerne transformierte.[16] Mit seismographischem Gespür erfassten Deleuze und Guattari Anfang der 1970er Jahre diese Umbrüche und antizipierten damit, wohl wider Willen, neoliberale Dynamiken. In ihrer Kapitalismustheorie mischen sich Libido- und Kapitalströme: Geld, Macht und Begehren fließen in Strömen. Der Kapitalismus bedarf dieser

---

16 Der Fokus liegt auf den sozioökonomischen und theoriegeschichtlichen Entwicklungen in Deutschland und Frankreich, was sich dadurch begründet, dass dort die Aushandlungen der sexuellen Revolution besonders ausgeprägt waren (vgl. Bourg 2007; vgl. Bänziger/Beljan/Eder/Eitler 2015). Der Theorietransfer zwischen beiden Ländern war – dies ist ein weiterer Grund für den komparativen Fokus – intensiv, nicht zuletzt auf Grund des Merve-Verlags, der die Texte von Foucault, Deleuze, Baudrillard und anderen Autorinnen übersetzte, sie nach Berlin einlud und maßgeblich dazu beitrug, dass ihre Theorien in den intellektuellen Kreisen der BRD Eingang fanden (vgl. Felsch 2015). Gleichzeitig beziehen sich diese französischsprachigen Theorien auf deutschsprachige Philosophen wie Hegel, Nietzsche und Freud (vgl. Descombes 1981).

Ströme, dieses andauernden Fließens, um zu existieren und zu expandieren. Gleichsam bedarf er temporärer, flexibler Zentralisierungen – verstanden als Reterritorialisierung.

Diese Dynamik zeigt sich in den spätkapitalistischen Entwicklungen. Trotz seines Drangs zur Deregulierung benötigt und befördert der Neoliberalismus staatliche Eingriffe in die Wirtschaft – beispielsweise in Form von Subventionen, durch die Durchsetzung von austeritätspolitischen Sparmaßnahmen oder durch Auffangnetze für die Kollateralschäden von Banken. Dabei wird die Macht von Staaten zunehmend durch global agierende Unternehmen und internationale Institutionen wie dem IWF – dem Internationalen Währungsfond – verdrängt (vgl. Stiglitz 2002; vgl. Appadurai 2006). In diesem Wechselspiel aus Kapital, Staat und trans- oder internationalen Institutionen gehen Statik und Flexibilität, Dezentralisierung und Zentralisierung, Regulierung und Deregulierung miteinander einher. In diesem Sinne antizipiert der *Anti-Ödipus* spätkapitalistische Prozesse. Zugleich prägen Deleuze und Guattari neue Denkweisen des Begehrens, die sich in den sozioökonomischen Strukturwandel einpassen. Diese Kritik bringen Boltanski und Chiapello besonders prägnant vor, da für sie sie das deleuzianische Modell nomadischer Subjektivität als Prototyp für den neoliberalen Netzwerkmenschen dient (vgl. Boltanski und Chiapello 2003, S. 165–169; S. 195–203). Deshalb erscheint es nach vier Jahrzehnten neoliberaler Politiken lohnenswert, Deleuze und Guattaris begehrensökonomische Thesen zu aktualisieren.

Die fünf Analysestränge

Um einen Ausblick in die politische Ökonomie des Begehrens in der Post-1968-Geschichte zu wagen, bedarf es eines genealogischen Rückblicks, der die theoriegeschichtlichen Verbindungen von Begehren und Ökonomie betrachtet.

Hierfür eignen sich fünf analytische Stränge, um das genealogische Gefüge zu untersuchen: Erstens: Mangel/Produktion. Zweitens: die Rationalisierung des Begehrens. Drittens: Körperökonomien als Begehrensökonomien. Viertens: Thanatos als Aufbegehren. Fünftens: der Wert des Begehrens.

Der erste Analysestrang zum Verhältnis von Mangel und Produktion wurde schon angerissen und als wesentlicher Aspekt ausgemacht, um die epistemologische Verbindung von Begehren und Ökonomie zu betrachten und die Trennschärfe der beiden Theorietraditionen kritisch zu hinterfragen. Um den zweiten Analysestrang zur Rationalisierung des Begehrens aufzunehmen, ist ein Vermerk von Deleuze hilfreich:

Auf dem Grund jeder Vernunft lauert der Wahn, das Abdriften. Im Kapitalismus ist alles rational, außer dem Kapital oder dem Kapitalismus. Ein Börsenmechanismus ist völlig rational, man kann ihn verstehen, erlernen, die Kapitalisten wissen sich seiner zu bedienen, und dennoch ist er völlig wahnwitzig, irre. In diesem Sinne sagen wir: das Rationale ist immer die Rationalität eines Irrationalen. [...] Was ist also rational in einer Gesellschaft? Es ist – da die Interessen im Rahmen dieser Gesellschaft definiert werden – die Art und Weise, wie die Menschen sie verfolgen, ihre Verwirklichung anstreben. Doch unter dem gibt es Wünsche, Wunschbesetzungen, die nicht mit den Interessenbesetzungen zusammenfallen und von denen die Interessen sogar in ihrer Determination und Distribution abhängen: ein gewaltiger Strom, alle Arten unbewußter libidinöser Ströme, die den Wahn dieser Gesellschaft bilden. Die wirkliche Geschichte ist die Geschichte des Wunsches. Ein Kapitalist, ein Technokrat von heute wünschen nicht auf dieselbe Weise wie ein Sklavenhändler oder ein Beamter des alten chinesischen Reichs. (Deleuze 2003, S. 381)

Der Wahn, von dem Deleuze schreibt, ist derjenige, an dem der Kapitalismus krankt. Selbst „der verrückteste Kapitalismus spricht im Namen ökonomischer Rationalität" (Deleuze und Guattari 1974, S. 477), schreiben Deleuze und Guattari. Um diese Sprechweise zu untersuchen, wird uns die Frage interessieren, wie Begehren rationalisiert wird.[17] Rationalisierung beschreibt hier die Operation, die Kategorie des Affektiven im Zusammenhang mit Rationalität zu denken und zu untersuchen, wie affektive Regungen, die gemeinhin als irrational gelten, für wirtschaftliche Zwecke nutzbar gemacht werden. Dabei durchkreuzen sich ökonomische und epistemische Vorgehensweisen, sodass sich die Logiken der philosophischen und der merkantilen Rationalität in ihren Überschneidungen und Widersprüchen zeigen. Allgemein ausgedrückt bedeutet das Bestreben, Begehren zu rationalisieren, es in vielfacher Hinsicht zu regulieren und zu bändigen, sei es, indem es entkörperlicht wird und als rein geistiges Streben zu Wahrheit umgeformt wird, ob als Eros oder als Anerkennung, sei es, indem es warenförmig und kalkulierbar gemacht wird.

Ideengeschichtlich sind verschiedene Felder anzuführen, die in ihren Interferenzen wirksam werden, ökonomische Theorien und Psychoanalyse, oder – je nach Diskursfeld – wirtschaftswissenschaftliche und psychologische Theorien. Diskursgeschichtlich ist besonders auf frühe ökonomische Theorien zu verweisen, in denen seit dem 17. Jahrhundert Begehren im Konzept des Bedürfnisses modelliert wird und zugleich Begehrlichkeiten im Sinne von Interessen und Eigeninteressen gefasst werden wie (vgl. Vogl 2012, S. 34). Die Transformationen des Kapitalismus gehen mit sich verändernden Begehrensmodellen einher. So ist, wie

---

17 Zum Irrationalen der Rationalität schreiben Deleuze und Guattari: „Nicht der Schlaf der Vernunft erzeugt Monster, sondern die aufmerksame, nie schlafende Rationalität." (Deleuze und Guattari 1974, S. 144) Um sich diesen Monstern zu stellen, muss man die Operationen der Rationalisierung wachsam beobachten

oben angeführt, die Diskursfigur des ökonomischen Menschen dergestalt angelegt, dass er weniger in seiner Rationalität und vielmehr als Subjekt seiner Leidenschaften charakterisiert wird – Leidenschaften, die dem Kapitalismus zuträglich sind, ihn anreizen und vorantreiben (vgl. Vogl 2011, S. 33–36; S. 43f.). Einen anderes Beispiel bildet die pastoralmächtige Diskursgeschichte der Psychoanalyse, beginnend mit Freud, der Begehren als Libidoökonomie systematisiert.[18] Einerseits untergräbt er die Idee eines rational handelnden Subjekts, andererseits liefert er das methodische Werkzeug, um Begehren in rationalen Parametern zu erfassen.

Im Schlaglicht der Rationalisierung zeigt sich, wie erotisches Kapital gemäß der Marktlogik wirkt. Galt in der griechischen Antike Eros als stärkstes Zugpferd neben Logos, soll es in der Gegenwart dem rationellen Zugriff unterstellt werden. Im Kalkül mit Begehren sollen Affekte – wie beispielsweise bei personalisierter Werbung in sozialen Medien – algorithmisch angereizt werden, in Formen des Team Coaching oder Life Coaching soll die Lust an der Arbeit oder am eigenen Selbst bestärkt werden, in Sexual- oder Eheberatungen sollen Erotik und Intimität gefördert werden. Damit wird Begehren in die Sphäre von Effizienz, Optimierung und Leistung integriert und erscheint dergestalt weniger unberechenbar. Insofern wird es – ideengeschichtlich seit jeher intellektualisiert – im Spätkapitalismus auf noch subtilere Weise in sozioökonomischen Diskursen rationalisiert. Erscheint 1968 Begehren als emanzipative, unzähmbare Kraft auf, wird es inzwischen pastoralmächtig und selbsttechnologisch in kommodifizierte Intimitätssphären eingepasst (vgl. Maassen 1998). Solche Umwertungen lassen sich als Umbrüche in der Rationalisierungsgeschichte des Begehrens begreifen.

Der dritte Analysestrang zur Begehrensökonomie als Körperökonomie kommt an dieser Stelle einer vorläufigen Vermutung, einem spekulativen Verdacht gleich. Wenn die Philosophiegeschichte als Rationalisierung des Begehrens arbeitet, bleibt der Körper als Supplement bestehen. Man muss daher untersuchen, inwiefern sich in intellektuell eingefassten Begehrenskonzepten metaphorische Spuren des Somatischen entdecken lassen.

Der vierte Analysestrang widmet sich der Frage, ob Thanatos, der Todestrieb, als Aufbegehren begreifbar ist und letztlich die Unzähmbarkeit des Begehrens beschreibt. Deleuze und Guattari, die ein affirmatives Begehrensverständnis vertreten, lehnen das negative Prinzip des Todestriebs ab, da der Todestrieb als anthropologisches Konzept, wie es Freud einführt, sozial bedingte Machtver-

---

18 Exemplarisch sei hier auf folgende Auswahl der Schriften Freuds verwiesen: *Ökonomie des Masochismus* (1924/1975); *Zur Einführung des Narzissmus* (1912/1975); *Jenseits des Lustprinzips* (1920/1975).

hältnisse legitimiere und unterstütze (vgl. Deleuze und Guattari 1974, S. 275 f.). Ohne an dieser Stelle diese Theorieaushandlungen detailliert aufzuzeigen, ist anzumerken, dass der Todestrieb darauf verweist, wie sehr Begehren sowohl als Glücksversprechen als auch als Gefahrenquelle wahrgenommen wird. Um diesbezüglich ein gegenwartsdiagnostisches Beispiel anzuführen: Im Hinblick auf die Post-1968-Geschichte betont Herzog, wie wesentlich es ist, das Liberalisierungsnarrativ zu hinterfragen, welches eine progressive Entwicklung von der sexuellen Revolution bis in die Gegenwart behauptet (vgl. Herzog 2015, S. 347 f.). Im Nachgang der sexuellen Revolution wird Begehren weniger als euphorisierende Energiequelle und stärker in seinen bedrohlichen Erscheinungen wahrgenommen. Dies ist, so Herzog, der Tödlichkeit der Aids-Krise ebenso wie feministischen Reflexionen über sexualisierte Gewalt geschuldet (vgl. Herzog 2015, S. 363). Begehren wirkt gefährlicher, weshalb sexuelle Fragen – und damit Begehren – zunehmend in Modi der Aushandlung thematisiert werden (vgl. Bänziger/Beljan/Eder/Eitler 2015, S. 8).

Die Ambivalenzerfahrung des Begehrens lässt es als euphorisierende, glückverheißende Kraft und zugleich als unheilvolle Gefahrenquelle erscheinen. In diesem Verständnis kann sich Begehren schöpferisch wie zerstörerisch, zärtlich wie gewalttätig äußern. Als Kraft, die politische Prozesse antreibt, kann es transgressiv wie konservativ wirken. In dieser Betrachtungsweise kommt der Gewaltförmigkeit des Verlangens eine wesentliche Rolle zu. Philosophiegeschichtlich zeichnet sich die Tendenz ab, ein Gewaltpotenzial im Begehren selbst anzunehmen, wie in Hegels Schilderung des Kampfes zwischen Herr und Knecht oder in Freuds Theorie der Todes- und Aggressionstriebe. Ea lässt sich davon ausgehen, dass Begehren Gewalt innewohnt. Dies erfasst das heuristische Begriffspaar, schließlich können sich Aufbegehren und Begierden aggressiv äußern. Begierden sind gewalttätig, da das begierige Subjekt danach trachtet, eine klare Überlegenheit herzustellen, den Anderen zu vereinnahmen, um sich zu behaupten. Diese Herabsetzung des Anderen als Begehrensobjekt findet sich besonders in Hegels dialektischer Begehrensfigur. Aufbegehren kann schockartig brutal sein, wenn es sich als Entgrenzung des Selbst, als Zergliederung der Identität artikuliert. Aufbegehren entspricht nicht dem Willen eines „sich selbst bestimmende[n] Ich", vielmehr artikuliert sich darin das „anarchische Gefordertsein durch den Anspruch des Anderen" (Eusterschulte 2002b, S. 99), um eine Formulierung der Philosophin Anne Eusterschulte aufzugreifen. In diesem Sinne zeigt sich Aufbegehren nicht als friedvolle Fusion, sondern als Aufbrechen des Selbst, das die Öffnung zur Anderen erlaubt.

Um diese Zerstörungskraft im Begehren zu verstehen, müssen verschiedene Prinzipien des Todestriebs aufgefächert und produktiv gemacht werden, die in Freuds Schriften angelegt sind. Einerseits beschreibt der Todestrieb eine Wiederholungsbewegung wie in der Traumatisierung, andererseits wird der Todestrieb als Kraft gefasst, größere Einheiten zu zerteilen. Mal wird er als Streben zur Ruhe beschrieben, mal äußert er sich als Aggression (vgl. Laplanche 2014, S. 165–168). Interessant ist der Todestrieb besonders in seiner zergliedernden Operationsweise. Schon der begehrliche Blick auf die Andere fragmentiert deren körperliche Einheitserscheinung und wirkt damit fetischisierend. Hierzu schreibt der Historiker David Halperin, der sich queertheoretisch mit dem Sexuellen befasst: „We are all fetishists in our erotic life insofar as we tend to find certain isolated human features (such as specific eye color) more immediately appealing than others. " (Halperin 1985, S. 174) Daher werde nicht demokratisch jedes Detail des anderen Körpers fixiert, sondern jeweils ein einzelner Aspekt fokussiert (vgl. Halperin 2005, S. 53). Diese phänomenale Beschreibung verdeutlicht, wie Begehren Einheiten auflöst, eine Operation, die hier als zergliedernde Wirkung des Todestriebs verstanden wird. An diesem Punkt muss man den Thesen des *Anti-Ödipus* widersprechen. Deleuze und Guattari bestimmen Begehren respektive Libido als dem Todestrieb vorgängig und begreifen es als per se subversiv (vgl. Deleuze und Guattari 1974, S. 150). Dahingegen wird hier Begehren in der Doppeloperation betrachtet, Subjektivität zu stabilisieren und zu destabilisieren. Diese Doppeloperation zwischen Transgression und Normalisierung beschreibt das heuristische Begriffspaar Aufbegehren/Begierden. In ähnlichem Verständnis wird auch der Todestrieb betrachtet, meines Erachtens nach wirkt er konservativ und transgressiv zugleich. Einerseits kann er in seiner mechanischen Wiederholungsbewegung als Stillstellung verstanden werden wie sie Guattari beschreibt, andererseits wirkt er in seiner zergliedernden Wirkung als disruptive, dekonstruktive Kraft (vgl. Guattari 2014, S. 169; vgl. Edelman 2004).

Der fünfte Analysestrang deutet sich in Friedrich Nietzsches wertphilosophischen Überlegungen an, die er in seiner Streitschrift *Zur Genealogie der Moral* darbietet (Nietzsche 1887/1969). Dort zeigt er auf, wie dem handelsüblichen Vertragsverhältnis von Schuldner und Gläubiger eine gewaltförmige Asymmetrie unterliegt. Im Anschluss daran lässt sich nachvollziehen, wie das kapitalistische Schuldensystem als Subjektivierungsmodus wirkt, durch den das Subjekt im Schatten einer endlosen Schuld steht – ein Verhängnis, das Franz Kafka in *Der Prozeß* meisterhaft schildert (vgl. Vogl 2012, S. 81). Die Perspektive auf das Zusammenspiel von Ethik und Ökonomie stellt den Wert und dessen Übersetzbarkeit als monetären sowie als ethischen Wert ins Zentrum, um von dort aus Ökonomie als Begehrensökonomie zu betrachten. Diesen Aspekt, der auf eine grundlegende Verbindung von Begehren und Wert hindeutet, werden wir in der Lektüre des *Anti-Ödipus* näher beobachten. Da wir bereits bei Nietzsches philosophischer Erzählform der Genealogie angelangt sind, soll hier kurz auf die methodische Betrachtungsweise von Theoriegeschichten eingegangen werden.

Begriffsfelder und Übersetzungsgeschichten

Die hier behandelten Texte von Deleuze und Guattari, Bataille, Klossowski und Hocquenghem liefern nicht nur Analysewerkzeuge für spätkapitalistische Prozesse, sie sind selbst von einem Vokabular der Lust durchwirkt: ‚plaisir', ‚jouissance', ‚épanouissement', ‚désir'. ‚Plaisir' bezeichnet das Lust-Haben oder die lustvolle Erfahrung. Besonders Foucault betont die Bedeutung von ‚plaisir', da er den psychoanalytischen Begehrensbegriff ablehnt und stattdessen den Begriff der Lust benutzt, um aufzuzeigen, wie sich der Körper den diskursiven Zurichtungen entzieht und unbenannte Lüste erfährt (vgl. Foucault 1980/1998; vgl. Deleuze 1996a, S. 30). ‚Jouissance' bezeichnet den Genuss und evoziert ein exzessives, orgiastisches Genießen, das die Grenzen der Subjektivität aufsprengen oder verflüssigen kann. In diesem Verständnis lässt sich ‚jouissance' mit Wollust übersetzen.[19] ‚Épanouissement' bezeichnet das verführerische, lustvolle Aufblühen und Heranreifen, das Aufkeimen des Begehrens. ‚Désir' bedeutet Begierde, Wunsch, Begehren, Verlangen und birgt eine lange Übersetzungsgeschichte: Angefangen bei Hegels *Phänomenologie des Geistes* wurde dessen Begriff der Begierde von Alexandre Kojève mit ‚désir' übersetzt, der durch diese Übersetzung und seinen Hegel-Kommentar ‚désir' als philosophische Kategorie im Frankreich der 1920er und 1930er bekannt machte (vgl. Descombes 1981, S. 36). Jacques Lacan, ein Schüler Kojèves, nahm die Kategorie des ‚désir' auf und machte sie zu einem psychoanalytischen Schlüsselbegriff. Deleuze und Guattari verwenden ebenfalls ‚désir' im *Anti-Ödipus*, was ihre intellektuelle Nähe zu Lacan betont. In Freuds Schriften tauchen indessen weniger die Worte ‚Begierden' und ‚Begehren' auf, vielmehr schreibt er vom Wunsch, der wiederum im *Anti-Ödipus* mit ‚désir' übersetzt wird. Deshalb übersetzt Bernd Schwibs im *Anti-Ödipus* 1974 ‚désir' als ‚Wunsch' zurück und distanziert Deleuze und Guattari damit von der begrifflichen Linie, die Hegel, Kojève und Lacan miteinander verbindet. Diese begriffspolitische Entscheidung führt in der Rezeption dazu, dass ‚désir', ‚Begierde' und ‚Begehren' auf der einen Seite mit Mangel assoziiert werden, während der antiödipale Terminus ‚Wunsch' mit Produktivität verbunden wird. In der deutschsprachigen Ausgabe des Nachfolgebands *Tausend Plateaus* (1992) haben Ronald Voullié und

---

19 Hier sei auf Roland Barthes' Theorie der Textlust verwiesen: Er bestimmt den Lektüreakt als begehrlichen Akt und differenziert zwischen ‚plaisir' (Lust) und ‚jouissance' (Wollust). Während textuelles ‚plaisir' das lesende Subjekt befriedigt und in seiner Subjektposition bestärkt, wirkt ‚jouissance' verzehrend und subjektzersetzend (vgl. Barthes 1974, S. 22). Obwohl er sich mit dieser Unterscheidung in konzeptueller Nähe zu meinem Begriffspaar Aufbegehren/Begierden befindet, schreibt Barthes eine rezeptionsästhetische Theorie, während mein Fokus auf den narrativen Formen philosophischer Texte liegt.

Gabriele Ricke diese irreführende Übersetzung revidiert, ,désir' mit ,Begehren' übersetzt und damit die begriffliche Nähe von Deleuze und Guattari zu Lacan wiederherstellen, was sinnvoll ist, wenn man beachtet, wie eng sich besonders Guattari an Lacans Theorie orientierte. Daher halten wir uns im Folgenden an die Übersetzung von Voullié und Ricke, um die epistemologische Kontinuität ,Begierde' – ,désir' – ,Begehren' mitsamt ihren begriffspolitischen Brüchen beizubehalten. Wie sich die Übersetzungsgeschichten miteinander verzweigen, so überkreuzen sich auch die diskutierten Texte im Theoriegefüge.

Zum genealogischen Schreiben

Genealogie ist eine Fiktion. Foucault, der den Erzählfaden von Nietzsches *Genealogie der Moral* aufnimmt und in *Überwachen und Strafen* weiterführt, hat diese Methode verfeinert (vgl. Foucault 1976; 1971/2002). Davon ausgehend, dass sich Philosophie in ihrer Gegenwart situiert und sich Problemstellungen außerhalb des Philosophischen stellt, ist es umso spannender, die Gedankenfäden, die sich in dem Gegenwartsgemenge rhizomatisch bündeln, zurückzuverfolgen, sie aufzufächern und erneut zu verflechten. Dieser Text ist der Versuch, eine Theoriegeschichte zu verfassen, vielleicht sogar einen Theorieroman zu schreiben, der sich um Begehren dreht. Er entspinnt sich als Genealogie, die sich sowohl durch Brüche und Widersprüche als auch durch Kontinuitäten auszeichnet und sich ihrer fiktionalen Gestalt bewusst ist. Lyotard sprach von den Großen Erzählungen der Moderne und diejenige des Begehrens im 20. Jahrhundert war die der Psychoanalyse. Im Schatten dieser Großen Erzählung des Begehrens und einer kanonischen Philosophiegeschichte, in der es sich als schöngeistige Kategorie entkörpert und verflüchtigt, wird hier eine kleine Erzählung der Begehrensökonomien begonnen. Sie stellt deshalb eine kleine Erzählung dar, weil sie sich von den Rändern her annähert, Fragen aufwirft, Konflikte schlaglichtartig beleuchtet und fragmentarisch wie sprunghaft vorgeht, um ein Textgefüge zu bilden, das über seine Grenzen hinauswuchert und beweglich bleibt.

Das soziopolitische Denken des ,Gefüges', ein zentraler Arbeitsbegriff von Deleuze und Guattari, ermöglicht es, zu beobachten, wie sich gänzlich verschiedene Ereignisse und Äußerungen wechselseitig Antrieb geben, und wie mikro- und makropolitische Dimensionen der politischen Ontologie und institutionelle, diskursive und affektive Wandlungen und Wirkungen zusammenspielen. Vor allem eröffnet das Gefüge die Aussicht auf Begehren als politischem Movens und verabschiedet sich von der Annahme eines souveränen, rational agierenden Subjekts. Wie Deleuze und Guattari schreiben, wirkt ein Gefüge auf semiotische, materielle und gesellschaftliche Strömungen ein und durchbricht damit die Dreiteilung in Realität, Vorstellung und Subjektivität. Es kennt kein Innen oder Außen, kein Oben oder Unten, es ist Oberfläche, es führt keine verschiedenen ontologischen Ebenen ein, sondern bringt alle Elemente auf ein- und derselben Immanenzebene zusammen (vgl. Deleuze und Guattari 1992, S. 126). Das Gefüge entspringt der Mannigfaltigkeit des Seins, denn die „raum-zeitlichen Relationen und Determinationen sind keine Prädikate des Dinges, sondern Dimensionen von Mannigfaltigkeiten" (Deleuze und Guattari 1992, S. 357). In einem Gefüge wirken verschiedene Zeitlichkeiten und Bewegungen, wodurch sich das Denken des Gefüges von entwicklungstheoretischen Narrativen und historischen Teleologien entkoppelt (vgl. Puar 2007, S. XXII; 2012, S. 57–60). Soziale Formationen sind Gefüge, die sich heterogen aus komplexen Konfigurationen zusammensetzen und ontologisch vermeintlich differente Objekte wie Äußerungen, Körper, Ereignisse auf ein- und derselben ontologischen Fläche situieren. Im Resonanzraum des Gefüges entfalten sich Konfigurationen und Konzepte erst darin, dass sie zueinander in Verbindung treten. Wie die Queertheoretikerin Jasbir Puar darlegt: „[A]-ssemblages encompass not only ongoing attempts to destabilize identities and grids, but also the forces that continue to mandate and enforce them [...]." (Puar 2012, S. 63) Insofern eröffnet sich ein intersektionales Denken, das die Prämissen des souveränen Subjekts mitsamt anderer ontologischer Fundierungen von Entitäten wie Männlichkeit und Weiblichkeit, Homo- und Heterosexualität, etc. anficht und sie dagegen als historisch-kontingente Formationen in ihrer Relationalität betrachtet. Davon ausgehend, dass Machtverhältnisse niemals isoliert in Erscheinung treten, werden sie dahingehend in den Blick genommen, wie sie sich durch- und ineinander artikulieren. Dabei ist ferner zu fragen, wie sich das Begehren artikuliert, welches das jeweilige Gefüge motiviert.

Ein Gefüge bringt Ereignisse und Äußerungen hervor, die erst in ihrer Relation zueinander entstehen. Auch Begriffe und Ideen wirken performativ – so das hier vertretene Theorieverständnis. Theorie wird in diesem Sinne nicht als rein deskriptiv, als rein repräsentativ betrachtet. Epistemische Modelle bringen gesellschaftliche Wirklichkeiten hervor – im Zusammenspiel mit materiellen, kulturellen, geopolitischen Faktoren etc. Guattari merkt an, dass Freud in der Begründung der Psychoanalyse, der Entwicklung seiner psychoanalytischen Konzepte keine empirische Wirklichkeit entdeckte, er erfand vielmehr neue Subjektivierungsmodelle (vgl. Guattari 2014, S. 19). Hier wird Wissen nicht in ein Repräsentationsverhältnis zur Empirie gesetzt. In dieser Auffassung bilden epistemische Modelle nicht einfach die Welt ab. In performativer Perspektive erzeugen Denkmodelle gelebte und erfahrene Realitäten und zugleich speisen sie sich aus den soziopolitischen Verhältnissen ihrer Gegenwart. Somit beinhaltet die wissensgeschichtliche Analyse stets die Auseinandersetzung mit konkreten soziopolitischen Verhältnissen. Begehrensmodelle prägen unser Selbstverständnis, formen die Art und Weisen wie wir begehren. Oder, in Anlehnung an Guattari formuliert: In Begehrensmodellierungen entfalten sich Kartografien der Subjektivierung. Um ein Beispiel par excellence zu nennen: Deleuze und Guattari verstehen den *Anti-Ödipus* in seiner performativen Wirkkraft und spekulieren darauf, dass ein Umdenken des Begehrens die Gesellschaftsverhältnisse verändert (vgl. Deleuze und Guattari 1992, S. 31). In diesem Gedanken keimt die Hoffnung, dass kritische Gesellschaftsanalyse transformative Räume hervorzubringen vermag.

1.3 Kalkulation

Der Textkorpus für dieses Unternehmen ist durch den *Anti-Ödipus* vorgegeben. Platon, Hegel, Nietzsche, Freud, ob als Gegenspieler oder als Komplizen: Deleuze und Guattari beziehen sich stark auf die Begehrensmodelle dieser Denker. Ebenso relevant sind die begehrensökonomischen Überlegungen von Bataille, Klossowski, Hocquenghem und Lyotard, die sich im ideengeschichtlichen Umfeld von Deleuze und Guattari situieren. Dieser Lektürefokus vollzieht einen diskursanalytischen Zuschnitt, der gezwungenermaßen andere mögliche Theoriegeschichten ausspart. Mein genealogischer Parcours wird die Diskursdynamik rund um den *Anti-Ödipus* darlegen und im Zuge dieser Rekonstruktion immanente Kritik möglich machen. Daher befasst sich das zweite Kapitel mit dem *Anti-Ödipus*. Das dritte Kapitel bietet eine Lektüre der Ursprungserzählung des Eros aus Platons *Gastmahl*. Das vierte Kapitel widmet sich einer weiteren philosophischen Begehrenserzählung und zwar der von Hegel beschriebenen Begehrensdialektik zwischen Herr und Knecht. Im darauffolgenden fünften Kapitel wird die Rolle von Begehren in der Schuldökonomie untersucht, wie sie von Nietzsche in der *Genealogie der Moral* geschildert wird. Das sechste Kapitel untersucht den Antagonismus von Eros und Thanatos in Freuds Werk und schlägt damit einen Bogen zur Kritik von Deleuze und Guattari. Nach diesem Abriss der großen philosophiegeschichtlichen Erzählungen folgt der dritte Teil, der sich mit dem intellektuellen Nahumfeld des *Anti-Ödipus* auseinandersetzt. Das siebte Kapitel befasst sich mit Klossowskis Theorie der tauschenden Körper, die er in Anlehnung an Sade ersinnt. Im achten Kapitel werden Batailles Thesen zur Allgemeinen Ökonomie diskutiert, der Freuds Idee des Todestriebs aufgreift und umarbeitet. Auch Lyotard befasst sich mit Thanatos als ökonomischer Kraft und zwar in seiner Schrift *Libidinöse Ökonomie*, die im Zentrum des neunten Kapitels steht. Das zehnte und letzte Kapitel verschreibt sich der Queer Theory avant la lettre von Hocquenghem, dessen Theorie des homosexuellen Begehrens in direktem Dialog mit den anti-ödipalen Thesen von Deleuze und Guattari steht. Zum Ende wagen wir einen Ausblick auf die gesellschaftlichen Gefüge der Gegenwart und somit auf die politische Ökonomie des Begehrens im Spätkapitalismus.

2 *Anti-Ödipus* und die politische Ökonomie des Aufbegehrens

Der *Anti-Ödipus* erscheint als dichter, delirierender Text, der aller rigiden Re-konstruktion, aller rhetorischen Reduktion widerstrebt. Er entstand in einer auf-geregten Zeit. Paris hatte soeben den Rausch der Revolten rund um Mai 1968 erlebt.[20] Die experimentelle Universität Paris VIII Vincennes – Saint-Denis wurde gegründet, um neue Formen des Lehrens und Lernens zu erkunden. Deleuze hatte seine beiden Dissertationen *Differenz und Wiederholung* (1992) und *Logik des Sinns* (1993) eingereicht und lehrte seit 1969 mit anderen linken Intellektuellen wie Foucault, Hocquenghem, Lyotard, Lacan, Cixous und Negri an der neuen Reformuniversität. Dort lernte er Guattari kennen, der seit Mitte der 1950er an der antipsychiatrischen Klinik *La Borde* tätig war und sich in der Protestbewegung engagierte.[21] Deleuze und Guattari sollten fortan als Freunde und Komplizen mehrere Bücher zusammen schreiben: die beiden Bände zu Kapitalismus und Schizophrenie (1974; 1992), *Kafka. Für eine kleine Literatur* (1976) und *Was ist Philosophie?* (1996).[22] Im Nachhinein stellten sie ihre Beweggründe für das erste gemeinsame Werk, den *Anti-Ödipus,* folgendermaßen dar:

---

20 Einen Überblick über die politischen Aushandlungen rund um 1968 und die Verkettung von Ereignissen, die sich in den Argumenten des *Anti-Ödipus* widerspiegeln, bietet die Studie *From Ethics to Revolution. May 1968 and Contemporary French Thought* des Historikers Julian Bourg (2007).
21 Die Historikerin Dagmar Herzog, die die Freud-Rezeptionen zu Zeiten des Kalten Krieges beleuchtet, kommentiert den politischen Entstehungsmoment des *Anti-Ödipus* folgendermaßen: „[...] Anti-Oedipus was published right at the cusp of the transition between an older left politics organized around class conflict and the newer left movements soon to be referred to collectively as ‚identity politics‘. Guattari was acutely aware of the shift, but also of the ways in which the (ever shape-shifting) IWC was immediately finding ways to insinuate itself into these new sensibilities and social movements." (Herzog 2016, S. 172) Mit *IWC* wird auf eine Abkürzung Guattaris ver-wiesen – *integrated world capitalism* –, die den globalisierten Spätkapitalismus bezeichnet. Zu Guattaris Aktivismus und seinem Bezug zu Lacan vgl. Buchanan 2008, S. 5 – 8; Nadaud 2012.
22 Hinsichtlich des Gemeinschaftswerks des *Anti-Ödipus* bemühen sich verschiedene Autorin-nen aufzuzeigen, welche Vorarbeiten und Impulse von Guattari kommen und welche von Deleuze herstammen (vgl. Schmidgen 1997, S. 45 – 75; vgl. Bourg 2007, S. 138 – 144; S. 159; vgl. Nadaud 2012). So interessant diese Analysen sind und auch wenn sich in der Tat eklatante Unterschiede in der Herangehensweise zwischen dem scheuen Philosophen und dem militanten Psychothera-peuten feststellen lassen, muss dieser Aspekt ausgespart werden. Der Fokus liegt hier weder auf den Theorien Guattaris, noch auf der Philosophie Deleuzes, sondern auf dem *Anti-Ödipus* als textuellem Agenten, als Gefüge, als Begehrensmanifest, als Zeitzeugnis, als Werkzeugkasten. Wenn vonnöten, werden Querverweise gemacht, im Vordergrund steht jedoch die Auseinander-

https://doi.org/10.1515/9783110686975-003

Ursprünglich ging es weniger um die Zusammenlegung eines Wissens, als vielmehr um eine gewisse Bestürzung angesichts der Wendung, die die Ereignisse nach dem Mai 1968 genommen hatten. Wir gehören einer Generation an, deren politisches Bewußtsein im Enthusiasmus und in der Naivität der Befreiung mit ihrer den Faschismus beschwörenden Mythologie entstand. Und die von jener anderen fehlgeschlagenen Revolution, die der Mai 1968 gewesen ist, offengelassenen Fragen haben sich für uns nach einem Kontrapunkt entwickelt, der umso beunruhigender ist, als wir uns [...] Sorgen um die Zukunft machen, [...] die uns durchaus einen Faschismus neuen Zuschnitts bescheren könnte [...]. Unser Ausgangspunkt war die Überlegung, daß sich in diesen entscheidenden Perioden etwas von der Ordnung des Wunsches im Maßstab der gesamten Gesellschaft gezeigt hat, was dann unterdrückt, liquidiert worden ist, sowohl von den Kräften der Macht wie von den sogenannten Arbeiterparteien und -gewerkschaften und, bis zu einem gewissen Grad, von den linksradikalen Organisationen selbst. (Deleuze 2003, S. 315 f.)

Entgegen dieser retrospektiven Erklärung seiner Autoren birgt der *Anti-Ödipus* eine hadernde Hoffnung und damit Spuren des Enthusiasmus über die Revolution des Mais 1968, auch wenn diese 1972 als gescheitert erschien.

2.1 Im Taumel der Theorie

Der *Anti-Ödipus* lässt sich leichthin als philosophische Literatur, als literarisierende Philosophie lesen, die sich der retrospektiv-linearen Narration des ödipalen Dramas verweigert und stattdessen die Ströme des Unbewussten in Redefluss bringt. Der Text ist geprägt von der Vielstimmigkeit, die im Dialog zwischen zwei Denkern erklingt, die, wie sie beteuern, viele sind: „Wir haben den Anti-Ödipus zu zweit geschrieben. Da jeder von uns mehrere war, ergab das schon eine ganze Menge." (Deleuze/Guattari 1992, S. 12) Diese auktoriale Mannigfaltigkeit spiegelt sich sowohl inhaltlich als auch stilistisch wider. Neben vulgärsprachlichen Äußerungen und Proklamationen in der Manier eines Manifests stehen literarische Referenzquellen gleichberechtigt neben theoretischen Textreferenzen. Philosophische Argumentationsketten vermischen sich mit Reflexionen über Kunstwerke von Francis Bacon und über Romane von Franz Kafka oder Henry Miller und

---

setzung mit dem *Anti-Ödipus* und nicht mit seinen Autoren. Vor und nach seiner Publikation sind verschiedene Notizen, Interviews und Artikel erschienen, die hier Beachtung finden, da man sie quasi zum erweiterten Textkorpus des Buches zählen kann, u. a. die von Stéphane Nadaud herausgegebenen Schriften von Guattari *Écrits pour l'Anti-Œdipe* (2012a), *La Révolution Moléculaire* (2012b) sowie Texte aus *Die einsame Insel. Texte und Gespräche von 1953 bis 1974* (Deleuze 2003, S. 315–335; S. 338–355; S. 381–408).

naturwissenschaftlichen Importen wie dem Vokabular der Thermodynamik.[23] Man muss den *Anti-Ödipus* in seiner Textperformanz ernst, aber auch nicht allzu ernst nehmen, um sich inhaltlich mit ihm auseinanderzusetzen. Über diesen Text zu schreiben, verführt dazu, entweder in leidenschaftlicher Mimese des anti-ödipalen Schreibstils zu verfallen oder das textuelle Geschehen trotzig mit Argumenten verbarrikadieren zu wollen.[24] Ein anderer möglicher Umgang besteht darin, den Text als Werkzeugkasten zu behandeln, Assoziationen zuzulassen, unbehelligt Begriffswerkzeuge auszuleihen ohne akribisch die Bedienungsanleitung zu beachten, zu erkunden, was der Text macht und was man mit ihm machen kann.[25] Deleuze und Guattari verwerfen die psychoanalytische Fragestellung, was ein bestimmtes Begehren bedeutet, und untersuchen stattdessen, was Begehren macht und wie es funktioniert. Ebenso arbeitet der *Anti-Ödipus* als Buch, wie der Literaturwissenschaftler Eugene Holland feststellt: „The book itself [...] was designed to function as a kind of desiring-machine, to program or to produce, as well as to model or comprehend, desire in schizophrenic form." (Holland 1999, S. 3) Daher schlussfolgert er: „[T]he book is a machine; and about a machine one asks not what it might mean but what it can do and how it works." (Holland 1999, S. 3)

Obwohl er von ersten Ernüchterungserscheinungen zeugt, kann man den *Anti-Ödipus* als jubilierendes Manifest von 1968 begreifen. Darin äußert sich die Hoffnung, der Kapitalismus könne in seiner schizophrenen Selbstwidersprüchlichkeit an seine äußerste Grenze treiben und kollabieren.[26] Man kann das Buch

---

23 Der Wirtschaftswissenschaftler Henning Schmidgen, der sich mit der maschinischen Konzeption des Unbewussten befasst, betont die chaotische Textgestaltung: „Der Text des Anti-Œdipe ähnelt tatsächlich einem Chaos. Klare und eindeutige Definitionen fehlen, die systematischen und theoriegeschichtlichen Bezüge sind verwischt, von der kurzen, insgeheimen Anspielung wird über die einfache Kopie zum ausgedehnten Zitat übergegangen." (Schmidgen 1997, S. 18)

24 Nachträglich hält Deleuze fest: „Eine Theorie des Wunsches in der Geschichte sollte sich nicht als etwas sehr Ernsthaftes präsentieren. In dieser Hinsicht ist der Anti-Ödipus vielleicht noch immer ein viel zu ernsthaftes, zu einschüchterndes Buch." (Deleuze 2003, S. 317) Obwohl auch die vorliegende genealogische Begehrenstheorie ernsthaft, zu ernsthaft ist, sollten wir Deleuzes Anregung aufnehmen, den *Anti-Ödipus* nicht allzu ernst nehmen und uns vor allem nicht von ihm einschüchtern lassen.

25 In dem mit *Rhizom* betitelten Einleitungskapitel des Nachfolgebands liefern Deleuze und Guattari gewissermaßen eine Gebrauchsanleitung für den *Anti-Ödipus*: „Man fragt, was ein Buch sagen will, ob es nun Signifikat oder Signifikant ist; man soll in einem Buch nicht etwas verstehen, sondern vielmehr fragen, womit es funktioniert, in Verbindung mit was es Intensitäten eindringen läßt oder nicht, in welche Mannigfaltigkeiten es einführt und verwandelt [...]." (Deleuze/Guattari 1992, S. 13)

26 Die psychoanalytische Theoretikerin Caroline Neubaur kommentiert hingegen schon 1978, dass der *Anti-Ödipus* vielmehr die Enttäuschung über die gescheiterte Revolution ausdrückt: „Die

außerdem, wie Foucault im Vorwort der englischsprachigen Ausgabe vorschlägt, als „Einführung in das nicht-faschistische Leben" lesen (Foucault 1977/2003, S. 179). Der *Anti-Ödipus* ist auch dahingehend interpretierbar, dass sich Deleuze und Guattari – ähnlich wie Marx' teleologische Auslegung der kapitalistischen Selbstwidersprüche – auf selbstzerstörerische Tendenzen verlassen, die dem Wirtschaftskreislauf inhärent sind und ihn in den Zusammenbruch treiben. Man kann ihn als Aufruf lesen, das revolutionäre Verlangen zu befreien. Man kann ihn als wankelmütiges Manifest oder als kritisches Zeitzeugnis lesen, da er aus den Ereignissen rund um 1968 entstand, derweil sich seine Autoren in kritischem Abstand zu den protestierenden Studierenden hielten, was auch dem Generationsunterschied geschuldet war. Der *Anti-Ödipus* ist ebenfalls eine Kritik an dem Theoriegeschehen von 1968, indem er die damals präsenten freudomarxistischen Denkansätze problematisiert. Trotz oder sogar wegen dieses kritischen Abstands zur gescheiterten Revolution, den Deleuze und Guattari retrospektiv festhalten, können wir den *Anti-Ödipus* – im Einklang mit dem Kulturtheoretiker Ian Buchanan – getrost als Buch des Mais 1968 bezeichnen, solange wir dieses politische Ereignis in seiner Komplexität begreifen.[27]

> [F]or Deleuze and Guattari, accounting for May '68 necessitated a complete rethinking of political concepts like power, power relations, groups, group identity, the event, and so on, and insofar as it takes up this challenge, Anti-Oedipus is appropriately received as a May '68 book. (Buchanan 2008, S. 19)

Man kann den *Anti-Ödipus* damit als wesentlichen Beitrag zur Philosophie des Begehrens betrachten, als Zeitzeugnis, da der Text an einer Umbruchstelle entstand, in der sich zeitgleich mit den sexuellen Gepflogenheiten die Wirtschaftsstrukturen wandelten, sowie ihn als scharfsinnige Antizipation des Neolibera-

---

Herausforderung des *Anti-Ödipus* galt den anmaßenden Statthaltern und Unterdrückern des unbewußten Wunsches; in seinem rüden, assoziativen, konvulsivischen und wilden Schreibgestus detonierten die Enttäuschungen: Enttäuschung über die ,abgetriebene Revolution' des Mai '68, Enttäuschung über die allzu zögernden, dann wieder narzißtisch geblähten Reaktionen seitens der Psychoanalytiker, soweit sie sich, umständlich und abwehrend, aus der Reserve begeben hatten, als die psychoanalytische Theorie neben der kritischen Ökonomie als theoretisches Fundament der Neuen Linken reklamiert worden war." (Neubaur 1978, S. 136)

27 Buchanan hält hierzu fest: „It is legitimate to treat Anti-Oedipus as a May '68 book to the extent that May '68 itself is treated as a complex, multiply determined event whose place in history is far from settled." (Buchanan 2008, S. 12) Guattari erklärt im Rückblick die Revolte von 1968 dadurch, dass sich eine Multiplizität von molekularen Begehren miteinander verband, eine Multiplizität, die sich durch verschiedene soziale Schichten und Kontexte stratifiziert und gerade darin ihre Wirkkraft entfaltet, ohne zu einer totalisierenden Einheit zu werden (vgl. Guattari 2012b, S. 59).

lismus verstehen, mit dem Analysewerkzeuge bereitgestellt werden, die Jahrzehnte nach dessen Aufkommen nach wie vor anwendbar sind.[28]

2.2 Das schizoanalytische Unternehmen

Zum Auftakt des Buchs steht eine klassische Frage der politischen Philosophie, die zuvor Baruch de Spinoza und Wilhelm Reich aufwarfen: Wieso kämpfen Menschen für ihre Knechtschaft? Wieso begehrt das Begehren seine eigene Unterdrückung (vgl. Deleuze/Guattari 1974, S. 39)?[29]

Mit Marx und Freud gegen den Freudomarxismus

Um dieser Kernfrage nachzugehen werden die beiden großen Theoretiker der politischen sowie der libidinösen Ökonomie hinterfragt: Marx und Freud. Während Marx' kapitalismustheoretische Thesen aufgenommen werden, grenzt sich das Autorengespann deutlich von den marxistischen Strömungen seiner Zeit ab. Sie bemängeln an deren Klassenverständnis, dass es die Wirkkraft des Begehrens unterschätze. Ihrer Ansicht nach strukturieren sich libidinöse Besetzungen nicht primär anhand der Klassenordnung, da sie der Aufteilung in Klassen vorgelagert sind (vgl. Deleuze/Guattari 1974, S. 134 f.). Deleuzes Philosophie ist außerdem antihegelianisch ausgerichtet, da er die Negation im dialektischen und marxistischen Denken ablehnt und sich stattdessen im Rekurs auf Spinoza auf Affirmation und Positivität bezieht. Neben Marx wird Freud auf vielfache Weisen kritisiert, vor allem hinsichtlich des Ödipuskomplexes, insofern ist der Titel *Anti-*

---

28 Der Literaturwissenschaftler Manfred Frank, der Deleuze und Guattaris Schriften gegenüber äußerst skeptisch eingestellt ist, schlägt vor, den *Anti-Ödipus* als „Krisensymptom" (Frank 1983, S. 402) zu lesen, was – trotz seiner Weigerung, das anti-ödipale Unternehmen ernst zu nehmen – sinnvoll ist, da der *Anti-Ödipus* eine Krise des Begehrens, der Linken, der Kritik und des Kapitalismus markiert.

29 Der Philosoph Vincent Descombes, der in seiner Studie *Das Selbst und das Andere* (1983) den ideengeschichtlichen Hintergrund poststrukturalistischer Philosophien umreißt und die Bezeichnung *Philosophie des Begehrens* einbringt, charakterisiert das Anliegen des *Anti-Ödipus* folgendermaßen: „Das Buch fordert zu einer politischen Analyse des Begehrens auf: das Begehren kann beide Richtungen einschlagen: es kann sich selbst bejahen oder die Macht und die bestehende Ordnung zum Gegenstand nehmen. Dank dieser Analyse der Verläufe des Begehrens soll eine Antwort auf die Frage möglich werden, die Deleuze als ‚das Grundproblem der politischen Philosophie bezeichnet [...]: weshalb kämpfen die Menschen für ihre Knechtschaft, als ginge es um ihr Heil?" (Descombes 1981, S. 203 f.)

Ödipus Programm. Dennoch bleibt dessen Programm näher an Marx' und Freuds Denken ausgerichtet, als der erste Anschein vermuten lässt. Deleuze und Guattari wenden sich vielmehr gegen gewisse Auslegungswege, insbesondere den Freudomarxismus, um Marx' und Freuds Theorien von diesem Ballast zu befreien und deren revolutionäres Potential wiederzuentdecken.

Die theoriegeschichtliche Problemlage ihrer Gegenwart, der sich die Autoren – ähnlich wie Foucault in *Der Wille zum Wissen* – stellen, ist, wie erwähnt, der damals populäre Freudomarxismus. Sowohl Foucault als auch Deleuze und Guattari problematisieren die Annahme, dass Begehren unterdrückt werde. Dabei unterscheiden sich ihre Motive. Foucault wehrt das Unterdrückungsmodell des Begehrens ab, weil dadurch Macht rein repressiv verstanden wird, wohingegen seine Kernthese ist, dass Macht primär produktiv wirkt. Deleuze und Guattari stellen dem psychoanalytischen Begehrensbegriff, der durch Mangel und Negativität geprägt ist, eine affirmative, produktive Begehrenstheorie entgegen. In diesem performativen Theoriemodell soll Begehren aus den repressiven Zwängen der Negativität und des Mangels befreit werden. Insofern lautet die theoretische Aufgabenstellung des *Anti-Ödipus*, wie Foucault kommentiert: „Wie führt man das Begehren in das Denken, in den Diskurs, in das Handeln ein? Wie kann und muss das Begehren seine Kräfte in der Sphäre des Politischen entfalten und sich im Prozess einer Umkehrung der bestehenden Ordnung intensivieren?" (Foucault 1977/2003, S. 178) Diese Politisierung des Begehrens verfolgt der *Anti-Ödipus*.

Mangelhafte Begehrensphilosophien

Die Kernthese des *Anti-Ödipus* besagt, dass das Begehrliche und das Ökonomische ontologisch untertrennbar sind. Diese Untrennbarkeit zeigt sich im Wechselspiel aus Theoriebildung und sozialen Praktiken. Beispielsweise ist die Idee von Privateigentum mit der Vereinnahmung des Begehrens durch die Familie, das Ich und die soziale Ordnung verbunden (vgl. Guattari 2012b, S. 27). Theoriemodelle beeinflussen, wie Begehren erfahren wird und wie es gesellschaftlich organisiert wird. Indessen birgt die performative Kraft von Begehrenstheorien die Möglichkeit, gesellschaftliche Verhältnisse zu verändern. Von diesen Vorannahmen ausgehend bestreben Deleuze und Guattari, das herrschende Begehrensmodell des Ödipus anzufechten.

Als epistemologischen Kreuzungspunkt von Begehren und Ökonomie machen sie das Primat des Mangels in der Philosophiegeschichte aus, an dem sich beide Register auf fatale Weise verbünden, wodurch das Denken des Begehrens einen falschen Lauf nahm. In ihrer begehrensökonomischen Genealogie vollzieht sich das Mangeldenken des Begehrens von Platon bis zur Psychoanalyse. Begehren wird in seinem Mangel an Realität gedacht, in seinem *manque-à-être*, wie es Lacan ausdrückt. In dieser Idee des begehrlichen Seinsmangels offenbart sich die „Darstellung des den Bedürfnissen angelehnten Wunsches, worin dessen Produktivität weiterhin den Bedürfnissen und ihrem Mangelverhältnis zu ihrem Gegenstand aufruhen soll" (Deleuze/Guattari 1974, S. 35). Die Psychoanalyse perfektioniert dieses Denken: Sie erkennt zwar die machtvollen und durchaus produktiven Wirkungen des Begehrens an, derweilen reduziert sie Begehren darauf, rein psychische Realitäten zu erzeugen, also Fantasiefabrikationen, wodurch der Seinsmangel des Begehrens ontologisch bekräftigt wird (vgl. Deleuze/ Guattari 1974, S. 35).

Um zur Frage zurückzukehren, warum sich Menschen ihre eigene Unterdrückung wünschen, so lautet die erste, provisorische Antwort: Das Begehren begehrt seine eigene Unterdrückung, weil es als Mangel gedacht und erfahren wird. Grob umrissen, die Annahme eines Mangels im Begehren kettet Subjekte an Machtpositionen. Der Mangel, keinen Phallus zu haben, kettet das Verlangen der Frau an den Mann und die ödipale Logik kettet den Sohn an den allmächtigen Vater. Machttheoretisch formuliert wird das Subjekt durch den Mangel in die ewige Schuld gegenüber verabsolutierter Autorität gestellt.

In dieser kanonischen psychoanalytischen Perspektive bestimmt sich Begehren dadurch, dass es auf reine Fantasieobjekte abzielt und ihm damit der Realitätsbezug fehlt. Dagegen folgen Deleuze und Guattari der Idee, dass Begehren soziale Realitäten erzeugt. Im Mangelprimat liegt für sie die Einsatzstelle des Ökonomischen. Indem Begehren als Mangel ersonnen wird, wird es in die Logik der Bedürfnisse eingepasst. In dieser Denkweise wird es an das Bedürfnis angelehnt und damit ein Primat des Bedürfnisses installiert. Begehren erscheint als eine Art höherstufiges Bedürfnis, wodurch es auf dessen lineare Logik reduziert wird. Im Wirtschaftsdenken markiert das Bedürfnis den materiellen Mangel. In der Analogieannahme von Bedürfnis und Begehren bedeutet Begehren einen symbolischen Mangel in der Sphäre der Fantasie. Deleuze und Guattari widersprechen diesem Primat des Bedürfnisses vehement. Für sie verhält es sich umgekehrt, es ist das Bedürfnis, welches dem Begehren entspringt (vgl. Deleuze/ Guattari 1974, S. 36): „Nicht der Wunsch lehnt sich den Bedürfnissen an, vielmehr entstehen die Bedürfnisse aus dem Wunsch: es sind Gegen-Produkte im Realen, vom Wunsch erzeugt." (Deleuze/Guattari 1974, S. 36) Man kann daher nicht die Sphären des Materiellen und Bewussten von denjenigen des Symbolischen und Unbewussten abtrennen, da Begehren diese diskursiv errichtete Sphärentrennung beständig durchkreuzt. Begehren fabriziert keine reinen Fantasieszenarien, sondern konkrete, materielle Wirklichkeiten. Das Denken des Mangels, im Libidinösen wie im Ökonomischen, legitimiert für sie geschichtliche gewachsene Gewaltverhältnisse. Da auch die Wunschproduktion von diesen Gewaltverhältnissen geprägt werden, welche die Ideologie des Mangels preisen, ist der Mangel keine Ursache, sondern Folge der sozialen Wunschproduktion.

„Dem Wunsch fehlt nichts, auch nicht der Gegenstand. Vielmehr ist es das Subjekt, das den Wunsch verfehlt, oder diesem fehlt ein feststehendes Subjekt; denn ein solches existiert nur kraft Repression." (Deleuze/Guattari 1974, S. 36) Diese These verrät, dass Deleuze und Guattari Subjektivierung als Effekt der begehrensökonomischen Unterdrückungsverhältnisse verstehen. Das Subjekt ist bloß eine Mikroeinheit sozialer Organisation. Obwohl es in begehrensökonomischen Ordnungen des Sozialen hervorgebracht wird, wird es niemals gänzlich vereinheitlicht und vereinnahmt. Stattdessen durchkreuzen zahlreiche Libidoströme die Subjektivierung. Sie unterwandern die Annahme einer personalen Einheit, einer in sich geschlossenen Entität. In dieser Perspektive ist das Subjekt quasi ein Neben-Produkt des Begehrens, da es sich herstellt, indem es retrospektiv über Verlangen, das es verspürt, sagt: ‚Das ist meins' (vgl. Holland 1999, S. 34). Dadurch entwirft es sich in der Fiktion des souveränen Subjekts, das Herr über sein Begehren ist, es besitzt, über es verfügt – was jedoch reine Allmachtsfantasie bleibt. Wie Foucault in *Der Wille zum Wissen* herausarbeitet, wird durch die Idee des im Innern verborgenen Begehrens Identität hergestellt. Indem das Subjekt über sein vermeintlich authentisches, individuelles Begehren spricht, offenbart es sein inneres Wesen – so die Idee, die sich, wie Foucault darlegt, von der christlichen Pastoralmacht des 17. Jahrhunderts bis in die psychoanalytische Praxis des 20. Jahrhunderts fortführt (vgl. Foucault 1977, S. 23–36). In intellektueller Nähe zu Foucault lehnen Deleuze und Guattari das Konzept des individuellen Begehrens ebenso ab wie die Ideen des Individuums und der Identität. Sie begreifen Begehren dagegen als kollektiv und präpersonal. Anstatt es auf der Ebene interpersoneller Beziehungen zu betrachten, weiten sie ihren Blick auf Begehren als soziale Antriebskraft aus. Um diesen Gedanken auszuarbeiten und gesellschaftliche und kapitalistische Prozesse zu beschreiben, führen sie die Maschinenmetaphorik ein.

Indem sie dem Primat des Mangels das Primat der Mannigfaltigkeit entgegenstellen, verfolgen Deleuze und Guattari die These einer grundlegenden üppigen Mannigfaltigkeit, die bereits Spinoza, Nietzsche und ebenso Bataille vertraten. Somit folgen sie einer philosophischen Spur, in der die Natur anarchisch, excessiv und reichhaltig erscheint, während Ordnung und Verknappung geschichtlichen Gewaltverhältnissen geschuldet sind. Das Mangelprimat legitimiert wirtschaftliche Ungleichheiten. Wenn man dagegen ökonomischen Mangel als Resultat sozialer Reglementierung und Repression versteht, entgeht man dem fatalistischen Denken, dass der Kapitalismus alternativlos sei. Nach Deleuze und Guattari ist der Mensch keineswegs anthropologisch dazu verdammt, dass sein Verlangen ungestillt bleibt. Derweil organisieren Wirtschaftsprozesse den materiellen Mangel dahingehend, dass sie ihn auf die Schultern von vielen verteilen, um wenigen das Leben im Überfluss zu garantieren. Indem der Kapitalismus, so Guattari, sich nicht an den Wünschen der Menschen ausrichtet, sondern versucht, deren Begehren an wirtschaftliche Zwecke anzupassen, verschärft er Ungleichheitsverhältnisse (vgl. Guattari 2012a, S. 241). In philosophischer Perspektive bedeutet dies, dass sich der Mangel historisch erzeugt und dem Begehren auferlegt, obwohl diesem in ontologischer Hinsicht nichts fehlt.[30]

Neben Bedürfnissen bilden Interessen eine zentrale ökonomietheoretische Kategorie. Ebenso wie Bedürfnisse sind sie Begehren nicht vorgeschaltet, sondern artikulieren sich erst auf dessen Grundlage. Unter der Ebene von rational artikulierten Interessen gibt es „Wünsche, Wunschbesetzungen, die nicht mit den Interessenbesetzungen zusammenfallen und von denen die Interessen sogar in ihrer Determination und Distribution abhängen: ein gewaltiger Strom, alle Arten unbewußter libidinöser Ströme, die den Wahn dieser Gesellschaft bilden" (Deleuze 2003, S. 381). Somit sind sämtliche Handlungen, die vorgeblich rationalen Interessen folgen, tiefenstrukturell von affektiven Dynamiken geprägt, die diese Interessen bestärken und sie zugleich beständig unterlaufen. In diesem Verständnis liefert der *Anti-Ödipus* eine Analyse „that shows how desire and interest can travel in different and indeed conflicting directions" (Buchanan 2008, S. 131).

Die Schizoanalyse geht von vier Thesen aus. Erstens: Jede libidinöse Besetzung ist sozial und vollzieht sich in einem geschichtlichen, gesellschaftlichen Feld. Zweitens: Es gibt zwei Arten sozialer Besetzung: die unbewusste Besetzung der Gruppe oder des Begehrens und die vorbewusste Besetzung einer Klasse oder der Interessen. Drittens: Die nicht-familiären Besetzungen des Unbewussten sind vorgängig gegenüber den familiären Besetzungen des Unbewussten. Viertens: Die sozialen unbewussten Besetzungen können zwei Formen annehmen: paranoid, reaktionär und faschistisch oder schizophren, revolutionär und utopisch (vgl. Deleuze/Guattari 1974, S. 442; S. 444; S. 461; S. 475; vgl. Buchanan 2008, S. 124 f.). Diese Thesen lassen sich folgendermaßen übersetzen: Erstens: Deleuze und Guattari gehen nicht von einer anthropologisch gegebenen Libidoökonomie aus, wie sie Freuds transhistorisches Ödipusmodell impliziert. Was mit Begehren besetzt wird, variiert je nach geschichtlichem Kontext. Zweitens: Für sie ist Begehren immer schon kollektiv, es artikuliert sich zuerst innerhalb kleiner Gruppen als

---

30 Holland fasst diesen Zusammenhang zwischen Mangel und Produktion des Wunsches folgendermaßen zusammen: „Desire is not based on some primordial lack; nor does it derive from needs; it is instead socially organized anti-production that superimposes needs and lack on productive desire. [...] The point of comparing various modes of social-production is to understand the conditions under which, and the different ways in which, anti-production introjects needs and/or lack in desiring-production." (Holland 1999, S. 62)

unbewusste Besetzung, und danach formieren sich diese Gruppen zu einem größeren gesellschaftlichen Zusammenschluss wie derjenige der Klasse. Auf der Ebene von diesem größeren Gruppenzusammenschluss zu einer gesellschaftspolitischen Einheit wirkt Begehren vorbewusst und drückt sich in Form von Interessen aus. Drittens: Die Familie ist keine anthropologisch konstante Formation, daher durchkreuzt Begehren Familienstrukturen und wird zugleich durch gesellschaftliche Machtverhältnisse daran zurückgebunden. Viertens: Begehren bewegt sich zwischen zwei Polen. Deleuze und Guattari bestimmen diese Pole wie folgt: der revolutionäre Pole des frei fließenden Begehrens, das soziale Schranken überschreitet. Und der faschistische Pol des fixierten, gebannten Begehrens, das Menschen dazu drängt, sich nach festen Rollen, klaren Hierarchien und ihrer eigenen Unterdrückung zu sehnen. In unser Vokabular übersetzt wirken der revolutionäre und schizophrene Pol als Aufbegehren und der faschistische und paranoide Pol als Begierden in ihren Bewegungen des Verflüssigens und Verfestigens, ohne dabei die politischen Implikationen und Assoziationen des *Anti-Ödipus* zu übernehmen. Deleuze und Guattari denken folglich Begehren als Kraft, die gesellschaftlichen Machtverhältnissen, z. B. familiären Rollen oder Klassenzugehörigkeiten, vorausgeht und diese beständig unterwandert. Begehren wirkt produktiv, indem es das Soziale erzeugt, doch indem sich das Soziale organisiert und eine Ordnung im Begehren errichtet, wird es kanalisiert und strukturiert, was seinem Drang zum freien Fließen widerstrebt (vgl. Deleuze/Guattari 1974, S. 14). Während gemeinhin davon ausgegangen wird, dass libidinöse wie politische Ökonomien mangelmotiviert seien, denken sie Begehren als produktive, präpersonale Kraft, die zwar in seiner geschichtlichen Gestalt wirkmächtig ist, in ontologischer Hinsicht greift ihre These weit über die jeweiligen epochalen Besonderheiten hinaus.[31] In dieser Perspektive beziehen sie sich auf Spinozas' Conatus und Nietzsches Willen zur Macht als Antrieb des vitalen Kräftespiels.

Ausgehend vom Begriff der Wunschmaschine erarbeiten Deleuze und Guattari Begehren als schöpferische Kraft und zugleich als frei fließende Libido. Dieses Produktivitätsmodell des Begehrens begreifen sie als supplementären Gegenpart des dominanten Mangelmodells. Wie Holland betont, liegt hier eine Schwierigkeit des schizoanalytischen Verfahrens, denn da der Kapitalismus zwischen Begehrensproduktion und wirtschaftlicher Produktion unterscheidet, muss man deren epistemologische Trennung aufzeigen und zugleich auflösen. Im

---

31 Die Kulturtheoretikerin Claire Colebrook merkt in einem Aufsatz über die vitalistischen Impulse in Deleuzes Philosophie an: „Desire [...] is both pre-personal and necessarily revolutionary. [...] Desire is essentially revolutionary precisely because it is the matter that is formed by social relations; even when desires are reactionary [...] they are nevertheless distinct from the social machine that takes up those desires into its own workings." (Colebrook 2009, S. 87)

Zuge dessen muss dargelegt werden, dass Begehrensökonomien niemals rein psychisch sind, sondern in der politischen Ökonomie wirken (vgl. Holland 1999, S. 23). In dem Bestreben, die Register der Psychoanalyse und der politischen Ökonomie zusammenzudenken, unterscheiden Deleuze und Guattari analytisch zwischen Wunschproduktion und gesellschaftlicher Produktion. Während die Wunschmaschinen die psychische Dimension erfassen, beschreiben die Gesellschaftsmaschinen die soziale Dimension. Trotz dieser analytischen Unterscheidung werden das Psychische und das Soziale als ontologisch untrennbar erachtet, da Begehren nicht rein psychische Realitäten, sondern materiell wirksame, soziale Realitäten erzeugt (vgl. Deleuze/Guattari 1974, S. 16). Die Wunschproduktion und die gesellschaftliche Produktion operieren über die gleichen Mechanismen, allerdings arbeiten sie in verschiedenen Modalitäten. Während die gesellschaftliche Produktion molare, also makropolitische Einheiten herstellt, operiert die Wunschproduktion molekular und damit auf mikropolitischer Ebene (vgl. Buchanan 2008, S. 96).[32]

Die Trias Marx – Nietzsche – Freud

Wie Holland kommentiert, kann die Fusion von psychoanalytischen und ökonomischen Denkkategorien nur durch die theoriegeschichtliche Trias Marx – Nietzsche – Freud entstehen:

> The terminology of Anti-Oedipus [...] forges connections between Freud's concept of libido and Marx' concept of labor-power; yet it is Nietzsche's concept of will to power that cements

---

32 Da sowohl die Wunschproduktion als auch die gesellschaftlichen Produktionen von Begehren angetrieben werden, erscheint es, wie Holland feststellt, als Libido und Arbeitskraft zugleich: „As wild or as fanciful as it may first seem, the term ‚desiring-machine' functions to connect the Freudian concept of libido with the Marxist concept of labor-power, and this conceptual connection [...] lies at the heart of schizoanalysis." (Holland 1999, S. 1) Man muss Holland zustimmen, dass sich Begehren als Kraft darstellt, die kapitalistische Produktionsprozesse in Bewegung bringt, weshalb es naheliegt, Begehren als Arbeitskraft zu bestimmen. Der Kulturtheoretiker Ian Buchanan beobachtet hingegen, dass Begehren analog zum Kapital operiert, angesichts der deterritorialisierenden Bewegungen von Kapital und Begehren erscheint Buchanans Beobachtung ebenso stichhaltig (vgl. Buchanan 2008, S. 58). Man muss daher ihre beiden Thesen miteinander ergänzen. In der Beschreibung von vorkapitalistischen Zuständen, die Deleuze und Guattari in zwei Phasen einteilen – das barbarische und und das despotische Regime –, ist es schlüssig, die Begehrensregulation als Kanalisierung von Arbeitskraft zu bestimmen. Doch indem Deleuze und Guattari die kapitalistischen Begehrensoperationen als Re- und Deterritorialisierung fassen, zeigt sich deutlich, dass diese zugleich Bewegungen des Kapitals beschreiben. Infolgedessen riskiert ihr Begehrensbegriff, in der Logik des Kapitals festgeschrieben zu werden.

the relation between them, and enables Deleuze and Guattari to revise psychoanalysis and free repetition from the compulsive form given it by Freud's death instinct. At the same time, Nietzsche and Freud provide a crucial corrective to Marx by supplementing his analysis of exploitation with the analysis of guilt: money is no longer conceived solely as a means of exchange and accumulation, but also a means of imposing debts and guilt. (Holland 1999, S. 13)

Begehren wird als Kraft gedacht, die sich in wirtschaftlichen Prozessen als Arbeitskraft artikuliert und sozialpsychologisch als Libido äußert, welche die Grenzen der Individualität übersteigt. Hierbei spielt Nietzsche eine tragende Rolle. In dessen *Genealogie der Moral* zeigt sich das Zusammenspiel von Ethik und Ökonomie im Sanktionssystem von Schuld und Schulden. Darauf baut gemäß Deleuze und Guattari der Ödipuskomplex auf, der ein intergenerationelles Schuldverhältnis etabliert, das sich auf der Narration der ewigen Schuld gegenüber dem Vater begründet (vgl. Deleuze/Guattari 1974, S. 237). Außerdem bildet Nietzsches Idee der Wiederholung, die eine Wiederholung des Ungleichen beschreibt, für Deleuze und Guattari eine Grundlage, um Begehren in Differenzbewegungen zu denken. Diese setzen sie den angeblich mechanischen Wiederholungszwang des Todestriebs entgegen und trachten danach, Nietzsche gegen Freud auszuspielen. Das Thema des Todestriebs wird sich im Folgenden weiterhin wiederholen.

Der anti-ödipale Begriffsapparat

Wie Thomas Lange in seiner Rekonstruktion des *Anti-Ödipus* festhält, verstehen Deleuze und Guattari die „Menschheitsgeschichte als Prozess der Deterritorialisierung", da sie betrachten, wann, wo und wie Begehren freigesetzt wurde und neue soziale Formationen hervorbrachte (Lange 1989, S. 23 f.). Sie nähern sich dem Kapitalismus retrospektiv an, indem sie zwei weitere Begehrensregime betrachten, die sie als Barbarei und Despotismus bezeichnen.

Um die historischen Transformationen analytisch fassbar zu machen, erarbeiten Deleuze und Guattari ein komplexes methodologisches Set, das erlauben soll, sowohl kapitalistische Verhältnisse als auch die Selbstwidersprüche des Kapitals begehrensökonomisch nachzuvollziehen. Die wirr anmutende, patchworkartige Textoberfläche verdeckt auf den ersten Blick, wie akribisch die Analysebegriffe und -ebenen arrangiert sind.[33] In dieser Theoriearchitektur führen

---

33 Der Philosoph Aaron Schuster, der die Querverbindungen zwischen Deleuzes Philosophie und der Psychoanalyse untersucht, kommentiert hierzu: „Despite its appearance as a delirious ho-

Deleuze und Guattari die drei Synthesen ein, die sich an Immanuel Kants kritischen Begriffsapparat anlehnen (vgl. Schuster 2016, S. 153). Ohne dezidiert darauf
einzugehen, sei angemerkt, dass die Synthesen-Begriffe das methodisch
schwächste Element des *Anti-Ödipus* darstellen, weshalb es wenig verwunderlich
ist, dass das Autorengespann sie im Folgeband von Kapitalismus und Schizophrenie ausspart.[34] Weitaus wichtiger sind die Begriffsfelder der Thermodynamik,
der Maschinen und des Territoriums, die in *Tausend Plateaus* (1992) aufgenommen und ausgearbeitet werden.

Thermodynamik, Maschinen, Territorium

Die Maschinenterminologie fasst das Produktionsmodell des Begehrens in den
Begriffen der Wunschmaschinen und Gesellschaftsmaschinen, wobei sich andere
Maschinen anschließen wie die Junggesellen-Maschine, die Wundermaschinen
und vor allem die paranoide Maschine. Der Medienwissenschaftler und Wissen-
schaftshistoriker Henning Schmidgen, der die Maschinenterminologie untersucht, schreibt, dass der Maschinenbegriff, den besonders Guattari in seinen
nachfolgenden Arbeiten aufgreift, „die sozialen und psychischen Folgen des
Übergangs von der Konsumgesellschaft der Nachkriegszeit zur Informationsge-
sellschaft der achtziger und neunziger Jahre" spiegelt (Schmidgen 1997, S. 20).[35]

---

dgepodge of concepts and references, Anti-Oedipus has in fact a classical philosophical structure,
in which dualisms and triadic schemes proliferate (e. g. there are three syntheses of the unconscious: connective, disjunctive, and conjunctive; three social-historical formations: savage
territorial, barbarian despotic, and civilized capitalist; three elements that compose repression:
the repressed representative, the repressed representation, and the displaced represented; three
kinds of machines: paranoias, miraculating, and celibate; three forms of energy: Libido, Numen,
Volutpas; and so on, not to mention the binary oppositions which organize the text and give it a
rather Manichean appearance, like production versus representation, molecular versus molar,
desiring machine versus Oedipus, schizophrenia versus paranoia etc., as well as the five different
paralogisms or illegitimate uses of the unconscious, modeled after Kantian critique – Anti-
Oedipus is to psychoanalysis what the Critique of Pure Reasons is to metaphysics." (Schuster
2016, S. 153)

34 Schmidgen merkt diesbezüglich an: „Orientiert am Vorbild von Kants kritischer Philosophie,
versuchen Deleuze und Guattari eine Kritik der ‚Metaphysik des Unbewußten', die sich – so die
These – in der psychoanalytischen Bewegung immer stärker entwickelt hat" (Schmidgen 1997,
S. 25). Tatsächlich ist bereits die methodische Form der drei Synthesen an Kants Philosophie
angelehnt (vgl. Holland 1999 S. 14f.). Da wir uns im Folgenden jedoch mit den begehrenstheoretischen Impulsen in den Schriften von Nietzsche und Freud befassen werden, muss dieser
Rekurs auf Kant fortab ausgespart werden.

35 Vgl. Guattaris späte Schrift *Chaosmose* (2014).

Weiterhin kommentiert er, dass im „überbordenden Maschinenvokabular des Anti-Œdipe [...] alles zur Maschine [wird]: das Begehren, die Gesellschaft, die Sprache, der Körper, das Leben, die Wirtschaft, die Literatur, die Malerei, die Phantasie, die Schizophrenie, der Kapitalismus" (Schmidgen 1997, S. 9). Durch das maschinelle Vokabular können gesellschaftliche Konstellationen ohne die Prämisse souverän agierender Subjekte betrachtet und das Wechselspiel zwischen Subjektivierung und Technologie in den Blick genommen werden. Dabei bezeichnet der Begriff ‚Maschine' „nicht nur technische Objekte, wie sie aus der heutigen Alltags- und Lebenswelt bekannt sind (Geräte, Apparate, Automaten)", denn „‚Maschine' ist [...] vielmehr [...] als eine funktionierende Anordnung von heterogenen Teilen, als laufendes Arrangement [zu verstehen], das auch technische Objekte umfassen kann" (Schmidgen 1997, S. 16). Deleuze und Guattari verbinden in der Maschinenmetaphorik ein vitalistisches Bild der fließenden Begehrensströme mit dem mechanistischen Bild der stetig arbeitenden Maschinen.[36] In diesem Zusammenschluss von Begehrensströmen und Maschinen bestimmen sie die maschinelle Operationsweise dadurch, „unterschiedliche Arten von Einschnitten" zu vollziehen, und zwar durch die „Entnahme von Strömen, Abtrennung von Ketten, Verteilung von Teilen" (Deleuze/Guattari 1974, S. 180).

Das thermodynamische Vokabular wird dazu verwendet, Begehren quantitativ als Zu- oder Abnahme von Intensität zu bemessen. Dadurch wird es nicht mehr qualitativ nach seinem semantischen Gehalt befragt, wie in der psychoanalytischen Hermeneutik des Begehrens, sondern quantitativ anhand der Verdichtung von Affekten bemessen.

In der Territorialmetaphorik wird der Körper der Erde als Ausgangspunkt gesetzt, um machtvolle Besetzungen zu beschreiben. Die territoriale Rhetorik verdeutlicht die geopolitische Perspektive, durch welche die Erde stets den ersten Körper sozialer Besetzungen bildet, da sich durch die Einteilung von Land in Besitztümer Herrschaftsverhältnisse etablieren (vgl. Deleuze/Guattari 1974, S. 179). Gleichermaßen stammt der Begriff der Territorialisierung von Lacan, der, wie Holland darlegt, dadurch die lustvolle Besetzung von Körperpartien als erogene Zonen – wie die Brust, die Lippen – erfasst, wodurch Organe mit libidinösem Wert belegt werden (vgl. Holland 1999, S. 19). Während in Lacans phallozentrischer Perspektive Körper anhand des Primats der Genitalität organisiert werden,

---

36 Die Unterscheidung zwischen vitalistischen und mechanistischen Weltverständnissen hat sich zwar seit Descartes verhärtet, doch die Philosophin Anne Eusterschulte zeigt auf, dass sich von Platon und Aristoteles bis in die Frühe Neuzeit Denklinien auffinden lassen, die den „unterschwellige[n] Werkzeugcharakter der körperlichen Naturen" hervorheben (Eusterschulte 2002a, S. 132). Implizit schließt Deleuze und Guattaris Konzeption der Wunschmaschinen daran an.

streben Deleuze und Guattari durch den Terminus der Deterritorialisierung an, die Un-Ordnung des Körperlichen wiederherzustellen – den organlosen Körper.

Körper ohne Organe

Der organlose Körper ist ein enigmatisches Konzept, dies ist durch den unklaren widersprüchlichen Status des Todestriebs bedingt.[37] An manche Stellen scheint der Körper ohne Organe den Todestrieb zu figurieren, doch wir lassen diesen Zusammenhang vorerst beiseite, um das ohnehin schwer greifbare Konzept des organlosen Körpers zu umreißen. Durch die Begehrensströme entsteht ein Kraftfeld, in dem sich soziale Realität erst entfaltet (vgl. Deleuze/Guattari 1974, S. 413). Dieses Kraftfeld bezeichnen Deleuze und Guattari als Immanenzfeld und als organlosen Körper (vgl. Deleuze 1996a, S. 19). Der organlose Körper ist also das Immanenzfeld des Begehrens, er bezeichnet den Zustand, der entsteht, wenn sich Begehren von der Ausrichtung am Objekt und vom Ziel der Lusterfüllung abkoppelt und selbstbezüglich wird. In dieser Abkopplung macht sich Begehren für neue Funktionen und Besetzungen frei, was den Möglichkeitsraum des Sozialen erzeugt.

Der Begriff der Territorialisierung zeigt auf, wie sich Begehren in Körper einschreibt. Indem erogene Zonen libidinös besetzt und die Genitalien zum wichtigsten Sexualorgan bestimmt werden, wird der Körper hierarchisch unterteilt. Ebenso wird der Erdenkörper durch die Ausbreitungsbewegungen des Kapitals eingeteilt, wodurch sich der Gesellschaftskörper durch Begehren organisiert (vgl. Guattari 2012a, S. 62 f.). Die körperliche Einschreibung, die sich libidinös und geopolitisch vollzieht, ist demnach für Deleuze und Guattari eine wesentliche Operation gesellschaftlicher Organisation. In der Einschreibung soll Begehren geordnet werden, indem Grenzen abgesteckt und Besitztümer verteilt werden, seien es die Körper von Frauen, um in der heteronormativen Filiationslogik den Anspruch auf eine paternalistische Abstammungslinie zu etablieren, sei es die Einteilung von Land in Gebiete, die als Eigentum reklamiert werden. In dieser ökonomischen Ordnung kann Begehren nicht mehr nomadisch mäandern. Derartigen Machtoperationen stellten Deleuze und Guattari das Konzept des Körpers ohne Organe entgegen. Der Begriff des Körpers ohne Organe, der von dem Künstler Antonin Artaud stammt, bezeichnet den Moment des Stillstands, auf den

---

37 Für einen Überblick, aus welchen Textstellen und Theoriesträngen sich der organlose Körper zusammensetzt, ist der entsprechende Eintrag im *Deleuze & Guattari Dictionary* zu empfehlen (Genosko/Watson/Young 2013, S. 51–57).

sich die Produktion immer wieder beziehen muss. Deleuze und Guattari bestimmen den organlosen Körper als Antiproduktion, als „unproduktive[n] Stillstand" (1974, S. 16), als Körper, dem jegliche Organisation widerstrebt, der zur Desorganisation hinstrebt. Schon diese Beschreibung deutet auf den Todestrieb hin. Der Körper ist organ-los, weil er der Organisation widerstrebt und sich somit organisationslos macht: „Die Wunschmaschinen erschaffen uns einen Organismus, doch innerhalb dieser seiner Produktion leidet der Körper darunter, auf solche Weise organisiert zu werden, keine andere oder überhaupt eine Organisation zu besitzen." (Deleuze/Guattari 1974, S. 14) Der organlose Körper stößt die Organisation ab, zergliedert Ensembles und schafft daher die Möglichkeit, dass sich neue Ensembles zusammensetzen. Er ist Antiproduktion, weil er keine Verbindungen schafft, sondern diese zergliedert. Dennoch ermöglicht er, dass sich nachfolgend andere Verbindungen bilden, und somit die stetige Neuorganisation der Produktion. „[E]ven while anti-production interrupts or suspends existing productive connections on the body-without-organs, it at the same time registers their diverse possibilities, and ends up multiplying the relations among them to infinity." (Holland 1999, S. 31) Im Hinblick auf Begehrensbewegungen dient der Körper ohne Organe als leere Aufzeichnungsfläche, gleich einer Tabula rasa. Indem Begehrensströme in die leere Immanenzfläche eingeschrieben werden, kann sich Begehren deterritorialisieren. Es kann neue Funktionen annehmen und immer wieder andere Besetzungen vollziehen.[38] Infolgedessen erzeugen sich neue Verbindungen und Ensembles. Dadurch verfestigt sich Begehren temporär in Arrangements, doch durch die kontinuierlichen Prozesse des Neubesetzens und Neueinschreibens verflüssigt es sich immer wieder und formiert sich in anderen Gefügen. Der organlose Körper bietet folglich die Möglichkeit für libidinöse Neubesetzungen (vgl. Holland 1999, S. 92).[39]

Hier tritt hervor, dass Deleuze und Guattari, wie eingangs erwähnt, mit dem Begriff des organlosen Körpers versteckt Freuds Idee des Todestriebs verwenden.

---

38 Holland fasst diese ambivalente Operation folgendermaßen zusammen: „For schizoanalysis, the mode of functioning if the psyche is crucially ambivalent: the process of recording on the body-without-organs frees desire from instinctual or habitual determination (by breaking organ-machine connections), yet, at the same time, it makes desire susceptible to capture in social representations (by inscribing desire in terms offered or imposed by society)." (Holland 1999, S. 92)
39 Der organlose Körper bildet auch im zweiten Band der Schizoanalyse des Kapitalismus ein enigmatisches Konzept. So postulieren Deleuze und Guattari dort: „[I]hr könnt nicht begehren, ohne einen (organlosen Körper) zu schaffen [...]. Er kann [...] euch in den Tod treiben. Er ist sowohl Nicht-Begehren als auch Begehren. Vor allem ist er kein Begriff oder Konzept, er ist vielmehr eine Praktik, ein ganzer Komplex von Praktiken. Den organlosen Körper erreicht man nie, man kann ihn nicht erreichen, man hat ihn immer angestrebt, er ist eine Grenze." (Deleuze/Guattari 1992, S. 206)

In dessen Triebtheorie erscheinen Eros und Thanatos in einem antagonistischen Verhältnis. Eros erschafft Einheiten, während der Todestrieb zum Nullpunkt allen Tumults gelangen will und die Ruhe des Todes anstrebt. In dieser Bewegung zergliedert er die von Eros erschaffenen Einheiten. Der organlose Körper stellt den unproduktiven Stillstand dar, dem die Organisation des Begehrens widerstrebt. Er zwingt sie zur Auflösung und bringt Begehren dazu, sich in neuen Gefügen zu arrangieren. Damit weist er deutlich thanatologische Züge auf. Doch da Deleuze und Guattari einen spinozistisch geprägten affirmativen Begehrensbegriff vertreten, lehnen sie das mit Negativität verbundene Thanatosprinzip rigoros ab. Während Freud Thanatos im antagonistischen Ursprung mit Eros bestimmt und dadurch eine ontologische Gleichursprünglichkeit der beiden Triebe behauptet, lehnen es Deleuze und Guattari ab, dem Todestrieb einen ontologischen Status zuzuweisen. Für sie stellt er ein Produkt geschichtlicher Gewaltverhältnisse dar. Indessen bringen sie den organlosen Körper ein, um thanatologische antiproduktive Funktionsweisen in ihre Begehrenstheorie zu integrieren. Da sie dem organlosen Körper und der Antiproduktion einen ontologischen Stellenwert einräumen, nehmen sie Aspekte des Todestriebs auf, vermeiden jedoch, dies explizit zu benennen. Stattdessen stellen sie ihn weiterhin als Effekt gesellschaftlicher Repression dar – ein seltsamer Schachzug der beiden Autoren. Hierfür mag es verschiedene Gründe geben. Theoriestrategisch lässt sich dies dahingehend erklären, dass sie dadurch die zwei Begehrenspole zwischen revolutionär und faschistisch aufrechterhalten können. Indem sie den faschistischen Pol mit dem Todestrieb, der Repression und der Negation verbinden, können sie den anderen Pol und damit ihren Begehrensbegriff stärken, den sie mit den Ideen von Revolution und Affirmation verbinden. Man sollte diesbezüglich den geschichtlichen Kontext nach 1945 beachten, den Moment des Schreibens im Rückblick auf die faschistischen Regime in Europa, die mit Todessehnsucht und dem destruktiven Wunsch nach autoritären Ordnungen assoziiert werden. Den Todestrieb als ontologische Kraft anzuerkennen, riskiert, derartige destruktive, todbringende Tendenzen zu anthropologisieren. Auf diesen Aspekt machte Reich bereits 1933 in seiner Massenpsychologie des Faschismus aufmerksam, dessen sozialpsychologische Analyse den Ausgangspunkt für die antifaschistische Begehrenstheorie von Deleuze und Guattari darstellt.

Ein nicht weniger abstraktes, ökonomisch relevantes Beispiel für die Funktionsweise des organlosen Körpers ist dasjenige des Kapitals: „Das Kapital ist wohl der organlose Körper der Kapitalisten oder des kapitalistischen Wesens", es bildet als „solches aber nicht nur die flüssige und geronnene Substanz des Geldes", sondern „wird der Sterilität des Geldes die Form zukommen lassen, unter der es Geld schaffen wird". (Deleuze/Guattari 1974, S. 17) Wie lässt sich diese geldtheoretische Überlegung verstehen? Der organlose Körper ist der Nullpunkt, der als grundlegender Bezug dient, welchen Systeme benötigen – hier das Geld-system und das Kapital als dessen organloser Körper. Das Kapital ist selbst nicht produktiv, gerade dadurch wird es zum antiproduktiven Bezugspunkt der Pro-duktion, die sich daraufhin ausrichtet. Indem es keinen eigenen semantischen Gehalt birgt, dient es als leere Codierungsfläche und damit als Tabula rasa, in die sich die Produktionsverhältnisse einschreiben und im Zuge dessen modifizieren. Dies lässt sich wirtschaftshistorisch nachvollziehen: Seitdem man im Zuge der Weltwirtschaftskrise Ende der 1920er Jahre den Goldstandard aufhob und Geld von dem Äquivalenzverhältnis zu Gold entkoppelte, wirkt Kapital als leerer Code. Es wirkt somit als leere Einschreibungsfläche, auf die alle Produktionsprozesse abzielen. Gerade weil das Kapital als organloser Körper eine leere Fläche ist, wird die Arbeit, die im kapitalistischen Wirtschaften dem alleinigen Zweck unterstellt ist, Mehrwert zu schöpfen, ihren unmittelbaren produktiven Effekten beraubt. Sie wird entfremdet und zum Zwecke des Mehrwerts neu besetzt, sodass sie nicht mehr darauf ausgerichtet ist, etwas herzustellen, sondern Gewinn zu erzeugen.

Wellen der Deterritorialisierung und Reterritorialisierung

Ihr zentrales Begriffspaar ist dasjenige der De- und Reterritorialisierung, das Deleuze und Guattari in *Tausend Plateaus* (1992) aufnehmen und ausarbeiten. Das Begriffspaar greift unverkennbar die Territorialmetaphorik auf. Es kennzeichnet Bewegungen der Regulierung und Deregulierung. Die Deterritorialisierung ent-bindet libidinöse Energie, die frei fließt, während sie in der Reterritorialisierung wieder rückgebunden und in Bahnen gelenkt wird (vgl. Deleuze/Guattari 1974, S. 333). Während sich das globale Kapital von Nationalgrenzen entbindet, binden staatlichen Politiken, die in den Markt intervenieren, das Kapital wieder zurück und reterritorialisieren es (vgl. Deleuze/Guattari 1974, S. 45). Ein Gegenwartsbei-spiel hierfür ist die sogenannte Bankenrettung in der Finanzkrise ab 2008: Die ungezügelte, deterritorialisierte Finanzwirtschaft kam ins Schleudern, woraufhin sie durch staatliche Interventionen reterritorialisiert wurde, als europäische Re-gierungen Staatshilfen gewährten, um die Banken zu entschulden. Außerdem lässt sich in Deleuze und Guattaris Idee der Deterritorialisierung ein Gedanke von Marx erkennen. Dieser beschreibt mit seinem Konzept der ursprünglichen Ak-kumulation, wie das Kapital weitere, bisher unkommerzialisierte Lebensbereiche erschließt, in denen es Mehrwert erzeugen kann. Indem der Markt in bisher un-erschlossene Lebensgebiete vordringt, werden diese deterritorialisiert, da sie nunmehr der Logik des Kapitals unterstehen und sich dementsprechend um-strukturieren. Zugleich werden sie in ideologische Rahmenkonstruktionen zu-rückgebunden und reterritorialisiert. Indem beispielsweise Freizeit Anfang des

20. Jahrhunderts zu einem neuen Konsumfeld wurde, integrierte sich die Ehe-
anbahnung in die entstehende Freizeitsphäre. Romantische Liebe und Partnerschaften deterritorialisierten sich, da das formelle Vorstellen im Kreis der Familie
zugunsten des Rendezvous wich, wodurch sich sexuelle Verhältnisse liberalisierten. Dies erwies sich als äußert kompatibel mit einem Markt, der Konsumentinnen für die neuen Vergnügungsangebote benötigte. Diese Kommerzialisierung der Romantik, die sich in Konsumangeboten wie dem Candle-Light-
Dinner und dem romantischen Urlaub ausdrückt, wird dennoch reterritorialisiert,
da die Konsumpraktiken erneut mit dem Ideal der romantischen Liebe verkoppelt
werden (vgl. Illouz 2007a, S. 170 – 176). Wie beide Beispiele zeigen, gehen De- und
Reterritorialisierung untrennbar miteinander einher.

Analog zu demjenigen der De- und Reterritorialisierung funktioniert das
Begriffspaar der De- und Recodierung (vgl. Holland 1999, S. 20). Decodierung
bezeichnet hierbei nicht den Akt des Entschlüsselns, vielmehr wird ein Code
seines semantischen Gehalts entleert, während im Prozess der Recodierung ein
Code semantisch aufgeladen wird. Insofern zeigen die Begriffe De- und Recodierung die de- und reterritorialisierenden Bewegungen auf zeichentheoretischer
Ebene auf.

Molar / Molekular

Neben De- und Reterritorialisierung ist ein weiteres wichtiges Begriffspaar molar/
molekular. Während das Molare makropolitische Formationen wie den Staat oder
die Familie als Funktionseinheiten kennzeichnet, umfasst das Molekulare die
mikropolitische Dimension. Durch diese miteinander verschränkten Begriffe gelingt es Deleuze und Guattari, Begehren als allumfassende, sozialmobilisierende
Kraft zu denken und zugleich die mikropolitischen Prozesse auf der Ebene von
Subjektivierungen zu erfassen. Ihre politische Programmatik zielt darauf ab,
molare Formationen zu unterwandern. In ihrem kritischen Unterfangen wollen sie
auf die affektpolitischen Machteffekte von Institutionen wie Schule, Psychiatrie,
Familie und Arbeitsverhältnissen hinweisen, in denen Menschen feste Rollen
zugeschrieben werden, nach denen sich ihr Begehren ausrichten soll. Deleuze
und Guattaris Hoffnung liegt in den Begehrensströmen, die sich nicht in festen
Rollen und Institutionen erschöpfen und nicht in molaren Formationen ein-
schließen lassen, sondern in ihren überbordenden Bewegungen heterogene, dynamische, molekulare Ensembles des Zusammenlebens hervorbringen.

Partialobjekte

Deleuze und Guattari greifen den Begriff der Partialobjekte auf, den die Psychoanalytikerin Melanie Klein in ihrer Arbeit mit Kleinkindern verwendet. Partialobjekte bezeichnen begehrte Objekte, die als verstreute Einzelteile und nicht als
Teile einer Einheit wahrgenommen werden. Anhand Kleins Analyse von kleinen
Kindern erläutern Deleuze und Guattari ihr Verständnis der Partialtriebe. Dass
sich diese von zahlreichen Gegenständen, auch technischen Objekten wie Mo-
delleisenbahnen, begeistern lassen, widerspricht dem ödipalen Ordnungsschema
und deutet stattdessen auf das maschinelle Begehren, das immer neue Assoziationen hervorbringt und dadurch anti-ödipal aufzufassen ist. Sie kritisieren an
Klein, dass sie in ihren therapeutischen Fallbeispielen den begehrlichen Ausdruck der Kleinkinder auf die ödipale Deutungslogik reduziere, beispielsweise
interpretiert sie das Spiel eines kleinen Jungen mit der Modelllokomotive als
phallischen Wunsch, in seine Mutter einzudringen (vgl. Deleuze/Guattari 1974,
S. 58 f.). Die Annahme von Partialobjekten, wie sie Deleuze und Guattari vor-
schlagen, verweist dagegen auf eine Umwelt disparater Teile, die libidinös besetzt
werden können, ohne dass sie in einheitliche Raster passen:

> Die Partialobjekte bilden weder Repräsentationen elterlicher Personen noch Träger famili-
> aler Beziehungen, es sind Bestandteile der Wunschmaschinen. Sie verweisen auf einen
> Produktionsprozeß und auf Produktionsverhältnisse, die auf das in der Figur des Ödipus sich
> Einschreibende nicht zurückführbar und deshalb primär sind. (Deleuze/Guattari 1974, S. 58)

In dieser Perspektive erscheinen Personen nicht als geschlossene Einheiten, so
kann der Blick des Kleinkindes von den Fingern, zu den Lippen, zu den Augen der
anderen wandern, diese Eindrücke assoziieren, ohne bereits sein Gegenüber als
abgegrenzte, personale Einheit wahrzunehmen. Diese freien, umherschweifen-
den, lustvollen Assoziationen kennzeichnen damit einen Zustand des ungeord-
neten Begehrens, den Freud als polymorphe Perversion bezeichnet. Deleuze und
Guattari greifen diese Idee eines disparaten Begehrens, das sich auf alles beziehen kann, ohne es in geordnete Bezüge zu setzen, auf, um ihre Theorie der
Wunschmaschinen zu bauen.

Quantitative Begehrensökonomie

In ihrem Bestreben, Begehren nicht qualitativ an verdrängten Inhalten zu bemessen wie es die Psychoanalyse praktiziert, erarbeiten Deleuze und Guattari
einen Begriffsapparat, um die quantitative Ökonomie des Begehrens zu analy-

sieren. Diese bemisst sich anhand der Zu- und Abnahme von Intensität, an der Dichte von Verbindungen und Neubesetzungen, in denen sich die Arbeit der Wunschmaschinen zeigt.

Indessen begreifen sie Begehren innerhalb einer immanenten Ontologie des Begehrens, die sie den metaphysischen Postulaten der Psychoanalyse entgegenstellen. Ihr kritisches Unternehmen besteht darin, wie Schmidgen kommentiert, die Möglichkeitsbedingungen des Ödipuskomplexes aufzudecken (vgl. Schmidgen 1997, S. 26). Dies begründet das Unterfangen der Schizoanalyse und der materialistischen Psychiatrie.

> Das Ziel der Schizoanalyse besteht im Folgenden: die spezifische Natur der libidinösen Besetzungen des Ökonomischen und Politischen zu analysieren und darin zu zeigen, wie der Wunsch bestimmt sein kann, seine eigene Repression im wünschenden Subjekt zu wünschen (woraus sich die Rolle des Todestriebes im Anschluß von Wunsch und Sozialem ergibt). (Deleuze/Guattari 1974, S. 135 f.)

Wie wir sehen, arbeiten Deleuze und Guattari thanatologische Operationen in ihr Konzept des organlosen Körpers ein und diffamieren den Todestrieb zugleich als Effekt der gesellschaftlichen Repression des Begehrens – eine äußerst zweifelhafte These.

Mit Freud gegen Freud

Einsatzpunkt der Kritik an Freud ist sein Kernkonzept des Ödipuskomplexes, die Deleuze und Guattari als idealistische Wende ausmachen, da dieses Konzept die Metaphysik der Psychoanalyse markiere (vgl. Deleuze/Guattari 1974, S. 96). Im ödipalen Denken geht man von „abgetrennten Partialobjekten zum abgetrennten Totalobjekt über, dem durch die Mangelbestimmung ganze Personen entspringen" (Deleuze/Guattari 1947, S. 94). Damit spielen Deleuze und Guattari auf die polymorph-perverse Entwicklungsphase an, in der das Kleinkind assoziativ körperliche Details wahrnimmt, ohne andere in ihrer körperlichen Einheit wahrzunehmen. Erst wenn sich die Idee des Anderen in der kindlichen Wahrnehmung verfestigt hat, vollzieht sich der Übergang von Partialobjekten zum Totalobjekt. Die Psychoanalyse lehrt, „alle Agenten der gesellschaftlichen Produktion und der Antiproduktion auf die Gestalten der familialen Reproduktion" zurechtzuschneiden (Deleuze/Guattari 1974, S. 82). Indem familiale Funktionen bestimmt und zugewiesen werden, werden die libidinösen Ströme blockiert und kanalisiert und Begehren auf Identitäts- und Rollenzuschreibung zurechtgestutzt. Die Familie ist jedoch niemals ein geschlossener Mikrokosmos und neben den Eltern bevölkern zahlreiche Personen diese erste Umwelt von Kindern: Geschwister,

Tanten, Onkel, Nachbarn, Freundinnen – vielzählige Begehrensströme, denen die hölzernen Schablonen der Vater-Mutter-Kind-Rollen nicht gerecht werden (vgl. Deleuze/Guattari 1974, S. 123 f.). Dieser Gedanke ist in der Gegenwart mit ihrer zunehmenden Sichtbarkeit von Patchwork- und Regenbogenfamilien umso wichtiger.

Ödipus als Platzhalter für eine beklemmende Familienstruktur überführt das Politische in das Private, in das Dreieck von Vater-Mutter-Kind. Begehren wird in einem triangulären Familienbild gezeichnet und durch das ödipale Modell reguliert. Freud legt sein Ödipusmodell als universalgeschichtliches Allgemeinprinzip an, sodass die ödipale Unterdrückung zur Kernkomponente des Begehrens wird. Insofern erscheint Repression dem Begehren inhärent – eine Perspektive, die Deleuze und Guattari ablehnen. Für sie ist die Unterdrückung des Begehrens eine Folge von gesellschaftlichen Machtverhältnissen. Ihrer Ansicht nach bildet Freuds Postulat des Ödipuskomplexes das Symptom einer repressiven Gesellschaftsstruktur, die der Symbolik väterlicher Macht verhaftet bleibt. Indem sich Freud auf Ödipus als Schlüsselmoment der Subjektivierung kapriziere, befördere und legitimiere seine Theorie diese patriarchalen Machtstrukturen – solcherart lässt sich der Vorwurf von Seiten Deleuze und Guattaris zusammenfassen. Als begehrenstheoretischen Gegenentwurf bringen sie die Figur des Schizos ein. Hierbei dient Schizophrenie als struktureller Begriff, nicht als Bezeichnung individueller Verfassungen oder als psychologische Diagnosekategorie. Man muss diese Figur als Metapher verstehen, die Deleuze und Guattari aufrufen. Dabei beziehen sie sich auf biografische wie literarische Zeugnisse des schizophrenen Denkens wie auf Georg Büchners Romanfigur Lenz, der sich nomadisch irrend in die Landschaft begibt, um mit der Natur zu verschmelzen (vgl. Deleuze/Guattari 1974, S. 7).[40] Schizophrenie wird in dieser metaphorischen Übersetzung als Delirium beschrieben, sich in ausschweifende Assoziationen zu begeben, die gesellschaftliche Überzeugungen durchkreuzen, und den sozial abgesteckten Rahmen des Selbst zu überschreiten. Damit kennzeichnet Schizophrenie einen radikalen Wandlungs- und Werdensprozess, den Deleuze und Guattari als politische Programmatik umformulieren.

Weiterhin entlarven sie eine dem Kapitalismus innewohnende Schizophrenie, durch die er sich in seinen Selbstwidersprüchen verstrickt und sich gleichermaßen immer wieder wandelt. In deskriptiver Hinsicht verwenden Deleuze und Guattari den Begriff der Schizophrenie, um die deregulierenden und transgressiven Tendenzen aufzuzeigen, die dem Kapital innewohnen. In normativer Hin-

---

40 Vgl. zu diesen literarischen Referenzen den Artikel des Literaturwissenschaftlers Jochen Hoerisch (Heinz 1981).

sicht birgt die Figur des Schizos die Hoffnung, dass sich der Kapitalismus derart deterritorialisiert, dass er in sich kollabiert. In diesem Doppelmanöver kennzeichnet die Schizophrenie die Grenze des Kapitalismus, auf die er aufgrund seiner schizophrenen Tendenzen zustrebt. Würde er diese Grenze überschreiten und sich zu etwas Neuem wandeln, entspräche diese Entwicklung dem subversiven Schizo, der als Begriffsfigur die Möglichkeit einer anderen Welt, eines anderen Lebens verkündet.

In der Grenzfigur des Schizos, den Deleuze und Guattari als hadernden Hoffnungsträger einbringen, vollzieht sich eine Doppelbewegung in ökonomischer wie psychoanalytischer Theorie: Ökonomietheoretisch figuriert er die kapitalistische Selbstwidersprüchlichkeit, begehrenstheoretisch bildet er den Gegenspieler zu Freuds ödipalem Neurotiker. Entgegen dem Neurotiker unterdrückt der Schizo sein Begehren nicht, in ihm treten die Libidoströme offen zutage. Insofern ist er in seinem Begehren unkontrollierbar und nicht innerhalb des ödipalen Rasters interpretierbar. Als prominentes Beispiel wird der Präsident Schreber ins Feld geführt, Daniel Paul Schreber, einstiger Präsident des Landgerichts Freiberg, der Ende des 19. Jahrhunderts an Schizophrenie erkrankte und in seinen Schriften darüber nachsann, Gott zu werden, Frau zu werden. Freud analysierte Schrebers Selbstdokumentation seiner Schizophrenie und versuchte beharrlich, dessen Wahn auf die ödipale Problematik zu beschränken, weshalb er daran scheiterte, das schizophrene Begehren vollends zu verstehen (vgl. Freud 1911/1975; vgl. Deleuze/Guattari 1974, S. 71–75).

Entgegen kritischer Stimmen geht es Deleuze und Guattari nicht darum, das Krankheitsbild der Schizophrenie als Revolutionssymbol zu romantisieren. Vielmehr steht die Figur des Schizos für ein Denken des Begehrens, das nicht – wie in der Psychoanalyse – monokausal mit dem Ödipuskomplex erklärbar ist. Es geht ihnen darum, den polymorph-perversen Werdensprozess der Subjektivierung anstelle von vaterfixierter Subjektivität in den Vordergrund zu stellen. Die Schizoanalyse als philosophische Programmatik wendet sich vom psychoanalytischen Königsweg ab, retrospektiv die Gründe zu erforschen und bricht dazu auf, Prozesse des Werdens in ihrer Offenheit und Unvorhersehbarkeit zu erkennen. Insofern verkörpert der Schizo das ungebändigte, überbordende Verlangen, das sich dem ödipalen Regime entzieht. Trotzdem erkennen Deleuze und Guattari die materielle Wirkmächtigkeit von Freuds Ödipusmodell an. Mit ihrem antiödipalen Gegenkonzept zielen sie darauf ab, theorieperformativ die Begehrenserfahrung zu verändern. In zeitdiagnostischer Hinsicht stellen sie den Übergang vom Neurotiker zum Schizo als spätkapitalistischen Wandel der Subjektivierung dar, die weniger durch feste Familienrollen geprägt ist und sich zunehmend durch die Idee flexibler Individualitäten gestaltet. In normativer Hinsicht mag man Deleuze und Guattaris Hoffnung in das revolutionäre Potential des Schizos anzweifeln, in deskriptiver Hinsicht skizzieren sie überaus prägnant und nahezu prophetisch die gesellschaftlichen Transformationen ab den 1970er Jahren.

Als Alternative zur psychoanalytischen Hermeneutik führen Deleuze und Guattari das schizoanalytische Maschinendenken ein. Auch dabei beziehen sie sich auf Freud. Wie Schmidgen anmerkt, hat sich auch Freud „bei der Elaborierung seiner Theorie des Unbewußten bekanntlich vielfach technischer Metaphern und Modelle bedient", für ihn ist „die Metapsychologie der Psychoanalyse [...] durch mechanische, elektronische und hydrodynamische Modellvorstellungen nachhaltig angeregt und geprägt worden", sodass diese „Modelle [...] in der psychoanalytischen Theorie so geläufig geworden [sind], daß Ausdrücke wie ‚psychischer Mechanismus' oder ‚seelischer Apparat' als selbstverständlich akzeptiert werden" (Schmidgen 1997, S. 12). Vor diesem Hintergrund muss man Deleuze und Guattaris Beziehung zu Freud als eine Art Doublebind begreifen, weil sie sich auf der einen Seite von Freud zu ihrem Maschinenmodell inspirieren lassen und ihn auf der anderen Seite vehement ablehnen, da er die Begehrensproduktion in die Ordnung des antiken Theaters, des Mythos und der Tragödie verbanne (vgl. Deleuze/Guattari 1974, S. 69). Das Theater kennzeichnet einen fiktiven Ort, es eröffnet die Bühne der Fiktionalität. So gesehen ist die Konzipierung der Libido-Tragödie im theatralen Rahmen strategisch sinnvoll, um nicht erklären zu müssen, wie Begehren in die Wirklichkeit interveniert. Die Produktion des Begehrens wird als reine „Phantasieproduktion, Ausdrucksproduktion" dargestellt (Deleuze/Guattari 1974, S. 69). Während die Psychoanalyse im semantischen Theaterraum verharrt und die Repräsentation des Unbewussten ins Zentrum des Geschehens stellt, verortet sich die „materialistische Psychiatrie", wie Deleuze und Guattari ihren schizoanalytischen Ansatz auch nennen, in der Fabrik und verschreibt sich der Produktion, die man sprachtheoretisch als Performativität auffassen kann (Deleuze/Guattari 1992, S. 386).[41] Begehren verweist auf kein Abwesendes, es befindet sich in keinem Repräsentationsverhältnis (vgl. Deleuze/ Guattari 1974, S. 341). Begehren ist nicht verdrängt oder sublimiert, es ist stets manifest; folglich besteht kein Repräsentationsverhältnis zwischen Unbewusstem und Bewusstsein. Es gilt nicht mehr zu ergründen, welche lustvollen Geheimnisse das Unbewusste verbirgt, alles ist an der Oberfläche und man muss erkunden, wo sich Begehren verdichtet.

---

41 Wie Deleuze und Guattari schreiben, bezeichnet das Unbewusste „nun nicht mehr das verborgene Prinzip des transzendenten Organisationsplans" (Deleuze/Guattari 1992, S. 387). Sie proklamieren: „[D]as Unbewußte muß geschaffen und nicht wiedergefunden werden. Es gibt keine duale Maschine vom Bewußten und Unbewußten mehr, weil das Unbewußte dort ist oder vielmehr anders produziert wird, wohin das von der Ebene mitgerissene Bewußtsein geht." (Deleuze/Guattari 1992, S. 387)

Eben hier vollzieht sich der Umschlag von der qualitativen Begehrensökonomie der Psychoanalyse zum quantitativen Modell der Schizoanalyse. Während die psychoanalytische Hermeneutik des Begehrens den qualitativen Status der geheimen Lüste und Wünsche abfragt, also Begehren als zu enthüllendes Geheimnis codiert, entfernt sich das Projekt der materialistischen Psychiatrie von dieser Bedeutungsebene des Begehrens. Anstatt nach dessen Quantität zu forschen, fragt man danach, wo sich affektive Intensitätszonen herausbilden (vgl. Guattari 2012b, S. 280 – 290). Wo es keine unbewussten Rätsel zu entschlüsseln gilt, sublimiert sich das Sexuelle nicht. Wenn ein Banker beim Hochschießen der Aktienkurse in orgastische Zustände gerät, ist seine Erregung zutiefst sexuell. Es besteht kein ontologischer Unterschied zwischen Wirklichkeits- und Fantasieproduktion, Bewusstem und Unbewusstem. Die Wunschproduktion und die gesellschaftliche Produktion gehören derselben ontologischen Sphäre an, obwohl sie zwei verschiedenen diskursiven Ordnungen angehören (vgl. Deleuze/Guattari 1974, S. 68). „Die libidinöse Ökonomie ist nicht weniger objektiv als die politische Ökonomie, und die politische nicht weniger subjektiv als die libidinöse, wenngleich beide zwei unterschiedlichen Besetzungsmodi einer selben, der gesellschaftlichen Realität entsprechen." (Deleuze/Guattari 1974, S. 446)

In psychoanalytischer Perspektive wird Begehren inhärent mit Repression verbunden. Indem es sich daran abarbeitet, verboten und verdrängt zu werden, bleibt Begehren unweigerlich an das väterliche Gesetz gekettet. Gegen diese fatalistische Tendenz führen Deleuze und Guattari an, dass Repression im Gesellschaftlichen entsteht und nicht im Begehren liegt. Begehren ist in sich nicht unterdrückerisch, da die Repression erst entsteht, wenn es in soziale Strukturen eingehegt wird. Daher bestimmen Deleuze und Guattari den Wunsch, der diesen gesellschaftlichen Reglementierungen stets zu entweichen weiß, als revolutionär:

> Wird der Wunsch verdrängt, so weil jede Wunschposition [...] etwas an sich hat, das die herrschende Ordnung einer Gesellschaft in Frage stellt: nicht daß der Wunsch nicht gesellschaftlich sei, im Gegenteil. Aber er ist umstürzlerisch; keine Wunschmaschine, die nicht ganze gesellschaftliche Sektoren in die Luft jagte. [...] Es ist daher für eine Gesellschaft von vitalem Interesse, den Wunsch zu unterdrücken, mehr noch, besseres als die Repression zu finden, damit die Repression, die Hierarchie, die Ausbeutung, die Unterwerfung selbst noch gewünscht werden. (Deleuze/Guattari 1974, S. 150)

Die Repression reduziert Menschen auf Funktionen, sei es in der Familie, sei es am Arbeitsplatz. Durch die psychoanalytische Perspektive wurde das Politische privatisiert und zwar in dem Sinne, dass ein Konflikt mit dem Chef dadurch entschärft wird, dass er nicht als Auflehnung gegen autoritäre Arbeitsstrukturen ernst genommen, sondern individualisiert wird, da der Chef als Repräsentant der väterlichen Macht ausgemacht wird. Somit wird jegliches Aufbegehren ins familiale Drama zurückgeführt und als individueller Konflikt verharmlost (vgl. Deleuze/Guattari 1974, S. 153). Während Freuds Neurotiker in der Unterdrückung seines Begehrens verharrt, da ihn die Psychoanalyse nicht befreit, sondern das Dilemma weiterhin vertieft, flottieren im Schizo die Libidoströme. Statisches Sein wandelt sich in wundersames Werden. Insofern erstreckt sich Deleuze und Guattaris Begehrenstheorie nicht nur auf subjektiver Ebene, sondern übersteigt diese hin zur transsubjektiven Ebene. Hierbei ist besonders Guattaris Perspektive als praktizierender Psychoanalytiker in der experimentellen Klinik *La Borde* spannend, der den Fokus auf Gruppenfantasien und -verlangen legt und verdeutlicht, dass Begehren nicht auf das Individuum als molare Einheit beschränkt werden kann.[42] Vielmehr bricht Begehren Subjektgrenzen auf, stellt immer neue, immer unerwartete Verbindungen her. Daher muss es in den sozialen Beziehungen, die es hervorbringt, und in seinen molekularen Bindungen und Bewegungen beobachtet werden. Kurzum, Deleuze und Guattari denken Begehren als Aufbegehren.

Schizo-Ströme des Kapitals

Die Schizoanalyse ist nicht nur ein Gegenentwurf zur Psychoanalyse, Schizophrenie funktioniert als struktureller Begriff, um ökonomische Operationen zu fassen. Er markiert die Grenze des Kapitalismus. Zudem funktioniert er als immanentes Prinzip der Deregulierung, durch das sich die Kapitalströme vermehren. In all seinen Facetten bildet der Schizo die Figur, die das Unterfangen eines neuen begehrensökonomischen Denkens, einer materialistischen Psychiatrie verkörpert. Deren Ziel besteht darin, die „spezifische Natur der libidinösen Besetzungen des Ökonomischen und Politischen zu analysieren und zu zeigen, wie der Wunsch bestimmt sein kann, seine eigene Repression im wünschenden Subjekt zu wünschen" (Deleuze/Guattari 1974, S. 135 f.).

Den Gegenbegriff zur Schizophrenie bildet die Paranoia, sie bestimmen die libidinösen Operationsweisen der beiden Pole: Während Schizophrenie Codes

---

42 An dieser Stelle lassen sich die antipsychiatrischen Praktiken von *La Borde*, wo Félix Guattari arbeitete, nicht ausführlich betrachten. Festzuhalten ist jedoch, dass sein Fokus auf kollektives Verlangen in seinen Arbeitsbeschreibungen deutlich wird, in denen er sich auf Gruppenbegehren und damit auf Interaktionen in Räumen des Zusammentreffens, wie die Küche, konzentriert (vgl. Guattari 2012b, S. 280 – 290; 1965; 2014, S. 92 f.). Demgemäß erklärt er begehrliche Regungen nicht aus den Zusammenhängen der individuellen Leidensgeschichte, sondern analysiert sie im alltäglichen affektiven Miteinander. Dadurch spiegelt der partizipatorische Ansatz von *La Borde* Guattaris transsubjektive Theoretisierung des Begehrens wider.

entleert und Festschreibungen löst, schreibt Paranoia Begehren immer wieder in den ödipalen Code ein. Sie verkörpert sich in der Figur des Neurotikers (vgl. Holland 1999, S. 93). Während also Schizophrenie deterritorialisierend und decodierend wirkt, also Begehren entbindet, reterritorialisiert und recodiert Paranoia und bindet die begehrlichen Kräfte in den Ödipuskomplex zurück. Damit ist für Deleuze und Guattari Schizophrenie tendenziell revolutionär und Paranoia tendenziell faschistisch (vgl. Deleuze/Guattari 1974, S. 475). Paranoia entstammt ihrer Ansicht nach dem Begehrensregime des Despotismus, das im Kapitalismus fortwirkt. Im Gegensatz dieser beiden Pole erfassen sie das kapitalistische System in seiner Ambivalenz, Begehren zu regulieren und zu deregulieren, freizusetzen und festzuschreiben.

Drei Begehrensregime

Für ihre zeitdiagnostische Analyse des Wirtschaftssystems vergleichen Deleuze und Guattari drei verschiedene Epochen: das barbarische, das despotische und das kapitalistische Begehrensregime. Hierbei folgen sie Marx' Idee einer Universalgeschichte, die sämtliche Epochen in ihrer Ausrichtung auf den Kapitalismus hin betrachtet:

> Die gesamte Geschichte kann [...] im Lichte des Kapitalismus verstanden werden, wenn exakt nach den von Marx formulierten Anweisungen verfahren wird: die Universalgeschichte ist zu allem Anfang eine von Kontingenzen und keine der Notwendigkeit, von Brüchen und Grenzen und keine der Kontinuität. (Deleuze/ Guattari 1974, S. 177)

In diesem von Kontingenzen geprägten Geschichtsbild legen sie dar, wie sich Herrschaftsformen trotz epochaler Brüche fortsetzen, wie Begehren codiert und übercodiert wurde und wie der Kapitalismus diese Codierungsweisen radikal verändert, da er nicht über Codes, sondern über Axiome operiert.

Vom barbarischen zum despotischen Begehrensregime

Das barbarische Begehrensregime ermöglicht nach Deleuze und Guattari die Codierung, indem die Erde zur ersten Fläche der Einschreibung gemacht wird. Sie wird für Produktionszwecke segmentiert, in Besitztümer eingeteilt und durch diese Aufteilung und Aneignung von Territorium entsteht das erste Begehrensregime: „Die primitive Territorialmaschine codiert die Ströme, besetzt die Organe, kennzeichnet die Körper." (Deleuze/Guattari 1974, S. 183) Die Einteilung von Land geht damit einher, dass Filiationsverhältnisse festgelegt werden, wie Deleuze und Guattari im Rekurs auf die ethnologischen Forschungen von Lévi-Strauss aufzeigen (vgl. Deleuze/Guattari 1974, S. 194–197). Anstatt den Ödipuskomplex als universelle und transhistorische Struktur zu bestimmen, beschreiben Deleuze und Guattari in ihrer Genealogie der Begehrensregime, wie sich die ödipale Begehrensstruktur geschichtlich herausbildet. Das von Lévi-Strauss dargelegte Inzesttabu bringt die Begehrensökonomie des Gabentauschs hervor, in der Frauen als Gaben zirkulieren, um Endogamie zu verhindern und Allianzen zu schaffen. Hier vollzieht sich die erste Codierung: Soziale Strukturen werden nicht nur in den Erdenkörper eingeschrieben, indem Land in Besitztümer aufgeteilt wird, sie werden begehrensökonomisch reguliert, derweil Personen in ihren familiären Funktionen festgeschrieben werden. Für Deleuze und Guattari führt dies dazu, dass Begehren nicht mehr ungehemmt strömen kann. Wie Guattari in seinen Notizen zum *Anti-Ödipus* festhält, wird Begehren durch die Festlegung von Allianzen und Filiation sexualisiert und zwar dahingehend, dass diskursiv geordnet und sozial organisiert wird, welche lustvollen Praktiken als sexuell gelten und zwischen welchen Personen diese Praktiken legitim sind (vgl. Guattari 2012a, S. 67).

Vom despotischen zum kapitalistischen Begehrensregime

Der Despotismus ermöglicht die Paranoia und den Todestrieb, indes der Despot über das Leben seiner Untertanen wacht und es aus der Ferne bedroht. Dadurch entfaltet sich Paranoia, die im Kapitalismus als Gegenpol zur Schizophrenie weiterwirkt. Im Despotismus vollzieht sich eine Übercodierung, was beutetet, dass sich sämtliche Codierungen auf eine zentrale semantische Instanz hin ausrichten, im Fall des Despotismus werden alle Handelsströme, alle Begehrensströme in Bezug zur Figur des Souveräns codiert. In dieser zentralisierenden Ausrichtung auf die patriarchale Herrscherfigur bildet sich die ödipale Grundstruktur. Während im barbarischen Begehrensregime die Tauschökonomie im Vordergrund steht, steht der Despotismus im Zeichen einer Schuldökonomie, da dem Herrschenden Tribut gezollt werden muss (vgl. Holland 1999, S. 66).

Sicherlich lassen sich Formen des Gabentauschs und der Schuldökonomie im kapitalistischen Wirtschaften aufspüren, doch der eklatante Unterschied zwischen Barbarei und Despotismus auf der einen und Kapitalismus auf der anderen Seite besteht darin, dass das barbarische und das despotische Begehrensregime symbolisch über Codierung und Übercodierung operieren. Der Kapitalismus operiert hingegen über Axiome. Während die despotische Monarchie von Übercodierung geprägt ist und damit gewissermaßen einen ideologischen Überbau mit

klaren semantischen Inhalten hat, ist der Kapitalismus durch Decodierung ge-
prägt. In sprachtheoretischer Argumentation vergleichen Deleuze und Guattari
folglich ein souveränes Staatsmodell, das zentralistisch auf den despotischen
Signifikaten ausgerichtet ist, mit dem Kapitalismus, der keine identifizierbare
Ideologie mehr vertritt, dessen Codes derart ausgehöhlt werden, dass sie keine
Bedeutungen mehr in sich tragen (vgl. Deleuze/Guattari 1974, S. 308 f.).[43] Dem
ließe sich widersprechen, da beispielsweise der Neoliberalismus eine markante
Botschaft verbreitet: das Dogma seiner Alternativlosigkeit. Doch im Hinblick auf
das Kapital, dass sich eigenlogisch um Mehrwert dreht, ist Deleuze und Guattaris
Analyse zutreffend.

Die Axiomatik des Kapitals

Das kapitalistische Begehrensregime bedeutet die allmähliche Abkehr von einem
großen, despotischen Signifikanten, auf den sich alle Bedeutungen beziehen, sei
es in der Figur von Gott, vom Vater, vom Chef. Der Kapitalismus bedarf keiner
allmächtigen Autoritätsfigur, stattdessen trennt er sich von dem Zeichensystem,
das mit Bedeutungen operiert. „Noch nie war die Schrift Sache des Kapitalismus.
Dieser ist von Grund auf Analphabet. Der Tod der Schrift, das ist wie mit dem Tode
Gottes oder des Vaters, schon lange zuvor hat das Ereignis stattgefunden, und
doch braucht es Zeit, bis es zu uns dringt [...].“ (Deleuze/Guattari 1974, S. 308)
Sicherlich bedient sich der Kapitalismus der Schrift, doch ist er kein Bedeu-
tungssystem, er arbeitet als Axiomatik. Die Axiomatik des Kapitalismus ist das
Geld, was zum Zeichen aller Zeichen wird. Allerdings fungiert es gewissermaßen
als signifikante Leerstelle. Indem es nicht semantisch aufgeladen ist und als
bedeutungsleerer Code operiert, kann sich der Kapitalismus beliebig Axiome
aneignen:

---

43 Meines Erachtens grenzt sich die kapitalismustheoretische These der Axiomatik von dem
strukturalistischen Theoriefeld ab und richtet sich besonders gegen die Idee des Großen Signifikanten aus Lacans Psychoanalyse und damit gegen ein ödipales, kastratives Verständnis des
Unbewussten. Sicherlich wendet sich die Kritik auch gegen Saussures Sprachphilosophie, denn
die Annahme eines Signifikanten impliziert stets die Prämisse eines ‚Herren-Signifikanten‘, wodurch hinterrücks ein transzendentales Prinzip eingeführt wird. So existiert der Signifikant bei
Saussure nicht nur auf horizontaler, sondern auch auf vertikaler Ebene, wo er sich zum concept
aufschwingt und über die Lautbilder regiert (vgl. Deleuze/Guattari 1974, S. 262). Die Idee eines
Großen Signifikanten wird von Deleuze und Guattari mit dem despotischen Regime verbunden
und als nicht mehr zeitgemäß erachtet, um kapitalistische Prozesse zu beobachten.

> Axiomatization not only does not depend on meaning, belief and custom, but actively defies and subverts them, giving capitalism its distinctive dynamism and modernism. Quantified flows under capitalism get conjoined solely on the estimation that this or that conjunction will produce surplus-value; such estimation involves economic calculation rather than belief, symbolic meaning has nothing to do with it. (Holland 1999, S. 66)

In der kapitalistischen Axiomatik können Axiome mehr oder minder beliebig hinzugefügt werden und in die Wirtschaftsmaschine eingespeist werden, wobei Axiom als Begriff für ideologische Systeme dient, die in die kapitalistische Axiomatik integriert werden. Ein Beispiel liefern Boltanski und Chiapello, die darauf hinweisen, wie ökologischer Aktivismus, der durchaus kapitalismuskritisch war, durch die Green Economy in Westeuropa in den 1990ern als ein Axiom neben anderen Axiomen in die kapitalistische Axiomatik eingeschleust wurde (vgl. Boltanski und Chiapello 2003, S. 483–486). Dieses Beispiel entspricht der Beschreibung von Deleuze und Guattari, dass der Kapitalismus Diskurse als Axiome einverleibt, um neue Akkumulationsfelder zu erschließen. Insofern verfügt er über eine relative Grenze, die er beständig überschreitet. Demgegenüber bedeutet der Schizo die absolute Grenze des Kapitalismus, denn dort würde sich die deterritorialisierende Tendenz so sehr verstärken, dass alles ins Fließen geriete, auch die wirtschaftlichen Strukturen:

> Man kann [...] sagen, daß die Schizophrenie die äußere Grenze des Kapitalismus oder den Endpunkt einer inneren Tendenz darstellt, der Kapitalismus aber nur unter Bedingungen funktioniert, daß er diese Tendenz hemmt oder diese Grenze zurückversetzt oder verschiebt oder sie durch seine eigenen relativen, immanenten Grenzen ersetzt [...]. Was er mit der einen Hand decodiert, axiomatisiert er mit der anderen. (Deleuze/ Guattari 1974, S. 316)

Der Kapitalismus hört nicht auf, „seine Entwicklungstendenz zu durchkreuzen und zu hemmen wie gleichermaßen sich in sie zu stürzen und zu beschleunigen; er hört nicht auf, seine Grenze wegzustoßen und sich ihr zu nähern" (Deleuze/ Guattari 1974, S. 45). In *Tausend Plateaus* erweitern Deleuze und Guattari diesen Aspekt und befassen sich mit der wirtschaftswissenschaftlichen Grenzwerttheorie, um den Kapitalismus als Mechanismus der Abwehr und Antizipation zu charakterisieren (vgl. Deleuze/Guattari 1992, S. 606 f.). Die Abwehr- und Antizipationsmechanismen wirken im Kapitalismus dahingehend, dass dieser seine eigene Grenze beständig verschiebt (vgl. Deleuze/Guattari 1992, S. 606). Die Grenze wird als das Letzte antizipiert, was veräußert und produziert werden kann, abgewehrt wird dagegen die Schwelle, an der sich ein Unternehmen grundlegend verändern muss (vgl. Deleuze/Guattari 1992, S. 609). In der konkreten Perspektive auf Unternehmen bedeutet das Folgendes:

Es ist die ökonomische Grundlage jedes Unternehmens, eine Bewertung der Grenze vorzunehmen, jenseits derer die Struktur des Unternehmens modifiziert werden müßte. Die Grenznutzentheorie will die Häufigkeit dieses Mechanismus des Vorletzten zeigen: nicht nur die letzten austauschbaren Gegenstände, sondern den letzten produzierbaren Gegenstand oder vielmehr den letzten Produzenten selber, den Grenz-Produzenten, ehe das Gefüge sich ändert. Das ist eine Ökonomie des Alltagslebens. Was nennt der Alkoholiker sein letztes Glas? (Deleuze/Guattari 1992, S. 607)

Diese Suchtstruktur des Kapitals nach Mehrwert bedarf der frei fließenden Ströme ebenso wie der regulierenden Eingriffe in den Markt. Vor allem müssen die Geldströme fließen, damit Märkte stetig expandieren können (vgl. Deleuze/ Guattari 1974, S. 45).

Die Wunschproduktion steht auch am Anfang: sie besteht, seit es gesellschaftliche Produktion und Reproduktion gibt. Richtig aber ist, daß die vorkapitalistischen Gesellschaftsmaschinen in einem prägnanten Sinne dem Wunsch inhärent sind: sie codieren ihn, sie codieren die Wunschströme. Den Wunsch zu codieren – und die Angst, die Furcht vor decodierten Strömen – ist Angelegenheit des Sozius. Der Kapitalismus ist die einzige Gesellschaftsmaschine, die sich [...] als solche auf decodierten Strömen und die intrinsischen Codes durch eine Axiomatik abstrakter Quantitäten in Form des Geldes ersetzt hat. Folglich befreit der Kapitalismus die Wunschströme, allerdings innerhalb gesellschaftlicher Bedingungen, die seine Grenze und die Möglichkeit seiner Auflösung definieren – so daß er fortwährend mit allen ihm zur Verfügung stehenden Mitteln dieser Bewegung, die ihn dieser Grenze zutreiben läßt, entgegenwirkt. (Deleuze/Guattari 1974, S. 177)

Nicht bloß die Kapitalströme, auch die Begehrensströme müssen fließen, damit Mehrwert erzeugt wird. Gleichsam wirken die administrativen Apparate entschleunigend und regulierend, da sie die frei flottierenden Geldströme wieder in Staatsstrukturen an- und in sie einbinden (Deleuze/Guattari 1974, S. 45).

Schizoanalytische Bilanz

In der Bilanz dieses begehrenstheoretischen Denkens der politischen Ökonomie zeigen sich folgende Postulate: Die libidinöse Ökonomie ist nicht weniger objektiv als die politische Ökonomie, und die politische nicht weniger subjektiv als die libidinöse Ökonomie (vgl. Deleuze/Guattari 1974 S. 413). Diese These begründen Deleuze und Guattari damit, dass beide Ökonomien in zwei verschiedenen diskursiven Registern in derselben sozialen Realität operieren, da Begehren nicht unter einem Mangel an Realität leidet, sondern diese erst hervorbringt. Unterhalb der rational vorgetragenen Interessen walten libidinöse Dynamiken, die wirtschaftliche und gewerkschaftliche Prozesse antreiben und steuern. In der libidinösen Besetzung von ökonomischen Praktiken wirkt ein Begehren, das nicht sublimiert ist, sondern sexuell anreizend, ohne auf Sex abzuzielen. Als Beispiel fungiert der Bankier, der lustvoll seinen Geschäften nachgeht und das Geld zirkulieren lässt, wobei „eine Bank- oder Börsenaktion, ein Titel, ein Dividendenabschnitt auch solche Leute auf[geilt], die nicht Bankiers sind" (Deleuze/Guattari 1974, S. 135).

In ihrer Aussicht auf frei fließendes Begehren liegt die utopische Hoffnung, dass sich die Wirtschaft in diesen wahnwitzigen Werdensbewegungen selbst demontiert und sich neue Lebensweisen finden, in denen Menschen nicht durch Macht-, Arbeits- und Familienverhältnisse beschränkt werden, sondern sich beständig wandeln können und fluide Formen der Kollektivität entstehen (vgl. Guattari 2012b, S. 462). Hinsichtlich der kapitalistischen Dynamik bildet Schizophrenie „die absolute, der Kapitalismus aber die relative Grenze" (Deleuze/Guattari 1974, S. 225). Diese Progressionslogik, demgemäß der Kapitalismus auf seine eigene Auflösung zutreibt, bleibt kritisch zu betrachten. In aktueller Betrachtungsweise antizipieren Deleuze und Guattari nicht das Ende des Kapitalismus, sondern den Anfang des Neoliberalismus. Dabei bieten sie brauchbare Begriffswerkzeuge, um dessen Dynamiken zu analysieren. Der Optimismus der Affirmation, der in den Zeilen mitschwingt, klingt heute nach Jahrzehnten spätkapitalistischer Entfaltung nahezu naiv, allerdings verändert sich im Nachfolgeband *Tausend Plateaus* der Tonfall, wird ernster, klingt ernüchtert und verkatert von dem euphorischen Rausch rund um 1968.

2.3 Vom *Anti-Ödipus* zu *Tausend Plateaus*

Der Philosoph Brian Massumi, der 1987 die englischsprachige Ausgabe von *Tausend Plateaus* übersetzte, betont in seiner Gebrauchsanleitung zur Lektüre der beiden Bände deren eklatante Unterschiede:

> Two nouns, two books, two authors. Capitalism and Schizophrenia is the shared subtitle of Gilles Deleuze's and Félix Guattari's Anti-Oedipus and A Thousand Plateaus. The volumes differ so markedly in tone, content, and composition that they seem a prime illustration of their subtitle's second noun. (Massumi 1992, S. 1)

Rezeptionsgeschichtlich ist festzustellen, dass *Tausend Plateaus* erfolgreicher war. Dies mag neben anderen Gründen schlichtweg daran liegen, dass das Buch zugänglicher gestaltet ist. Zwar behalten Deleuze und Guattari ihren experimentellen Schreibstil bei, dennoch ist der zweite Band von *Kapitalismus und Schizophrenie* weniger wild, weniger aufgewühlt – und nichtsdestotrotz voller wagemutiger Ideen. Holland verweist darauf, dass *Tausend Plateaus* 1974 verfasst wurde, zum Zeitpunkt der Ölkrise in Frankreich, als sich die Hoffnung auf plötzliche soziale Transformation in Rauch aufgelöst hatte (vgl. Holland 1999, S. IXf.). Deleuze selbst schildert die unterschiedlichen Atmosphären, in denen die beiden Bände entstanden sind, wie folgt: „Objektiv [...] hatten die beiden Bücher ganz verschiedene Schicksale. Sicher lag das an den Umständen, die stürmische Zeit des einen, die noch zu 68 gehörte, und die bereits fade Ruhe, die Gleichgültigkeit, in der das andere erschien." (Deleuze 2005, S. 294)

Agencement / Gefüge

Deleuze und Guattari lassen den Begriff der Wunschmaschinen im zweiten Band zu *Schizophrenie und Kapitalismus* fallen und nehmen ihn zugleich im Begriff des *Gefüges* respektive des *agencement* wieder auf.[44] Dabei werden Wunschmaschinen als maschinelle Begehrensgefüge und Gesellschaftsmaschinen als kollektive Äußerungsgefüge übersetzt. Bereits in *Kafka. Für eine kleine Literatur* (1976) hatten Deleuze und Guattari den Begriff des *agencement* verwendet, der in der deutschsprachigen Ausgabe mit *Verkettung* übersetzt ist.[45] In *Tausend Plateaus* nehmen Deleuze und Guattari der Begriff wieder auf und weisen ihm den theoriearchitektonischen Platz der Wunschmaschinen zu. Sie proklamieren: „Wir kennen keine Wissenschaftlichkeit und keine Ideologie mehr, sondern nur noch Gefüge. Und es gibt nur noch maschinelle Gefüge des Begehrens und kollektive Gefüge der Äußerung." (Deleuze/ Guattari 1992, S. 38)

---

44 Ein weiterer interessanter begehrenstheoretischer Zug, den Deleuze und Guattari in *Tausend Plateaus* vollführen, ist der Bezug zu den Schriften Gabriel Tardes. Tarde, ein zur Jahrhundertwende prominenter Kriminalist und Soziologe, ist im Laufe der Jahrzehnte in der französischen Soziologe in den Schatten von Émile Durkheim gedrängt worden. In seinen Studien operiert Begehren als Nachahmungsbewegung – in mimetischer und gleichwohl iterativer Wiederholung. Anstatt in durch ein interaktives Handlungskonzept eingeengt zu werden, wird Begehren als Differenzbewegung gefasst, in der sich das Soziale entwickelt, und somit als sozialmobilisierende Kraft verstanden (vgl. Tarde 1890/2009, S. 38–42; vgl. Stäheli 2009). Die Stärke von Tardes Soziologie des Begehrens und der Nachahmung liegt darin, dass sie die „Analyse des Begehrens nicht auf eine psychoanalytische Leidensgeschichte der Identifikation" reduziert (vgl. Borch/ Stäheli 2009, S. 11). In diesem Bestreben ist Tardes Soziologie des Begehrens und der Nachahmung federführend für Deleuze und Guattaris Begehrenstheorie, in der sie die Wellen der Nachahmung als Begehrensströme übersetzen (vgl. Deleuze/Guattari 1992, S. 298–302).
45 Der Begriff *agencement* ist verschieden übersetzt worden, als Verkettung (vgl. Deleuze/ Guattari 1976) oder als Gefüge (vgl. Deleuze/Guattari 1992). Es erscheint sinnvoll, *agencement* in seiner Unübersetzbarkeit zu beassen, zugleich betont gerade der Begriff des Gefüges dessen begehrensmaschinelle Bedeutung, daher wird hier neben dem französischen Begriff die Übersetzung als Gefüge verwendet.

Als vehemente Abkehr von der Annahme feststehender Subjektivitäts- und Signifikanzstrukturen wird eine radikale Werdensphilosophie verfolgt: Ein Gefüge wirkt auf semiotische, materielle und gesellschaftliche Strömungen ein und durchbricht damit die Dreiteilung in Realität, Vorstellung und Subjektivität. Hingegen knüpft es zwischen diesen Ordnungen mannigfaltige Verbindungen. Ein Gefüge kennt kein Innen oder Außen, kein Oben oder Unten, es ist Oberfläche, es führt keine verschiedenen ontologischen Ebenen ein, sondern führt alle Elemente auf ein- und derselben Ebene zusammen: „Ein Gefüge hat weder Basis noch Überbau, weder Tiefenstruktur noch Oberflächenstruktur, sondern es glättet all seine Dimensionen zu ein und derselben Konsistenzebene, auf der die gegenseitigen Voraussetzungen und die wechselseitigen Einschübe ablaufen." (Deleuze/Guattari 1992, S. 126) Das Gefüge entspringt der Mannigfaltigkeit des Seins, denn die „raum-zeitlichen Relationen und Determinationen sind keine Prädikate des Dinges, sondern Dimensionen von Mannigfaltigkeiten" (Deleuze/Guattari 1992, S. 357). Die Idee des Gefüges verkehrt die Perspektive auf Ontologie. Anstatt von transzendenten Entitäten auszugehen, vertreten Deleuze und Guattari die Idee einer immanenten, relationalen Ontologie der Diesheiten, die Hacceitas. Der Hund, der über den Asphalt rennt, ist keine von der Straße getrennte Entität. Sein Rennen verbindet sich mit der Straße, sie formen ein Gefüge, das durch Schnelligkeit und Bewegung erzeugt wird.

Während die Autoren den Todestrieb im *Anti-Ödipus* mit Faschismus verbinden, lehnen sie ihn nun schlichtweg als Konzept ab: „Wir berufen uns nicht auf den Todestrieb. Es gibt keinen inneren Trieb im Begehren, sondern nur Gefüge. Das Begehren ist immer mit einem Gefüge verbunden, und das Begehren ist das, was das Gefüge zum Dasein bringt." (Deleuze/Guattari 1992, S. 313)[46] Insofern ist Begehren unhintergehbar mit Gefügen verbunden:

> Gefüge sind passionell, sie sind Kompositionen des Begehrens. Das Begehren hat nichts mit einer spontanen oder natürlichen Bestimmung zu tun, es gibt nur ein Begehren, das Gefüge bildet und agiert, das zum Gefüge gemacht wird und Einflüsse aufnimmt, das maschinell ist, also zur Maschine gemacht wird. Die Rationalität oder Wirksamkeit eines Gefüges gibt es nur, weil es Passionen oder Leidenschaften gibt, mit denen es umgeht oder spielt, weil es verschiedene Arten von Begehren gibt, die es ebenso konstituieren wie es sie konstituiert. (Deleuze/Guattari 1992, S. 551)

---

46 In späteren Schriften bemerkt Guattari, dass die Psychoanalyse zwischen dem ödipalen Dreieck und dem Todestrieb oszilliere, während das Denken des Gefüges fähig ist, Begehren mit den Multiplizitäten zu verbinden, die im Sozialen existieren (vgl. Guattari 2012b, S. 53).

Im Anschluss ist anzunehmen, dass Begehren als ontologische Produktivkraft Gefüge erzeugt und dass Gefüge wiederum verschiedene Begehrensformen hervorbringen, die historisch spezifisch sind. Insofern gäbe es zwei verschiedene Analyseebenen: ontologisch undifferenziertes Begehren und geschichtlich differenzierte Begehrensformen. Dieser Gedanke wird uns verfolgen. Vor allem aber wird uns der Begriff des Gefüges respektive des *agencement* begleiten, da er es ermöglicht, soziale Formationen als heterogene, kontingente Ensembles zu begreifen, die durch Begehren hervorgebracht und angetrieben werden.

Während die Psychoanalyse das Unbewusste als Transzendenzebene und damit als molare Ebene betrachtet, fasst die Schizoanalyse das Unbewusste als Erfindung, als Produktion, als Performanz auf (vgl. Deleuze/Guattari 1992, S. 386). Psychoanalytische Konzepte werden daher als politische Optionen anstatt als essentialistische Wahrheit des Unbewussten betrachtet: „Triebe und Partialobjekte sind [...] politische Optionen für Probleme, Eingänge und Ausgänge, Sackgassen, die das Kind politisch erlebt, das heißt mit der ganzen Kraft seines Begehrens." (Deleuze/Guattari 1992, S. 24) Die Schizoanalyse zielt auf das Begehren ab und ist damit immer politisch. „Als Analyse des Begehrens ist die Schizoanalyse unmittelbar praktisch, unmittelbar politisch, ob es sich nun um ein Individuum oder eine Gruppe oder eine Gesellschaft handelt. Denn vor dem Sein gibt es die Politik." (Deleuze/Guattari 1992, S. 278) Wesentlich ist, dass das Politische als ontologisches Primat gesetzt wird, die Machtfrage zielt also auf keine nachträglich hierarchisierte Gesellschaft ab, der eine machtfreie Ontologie vorausgeht. Da Ontologie immanent gedacht wird, muss sie in ihrer Politizität befragt werden. In diesem Bestreben untersuchen Deleuze und Guattari faschistische Wirkungsweisen im Molekularen.

Kapitalistische Mikro-Faschismen

Während im *Anti-Ödipus* der Schizo als hadernde Hoffnungsfigur auftritt und die Möglichkeit verkörpert, der Kapitalismus könne in sich kollabieren, ist die Perspektive auf die Wandlungsfähigkeit der wirtschaftlichen Strukturen in *Tausend Plateaus* düsterer. Die Axiomatik des Kapitals vermag, sich alle möglichen Axiome anzueignen und stabilisiert sich in dieser semantischen Elastizität immer wieder:

> Die Axiome des Kapitalismus sind [...] operative Aussagen, die die semiologische Form des Kapitals bilden und als Bestandteile in die Gefüge der Produktion, Zirkulation und Konsumtion eingehen, Axiome sind erste Aussagen, die nicht von anderen Aussagen abgeleitet

werden können und nicht von anderen Aussagen abhängen. [...] Es gibt im Kapitalismus eine Tendenz, beständig Axiome hinzuzufügen. (Deleuze/Guattari 1992, S. 640)

Insofern können auch kapitalismuskritische Interventionen von der Axiomatik des Kapitals absorbiert werden, beispielsweise, wenn ökologische Kritik als warenförmige Green Economy in die Marktlogik integriert wird (vgl. Boltanski/ Chiapello 2003).

Angesichts des globalisierten Kapitalismus beschreiben Deleuze und Guattari Deregulierung, die sie als Decodierung bezeichnen, als Bewegung des Kapitals, die Staatspolitiken dem Diktat des Weltmarktes unterwirft. „Heute kann man das Bild einer sogenannten staatenlosen, ungeheuren Geldmasse zeichnen, die durch Devisen und über Grenzen hinweg zirkuliert [...] und faktisch eine übernationale Macht darstellt, die von den Entscheidungen der Regierungen unabhängig ist." (Deleuze/Guattari 1992, S. 629) Diese Geldmasse ist in ihrem Denken eine decodierte Strömung, die – ähnlich wie Arbeit oder Eigentum – durch die Übercodierung des Kapitals hervorgebracht wird.

Erinnern wir uns daran, daß ‚Decodierung' keine Strömung bezeichnet, deren Code verstanden (entziffert, übersetzbar, assimilierbar) wird, sondern im Gegenteil, in einem radikaleren Sinne, eine Strömung, die in ihrem eigenen Code nicht mehr verstanden wird, nicht mehr enthalten ist, die ihrem eigenen Code entflieht. (Deleuze/Guattari 1992, S. 622)

Neben der kapitalistischen Axiomatik machen Deleuze und Guattari im mikropolitischen Blick auf das Molekulare faschistische Tendenzen aus. Die Verhärtungen, die Vereindeutigungen, die bis ins kleinste Detail des Alltagslebens – und bis in linke Politiken – reichen, bezeichnen sie als Mikro-Faschismen. Darin sehen sie die Antwort auf die Frage, die sie bereits im *Anti-Ödipus* aufgeworfen haben: „Nur der Mikro-Faschismus gibt eine Antwort auf die Frage: Warum begehrt das Begehren seine eigene Unterdrückung, wie kann es seine eigene Unterdrückung wünschen?" (Deleuze/Guattari 1992, S. 293) Eine erschöpfende Antwort ist das nicht, doch sie deutet an, dass es im Begehren eine Tendenz gibt, sich zu verhärten, die subjektiven Grenzen zu festigen und soziale Hierarchien zu stützen. Kurzum, durch mikro-faschistische Wirkungsweisen im Begehren verfestigt sich Identität, die darauf aufbaut, Alterität abzuwerten. In dieser Hinsicht äußert sich Begehren als Begierde.

2.4 Lust vs. Begehren: ein Gespräch zwischen Gilles Deleuze und Michel Foucault

Um das Textgefüge des *Anti-Ödipus* nachzuvollziehen, ist es unerlässlich, dessen starke Resonanz mit einem anderen Buch aufzuzeigen und zwar mit Foucaults erstem Band der Geschichte der Sexualität, *Der Wille zum Wissen* (1977). Es geht folglich darum, Deleuze und Guattaris Begehrenskonzept mit Foucaults Idee des Sexualitätsdispositivs in all ihren Widersprüchen zusammenzudenken.

In der Tat stehen sich der *Anti-Ödipus* und Foucaults Studienreihe zu *Sexualität und Wahrheit* durch ihr genealogisches Vorgehen nahe, indes beide Werke untersuchen, wie Begehrensformationen historisch bedingt sind. Und sie teilen einen gemeinsamen Ausgangspunkt. Wie François Ewald schreibt, der zahlreiche Schriften Foucaults publizierte und kommentierte, hinterfragt Foucault in *Der Wille zum Wissen* „das Spiel der Kategorien [...], in denen die Kämpfe um sexuelle Befreiung reflektiert wurden" (Ewald 1996, S. 9). Foucault wendet sich gegen die freudomarxistische Annahme, Begehren müsse lediglich befreit werden, um zu neuen Gesellschaftsformen zu gelangen. Auch Deleuze und Guattari kritisieren den Freudomarxismus als Denkraster der sexuellen Revolution, wenn auch aus anderen Gründen, die später aufgeführt werden. Vor diesem geteilten Hintergrund schreiben sowohl Foucault als auch Deleuze und Guattari verschiedene Theoriegeschichten des Begehrens.[47]

Ein eklatanter Unterschied ist folgender: Foucault untersucht zwar in epistemologischer Hinsicht Diskurse über Begehren, doch als ontologischen Begriff lehnt er Begehren – *désir* – ab, weil er für ihn als negativer Terminus der Psychoanalyse behaftet bleibt. Hingegen schlägt er den Begriff der Lüste – *plaisir* – vor. Diesen versteht er im Sinne von Praktiken, die Identitätskonstruktionen durchbrechen.[48] In dem *Merve*-Band *Lust und Begehren,* in dem Deleuze über die verlorene Freundschaft zu Foucault nachdenkt, merkt er anekdotisch an:

> Als wir uns das letzte Mal gesehen haben, sagte Michel zu mir, auf sehr nette und sehr wohlwollende Art, ungefähr folgendes: ‚Ich kann das Wort ‚Begehren' nicht leiden, selbst wenn ihr es anders gebraucht, spüre und denke ich unwillkürlich, daß Begehren = Mangel oder Unterdrückung ist'. Er fügt hinzu: Aber vielleicht ist das, was ich ‚Lust' nenne, dasje-

---

47 Die Philosophin Judith Butler kommentiert hierzu in ihrer Studie über die französische Philosophie des Begehrens: „Only in Foucault's The History of Sexuality does the historical question of why desire has become so central to speculations on human ontology get asked, but we can see the groundwork for such a question already established in Deleuze's selective genealogy of desire." (Butler 2012, S. 206)
48 Einen Vergleich zwischen Foucaults Lust- und Deleuzes Begehrensbegriff bietet die Philosophin Miriam Schaub (2004).

nige, was ihr ‚Begehren' nennt. Auf alle Fälle brauche ich jedoch ein anderes Wort als ‚Begehren'. (Deleuze 1996a S. 30)

Insofern ergänzt Foucaults Sexualitätsdispositiv die Analysen von Deleuze und Guattari, da er die produktiven Effekte der Diskurse über Sex erforscht und damit keinen Zweifel an der schöpferischen, subjektkonstituierenden Wirkung von Macht und Sexualität hegt.

Ein deutlicher Widerspruch liegt allerdings darin, dass Deleuze und Guattari durch ihre ontologische Annahme eines per se subversiven Begehrens repressionshypothetisch argumentieren. Indem sie für die Befreiung des Begehrens plädieren, suggerieren sie, dass Begehren lediglich befreit werden müsse, da ihm die Repression nicht inhärent sei. Für sie wird es lediglich von äußeren Machtverhältnissen unterdrückt, die es anzufechten gilt. In Foucaults machtanalytischer Perspektive erscheint diese Bestimmung eines per se subversiven Begehrens ebenso naiv wie die Idee, man müsse sich von den sexualrepressiven Fesseln befreien, um Freiheit zu erlangen, welche im Umfeld von 1968 durch die Lektüre der Schriften Wilhelm Reichs Hochkonjunktur erfuhr. Für Foucault ist diese Repressionshypthese insofern problematisch, als dass sie verkennt, dass Begehren grundlegend durch Machtverhältnisse bedingt ist. Obwohl sich Deleuze und Guattari kritisch mit den gesellschaftspolitischen Bedingungen des Begehrens auseinandersetzen, vertreten sie einen positiven ontologischen Begehrensbegriff. Dahingegen betrachtet Foucault Begehren strikt in seinen epistemologischen Erscheinungsformen, als diskursiven Topos, der indessen materiell wirkmächtig ist, da er Modi der Subjektivierung bestimmt.

Hinsichtlich *Der Wille zum Wissen* kommentieren Deleuze und Guattari, dass dort die Gefüge „nicht nur mit einem Diagramm in Beziehung gesetzt und konfrontiert [werden], sondern mit einer ‚Biopolitik der Bevölkerung' als abstrakter Maschine" (Deleuze/Guattari 1992, S. 194). Allerdings distanzieren sie sich in diesem Punkt von Foucault, da sie kein Primat der Macht, sondern ein Primat des Begehrens setzen.[49] Bei Deleuze und Guattari geht das Begehren der Macht voraus, es kreiert die Macht und zersetzt sie wieder, es bildet machtvolle Verknüpfungen und löst sie wieder auf. Bei Foucault gibt es hingegen kein Begehren, das

---

49 Im Wortlaut schreiben Deleuze und Guattari: „Die einzigen Punkte, in denen wir nicht mit Foucault übereinstimmen, sind folgende: 1. Für uns sind Gefüge nicht in erster Linie Gefüge der Macht, sondern des Begehrens, da das Begehren immer Gefüge bildet und die Macht eine stratifizierende Dimension des Gefüges ist. 2. Das Diagramm oder die abstrakte Maschine haben Fluchtlinien, die primär sind, die in einem Gefüge keine Phänomene des Widerstands oder Gegenangriffs sind, sondern Punkte der Schöpfung und der Deterritorialisierung." (Deleuze/Guattari 1992, S. 194)

der Macht vorausgeht, da für ihn die Idee des Begehrens in sozialen Machtverhältnissen hergestellt wird. Bei Foucault ist Macht produktiv. Bei Deleuze und
Guattari ist Begehren produktiv. Vor diesem Hintergrund stellt sich die Frage, ob
Begehren bei den beiden und die Macht bei Foucault parallel konzipiert sind. In
ihrer konzeptuellen Analogie erscheinen Foucaults Machtbegriff und Deleuze
und Guattaris Begehrensbegriff als Zwillingstheorien, wenn auch als zweieiige.

Baudrillard kritisiert Deleuze und Guattaris Modell der Begehrensströme, das
diese im *Anti-Ödipus* entwickeln. Er wirft ihnen vor, dass ihr Aufruf zum Strömen
in der Logik des Kapitals aufgehe (vgl. Baudrillard 1983, S. 30 f.). Diesbezüglich
muss man ihm zustimmen, denn mit ihrem Modell der De- und Reterritorialisierungen beschreibt das Autorengespann letztlich die monetären Dynamiken des
globalisierten Kapitalismus und nicht dessen Auflösungsprozesse. Deleuze und
Guattari lassen die Bewegungen der Kapital- und Begehrensströme ineinander-
fließen, um darin die Re- und Deterritorialisierungen aufzuzeigen. Gleichsam
sehen sie im Flüssig-Werden, also in den Deterritorialisierungen des Begehrens –
und damit auch des Kapitals – subversives Potenzial. Für Baudrillard ist dagegen
die Fluidität eines Begehrens, das stets entweicht, der zentrale Mechanismus des
Konsums und damit keinesfalls subversiv, sondern eine Operation der kapitalistischen Simulation. Er hält Deleuze und Guattari entgegen, dass nicht das subversive Begehren auf das Kapital einwirkt, sondern das sexuelle Register dem
Ökonomischen untersteht oder, wie er es formuliert, die Sexualität die „Erscheinungsform des Kapitals auf der Ebene der Körper" ist (Baudrillard 1983, S. 31).
Daraufhin stellt er fest:

> Der Wunsch, das Unbewußte ist sozusagen die Schlacke der politischen Ökonomie, die
> psychische Metapher des Kapitals. Und die sexuellen Normensysteme, die die Regeln des
> Privateigentums ja nur ins Phantastische extrapolieren, sind das Mittel, jedem von uns die
> Verfügung über ein Kapital zuzuweisen: eines psychischen Kapitals, eines libidinösen, se-
> xuellen, unbewußten Kapitals, für das jeder im Zeichen seiner eigenen Befreiung selbst
> verantwortlich ist. (Baudrillard 1983, S. 32)

Mit dieser Kritik zielt er auch auf Foucault ab, weil dieser – in ähnlicher Weise wie
Deleuze und Guattari Begehren als produktiv ausmachen – Macht als Produktivkraft bestimmt. Diese Konzepte schreiben sich, so Baudrillard, in die Logik des
spätkapitalistischen Produktivitätsparadigmas ein.

Diesem Risiko ist durchaus Rechnung zu tragen, dennoch fusionieren sich die
Denkansätze von Deleuze und Guattari und Foucault zu einer vielschichtigen
Analyseperspektive auf Begehren, Macht und Ökonomie. Daher wird hier ein
gedoppeltes Verständnis von Begehren verfolgt. Erstens: in ontologischer Perspektive wie von Deleuze und Guattari vertreten, die Begehren als transsubjektive

Triebkraft begreifen. Zweitens: in der genealogischen machtanalytischen Perspektive, die Foucault verfolgt.

Sowohl Foucault als auch Deleuze und Guattari machen auf die epistemologisch machtvolle Dimension von Begehrensmodellen und Sexualdiskursen aufmerksam und kritisieren die normierende Wirkung psychoanalytischer Diskurse. Derweil binden sie die Sexualitäts- in die Kapitalismusgeschichte ein. Während Foucault Konzepte einbringt, um die mikropolitischen Wirkungen von Staat und Kapital in den Blick zu bekommen – wie dasjenige der Bio-Macht –, entwerfen Deleuze und Guattari eine Theorie des Kapitalismus, die neoliberale Verhältnisse antizipiert. Das Wechselspiel dieser wegweisenden Werke bildet daher das Spannungsfeld, in dem sich die folgenden Überlegungen situieren. Aus diesem Spannungsfeld heraus machen wir uns daran, altbekannte begehrensökonomische Denklinien aufzuzeigen und Spuren zu erkunden, die diese Linien durchkreuzen.

2.5 Kalkulation

Die fünf Analysestränge lassen sich ausgehend vom *Anti-Ödipus* wie folgt weiterspinnen: Für Deleuze und Guattari stellt der erste Strang von Mangel/Produktivität den zentralen Einsatzpunkt dar, um eine paradigmatische Wende im Denken des Begehrens anzustreben. Der zweite Strang, der sich mit der Rationalisierung des Begehrens befasst, ist eng damit verbunden, schließlich wird Begehren philosophiegeschichtlich durch einen Mangel an Realität definiert. Zugleich zeigt sich die Psychoanalyse als rationaler Zugriff auf Begehren, der darauf abzielt, ihm eine Ordnung aufzuerlegen, die dem Wirtschaftskreislauf förderlich ist. Der dritte Analysestrang, der sich dem Verhältnis von Körper- und Begehrensökonomien widmet, zeigt sich in der opaken Figur des organlosen Körpers, der als Begehrensmetapher fungiert und als antiproduktives Element innerhalb der Begehrensökonomie operiert. Daran schließt der vierte Strang zum Todestrieb als Aufbegehren an. Obwohl Deleuze und Guattari den Todestrieb als reaktionär bestimmen, scheinen im organlosen Körper thanatologische Arbeitsweisen zu wirken, die sich als Aufbegehren auffassen lassen. Der fünfte Strang zum Wert des Begehrens deutet sich in der Querverbindung zwischen dem *Anti-Ödipus* und der *Genealogie der Moral* an. Demgemäß wird dieser Aspekt im Kapitel zu Nietzsche mit besonders aufmerksam betrachtet.

Um diese Einführung des antiödipalen Denkens mit kritischen Bemerkungen abzuschließen, sei an letzter Stelle auf den 2016 erschienenen Essay *Dark Deleuze* des Medienwissenschaftlers Andrew Culp verwiesen. Dieser bezeichnet die aktuelle Rezeption von Deleuze als „canon of joy" (Culp 2016, S. 1 f.), welche Deleuze

als naiven, affirmativen Denker der Konnektivität feiere. Wohl wissend, dass Deleuze selbst stets seine Ablehnung des Negativen und seine Affirmation der
Freude betonte, strebt Culp an, negative Aspekte aus dessen Philosophie heraus-
und mitunter in sie hineinzulesen, um die politischen Implikationen angesichts
neoliberaler Zustände neu zu fassen. Nach Culp wird im „canon of joy" das Ontologische mit dem Poltischen verwechselt, z. B. wenn Deleuzes Begriff der Intensität als menschliches, allzu menschliches Gefühl übersetzt wird.[50] Vor allem
wendet sich Culp gegen das Paradigma der Konnektivität.

> As perverse as it sounds, many Deleuzians still promote concepts that equally promote these
> slogans: transversal line, rhizomatic connections, composionist networks, complex as-
> semblages, affective experiences, and enchanted objects. [...] Instead of drawing out the
> romance, Dark Deleuze demands that we kill our idols. [T]he first step is to acknowledge that
> the unbridled optimism for connection has failed. Temporary autonomous zones have be-
> come special economic zones. (Culp 2016, S. 7)

Diesen Zonen, die keine Ausbrüche aus Herrschaftsverhältnissen darstellen,
sondern den Einbruch von *Google, Facebook* und anderen Unternehmen in das
Alltagsleben bedeuten, stellt Culp „zones of offensive opacity" (Culp 2016, S. 47)
entgegen und damit eine Strategie der Opazität und des Rückzugs, die es erlaubt,
der Allmacht von *Google* und anderen digitalen Mächten zu entfliehen, um in der
Unsichtbarkeit neue Widerstandsformen zu erproben. Während die Netzwerk-
struktur inzwischen fester Bestandteil informationstechnologischer Organisation
ist und damit soziale Beziehungen strukturiert, ist es für Culp wichtiger, sich
zurückzuziehen:

> Enough with rhizome. Although they were a suggestive image of thought thirty-five years
> ago, our present is dominated by the Cold War technology of the Internet that was made as a
> rhizomatic network for surviving nuclear war. The rhizome was a convincing snapshot of
> things to come [...]. (Culp 2016, S. 38)

Anstatt weiterhin auf die akkumulative Logik von Rhizomen zu setzen, die dem
Kapitalismus dienlich ist, plädiert Culp für das Ent-Falten, das Auffächern und
Zergliedern von netzwerkartigen Zusammenschlüssen (vgl. Culp 2016, S. 40 f.). Es
geht ihm darum, die vermeintliche Einheit von Ensembles zu zergliedern. Darin
liegt für ihn revolutionäres Potential. Was Culp hier, ohne es zu benennen, be-

---

50 Hierbei wendet er sich insbesondere gegen affekttheoretische Auslegungen: „Having reduced
‚intensity' to a special kind of feeling, practitioners of ‚affect studies' perfom autoethnographies of
the ineffable. This is quite peculiar given the antiphenomenology of Deleuze's transcendental
empiricism, which is explicitly nonhuman, prepersonal, and asubjective." (Culp 2016, S. 37)

treibt, ist, die Arbeit des Todestriebs in Deleuzes Werk hineinzulesen: die dekonstruktive Zergliederung von molaren Einheiten gesellschaftlicher Macht. Gleichermaßen argumentiert Culp gegen das Produktivitätsparadigma, das sich im Spätkapitalismus passgenau in selbstoptimierende Ratgeberdiskurse fügt, die dazu auffordern, stets kreativ, dynamisch und enthusiastisch zu sein (vgl. Culp 2016, S. 9 f.).

Sein Gegenprojekt besteht darin, diese Feier der netzwerkartigen Verbindungen zu stören und sich stattdessen von der Welt zurückzuziehen (vgl. Culp 2016, S. 8). Culp möchte Deleuzes Philosophie verdüstern. Anstatt die vermeintlich subversive Affirmation des Bestehenden zu zelebrieren, geht es ihm darum, Abstand zur Welt zu nehmen und damit kritische Distanz zu spätkapitalistischen Lebensverhältnissen einzunehmen, um Ausblicke in andere Welten zu eröffnen. Dabei will er Hoffnung auf den kommenden Aufstand, auf eine zukünftige Revolution geben (vgl. Culp 2016, S. 19). Culp erweist sich als gründlicher Leser Deleuzes, der dessen abstrakte Konzepte gewieft in seine Lesart zu übersetzen vermag und sie mit konkreten politischen Problemstellungen anschaulich erläutert. Sein Referenzrepertoire ist reichhaltig, neben direkten Verweisen auf Marx spricht er queertheoretischen und feministischen Ansätzen viel Raum zu. Obwohl viele seiner Argumente überzeugend verdeutlichen, dass man Deleuzes Schriften im Kontext ihrer Zeit lesen muss und sie dementsprechend aktualisiert werden müssen, bleibt der Gesamtentwurf seines Buches hinter dem eigenen Anspruch zurück, ein neues Konzept vorzustellen (vgl. Culp 2016, S. 1). Es mag der Kürze des Essays geschuldet sein, aber wesentliche Aspekte wie der Todestrieb und die Problematik des Produktivitätsparadigmas werden bloß beiläufig gestreift (vgl. Culp 2016, S. 13). Dennoch bietet sein Text eine neue Perspektive auf Deleuzes Philosophie, die nicht freudig das Werden zelebriert, sondern eine radikalere, düstere Lesart einbringt, die kritischen Abstand zur immersiven Macht der neoliberalen Netzwerke einnimmt. Seine Perspektive auf einen düsteren, radikaleren Deleuze legt den Fokus darauf, neoliberale Sozialformationen mitsamt ihrer flüssigen, fluiden Subjektivierungsformen aufzubrechen.

Enden wir an dieser Stelle mit der Anmerkung Culps, der Rausch des Begehrens sei während des Entstehungsmoments des *Anti-Ödipus* der neoliberalen Ernüchterung gewichen. Dadurch wurde der Schizo zu einer leeren Beschwörungsfigur:

> In the time since the 1972 publication of *Anti-Oedipus*, capitalism has embraced its schizophrenia with neoliberalism. The schizo has become the paraphilic obsession of Nietzsche's last man. Its flood of more and more objects has subjects able to muster less and less desire [...]. The dominant feelings today are probably anxiety or depression [...]. (Culp 2016, S. 48)

Dieser kritische Impuls lässt sich in zweierlei Hinsicht aufnehmen, um die von ihm aufgezeigten, aber nicht ausgefüllten Leerstellen zu füllen. Erstens: die Arbeitsweisen des Todestriebs im *Anti-Ödipus* aufspüren. Zweitens: Deleuze und Guattaris begehrensökonomische Reflexionen angesichts der spätkapitalistischen Gegenwart aktualisieren. Doch in genealogischer Herangehensweise nähern wir uns der Gegenwartsdiagnostik, indem wir durch die Philosophiegeschichte mäandern. Wir beginnen diesen Streifzug bei Platon.

Bilanz

Um die Denkspuren des *Anti-Ödipus* in den Texten von Platon, Hegel, Nietzsche, Freud, Klossowski, Bataille, Lyotard und Hocquenghem zu verfolgen, bilden die fünf Analysestränge Orientierungshilfen. Sie sollen die dichten, textuellen Verflechtungen nachvollziehbar machen. Vom *Anti-Ödipus* ausgehend lassen sich diese fünf Stränge neu zusammenfassen.

Erstens: Deleuze und Guattari stellen die Unterscheidung von Mangel und Produktion an den Anfang der philosophischen Theoriegeschichte des Begehrens. Während sie das Mangeldenken als dominante Denkrichtung ausmachen, definieren sie das Denken des Begehrens als Produktivkraft als supplementäre Spur, die sie im *Anti-Ödipus* weiterführen. Zweitens: In ihrem Begriff des Begehrensregimes verdeutlichen sie, dass sich gesellschaftliche und wirtschaftliche Ordnungen über die Organisation des Begehrens errichten. Um dieser Geschichte gesellschaftlicher Gewaltverhältnisse entgegenzutreten, wollen sie einen paradigmatischen Wandel im Denken des Begehrens herbeiführen. Dabei vertreten sie die These, dass Begehren materiell wirkmächtig ist und sich somit als ontologisch untrennbar von Ökonomie erweist. Drittens: In ihrer Territorialmetaphorik und der opaken Figur des organlosen Körpers zeigen sie auf, wie eng das Denken des Körpers und des Begehrens mit geopolitischen Grenzziehungen verbunden ist. Ihre Körpermetaphern der Wunschmaschinen evozieren außerdem das Bild eines Begehrens, das jeder Einheit und Ordnung entflieht. Viertens: Deleuze und Guattari bestimmen den Todestrieb als reaktionär sowie repressiv und assoziieren ihn mit faschistischer Todessehnsucht. Nichtsdestotrotz weisen ihre Denkfiguren der Antiproduktion und des organlosen Körpers thanatologische Züge auf, die im Folgenden hinsichtlich der Frage diskutiert werden, ob der Todestrieb als Aufbegehren aufgefasst werden kann. Fünftens: Bezüglich des Verhältnisses von Begehren und Wert verweisen sie vor allem auf Nietzsche, dessen Thesen zur Schuldenökonomie äußerst aufschlussreich sind, um die Herausbildung des kapitalistischen Begehrensregimes zu begreifen. Diese fünf Stränge führen durch das genealogische Gefüge und damit durch die Philosophiegeschichte von Platon über die Psychonalyse bis zum Poststrukturalismus.

https://doi.org/10.1515/9783110686975-004

II. Teil: **Begehren als das Andere der Philosophie: eine begehrensökonomische Genealogie**

Let's face it, we are undone by each other. [...] If this is so clearly the case with grief, it is only because it was already the case with desire.

(Butler 2004, S. 19)

Einleitung

Begehren gilt gemeinhin als Störfaktor für die philosophische Vernunft, weshalb man quer durch die Philosophiegeschichte danach trachtete, es in das Streben zum Wahren, Guten und Schönen umzuwandeln. Diesem Unternehmen ist allerdings sein eigenes Scheitern eingeschrieben. Wie die Philosophin Judith Butler festhält, zeugt diese Bemühung, Begehren als philosophischen Willen zum Wissen festzuschreiben, von dem Wunsch, es zu zähmen (vgl. Butler 2012, S. 1–7): „When philosophers have not dismissed or subdued human desire to their effort to become philosophical, they have tended to discover philosophical truth as the very effort of desire." (Butler 2012, S. 1) Begehren soll zwar vergeistigt und zum Guten gewendet werden, dennoch erscheint es weiterhin bedrohlich, brutal, widerspenstig, flüchtig, opak und chaotisch. Ein hervorragendes Beispiel für dieses Dilemma bildet Hegels berühmte Kampfszene zwischen Herr und Knecht, die um die Anerkennung des Anderen buhlen. Dort zeigt sich Begehren kämpferisch und zerstörerisch. In seinem Werk, aber auch in den Schriften von Platon, Nietzsche und Freud, folgen wir dieser Spur des dunklen, gewaltvollen Verlangens, das letzterer als Todestrieb bezeichnet. Das Zerstörungspotential, welches das Begehren zu bergen scheint, ist untrennbar mit dem philosophischen Bestreben verbunden, ebenjenes Begehren zu vergeistigen und damit transparent und kontrollierbar zu machen – ein Bestreben, das die Rationalisierungsgeschichte des Begehrens bestimmt. Die „okzidentale Geistesgeschichte" lässt sich, wie die Philosophin Anne Eusterschulte festhält, auch in den Gewalteffekten des absoluten Rationalitätsanspruchs betrachten, da „[d]as Erhellen und Aufklären, mit dem den Dingen der Widerstand genommen wird, d. h. mit dem sie in ein System des Vernunftwissens eingehen, [...] gleichsam eine Weise [ist], unter dem Primat der Selbigkeit der Andersartigkeit Gewalt anzutun, es in seine Macht zu bringen" (Eusterschulte 2002b, S. 100). Somit erscheint Begehren als das Andere der Philosophiegeschichte, das sich den Versuchen, es zu rationalisieren, beharrlich entzieht. Daher ist der Analysestrang der Rationalisierung des Begehrens in diesem philosophiegeschichtlichen Teil besonders relevant.

Das Ensemble kanonischer Texte setzt sich aus Platons *Gastmahl*, Hegels Herr/Knecht-Szene in der *Phänomenologie des Geistes*, Nietzsches *Zur Genealogie der Moral* und Freuds *Jenseits des Lustprinzips* zusammen. Diese Auswahl begründet sich darin, dass diese vier philosophischen Erzählungen paradigmatische begehrenstheoretische Positionen wiedergeben, die Zusammenhänge zur Ökonomie aufweisen. Entgegen den etablierten Rezeptionen lesen wir die Texte im Hinblick auf die Frage, wie sich Begehren der Rationalisierung entzieht.

https://doi.org/10.1515/9783110686975-005

Hinsichtlich der philosophiegeschichtlichen Intellektualisierungstendenzen des Begehrens ist der Aspekt der Körperlichkeit wesentlich. Die Ideen von Körper und Begehren sind vielfältig miteinander verbunden, nicht zuletzt aufgrund einer gewissen epistemischen Ungreifbarkeit. Begehren ist eine unbequeme Denkkategorie: Ähnlich wie der Körper entzieht es sich dem Begreifen und den Begriffen, verflüchtigt sich, um an anderer Stelle unverhofft aufzutauchen. Gleichwohl ist es jene Kraft, die dieses Denken erst möglich macht, ebenso wie der Geist den Körper braucht. Es ist der Körper, der das Begehren dem schöngeistigen Himmel des Guten entreißt und in die Ströme von Verführung, Versuchung und Verderben mitreißt und dem Taumel, dem Exzess, dem Wahnsinn und der Todessehnsucht entgegentreibt. Oder ist es der Körper, der vom Begehren mitgerissen wird? Von dieser unentscheidbaren Frage ausgehend, bildet Ökonomie einen Nexus, um Körperlichkeit und Begehren zusammenzudenken, da – wie sich von Platon zu Nietzsche bis hin zu Freud zeigt – Ökonomien in Anlehnung an Körperökonomien ersonnen werden. Damit greifen wir den dritten Analysestrang zum Verhältnis von Körper- und Begehrensökonomien auf. In seiner Rationalisierungsgeschichte soll Begehren vom Körper entkoppelt werden. Es soll sprechbar gemacht und vergeistigt werden, um es dem unkontrollierbaren, unbegreiflichen Tohuwabohu des Körperlichen zu entreißen.

Bei aller Verschiedenheit lassen sich die vier philosophischen Erzählungen von Platon, Hegel, Nietzsche und Freud als Kapitel ein- und derselben westeuropäischen Rationalisierungsgeschichte des Begehrens begreifen. Dieser Gedanke führt zu Foucault, der in seiner dreiteiligen Genealogie der Hermeneutik des Begehrens erschließt, wie sich ein Spannungsfeld von Erotik und Ethik herausbildet, in dem der Mensch zum Begehrenssubjekt wird (vgl. Foucault 1989, S. 11 f.). Während Deleuze und Guattari im *Anti-Ödipus* lediglich drei große historische Etappen – die Barbarei, den Feudalismus und den Kapitalismus – durchleuchten, schlägt sich Foucaults Geschichte der Begehrenshermeneutik in kleinschrittigen, krebsartigen Bewegungen von der Antike bis in die Gegenwart. Obwohl er dezidiert festhält, dass bereits der Begriff des ‚oikos' als eheliches Haushalten die Verbindungen zwischen sexuellen Regulierungen und wirtschaftlichen Praktiken herstellt, zielt seine Genealogie nicht vordergründig auf das Verhältnis von Ökonomie und Begehren ab (vgl. Foucault 1989, S. 189 – 193; S. 222 – 227). Doch die Zügelung der Lüste bedeutet auch deren Ökonomisierung und insofern vollzieht die Regulierung, ein zentraler methodischer Begriff Foucaults, eine ökonomische Operation. Die von Foucault vorgeschlagene Fokusverschiebung hinsichtlich sexueller Fragen lautet: weg von Repression hin zur Regulierung. Schließlich lassen sich Lust und Begehren nicht alleine im Zeichen des Tabus und der Unterdrückung verstehen. Tabus und Verbote bilden bloß Teilmechanismen des Versuchs, Verlangen auf perfide Weise zu kontrollieren.

Da hier der Fokus auf der Frage liegt, wie Begehren in der Philosophiegeschichte als Denkkategorie gezähmt werden soll, wird anstelle des Begriffs der Regulierung derjenige der Rationalisierung verwendet. In dieser machtkritischen Perspektive kennzeichnet Rationalisierung den Versuch, dem Begehren logische Operationsweisen einzuschreiben und es dadurch zu ökonomisieren. Schließlich soll Begehren für wirtschaftliche und biopolitische Zwecke kalkulierbar und nutzbar gemacht werden. Doch Ökonomie als Ordnung des Begehrens ist weniger vorhersehbar, als sich manche Ökonomen wünschen, da sich Begehren nicht als fester Faktor ins wirtschaftliche Kalkül einrechnen lässt. Diesen begehrensökonomischen Fehlkalkulationen wird hier Rechnung getragen.

Die Ideen, denen hier nachgegangen wird, sind wie folgt: Die erste Anregung entstammt dem *Anti-Ödipus,* in dem behauptet wird, bei Platon habe die Denklinie von Begehren als Mangel und Erwerb angefangen – der erste Analysestrang, an dem sich die folgende Untersuchung orientiert (vgl. Deleuze/Guattari 1974, S. 34 f.). Anstatt Begehren in seiner Schaffenskraft in den Blick zu nehmen, wurde es in der Philosophiegeschichte in Form des Haben-Wollens, Erwerbens, Verlieren, Entbehrens betrachtet – so der Vorwurf von Deleuze und Guattari. In ihrer Argumentation ließe sich die dominante Denklinie des Begehrens als Mangel und Erwerb von Platon zu Hegel bis zur Psychoanalyse von einer supplementären Spur des Begehrens als Produktion und Überschusses unterscheiden, die sich von Spinoza, über Nietzsche bis zu ihnen zieht. Diese von Deleuze und Guattari vorgeschlagene Unterscheidung wird hier zwar ernst genommen, dennoch wird deren tatsächliche Trennschärfe angezweifelt. Von meiner Kernthese ausgehend, dass Begehren nicht in einer Logik des Entweder/Oder funktioniert und damit nicht als rein mangelhaft oder rein produktiv betrachtet werden kann, liegt der Fokus auf der Frage, wie es zwischen Mangel und Produktion oszilliert. In der Lektüre von Platon, Hegel und Freud, die allesamt von Deleuze und Guattari des Mangeldenkens bezichtigt werden, wird darauf geachtet, ob sich dort Textstellen des begehrlichen Überschusses und der Produktion finden lassen. Um einen möglichst offenen Blick auf die Wechselwirkungen dieser beiden ökonomischen Pole – Erwerb/Mangel auf der einen, Produktion/Überschuss auf der anderen Seite – zu behalten, wird methodisch ein anderer Analysefokus gesetzt und zwar das Begriffspaar Aufbegehren und Begierden. „Wie Sie wissen, bin ich wie ein Krebs, ich bewege mich seitwärts", bekundet Foucault während einer Vorlesung zur Geschichte der Biopolitik (Foucault 2006, S. 116). Wie sich Foucault seinen Themen im Seitwärtsgang nähert, werden wir uns auf unser Thema hinbewegen. Mangel/Produktion nicht als methodisches Begriffswerkzeug zu verwenden, erlaubt es, sich diesen Topoi im Krebsgang anzunähern. Die öffnenden und schließenden Bewegungen, die Aufbegehren/Begierden beschreiben, ermöglichen es, einen anderen Akzent auf Begehrensbewegungen zu setzen, wodurch mein heuristisches Begriffspaar dazu beiträgt, ein mögliches Mangelprimat oder Produktivitätsparadigma in Frage stellen.

Eine gegenwartsbezogene Studie kann es nicht leisten, eine exakte Kartografie der Rezeptionswege von Texten zu erstellen, die derartige philosophiehistorische Prominenz erfahren. Stattdessen muss die Rationalisierungsgeschichte des Begehrens in großen Schritten und raschem Tempo abgeschritten werden, auch wenn wir mitunter mäandern, da es unerlässlich bleibt, bisweilen auf Abwegen zu denken. Anstatt des Anspruchs, einen umfassenden Überblick zu liefern, besteht das Ansinnen darin, wesentliche Denkstränge aufzuzeigen, die bis in die Gegenwart reichen.

Wie der Philosoph Vincent Descombes in seiner Studie der französischen Hegel-Rezeption anmerkt, kann man in ideengeschichtlichen Darstellungen nicht allen Positionen gerecht werden, vielmehr muss man sich auf prominente Stimmen beschränken (vgl. Descombes 1981, S. 10 f.). Dem ist allerdings hinzuzufügen, dass man sich in solch theoriegeschichtlichen Vorgehen zwar mit kanonischen Positionen auseinandersetzen muss, aber zugleich auch Perspektiven außerhalb dieser epistemischen Hegemonie einbringen sollte, um den Kanon umzuarbeiten, dessen Grenzen zu überschreiten und philosophische Perspektiven zu pluralisieren. Platon, Hegel, Nietzsche, Freud – der kanonischen Übermacht, die derart prominente Texte der Philosophiegeschichte mit sich bringen, wird daher mit folgendem Manöver begegnet: Anstatt altbekannte Rezeptionswege abzuschreiten, werden wir neue Deutungen aufspüren und aufzeigen. Während hier kanonische Texte im Vordergrund stehen, ist es ein ebenso wichtiges Anliegen, Interpretationen einzubringen, die deren geläufigen Rezeptionen widersprechen. Die zeitgenössischen Stimmen dieser komplizenhaften Denkerinnen werden in den nachfolgenden Kapiteln vielfach zu Wort kommen. Ihre Lektüren bilden Orientierungspunkte in der Auseinandersetzung mit den Theorien von Platon, Hegel, Nietzsche und Freud, ohne sich passgenau an ihre Lesarten zu halten. Den platonischen Dialogen sitzen Foucault und der Historiker David Halperin bei, deren Anmerkungen dabei helfen, die antike Diskussionsatmosphäre mitsamt ihren soziopolitischen Problemstellungen darzustellen. Hegels Denkfigur von Herr und Knecht wird im Lektüreraster von Judith Butler und dem Philosophen Alexandre Kojève rekonstruiert. Was Nietzsche angeht, stellen wir dessen *Genealogie der Moral* in direkten Bezug zum *Anti-Ödipus* und weiteren Schriften von Deleuze, um von dort aus den fünften Analysestrang zum Wert des Begehrens aufzunehmen. Die Frage, ob der Todestrieb auch als Aufbegehren wirken kann, der vierte Analysestrang, beantworten der verlässliche Freud-Leser Jean Laplanche und die Film- und Literaturwissenschaftlerin Teresa de Lauretis. All diese Lektüren fügen sich zu einem Referenzraster, um die kanonischen Texte im Bezug zur gesellschaftspolitischen Gegenwart zu betrachten.

In diesem Textgefüge verschlingen sich die Theoriezweige rhizomartig ineinander, sie wuchern übereinander, verästeln und überkreuzen sich, ohne in binären Abzweigungen aufzugehen. Ein genealogischer Überblick, der in Bausch und Bogen quer durch die Philosophiegeschichte jagt, strebt nicht an, monokausale Verbindungslinien zwischen den einzelnen Theoremen zu zeichnen. Was hier, mit Verweis auf Foucaults Genealogie der Begehrenshermeneutik und im Fokus auf Deleuze und Guattaris historische Etappen der Begehrensökonomien skizziert wird, ist ein ‚genealogisches Gefüge'. In dieser Herangehensweise werden einerseits akribisch textuelle Bewegungen sowie geschichtlich spezifische Problemstellungen nachvollzogen, wie es Foucault vormacht, andererseits gewagt große Bögen bis in die Gegenwart geschlagen, um Resonanzen mit zeitgenössischen Texten aufzuspüren, wie es Deleuze und Guattari vorführen. Fangen wir mitten im diskursiven Geschehen an: in der Geburtsstunde des Eros.

3 Eros und Oikos – Platons ‚Urszene' der Trennung von Mangel/Produktion

Die Erzählung des Begehrens beginnt inmitten eines antiken Szenarios, im *Symposion*. Die Lektüre bestrebt keine Exegese der platonischen Schriften; die federführende Idee ist vielmehr, erotische Figuren des *Symposions* herauszuarbeiten und im Zusammenhang mit modernen Begehrenskonzeptionen zu diskutieren.

3.1 Die Produktion des Eros im Schoße der Ökonomie

Wein, Essen und die Gesellschaft schöner Männer genießend, erzählt Sokrates eine Geschichte: Am Tag, an dem Aphrodite geboren wird, sitzen die Götter zum Festmahl zusammen. Gefeiert wird in Zeus' Lustgarten, aufgetischt sind reichhaltige Speisen, der Nektar fließt in Strömen. Mit von der Partie ist Poros, Gott der Fülle, der Findigkeit und des Reichtums. Abseits des göttlichen Gelages bleibt Penia, da sie die Armut verkörpert, den Mangel, das Nichtwissen. Als Nichthabende muss sie als Kontrastfigur gegenüber den alles habenden Göttern herhalten. Diese sterbliche Gegenspielerin des Poros nähert sich den Gartenpforten, wo sie ausharren will, um sich Essensreste des Festmahls zu erbetteln. Sich ihres Mangels bewusst und gewitzt in einer Art und Weise, die ihrer vermeintlichen Unwissenheit widerspricht, kommt ihr eine Idee: Mit dem Poros ein Kind zu zeugen, würde ihr Darben beenden (vgl. Sheffield 2006, S. 42; S. 48; vgl. Halperin 1990, S. 148). So wird der überschlaue Poros durch Penia ausgetrickst, als er sich schwertrunken im Garten der Lüste niederlegt, um seinen Rausch auszuschlafen. Derweilen schleicht sich Penia herbei, legt sich zu ihm nieder und bringt den Schlaftrunkenen dazu, mit ihr zu schlafen. Noch in derselben Nacht wird das gemeinsam gezeugte Kind geboren: Eros. Eros ist kein Kind der Leidenschaft, er ist Kind des Kalküls, Frucht der Vernunft, nicht Frucht der Liebe. Nichtsdestotrotz ist er untrennbar mit dem Schönen und Lustvollen verbunden. Gezeugt wie geboren am Geburtstag der Aphrodite, gehören die beiden einander und er wird ihr zeitlebens verfallen sein, ihr als Diener, als Gefährte folgen. Es liegt in seinem Wesen, in das Schöne verliebt zu sein. Wie seine Eltern Gegenteile verkörpern, ist Eros ein Wesen des Weder/Noch: weder schön, noch hässlich; weder weise, noch töricht; weder ganz schmutzig, noch ganz rein; weder sterblich, noch unsterblich. Das Schöne bewundernd ist er selbst „hart und rau und barfuß und heimatlos" (Symp. 202E). Der Ort seiner Geburt mag ein Lustgarten sein, indes ist er ein aus dem Lustgarten des Zeus' Vertriebener, ein Getriebener, der nirgends ankommt.

https://doi.org/10.1515/9783110686975-006

Eros ist nicht sanft und voller Anmut, er ist hart und von Armut gezeichnet. Nie kann er Luxus genießen, da er die mütterliche Bedürftigkeit zum Erbe hat. So lagert er vor den Häusern, lungert auf den Straßen herum, schläft im Freien. Zugleich ist er verwegen, mutig, erfinderisch, wissbegierig, allesamt Merkmale, die ihm sein Vater vererbt hat. Er wandelt barfuß, philosophierend und wissbegierig und bietet dergestalt als barfüßiger Philosoph ein Ebenbild des Sokrates (vgl. Halperin 1990, S. 147). Er ist lebendig, er blüht auf und stirbt dahin. Mangel treibt ihn in die Zukunft, wie es ihn umherirren lässt in der ewigen Wiederkehr des Habens und Nicht-Habens: „[D]as Erworbene zerfließt ihm immer, so daß Eros weder jemals arm ist noch reich ist" (Symp. 203D-204B) Er erlangt immer wieder, was er begehrt, bevor er es erneut verliert. Er ist ebenso vom Fehlen gezeichnet wie vom Besitzen, vom Erlangen wie vom Verlieren. Eros bewegt sich zwischen Mangel und Erwerb.

In der narrativen Abfolge scheint es, als ginge das Begehren aus dem Bedürfnis hervor: Wenn das Begehrende begehrt, wessen es bedürftig ist, resultiert Begehren aus dem Bedürfnis (vgl. Symp. 199D-200B). Eros sei Begehren nach dem, woran er Mangel leide (vgl. Symp. 200B). Wie die Geschichte erzählt, ist Penia dem Poros vorgängig. Aus ihrem Bedürfnis und ihrer List entstammt Eros. Auf textperformativer Ebene stellt sich die Abfolge anders dar. Eros wird in einem Szenario der Produktion und Reproduktion figuriert. Während sich sein Vater von den Vergnügungen ausruht, geht seine Mutter kalkuliert vor. Sie raubt Poros einige Tropfen seiner Schöpfungskraft, gemäß der griechisch-antiken Körperökonomie der Lebenssäfte. Doch da Poros Überschuss ist, wird es ihm nicht mangeln. Die Göttin der Armut stiehlt dem Gott der Überfülle Samen, gewissermaßen ein ‚Money Shot', die Ejakulation als Quelle des Reichtums. Seinen Rausch ausschlafend, wird Poros sexuell ausgeraubt. Damit erscheint der Akt nicht reziprok, sondern ist in aktiv/passivem Verhältnis angelegt, wobei es Penia ist, die die aktive Rolle einnimmt, während Poros die passive Rolle zukommt. Sie nimmt, aber sie gibt nicht. Sie kann nicht geben, da sie nicht hat. Eros entsteht somit inmitten einer Zeugungsmetaphorik, die über Mangel und Erwerb hinaus auf die produktive Dimension des Begehrens verweist.

In diesem Ursprungsmythos ist alles enthalten, was sich im Folgenden entfalten wird: die Verquickungen zwischen dem Epistemischen, dem Ethischen und dem Ökonomischen; das Oszillieren zwischen Bedürfnis und Begehren, zwischen Mangel und Überfluss, zwischen Haben und Nicht-Haben, zwischen Aktivität und Passivität.

3.2 Ein Gastmahl mit Platon und Michel Foucault

In dem Textraum finden drei Redner zusammen, um über Eros zu debattieren: Platon, der mit seiner Schrift *Symposion* den Grundstein gelegt hat, Foucault, der sich in *Der Gebrauch der Lüste* ausführlich mit dem *Symposion* und der Regulierung der Lust als Machtakt auseinandersetzt, und Halperin, der sich mit Foucaults Platon-Lektüre befasst. Platon trägt altväterliche Reden über Eros als Weg zur Wahrheit vor, die vom leisen Spott Foucaults begleitet werden, der die Frage vom Wesen der Wahrheit zur Macht der Wahrheitsspiele hinlenken will, während Halperin seine beiden Vorredner wissbegierig belauscht wie befragt. Im Laufe des Abends, im Laufe des Textes werden weitere Gäste die sokratische Szene betreten – die Philosophinnen Diotima, Luce Irigaray und Adriana Cavarero.

Das gesellschaftliche Spiel mit Eros

Selbstredend kann man Eros nicht schlichtweg als semantisches Double des Begehrensbegriffs sehen. Dennoch zieht sich ein begrifflicher Faden vom antiken Eros zum spätmodernen Begehren.[51] Obwohl sich das erotische Spielfeld der griechischen Klassik deutlich vom spätmodernen Sexualitätsdispositiv abhebt, zeigt Foucault ideengeschichtliche Linien auf, die bis in die Moderne reichen. Er untersucht, wie sich in der griechischen Antike eine Hermeneutik des Begehrens herausbildet. Platons Zeitgenossen diskutieren Eros bezüglich der Knabenliebe, da das pädagogische Verhältnis zwischen aktivem, erfahrenen Mann und passivem, unerfahrenen Jungen im Zentrum der sozialen Sorge steht, wohingegen in späteren Epochen das Eheleben zum Kernthema wird. Im historischen Kontext von Platons Schriften wird nicht rigide zwischen Homo- und Heterosexualität unterschieden, stattdessen verläuft die ethische Wertungslinie zwischen denjenigen, die ihre Begierden zu mäßigen wissen, und jenen, die sich der Lust ungestüm hingeben (vgl. Foucault 1989, S. 237). Insofern wird Begehren nicht qualitativ differenziert – also in hetero- oder homosexuelles Begehren. Stattdessen

---

51 Zur Frage der Übersetzung, warum hier Eros nicht als Liebe bezeichnet wird, ist vordergründig darauf zu verweisen, dass der Begriff der Liebe semantisch aufgefächert war u. a. in *agápe* und *philia*. Halperin plädiert dafür, Eros mit Begehren zu übersetzen, da *erôs* im Gegensatz zu *philia* deutlich auf begehrliche Bestrebungen hinweist, die nicht zwangsläufig Liebe, wohl aber sexuelles Verlangen umfassen. *Erôs* ist intensiver und leidenschaftlicher, drückt mehr heftiges Sehnen denn beständige Zuneigung aus und ist mit körperlichen Triebökonomien assoziiert (vgl. Halperin 1985, S. 161f; vgl. Sheffield 2006, S. 2). Dennoch lässt sich *erôs* nicht auf sexuelles Verlangen reduzieren, denn wie sich zeigen wird, entfalten sich im Eros vielfältige Facetten des Begehrens.

bezieht sich dessen Bemessung quantitativ darauf, wie viel und wie oft man seine Lüste auslebt. Die erotischen Beziehungen sind Teil eines gesellschaftlichen Spiels und unterliegen Ritualisierungen, die spezifische kulturelle Verhaltenscodes erfordern wie das Umwerben des Jünglings (vgl. Foucault 1989, S. 244 f; S. 248 f.).[52]

Der Textraum des *Symposions*

Eingewoben in ein Szenario, in dem spöttische, anzügliche, eifersüchtige Sprüche, Blicke, Gesten zwischen den Gästen des philosophischen Gastmahls ausgetauscht werden, werden diese Verführungsspiele zum Inhalt ihrer Gespräche erhoben. Sie folgen der Frage, wie man Leidenschaften im Sinne der Sophrosyne gemäßigt ausleben sollte. Wie die ‚mise en abyme‘, das Spiegelspiel zwischen Gesprächsszenario und -inhalt aufführt, fügt sich das *Symposion* zu einem Textbau der verschachtelten Erzähleben.[53] Schließlich beginnt die Erzählung nicht inmitten des sympotischen Dialogs, stattdessen berichtet Apollodor, was ihm ein anderer erzählte, der am berüchtigten Ereignis tatsächlich teilnahm. Apollodors Nacherzählung konstruiert den extradiegetischen Rahmen, also den äußeren Erzählrahmen, während das Gastmahl selbst die intradiegetische Inszenierung, also die Binnenerzählung, bildet. Zum Anbruch der Nacht, beschließt die illustre Runde, in der sich die philosophische Prominenz Athens versammelt, – allesamt verkatert vom Vortrag – auf übermäßiges Zechen zu verzichten und dafür Loblieder auf den Eros zu singen. Formell analysiert ergeben sich bis zu fünf Erzählebenen, da es sich um die Nacherzählung einer Erzählung eines Dialogs mit eingefügten Narrativen handelt, die ebenfalls Dialoge einführen. Jedes Narrativ tritt im textuellen Ablauf zurück, um eine neue Erzählung zu enthüllen, die bereits verschachtelt in der vorgängigen enthalten ist (vgl. Halperin 1992, S. 45; vgl. Sheffield 2006, S. 26). Die jeweiligen Lobreden verzahnen sich ineinander, um narrativ-argumentativ das Kernstück, die Rede des Sokrates, vorzubereiten. Nicht

---

52 In diesen Verhaltenscodes lassen sich Ähnlichkeiten mit dem Ideal der heterosexuellen, romantischen Liebe und den damit verbundenen Geschlechterrollen erkennen; so ergreift der Werbende die Initiative, die ihn zur Gegenleistung berechtigt, der Umworbene muss sich hüten, seine Gunst allzu schnell zu erweisen. In diesem Spiel der Aufschübe und Umwege wird Begehren als Ersehnen und Erlangen praktiziert.
53 Für eine genaue Analyse der diegetischen Verflechtungen und den Verbindungen zwischen Erotik und Narrativität, vgl. Halperin 1992. Halperin legt überzeugend dar, wie sich textperformativ eben jene erotischen Operationen vollziehen, die von Sokrates/Diotima beschrieben werden und sich dadurch eine Erotik der Narrativität entfaltet.

umsonst entspinnen sich die erotischen Erzählfäden bei einem Gastmahl, in einem Raum des materiellen wie kulturellen Wohlstands, im Zeichen des Genusses und des Exzesses. Obwohl diese Zusammenkunft dionysisch anmuten mag, ist sie von einer apollinischen Begehrensökonomie geprägt. Ein Symposion war rituell ein Ort der Versuchungen, im Überfluss an Wein und in der Überfülle an Speisen waren schöne Epheben zugegen, deren Reizen man im Rausch erliegen oder widerstehen konnte. Gerade aufgrund all jener Verlockungen zeigt sich dieser soziale Raum als Prüfungsfeld, in dem es gilt, sich und anderen zu beweisen, dass man Herr der Lage und über sich selbst ist und seine Begierden angesichts der dargebotenen Versuchungen zu zügeln vermag (vgl. Sheffield 2006, S. 4 f.). Die Regierung des Selbst hat Vorrang gegenüber der exzessiven Selbstentgrenzung: Nachdem Sokrates geendet hat, stürmt Alkibiades herbei, Sinnbild des selbstregierten Politikers, der hier allerdings sein eigenes Scheitern aufführt. Schwer betrunken fordert er die Anwesenden zum Mittrinken auf, stürzt sich ins Eifersuchtsspiel als er erkennt, dass Sokrates und Agathon bezirzt beieinander liegen, und trägt schließlich die letzte Rede vor, in welcher er Sokrates mit Eros gleichsetzt. Im Morgengrauen fallen die Debattierenden schwertrunken in Tiefschlaf, einzig Sokrates, bis zum Ende munter parlierend, bricht auf, um sein Tageswerk zu verrichten. Er bindet den Exzess in die Disziplin ein wie Platon das Dionysische im Apollinischen aufgehen lässt.

3.3 Gebrauchswert der Lüste – Tauschwert der Lüste

Auf weiten Textstrecken des *Symposions* werden geläufige Reden über das leidenschaftliche Sorgeverhältnis zwischen Mann und Knabe als Pastiches reproduziert, wodurch sich der Diskurshorizont aufspannt, vor dem sich das platonische Erosmodell abzeichnet. Nach Foucault ist bei allen Reden eine Frage hervorstechend, und zwar diejenige nach der Einwilligung des Knaben, die nicht allzu fügsam erfolgen sollte. Diese Problematik charakterisiert eine „Erotik, die als Zweikampf zwischen Werbendem und Umworbenem konzipiert ist" (Foucault 1989, S. 291). Begehren ist mit Gewalt und Gewinn befrachtet, da es das Verlangen des einen, des Mannes, ist, das der andere, der Knabe, abwehren muss.[54] In modernen Lesarten erscheint das antike Begehrensmodell einseitig konzipiert, da es auf der Polarität von Aktivität und Passivität basiert. In diesem Verständnis wird Sex – zumindest zwischen Männern – nicht als mutueller Akt gedacht, da

---

54 Halperin macht darauf aufmerksam, dass die Machtkategorien von Mann und Knabe nicht zwangsläufig mit dem biologischen Alter deckungsgleich sein müssen Halperin 1990, S. 130).

demjenigen, der den passiven Part einnimmt, Gewalt zugefügt wird. Durch ein begehrenswertes Äquivalent – in Form von Gaben wie Geld, Wissen, Anerkennung – wird dieses Gewaltverhältnis, das auf einer Begehrensasymmetrie beruht, ausgeglichen (vgl. Foucault 1989, S. 562f; vgl. Halperin 1993, S. 418). Voraussetzung dafür ist, dass sich sexuelle Beziehungen und gesellschaftliche Verhältnisse isomorph zueinander verhalten.

> [D]as sexuelle Verhältnis [wird] – immer vom Modell des Penetrationsaktes [...] aus gedacht – als etwas Gleichartiges wie das Verhältnis [...] zwischen dem Herrschenden und dem Beherrschten, dem Unterwerfenden und dem Unterworfenen, dem Sieger und dem Besiegten wahrgenommen [...]. Die Lustpraktiken werden mit denselben Kategorien reflektiert wie das Feld der sozialen Rivalitäten und Hierarchien [...]. (Foucault 1989, S. 273)

Da allein die sexuell aktive Rolle mit Souveränität assoziiert wird, ist es für einen freien Mann schändlich, die passive Position einzunehmen und dies öffentlich kundzutun. Ansprechbar sind hingegen die Verhältnisse zwischen Männern und Jünglingen, die eine Zeitlang als legitime Lustobjekte dienen, ohne dass es ihren zukünftigen Status als Bürger der ‚pólis‘ gefährdet (vgl. Foucault 1989, S. 279f.). Die Antinomie des Jünglings besteht nach Foucault darin, dass er zwar von Männern als Lustobjekt angesehen wird, sich jedoch nicht als solches identifizieren darf. Im Gegensatz zur vermeintlich natürlichen Passivität der Frau und der untergeordneten Stellung von Versklavten ist die Position des Knaben in sich paradox und problematisch, da sie temporär und transitorisch bleiben muss (vgl. Foucault 1989, S. 274–281). Passivität und Souveränität sind im griechisch-antiken Denken unvereinbar: „Wenn man im Spiel der Lustbeziehungen die Rolle des Beherrschten spielt, so kann man im Spiel der bürgerlichen und politischen Aktivität nicht mehr zu Recht den Platz des Herrschenden einnehmen." (Foucault 1989, S. 278f.) In diesem antiken Machtdenken vollzieht sich die Ökonomisierung der Lüste.

Die Ökonomisierung der Lüste in der Knabenliebe

Der Knabe gibt sich nicht aus eigenem Verlangen hin, er gewährt seine Gunst. Als Umworbener muss er widerstehen und sich zieren. Er muss die seinem sozialen Status entsprechenden Bedingungen der ‚Kapitulation‘ aushandeln, einen Vorteil aus seiner Gunst ziehen, einen Gewinn aus der Lust des Anderen erzielen. Allzu kapitalisiert darf der Austausch allerdings nicht erscheinen, da der Handel von Geld gegen Liebesgunst verachtet wird. Ehrenhaft hingegen ist es, wenn sich der Mann dem Knaben pädagogisch widmet und sich eine potenzielle ‚philia‘ andeutet. Geschätzt wird also das längerfristige Bestreben, die Beziehung in eine geistige und gleichberechtigte Freundschaft umzuwandeln, in der die asymmetrische Rollenverteilung aufgehoben, das Verhältnis aus der Differenz herausgelöst und entsexualisiert wird (vgl. Foucault 1989, S. 255). Der Tauschakt zielt weniger darauf ab, monetäres Kapital zu erstehen, als symbolisches Kapital im Austausch gegen erotisches Kapital erlangen:

> Insgesamt hat der Knabe aus Gefälligkeit, also nicht um seiner eigenen Lust willen, etwas zu geben, was sein Partner um der dabei zu gewinnenden Lust willen sucht: aber letzterer kann es nicht rechtmäßig verlangen ohne die Gegenleistung von Geschenken, Wohltaten, Versprechungen und Verpflichtungen, die von ganz anderer Art sind als die ‚Gabe', die ihm zuteil wird. (Foucault 1989, S. 285)

In dieser Begehrensökonomie wird deutlich, wie die Sphäre der Lust mit Wert besetzt wird. Das Lustschenken wird mit äquivalenten Werten aufgewogen, seien es monetäre, vor allem aber symbolische Werte in Form von Anerkennung und Wissen. Indem Lustnehmen und -geben nicht in einem mutuellen Verhältnis gedacht werden, wird die Lustgabe mit einem Äquivalent bedacht. Zugleich wird passive Lust annulliert. Indem das erotische Verhältnis auf dem Tauschhandel mit anderen Kapitalformen basiert, wird Erotik grundlegend ökonomisiert.

Das ökonomische Moment in der Erotik lässt sich allerdings nicht auf den Tauschhandel zwischen erotischem und symbolischem Kapital reduzieren, da das Denken von Begehren inhärent ökonomisch angelegt ist. Halperin führt an, dass männlich identifiziertes Begehren gemeinhin als appetitive Begierde stilisiert und mit Possession, Akquisition und Konsumtion konnotiert ist, während weiblich codiertes Begehren entlang der Körperökonomie als physisches Bedürfnis konstruiert und an den Reproduktionstrieb gekoppelt wird (vgl. Halperin 1990, S. 137). In diesem Denkmodell richtet sich der männlich assoziierte Eros am Objekt aus, zielt auf dessen Akquisition und Konsumtion ab und wird als sexuell erfüllbar erachtet (vgl. Halperin 1985, S. 165). Eros wird in Analogie zu Hunger und Durst konzipiert, als appetitive Begierde. Dem Prinzip des Isomorphismus gemäß artikuliert sich die Lustökonomie in Termini der Körperökonomie.

Von den appetitiven Begierden zum schöngeistigen Eros

Diesen griechisch-klassischen Gemeinplätzen wird im *Symposion* widersprochen. Die Emphase des platonischen Eros liegt nicht auf der sexuellen Erfüllung, sondern auf dem Begehren, welches sich sexuell manifestiert, ohne sich im Sexuellen zu befriedigen (vgl. Halperin 1985, S. 171). In dieser Abgrenzung vom appetitiven Erosmodell markiert Platon eine entscheidende begehrenstheoretische Wende: „Plato is the first person on record to distinguish sharply and clearly between sexual appetite and sexual desire. [...] Plato is the first theorist of desire in this sense." (Halperin 1985, S. 170) Schlussfolgernd lässt sich sagen, dass im *Symposion* eine ethische Neubewertung des Eros stattfindet. Hiermit sind wir beim fünften Analysestrang angelangt.

Das Verhältnis von ethischer Bewertung und Begehrensökonomie ließe sich in meinen Begriff des Begehrenswerts fassen, der eine neue Wertkategorie einführt. Der Begriff kann einerseits aufzeigen, wie Begehren stets unterschiedlich ethisch bewertet wird, andererseits kann er kennzeichnen, wie sich im Akt des Begehrens eine Wertschöpfung und -setzung vollzieht. Behalten wir Begehrenswert als Begriff bei, um ihn im Folgenden aufzugreifen und auszuformulieren. Die appetitiven Begierden verfolgen keinen ethischen Wert, da sie allein auf geschmackliche Präferenz abzielen. Dahingegen birgt die Idee des erotischen Begehren für Platon eine positive Wertung, denn das erotische Streben nach dem Schönen, Wahren und Guten übersteigt die appetitiven Begierden und wertet die sexuellen Gelüste gleichsam ab.[55] Erst im erotischen Begehren werden die Objekte der appetitiven Begierden moralisch bewertet – und zwar negativ. Hierin zeigt sich eine stark sexualregulatorische Tendenz. Um diese diskursiven Entwicklungen in Platons Erzählung nachzuvollziehen, fangen wir mit der Rede des Aristophanes an.

3.4 Der Mythos des Aristophanes

Aristophanes schildert die Ära der ursprünglichen Menschen, die Kugelwesen mit jeweils vier Armen und vier Beinen und zwei Köpfen waren und sich in drei Geschlechter teilten und zwar mannmännliche, weibweibliche und mannweibliche Wesen.[56] In ihrer kraftvollen Einheit wagten sie es, sich mit den Göttern zu

---

55 Zu Beginn des Gastmahls spricht Pausanias und unterscheidet zwischen zwei Figuren des Eros, einem bürgerlichen und einem himmlischen Eros. Er schildert den bürgerlichen Eros als rein physischen, der den schönen Körpern gelte, ein Begehren, welches nicht die schöngeistige Komplexität anstrebt, sondern möglichst ohne Umwege an sein Ziel gelangen will, die leiblich-appetitive Sättigung (vgl. Symp. 180C). Zwar kann dieses Begehren auch den Knabenkörpern gelten, doch für Pausanias ist dieser bürgerliche Eros dem Geschlechtlichen und damit eher dem Weiblichen, dem Naturhaften verhaftet. Der himmlische, geistige Eros ist für ihn jedoch in der rein männlichen Sphäre verhaftet. Pausanias koppelt das Begehren unter Männern mit dem Streben nach geistigen Werten. Im Zuge dessen führt er die ethische Forderung nach physischer Enthaltsamkeit ein.

56 Hier ist auf zwei Aspekte zu verweisen. Erstens: An dieser Stelle wird auf sexuelle Verhältnisse zwischen Frauen verwiesen, was – wenn man einmal von Sappho absieht – in diesem historischen Kontext selten war (vgl. Halperin 1990, S. 136). Die erotischen Verhältnisse zwischen Frauen

messen, weshalb sie Zeus zur Strafe in zwei Hälften zerteilte. Auf Zeus' Befehl hin gestaltet Apollon die zertrennten Wesen um und – diese monetäre Metapher ist auffällig – schnürt die Schnittfläche am Bauch zusammen wie einen Geldbeutel (vgl. Symp. 190D-192E). Daraufhin verzehrten sich die Einzelwesen in der Sehnsucht nach ihrem Gegenpart und „indem sie sich mit den Armen umschlangen und sich zusammenflochten voll Begierde zusammenzuwachsen, starben sie aus Hunger und gänzlicher Untätigkeit, weil sie nichts getrennt voneinander tun wollten" (Symp. 190D-191B). Im Verlangen nach Komplementarität vergessen sie, ihre anderen appetitiven Bedürfnisse zu stillen. Wenn eines der Einzelwesen in der Umarmung verhungerte, machte sich das überlebende auf, einen anderen passenden Partner zu finden. Durch diese List wird der Hintergedanke von Ersetzbarkeit in das Konzept der amourösen Komplementarität eingeführt, sodass sich das romantische Ideal von Monogamie und Zweisamkeit notfalls durch den Ersatz des geliebten Anderen aufrechterhält. In dieser Perspektive erscheint der Wunsch nach amouröser Fusion mehr als Selbsterfüllung denn als Selbstaufgabe, schließlich ist die Andere austauschbar.

In der innigen Umarmung verhungernd, waren die Menschen drauf und dran zugrunde zu gehen und kurz vor ihrem Niedergang zeigte Zeus Erbarmen: Ihre bisher hinten gelagerten Genitalien wurden nach vorne verlagert, dadurch konnten sie sich einander zuwenden, sich physisch vereinigen und in einem Maße Befriedigung finden, dass sie sich gesättigt voneinander ab- und dem Tagewerk zuwenden konnten (vgl. Symp. 191B). Indes ist diese Gottesgabe ein Trostpreis. Die Fortpflanzungsfunktion wird der Natur angehaftet, abseits von naturgegebener Notwendigkeit zielt das wahre Bestreben auf eine höhere, geistige Sphäre ab – diese Sphäre ist bei Platon monosexuellen Liebesverhältnissen zwischen Männern vorbehalten, wie die folgenden Gastmahlreden zeigen. Frei vom Fortpflanzungszwang kann sich diese Liebe zum Selbstzweck setzen. Ihre Funktion ist die symbolische und soziale Reproduktion, die mimetisch zur physiologischen modelliert wird (vgl. Cavarero 1992, S. 151f.). Da die „Begierde und Jagd nach der Ganzheit [nun] den Namen Eros" (Symp. 192F) trägt, wird Sex als Substitut auf das

---

bleiben dennoch in der philosophischen Auseinandersetzung mit Eros unterthematisiert, auch bei Foucault. Die Preisung der monosexuellen Erotik als ihrem geistigen Selbstzweck folgend, gilt nur für Verhältnisse unter Männern, obwohl sich diese Logik auch auf die Erotik zwischen Frauen beziehen ließe, doch diese werden lediglich zu Beginn des Mythos kurz erwähnt. Zweitens: Während hier die Konzeption der Kugelmenschen auf das Sexuelle hin gelesen wird, lassen sich die Kugelmenschen auch im Fokus auf Geschlecht lesen, die mannweiblichen Kugelmenschen stehen demnach nicht für *hetero-sexuelle* Verhältnisse ein, sondern sind als *bi-sexuell* zu lesen, als ein Geschlecht, das der Sexualwissenschaftler Magnus Hirschfeld als *Drittes Geschlecht* bezeichnet.

Streben nach Komplementarität reduziert, welches nie erfüllt und nie erlöst wird (vgl. Halperin 1985, S. 168; 1990, S. 132).

Im aristophanischen Mythos vollziehen sich drei Schritte zu einem mutuellen Modell. Erstens: indem die Liebenden einem Wesen entstammen. Zweitens: indem das Gewaltmoment nach außen verlagert wird. Drittens: indem Begehren mutuell gefasst wird. Im ersten Schritt bestimmt Aristophanes das Verhältnis zwischen Liebhaber und Geliebtem als „Symmetrie und Gleichheit, da sie aus der Teilung eines einzigen Wesens hervorgehen läßt; dieselbe Lust, dasselbe Begehren treiben den Liebhaber und den Geliebten zueinander" (Foucault 1989, S. 293). Im zweiten Schritt verlagert sich das Gewaltverhältnis, denn nachdem der Zorn des Zeus die Kugelmenschen im Kern gespalten hat, streben nunmehr beide Liebhaber zueinander – im Gegensatz zum Liebhaber, der den Geliebten umwirbt und überwältigt. Dadurch wird das Gewaltmoment des Begehrens nicht im Verhältnis zwischen Liebhaber und Geliebtem situiert, da ihr Begehren komplementär statt konfliktuell gefasst wird. Die Gewalt veräußerlicht sich im Zorn Zeus'. Er führt zu einem Konflikt zwischen romantischer Sehnsucht und materiellen Notwendigkeiten, da die ersten Halbwesen in der leidenschaftlichen Umarmung ihre basalen appetitiven Begierden vergessen und inmitten von Luft und Liebe verhungern. Der dritte Schritt vollzieht sich in der monosexuellen Liebe, da der begehrte Knabe selbst zu begehren beginnt. In dieser Neufassung entfeminisiert Aristophanes den passiven Part und bestimmt die beiden sich begehrenden Partner als besonders männlich. In diesem Gestus legitimiert er die neu geschaffene Symmetrie durch gegenseitige Anziehung. Beide Wesen suchten ihre männliche Hälfte, dadurch seien sie umso männlicher. Dies zeige sich darin, dass sie als Knaben ältere Liebhaber suchten und als Männer Knaben verfallen (vgl. Foucault 1989, S. 293 f.). In diese Konzeption erotischen Komplementarität bahnt sich ein Ausweg aus der Asymmetrie hin zur Reziprozität.

Die erotische Rede des Sokrates

Nach Aristophanes ist es an Sokrates, Eros zu preisen. Mithin schert er aus dem narrativen Schema seiner Vorredner aus, spottet, sie würden Eros lediglich schönreden, anstatt nach dessen wahrem Wesen zu fragen (vgl. Symp. 198 A-199 A). Dabei spielt die Atmosphäre, in der seine Rede Raum findet, eine entscheidende Rolle. Im Gelage der erotisch knisternden „all-male-drinking-party" findet das Feminine keinen Raum, selbst die traditionelle Flötenspielerin wird beim abendlichen Auftakt verbannt (vgl. Halperin 1990, S. 113). In Analogie zu Poros und Penia erscheint das Feminine in Gestalt des Mangels, als Abwesenheit, während die Runde – Redner wie Reden – an Maskulinem reich gesättigt ist. Umso überraschender ist, dass Sokrates in seiner Rede eine Frau zitiert – Diotima, eine Philosophin, von der er sich belehren ließ. Halperin weist darauf hin, wie widersprüchlich es anmutet, dass ausgerechnet eine Frau, Diotima, den Männern die Umgangsformen ‚korrekter Päderastie' erklärt (vgl. Halperin 1990, S. 113).[57] Er teilt mit mir die Prämisse, dass ‚Männer' wie ‚Frauen' kulturell hergestellt sind. Für ihn erklärt sich die Paradoxie, welche die feminine Figur in die Männerrunde einbringt, indem man die Funktionen der Denkfigur der Diotima betrachtet. Sie verkörpere nicht Weiblichkeit als Gegensatz zur Männlichkeit, da in der Konstruktion vermeintlicher weiblicher ‚Differenz' tatsächlich männliche Identität hergestellt werde und somit von der Abwesenheit des ‚Femininen' zeuge (vgl. Halperin 1990, S. 114). „‚Diotima,' in short, is a trope for ‚Socrates': ‚she' is a figure of which Plato images the reciprocal and (pro)creative erotics of (male) philosophical intercourse." (Halperin 1990, S. 150)

Während Aristophanes das monosexuelle Verlangen als besonders männlich charakterisiert, verkehrt sich dieses vergeschlechtlichte Paradigma in der Rede von Sokrates/Diotima, da sie Reziprozität mit Weiblichkeit assoziiert. Halperin erläutert, dass in der Antike das Denkmodell für Sex mit Frauen reziprok ist, da man annimmt, alleine Frauen könnten, trotz ihrer passiven Position, aktiv Lust genießen und schenken (vgl. Halperin 1986a, S. 66 f.). Indem Platon die Reziprozität für monomaskuline Erotik einbringt, integriert er diesen mit Weiblichkeit verbundenen Aspekt, ohne jedoch männliche passive Lust zu zelebrieren, da beide Partner zu aktiven Subjekten werden (vgl. Halperin 1986a, S. 68). Diotima wird als ‚weiblich' konstruiert, um ein Denkmodell einzuführen, das in der sexuellen Ökonomie als feminin assoziiert wird – Reziprozität und Schöpfung. In Sokrates Rede wird schließlich das Ideal, die männliche, geistige Schöpfung, in Anlehnung an die Idee der weiblichen, körperlichen Schwangerschaft evoziert. Damit wird der Schöpfungsakt, das Reproduktionspotential – in Termini der Schwangerschaft formuliert – dem Maskulinen sprichwörtlich einverleibt – in der Metapher der männlichen Schwangerschaft – und überhöht, da dieser geistigen Schwangerschaft mehr Wert zugesprochen wird.[58]

---

57 Zur Rolle der Diotima und der Verkörperung des Weiblichen in einer männlich dominierten symbolischen Ordnung vgl. Cavarero 1992; Irigaray 1989.
58 Demgegenüber ließe sich einwenden, dass andere Zeugungsmythologien der griechischen Antike solch binäre Geschlechterschemata weiter vereindeutigen, wie die Geburt der Aphrodite, der Schaumgeborenen. Erzeugt wurde sie, indem Kronos in Komplizenschaft mit seiner Mutter Gaia seinen Vater Uranos mit einem Sichelhieb kastrierte und den abgetrennten Phallus hinter sich ins Meer warf. Aus dem aufschäumenden Blut und Samen entstand die Lustgöttin. Für diesen Hinweis und die Ermutigung, allzu klare Festschreibungen in antiken und modernen Sexualmythologien zu hinterfragen, gilt mein Dank Anne Eusterschulte. Zur Mimesis der

Das Feminine als das Andere des Anderen

In Halperins Rekonstruktion von Diotimas Rede handelt es sich keineswegs um reine Hierarchisierungen, die vermeintlich essenzielle Weiblichkeit abwerten und ausgrenzen. Der Zusammenhang ist umfassender, da sowohl Weiblichkeit als auch Männlichkeit im dominanten Paradigma des Männlichen konstruiert werden, wodurch der Raum, in dem sich diese Differenzierungen vollziehen, durchweg maskulin markiert bleibt. Das Weibliche ist damit nicht das Andere, das Objekt des männlichen Subjekts, es ist, um in Irigarays Worten zu sprechen, das Andere des Anderen (vgl. Irigaray 1980). Die Aktivität/Passivität-Polarität der Knabenliebe hat dies bereits gezeigt: Das Lustobjekt kann durchaus männlich sein, doch zieht die Abwertung der passiven Lust eine misogyne Grundlinie, sodass männliche passive Lust als perverses Paradox konstruiert wird, das es abzuwehren gilt (vgl. Bersani 2009, S. 133). Wenn Platon das Modell der Schwangerschaft in Analogie zur männlichen Schöpfung setzt, die Kopfgeburt, das Gebären der ‚logoi‘ als beste aller Schöpfungen preist, wertet er nicht Weiblichkeit auf, sondern wertet ein per se maskulin gefasstes Denken um. Dennoch veruneindeutigen sich die Geschlechtergrenzen, da Konzepte wie die der männlichen Schwangerschaft bezeugen, wie widerspruchsvoll und fragil die Konstruktionen vergeschlechtlichter Differenz sind.

Mutuelles Begehren als Wille zum Wissen

Die Neumodellierung des erotischen Verhältnisses als mutuelle Beziehung, die im Symposion von Aristophanes angefangen und von Sokrates fortgeführt wird, findet sich auch im *Phaidros,* wo erotische Komplementarität beschrieben wird:

> [D]ann ergießt sich der Quell jenes Stromes [...], den Zeus Liebreiz nennt, in seiner Fülle auf den Liebenden und dringt teils in ihn ein, teils strömt er wieder nach außen ab, wenn jener erfüllt ist. Und wie der Wind oder der Schall von glatten festen Flächen abprallt, so fließt der Strom der Schönheit durch die Augen, den natürlichen Eingang zur Seele, wieder in den Schönen zurück. (Phaidros 255B-256 A)

Das Begehren ist im Überfließen, es erschöpft sich nicht im Liebenden, sondern quillt über und reißt im Strom den Geliebten mit. Diese begehrliche Über-

---

Schwangerschaft im *Symposion,* zur Pathogenese und der Kopfgeburt des Zeus in der griechischen Mythologie und zur Geburt von Dionisios aus dem Schenkel des Zeus vgl. Cavarero 1992, S. 157; S. 166–170.

schussproduktion und die Metapher des libidinösen Strömens werden uns nachfolgend im Widerstreit mit dem *Anti-Ödipus* beschäftigen. Foucault merkt zu dieser Stelle an, dass in dieser Wendung, in der der Jüngling vom Begehren für den älteren Liebhaber ergriffen wird, eine Begehrensdialektik zwischen Lieben-den und Geliebten entsteht, in der ihre Bewegungen in Einklang geraten, da sie dasselbe Begehren teilen, das Begehren für das Wahre (vgl. Foucault 1989, S. 303). Symmetrie und Reziprozität stellen sich durch den Bezug auf ein Drittes her: die Wahrheit. In den Reden des Sokrates– im *Phaidros* wie im *Symposion* – vollzieht sich folglich ein Ebenensprung, da sich die Fragestellung von der sozialen Pro-blemstellung der Knabenliebe und der Frage nach dem Objekt des Begehrens hin zum ontologischen Status des Eros verlagert (vgl. Foucault 1989, S. 294). Anders ausgedrückt, es wird nicht mehr bewertet, wer und wie begehrt wird, stattdessen wird Begehren selbst umgewertet. Diese folgenreiche Verbindung zwischen se-xueller Enthaltsamkeit und dem Zugang zur Wahrheit verändert den Gebrauch der Lüste: „[D]en Kampf, den [die Seele] gegen die Gewalt ihrer Begierden bestehen muß, kann sie nur in einem doppelten Bezug zur Wahrheit führen: Bezug zu ihrem eigenen, in seinem Wesen befragten Begehren, Bezug zu dem als wahres Sein erkannten Objekt ihres Begehrens. „ (Foucault 1989, S. 309; vgl. S. 30).[59] Die Knabenliebe wird von der ‚aphrodisia' entkoppelt und an den Willen zum Wissen gebunden.

Der pädagogische Eros

Die Idee der erotischen Reziprozität verhält sich isomorph zur dialogischen Lehre des Sokrates (vgl. Halperin 1990, S. 132 f.). Da er den Lüsten entsagt und gleichsam Wissen schenkt, folgen ihm die Jünglinge und machen ihn zum Objekt ihrer Liebe. Allerdings wird er nur in dem Maß von ihnen geliebt, in dem er ihrer Verführung widerstehen kann. Dieses Verführungsspiel zwischen Sokrates und seinen Schülern strukturiert das erotische Verhältnis als Wahrheitsverhältnis, das von der Reziprozität der begehrlichen Beziehungen geprägt ist. Dadurch entfaltet sich ein doppelter Wahrheitsbezug: zum Wesen des Begehrens wie zum Objekt des Begehrens (vgl. Foucault 1989, S. 304–310). Eben hier bildet sich der Nexus von Eros und Schöpfung: Platon beschreibt – auch in der Stimme der Diotima –

---

59 Nach Platon muss man Eros entkörperlichen, sich schrittweise von der physisch-sexuellen Dimension trennen, wobei allerdings nicht von einem strikten Dualismus zu sprechen ist, son-dern einem Etappenweg aus den körperlichen Sphären hin zum Wahren des Eros: „Nicht der Ausschluß der Körpers charakterisiert für Platon wesentlich die wahrhafte Liebe, sondern daß sie durch Erscheinungen des Objekts hindurch Bezug zur Wahrheit ist." (Foucault 1989, S. 302)

Wissensbegehren und sexuelles Verlangen in Termini der Aktivität. In diesem Wahrheitsspiel bleibt kein Raum für Passivität. Diotima verleiht der männlichen Schwangerschaft die Attribute kreativer Aktivität (vgl. Halperin 1986a, S. 73 f.). Das dialektische Verhältnis ist kein Geben und Nehmen, es ist beidseitig aktiv und reziprok, ausgerichtet auf ein Drittes, ein gemeinsames Begehrensobjekt: die Wahrheit. Erotische Reziprozität artikuliert sich in Platons Schriften und Sokrates Reden als dialogische Reziprozität, insofern soll die Lektüre beim Leser einen hermeneutischen Eros, ein Textbegehren erwecken (vgl. Halperin 1986a S. 77–80). Neben Platons Schilderung der Begehrensökonomie von den appetitiven Begierden hin zum Streben nach Wahrheit vermischen sich die erotischen Register zwischen der Erotik des Sexuellen, des Gesprächs und der philosophischen Wahrheitssuche. Die ökonomischen, epistemischen und ethischen Dimensionen des Eros zeigen sich in dieser dichten Narration als unlösbar ineinander verflochten.

3.5 Eros als Mangelgestalt

Im *Anti-Ödipus* machen Deleuze und Guattari Platons Erosmodell als Entstehungsmoment des Mangeldenkens aus, das sich in der Trennung von Produktion und Erwerb ausdrückt.

In gewisser Weise verfehlt die Logik des Wunsches ihren Gegenstand schon vom ersten Schritt an: demjenigen der platonischen Trennung, die uns zwischen Produktion und Erwerbung wählen läßt. Sobald wir den Wunsch der Seite der Erwerbung zuschlagen, machen wir uns von ihm eine idealistische (dialektische, nihilistische) Konzeption, die ihn primär als Mangel, Mangel an einem Objekt, einem realen Objekt, bestimmt. Wahr bleibt, daß die andere Seite, die der Produktion, nicht außer Acht gelassen wird. Selbst Kant ist zuzubilligen, in der Theorie des Wunsches eine kritische Revolution derart ausgelöst zu haben, daß er ihn ,als Vermögen, durch seine Vorstellungen Ursache von der Wirklichkeit der Gegenstände dieser Vorstellungen zu sein' definiert. [D]ie kritische Revolution [ändert] nichts Wesentliches […]: ihre Art, die Produktivität zu begreifen, stellt die klassische Konzeption des Wunsches als Mangel nicht in Frage, sondern beruht und stützt sich auf sie und begnügt sich allemal damit, sie zu vertiefen. Wenn tatsächlich der Wunsch Mangel des realen Objekts ist, liegt seine Realität in einem das phantasierte Objekt erzeugenden ,Wesen des Mangels'. Der solchermaßen als Produktion, aber als Phantasieproduktion begriffene Wunsch ist von der Psychoanalyse vollendet zur Darstellung gebracht worden. (Deleuze/Guattari 1974, S. 34 f.)

Für Deleuze und Guattari begründet Platons Philosophie die analytische Trennung zwischen Mangel und Produktion, die das schöpferische Potential des Begehrens der mangelökonomischen Logik unterstellt.[60] Daher gilt es, die supplementäre Spur des Produktivbegehrens in der Philosophiegeschichte herauszuarbeiten. Doch Deleuze und Guattari bestärken mitunter in ihren klaren Einteilungen in mangel- oder produktionsphilosophische Positionen ebenjene Trennung, die sie in Frage stellen. Stattdessen sollte man den Blick erweitern und beobachten, ob und wie sich Begehren in Platons Text zwischen Momenten des Mangels und Momenten der Schöpfung und Überfülle bewegt.

Der schöpferische Eros

Einige produktive Aspekte des Begehrens – das Schöpferische, Generative – hat Diotima bereits angeführt. Lässt sich tatsächlich ein Primat des Mangels feststellen, das den Text regiert? Oder verweigert sich das *Symposion* in seiner komplexen narrativen Verflochtenheit solch simpler Mangelökonomie? Ein Hinweis darauf, wie mächtig der Mangel ist, ist der Umstand, dass nach Platons Idee des erotischen Sehnens ein Mangel an Realität herrscht. In Foucaults Platon-Lektüre entsteht dieser Realitätsmangel daraus, dass man stets des Objekts des Begehrens beraubt wird und daher die Vorstellungskraft benötigt, um die Erinnerung oder das Bild des begehrten Objekts herbeizurufen (vgl. Foucault 1989, S. 58). Insofern erfasst Platon Begehren nicht als physischen, sondern vielmehr als psychischen wie metaphysischen Prozess. Bereits im Mythos, den Aristophanes erzählt, blitzt diese metaphysische Tendenz auf, da die halbierten Kugelmenschen Sex als bloßen Trostpreis für die unwiderruflich verlorene Einheit erhalten. In dieser unerfüllbaren Sehnsucht erkennt Halperin einen ersten Hinweis auf die platonische Erkenntnis, dass das Objekt des Begehrens einer anderen Realitätsordnung angehört als appetitive Begierden (vgl. Halperin 1985, S. 169). Hier bildet sich ein Gedanke heraus, der sich später bei Freud und Lacan wiederfindet: Das Objekt des Begehrens ist unerreichbar, da es einen anderen ontologischen Status innehat als ihn reale Objekte besitzen.[61] Dabei ist es gerade Eros, der Subjekte miteinander

---

60 Deleuze und Guattari verweisen an dieser Stelle auf Kant, der Begehren als Vermögen und damit in seinem schöpferischen Potenzial betrachtet, dabei jedoch dem Begehrungsvermögen einen Mangel an Realität zusprach.

61 Wie Halperin schreibt: „Desire for Aristophanes, and for Plato as well, is transferential in the Freudian sense: it is shaped by a primary object-choice and displaced from an originary object onto substitutes for it ('surrogates') that resemble it generically in certain respects and are chosen on the model of the oiginary object." (Halperin 1985, S. 168) Sheffield argumentiert hingegen, dass Sokrates' Ansatz darauf hinausläuft, in der Analyse des Eros zwei funktionale Aspekte zu unterscheiden: das Begehren und die Befriedigung des Begehrens (vgl. Sheffield 2006, S. 46 f.). Mit

verbindet. Eros scheint nicht dem Subjekt zu gehören, er scheint nicht im ersehnten Objekt zu liegen, er bewegt sich im Dazwischen. Eros ist weder im Subjekt oder im Objekt, Eros ist ein Verhältnis.

Wenn Deleuze und Guattari behaupten, dass Platon die Unterscheidung von Produktion und Erwerb einführt und die Produktivkraft dem Primat des Mangels unterordnet, übersehen sie, dass sich das erotische Paradigma in der Rede der Diotima verschiebt, weg vom appetitiven Eros, weg von Besitznahme und Konsumtion hin zum prokreativen, schöpferischen Eros. Vom erotischen Erwerb zu platonischer Prokreation, zum Gebären der ,logoi‘ als symbolische und soziale Reproduktion – ein Aspekt, den, wie Halperin kritisiert, auch Foucault übersieht (vgl. Halperin 1990, S. 32; S. 137; 1986b, S. 283). Sicherlich entkommt Eros dem Mangel nicht, nach wie vor wird er von ihm angetrieben, doch in seinem Treiben wirkt er produktiv. Mangel und Produktion stellen in dieser Lesart ein zirkuläres Modell her.

Wie sich in den Eros-Figurationen zeigt – am deutlichsten in der Zeugungsgeschichte – ist Eros nicht schlichtweg Mangel, er oszilliert zwischen Armut und Überfluss, Gewinnen und Zerrinnen. Der zirkuläre Prozess des Erbwerbens wirkt als ewige Wiederkehr von Nicht-Haben, Haben-Wollen, Erwerben, Besitzen, Verlieren. Diese Dialektik von Mangel und Erwerb wird subtextuell mit Ideen erotischer Produktion verbunden, wie die Zeugungsgeschichte aufweist. Eros mag zwar im Zeugungsakt beschrieben werden, doch ließe sich argumentieren, dass Penia mit ihrem Bedürfnis diesem Akt der Schöpfung vorausgeht. Demgegenüber lässt sich auf einen textperformativen Widerspruch hinweisen, da das Szenario, in dem Eros als Kind von Poros und Penia gezeugt wird, sowie das Szenario, in dem die Gäste beim Mahl *logoi* über Eros gebären, luxusgesättigt sind. Kehren wir zur Eros Geburtsstätte zurück, dem Garten der Lüste. Penia ist zwar Poros vorgängig, da sie die Interaktion initiiert, aus der Eros entsteht, wodurch man schlussfolgern könnte, dass die Erfahrung des Mangels der Ursprung des Begehrens sei (vgl. Sheffield 2006, S. 47). Diesem Akt geht jedoch das Szenario voraus, in dem sich die Handlungen zwischen Penia und Poros erst abspielen: das Geburtstagsfest der Aphrodite, die gefeierte Geburt der ,aphrodisia‘, eine Nacht des Rauschs, des reich fließenden Nektars. Gespiegelt wird dieses von Diotima erzählte Szenario im Gastmahl der Philosophierenden selbst, die ebenfalls reichhaltige Speisen genießen und nicht an Wein und Worten darben. Angesichts dieser textästhetischen Aspekte lässt sich sagen, dass die Erzählung des Mangels einem Szenario des

---

Halperin lässt sich erwidern, dass sie verkennt, wie sich Platon vom appetitiven Modell des erfüllbaren Begehrens abwendet und von einer grundlegenden Unerfüllbarkeit ausgeht, da das Ziel des Begehrens auf ontologischer Ebene angesiedelt wird.

Wohlstands, des Überflusses, der Zecherei und der Völlerei entspringt. In diesem Bild produziert der Überschuss den Mangel. Das Alles-Haben der Götter schafft das Nicht-Haben der Sterblichen Penia.

Alles fließt: Wissensdurst und Begehrensströme

Diese Überschussproduktion zeigt sich nicht allein in dieser diegetischen Verschachtelung der Erzählebenen, sondern auch im erotisch-metaphorischen Fluss: Nicht allein der Wein, auch die Worte fließen in Strömen. Wissensströme, die fließen, zerfließen, die aufgesogen und ausgetrunken werden. Schon zu Beginn bemerkt Sokrates sehnsüchtig: „Schön wäre es [...], wenn die Weisheit ein Ding wäre, das aus dem Volleren in den Leereren von uns fließt, sooft wir einander berühren [...].“ (Symp. 175C-176B) Halperin zeigt auf, dass Diotima anfangs in ihrer Wissensfülle Poros gleicht, während Sokrates und seine Gefährten nach erotischem Wissen dürsten und daher Penia ähneln. Schließlich hat Sokrates das Wissen der Diotima durstig aufgesogen, sie bleibt als leeres Wissensgefäß zurück (vgl. Halperin 1990, S. 148). Alles fließt im Text: der Nektar, der Wein, das Wissen. Im *Phaidros* überfließt das Verlangen den Liebenden, strömt aus ihm heraus und flutet über den Verliebten, welcher von der erotischen Woge erfasst und selbst zum Liebenden wird. Das Fließen ist ein Überfließen, ein Überfluss. Alles strömt im Begehren. Sei es im ozeanischen Gefühl, das Freud überschwemmt, seien es die Libidoströme, die Deleuze und Guattari umtreiben. Wenn man sich mit Foucault an griechisch-antike Körperökonomien erinnert, ist zu vermuten, dass das erotische Fließen isomorph zu den Körpersäften gedacht wird. In abgewandelter Form lässt sich diese Metaphorik der Körpersäfte noch im Begriff des ‚Money Shot‘ wiederfinden, der in der heutigen Pornoindustrie verwendet wird. Die Ökonomie des Körpers wird auf monetäre Ökonomien übertragen, deren Marktlogik wird wiederum auf den Leistungskörper rückübertragen. In ebenjenem Verständnis setzt der pornoindustrielle Begriff des ‚Money Shot‘ die ejakulative Klimax mit dem fließenden Kapitel gleich und drückt damit die Akkumulation des Begehrenswerts aus.

3.6 Kalkulation

Die Nacht neigt sich ihrem Ende zu und die Gespräche des hiesigen Gastmahls verstummen. Zeit, zusammenzufassen. Die Reden schwangen sich von der Aktivität/Passivität zur Reziprozität, führten die Verflechtungen zwischen dem Erotischem und dem Ökonomischen vor und erzeugten einen unsteten Zirkel zwischen Mangel, Produktion und Überfluss.

Indem Platon das Prinzip der Reziprozität einführt, erschüttert er das Paradigma der aktiv/passiven Rollenverteilung in der Knabenliebe. Was im *Symposion* angedeutet wird, findet sich im *Phaidros* als klarer Bruch, weg von einer Erotik des Werbens um den begehrten Jüngling hin zu Praktiken philosophischer Askese, einer „Ökonomie der Lüste, die durch die Herrschaft, die man über sich selbst ausübt, gewährleistet ist" (Foucault 1989, S. 308; vgl. Halperin 1990, S. 130 f; vgl. Schmid 1987, S. 76). Im historischen Nachgang ist zu beobachten, was sich hier bereits andeutet: „Seit dem 4. Jahrhundert findet man die Idee ganz klar formuliert, daß die sexuelle Aktivität an sich gefährlich und kostspielig ist und daß sie so eng an den Verlust der Lebenssubstanz gebunden ist, daß eine sorgfältige Ökonomie sie begrenzen muß [...]." (Foucault 1989, S. 314) Insofern lässt sich feststellen, dass von diesen Schriften ein ideengeschichtlicher Strang ausgeht, der bis hin zu gegenwärtigen Begehrensmodellen führt: „[D]ie von Platon ausgehende Denktradition wird eine wichtige Rolle spielen, wenn die Problematisierung des Sexualverhaltens viel später ausgehend von der begehrlichen Seele und der Entzifferung ihrer Geheimnisse neu aufgerollt werden wird." (Foucault 1989, S. 309) Die hier angelegte Regulierung, die von der Sophrosyne hin zur Enthaltsamkeit führt, ist ein Paradigmenwechsel, in dem nach Foucault

> Hauptelemente einer Sexualethik entstehen, die diese Liebe gerade im Namen eines Prinzips verwerfen sollte: Forderung einer Symmetrie und Reziprozität in der Liebesbeziehung, Notwendigkeit eines schwierigen und zähen Ringens mit einem selber, fortschreitende Reinigung der Liebe, die sich nur auf das reine Sein in seiner Wahrheit richtet, und Befragung des Menschen über ihn selbst als Begehrenssubjekt. (Foucault 1989, S. 310)

In der Diskursbewegung weg von aktiv/passiver Rollenverteilung hin zu einem mutuellen Verhältnis sehen wir zwei konträre und dennoch koexistierende Sexualmodelle. Diese beruhen auf den Annahmen, dass Sex entweder etwas ist, was das Subjekt dem Objekt antut oder das die beiden Subjekte im geteilten Verlangen vereinigt – zwei Denkmodelle, die bis in die Gegenwart hinein wirkmächtig sind.

In verschiedenen Hinsichten ist die Figur des Eros mit ökonomischen Ideen verbunden. Sei es die Ökonomie von Armut und Reichtum, von Gabenreichtum und -mangel wie in der Erzählung der Diotima, sei es die homöostatische Körperökonomie wie in der Rede des Arztes Eryximachos. Sei es in der Lustökonomie, als rationale Regulierung der Leidenschaft im Ideal der eudämonischen Besonnenheit. Besonders prägnant erscheint die Ökonimizität des Eros in der Unterscheidung zwischen appetitiven Begierden und platonischem Eros. In der aktiv/passiven Rollenverteilung der Knabenliebe wird Lust gegen symbolisches Kapital getauscht und Verlangen in Termini der Konsumtion und Possession gedacht. Bei

Platon findet dieses Denken durchaus Anklänge, doch grenzt er sich von der Ökonomie der appetitiven Begierden ab, um Eros vom Knaben als Lustobjekt wegzulenken und als ein drittes Element zwischen den Liebenden zu etablieren, die das Streben nach Wahrheit teilen. Eros wird als Verhältnis umformuliert, in dem sich symbolische und soziale Reproduktion vollziehen kann. Insofern wird Eros als sozialmobilisierende Kraft gedacht.

Besonders prominent wird im Dialog zwischen Platons *Symposion* und dem *Anti-Ödipus* der Aspekt von Mangel/Produktivität, unser erster Analysestrang, verhandelt. Deleuze und Guattari werfen Platon vor, die Trennung zwischen Produktion und Erwerb eingeführt zu haben, durch die sich ein Primat des Mangels in der Philosophiegeschichte etablierte. Obwohl die Philosophen im *Symposion* das produktive Potenzial des Eros preisen, leiten sie es aus dem Bedürfnis ab. Dennoch birgt der Text performative Widersprüche, die sich zwischen den verschachtelten Erzählebenen entfalten, und ermöglicht vielschichtigere Lesarten. Eine davon ist diejenige, dass dem Bedürfnis ein Szenario des Überschusses vorausgeht. Und im *Phaidros*, in dem das Verlangen des Liebenden derart überfließt, dass es den Geliebten umströmt, erscheint Eros als Überschuss, als zirkulierender Mehrwert. Daraus ließe sich ableiten, dass die Regulationsformen, die Foucault in der Figur des Sokrates verkörpert sieht, eine Reaktion auf das Überschussmodell des Eros darstellen. Das Überfließen des Eros und der Überschuss des Begehrens müssen kanalisiert werden, wobei dieser Aspekt mit dem dritten Analysestrang korrespondiert, da die Ökonomie des Eros anhand der Ökonomie des Körpers imaginiert wird. Insgesamt lässt sich feststellen – und hier landen wir beim zweiten Analysestrang zur Rationalisierung des Begehrens –, dass die Rationalisierungsgeschichte des Begehrens in einem Szenario der Überfülle mündet. Indem Platon Begehren mit ethischem Wert befrachtet, deutet sich weiterhin der fünfte Analysestrang zum Wert des Begehrens an, wobei der Tausch zwischen Lustgabe und materiellen oder symbolischen Gaben, den einige von Platons Gefährten anstreben, auf den Aspekt des ökonomischen Werts verweist.

Überdies kritisieren Deleuze und Guattari das Mangelkonzept – von Platon über Kant bis zur Psychoanalyse – dahingehend, dass dem Begehren ein Mangel an Realität zugesprochen würde, womit die materiellen Wirkungen des Begehrens negiert und gleichsam eine künstliche Trennung zwischen Realität und Fiktion aufgemacht würde. Wenn man diese Unterteilung bis zu Platon zurückführt, lässt sich schlussfolgern, dass Deleuze und Guattari im Mangelmodell des Begehrens eine metaphysische Spur sehen, die bei Platon beginnt, da er Begehren in die Welt der Vorstellungen und damit in die Welt der Ideen transportiert. Eros wird entsexualisiert, die Lüste werden reguliert, der Logos wird erotisiert. Hier beginnt die Intellektualisierung des Begehrens.

In den platonischen Figurationen des Eros ist alles angelegt, was wir in gegenwärtigen sexualpolitischen Debatten wiederfinden: die Unerfüllbarkeit des Begehrens, die moralische Verurteilung von schlichtem sexuellem Konsum, die Gewalt des Begehrens, der Gegensatz zwischen Reziprozität und Einseitigkeit, die Abwertung des begehrten Objekts, die sexuelle Subjektbildung. Der Garten der Lüste hat sich gewandelt. Zum Markt der Lüste. Zum Supermarkt der Lüste. Der spätmoderne Eros versteht sich als Kind von Angebot und Nachfrage.

4 Das dialektische Dilemma der Begierde: Georg W.F. Hegels Denkfigur von Herr und Knecht

Das menschliche Selbst muß ein Selbst der Begierde sein [...]. (Kojève 1975, S. 55)

Betreten wir eine andere Szene des Begehrens. Während in Platons Symposion die Anwesenden gesellig zusammensaßen und bei Wein und Speisen über Sophrosyne, Eros und die sinnlichen Vorzüge der Jünglinge debattieren, wirft uns Hegels *Phänomenologie des Geistes* (1807) in ein Szenario, das mit Verzehrungsverlangen beginnt, die Überwindung der Todesfurcht im Kampf um Anerkennung hervorbringt und mit der Emanzipation des Unterdrückten endet. Platon verschachtelt die Reden der angeregt parlierenden Philosophen. Hegel schreibt hingegen rhetorisch stringent auf die Kampfszene hin, die er trotz ihrer Drastik in nüchternen Worten schildert. In ihren verschiedenen Erzählebenen ist Platons Text dialogisch eingefasst: Der Erzähler, der den Text beginnt, nimmt die Position eines Zeugen ein, um das Stimmengewirr zu rahmen. Demgegenüber wird Hegels Bildungsgeschichte des Geistes von einem allwissenden Erzähler beschrieben, der nicht als Zeuge auftritt oder sich in ein dialogisches Verhältnis setzt, sondern den Text in der Haltung epistemischer Autorität erzählt und dergestalt als auktoriale Verkörperung des absoluten Geistes erscheint. Diese charakteristische Erzählperspektive, die dem narrativen Muster der Romane des frühen 19. Jahrhunderts entspricht, verdeutlicht, dass wir uns vom dialogischen Narrativ zum Genre des Bildungsromans hinbewegen. Tatsächlich versteht Butler die *Phänomenologie des Geistes* als philosophischen Bildungsroman (vgl. Butler 2012, S. 209). Wenn man dieser Einschätzung folgt, wird in diesem Bildungsroman der Selbstfindungs- und Läuterungsweg des Bewusstseins zum Selbstbewusstsein erzählt, wobei sich die Herr/Knecht-Szene als dramaturgischer Höhepunkt verdichtet. Vorangestellt ist ein Ursprungsmythos, in dem die Begierde das Bewusstsein dahin drängt, Selbstreflexion zu erlangen, um Selbstbewusstsein zu werden (vgl. Hegel 1807/ 2006, S. 137–145).

4.1 Die Entstehung der Begierde

Das Verlangen zu verschlingen, zu verzehren, der Wunsch, den Anderen zu vernichten, ihn zu unterjochen, die Überwindung der eigenen Todesfurcht, das Schwelgen im herrschaftlichen Luxus, die schweißtreibende Arbeit des Unterworfenen, das Begehren nach dem Begehren des Anderen – in diesen Details ließe sich das Drama der Macht schildern. Hegel schreckt in seinem Schreiben vor solch

https://doi.org/10.1515/9783110686975-007

stürmischen Passionen zurück und erzählt den Kampf in nüchternen Worten und in einer nahezu vom Begehren bereinigten Sprache:

> Das Verhältnis beider Selbstbewußtsein[e] ist also so bestimmt, daß sie sich selbst und einander durch den Kampf auf Leben und Tod bewähren. – Sie müssen in diesen Kampf gehen, denn sie müssen die Gewißheit ihrer selbst, für sich zu sein, zur Wahrheit an dem Anderen und an ihnen selbst erleben. (Hegel 1807/2006, S. 148 f.)

In dieser zweiten philosophischen Ursprungsfiktion nach Platons Entstehungsgeschichte des Eros wird Begierde als zentraler Movens eingebracht, indem sie die Dialektik zwischen Selbst und Anderen vorantreibt. Der Lektürefokus liegt daher auf dem Unterkapitel über Herrschaft und Knechtschaft, das „von einer bis ins Äußerste getriebenen Begehrens- und Begierdenlogik durchtränkt" ist (Schaub 2004, S. 90). In textästhetischer Hinsicht zeigt sich ein starker Kontrast zwischen dem sachlichen, bisweilen sperrigen Sprachstil im philosophischen Duktus und den leidenschaftlichen, mitunter leidvollen Gefühlszuständen, die geschildert werden. Der Körper, welchem eine wesentliche Rolle zukommt, bleibt dementsprechend abstrakt und blutarm. Diese Einfassung von solch aufgeladenen Affektzuständen in kühlen Wortlaut ergänzt in textperformativer Hinsicht Hegels intellektuelles Unternehmen, die Genese des absoluten Geistes zu beschreiben. Mit der Begierde als animalisch anmutendem Hunger beginnend, bewegt sich sein Werk stufenförmig zum vergeistigten Idealzustand. Darin zeigt sich das Bestreben, Begehren zu intellektualisieren, weshalb auch Hegels Schrift ein Kapitel der Rationalisierungsgeschichte des Begehrens darstellt. Im Gegensatz dazu werden wir seine Schrift gegen den Strich lesen, immer wieder zum Verzehrungsverlangen zurückkehren und die subtextuellen Spuren verfolgen, die ahnen lassen, wie passioniert das antagonistische Anerkennungsverhältnis tatsächlich ist.

Die philosophische Denkfigur von Herr und Knecht

Hegels Denkfigur von Herr und Knecht ist eine der prominentesten der Philosophiegeschichte. Dementsprechend umfangreich sind die Deutungen.[62] Ähnlich wie in der Lektüre von Platons *Gastmahl*, Nietzsches *Genealogie der Moral* und Freuds *Jenseits des Lustprinzips* wird nicht das Unterfangen verfolgt, deren Re-

---

62 Im Feld der deutschsprachigen Sozialphilosophie ist es unerlässlich auf die Forschung von Axel Honneth zu verweisen, der den Begriff der Anerkennung zur Schlüsselkategorie seiner kritischen Sozialtheorie macht (vgl. Honneth 1994, S. 54–107).

zeptionsgeschichten *en détail* zu verfolgen oder das Gesamtwerk zu diskutieren. Dennoch stehen hier – stärker als in der Auseinandersetzung mit Platon – die Lektüren Anderer im Fokus, die Hegels Machtszenario grundlegend transformieren. Diese pluralen Perspektiven werden zueinander in Kontrast gesetzt, um die Spiegel- und Reflexionseffekte von Hegels begehrensdialektischen Bild zu betrachten. Für dieses Unterfangen sind besonders drei sozialphilosophische und politische Rezeptionsstränge relevant, der „französische Hegel", die marxistische Rezeption sowie post- bzw. dekoloniale Anschlüsse, die im Folgenden diskutiert werden. Zum Ende des Kapitels wird außerdem die Hegel-Lektüre der Philosophin Judith Butler diskutiert, die eine eigensinnige, äußerst überzeugende Theorie des Sozialen erschließt, die eng mit Lesarten innerhalb der französischen modernen Philosophie und postkolonialen Theorien verbunden ist. Ihre Stimme ist es, die dieses Kapitel von Anfang bis Ende begleitet, da sie es ermöglicht, Hegels Logik der Begierden als Bewegungen des Aufbegehrens zu deuten.[63]

Der blutige Kampf der Begierde: Alexandre Kojève

Ausgangs- und Zielpunkt bildet die französische Hegel-Rezeption, die besonders von Alexandre Kojève und Jean Hyppolite geprägt ist. Hier bildet sich jener Hegelianismus zu einem Diskursfeld heraus, gegen den Deleuze erbittert anschreibt (vgl. Descombes 1981, S. 36).[64] Im Folgenden liegt der Fokus auf der Lesart Ko-

---

63 Obgleich mit Butler und bell hooks im Folgenden feministische Stimmen zur Sprache kommen, liegt mein Fokus weniger auf vergeschlechtlichten Verhältnissen und mehr darauf, die Herr/Knecht-Figur in dynamischer Dialektik zu denken. Dennoch sollten wir im Hinterkopf behalten, dass die dialektische Figur sowohl die geschlechtliche Dichotomie zwischen weiblichem Begehrensobjekt und männlichem Begehrenssubjekt als auch die damit verbundene sexuelle Rollenverteilung von aktiv/passiv impliziert, in der Passivität mit Feminität assoziiert wird. Wie die Psychoanalytikerin Jessica Benjamin aufzeigt, die eine Anerkennungstheorie in Rekurs auf Hegel entwirft, setzen sich die kulturellen Dichotomien der Macht in Spiegelungsverhältnissen fort. Ausgehend von Hegels Denkfigur untersucht sie die sozialen Spiegelungen von Subjekt und Objekt sowie Mann und Frau (vgl. Benjamin 1994, S. 11). Sexualitätstheoretisch wäre ebenfalls interessant, die homoerotischen Konnotationen von Aktivität und Passivität im Spannungsverhältnis von Herr und Knecht zu bestimmen und der Frage nachzugehen, ob das Feminine in seiner Abwesenheit den Status des Abjektiven einnimmt.

64 Neben Kojèves Kommentar zu Hegel ist die *Phänomenologie des Geistes* in Frankreich im 20. Jahrhundert besonders durch Jean Hyppolite bekannt geworden. Hyppolite übersetzte die *Phänomenologie des Geistes* ins Französische und trug mit verschiedenen Schriften maßgeblich zur Verbreitung von Hegels Philosophie bei, vor allem durch seinen Kommentar *Genèse et structure de la ‚Phénoménologie de l'esprit de Hegel* (1946/1974). Während Kojève eine sehr historisierende Lesart der *Phänomenologie des Geistes* präsentiert, forciert Hyppolite eine meta-

jèves, da er *désir,* wie er Hegels Begriff der Begierde übersetzt, als Schlüsselkategorie ausmacht und sie damit theoriegeschichtlich ins Zentrum sozialphilosophischer Deutungen rückt.

Für Kojève stellt der Abschnitt über den Zweikampf zwischen Herr und Knecht die Schlüsselszene der gesamten Phänomenologie des Geistes dar. Gleichfalls verbindet er Marx' Beschreibung des Klassenkampfes mit dem Antagonismus von Herr und Knecht.[65] Weiterhin wichtig ist Kojèves geschichtsphilosophische Lesart von Hegel: Für ihn vollzieht die *Phänomenologie des Geistes* den *telos* der westlichen Kultur, da sich dort ein anthropozentrisches Verständnis der Geschichte entfalten kann (vgl. Kojève 1975, S. 49). Das *telos* der Menschheitsgeschichte liegt darin, „das absolute Wissen, das die Totalität des Seins offenbart", zu erlangen, was Hegel gelungen ist, indem er die „Gesamtheit der Weltgeschichte" verstand (Kojève 1975, S. 49). In diesem Verständnis markiert die *Phänomenologie des Geistes* das Ende der Geschichte. Allerdings bedeutet dieses Ende einen kommenden Aufbruch oder, wie Butler kommentiert: „The end to teleological history is the beginning of human action gouverned by a self-determining telos. " (Butler 2012, S. 65) Kojève versteht Hegel als radikal aufklärerischen Denker, für den Napoleon das Ende der Geschichte verkörpert, weil durch diesen Untertanen zu Staatsbürger wurden und selbstbestimmt agieren können. Da hier jedoch die Kategorie von ‚désir' im Aufmerksamkeitszentrum steht, werden diese beiden Aspekte nachfolgend vernachlässigt.

---

physische Interpretation, in welcher der Gang zum absoluten Wissen von konkreten geschichtlichen Ereignissen entkoppelt erscheint (vgl. Hoth 2007, S. 101). Zur Rezeptionsgeschichte, insbesondere des sogenannten französischen Hegels, die hier im Fokus steht, lässt sich zunächst auf die Schrift *Das Selbst und der Andere* (1981) des Philosophen Vincent Descombes verweisen. Descombes rekonstruiert sorgfältig, wie sich im 20. Jahrhundert im generationellen Umbruch der Pariser Intelligenzija der Schwerpunkt von Hegel auf Nietzsche verlagerte. Weiterhin sind für diesen Zusammenhang folgende Studien relevant: der von Ulrich Johannes Schneider herausgegebene Sammelband *Der Französische Hegel* (2007); ein Aufsatz von Harald Bluhm (2004), der sich mit den Transformationen der Denkfigur bei Marx und Nietzsche befasst, sowie verschiedene Studien, die sich mit der französischsprachigen Hegel-Rezeption auseinandersetzen, die Studie von Judith Butler (2012) sowie ein Essay des Romanisten Peter Bürgers (1992), der Batailles Hegel-Exegese hervorhebt.

65 Kojèves Beziehung zum Marxismus als politischer Strömung, marxistischen Gruppierungen und der UdSSR lässt sich als spannungsgeladen bezeichnen. Während Kojève, der in Moskau aufwuchs, die marxistischen Gruppierungen seiner Gegenwart kritisiert, strebt er dennoch ein kommunistisches Programm an. Seine Biografie sowie seine politischen Kommentare sind äußerst kontrovers und können an dieser Stelle nicht hinlänglich diskutiert werden.

Dialektik der Begierde – Philosophie des Begehrens

Hinsichtlich der Übersetzungsgeschichte, die sich zwischen Hegels Begriff der Begierden zu ‚désir' als zentrale Kategorie der französischen Gegenwartsphilosophie zieht, ist anzumerken, dass ‚désir' als Begrifflichkeit im antihegelianisch ausgerichteten *Anti-Ödipus* beibehalten wird. Wie Descombes treffend bemerkt, vermittelt diese Verwendung den „Eindruck begrifflicher Kontinuität" (Descombes 1981, S. 36), wobei diese deutsch-französischen Übersetzungsbewegungen von Begierde-désir als désir-Begehren darauf hinweist, wie fragil diese Kontinuität ist. Indem Kojève Hegels Werk als eine Theorie der Begierde interpretiert, prägt er ebenjenen Rezeptionsweg, den dieses Kapitel nachverfolgt. In den Reihen seiner Schüler finden sich neben Jacques Lacan, Jean-Paul Sartre, Maurice Blanchot, Maurice Merleau-Ponty auch Pierre Klossowski und Georges Bataille. Der große Erzähler Kojève beschreibt die *Phänomenologie des Geistes* gewissermaßen als „philosophischen Feuilletonroman" (Descombes 1981, S. 37). Damit führt er durch seine Deutung Begehren als sozialphilosophische Kategorie ein und legt den Grundstein einer „Philosophie des Begehrens" (Descombes 1981, S. 36), die sich im poststrukturalistischen Ideenfeld rund um 1968 entfaltet. Obwohl Denker wie Deleuze und Foucault ihre Philosophie in antihegelianischer Haltung ausarbeiten, prägt Kojèves Hegel-Lektüre, die die Kategorie des Begehrens ins Zentrum stellt, maßgeblich die französische Philosophie der zweiten Hälfte des 20. Jahrhunderts. Er beeinflusst den Psychoanalytiker Jacques Lacan, der in seiner prominenten Schrift zum Spiegelstadium (1986) eine Begehrensdialektik beschreibt, in welcher der Konflikt zwischen Herr und Knecht als innerpsychischer Konflikt geschildert ist. Und dessen Schriften sind federführend für den *Anti-Ödipus*:

> Positivität oder Negativität des Begehrens? Auf diesem Feld wird Deleuze den Kampf gegen die Dialektik aufnehmen. Was nach 1970 als ‚Philosophie des Begehrens' bezeichnet wird und mit dem ‚Anti-Ödipus' sein klassisches Werk erhält [...]. Tatsächlich setzt Deleuze die bejahende Konzeption eines produktiven und schöpferischen Begehrens gegen die [...] Interpretation des Begehrens als Mangel, Angst, Leiden. [D]iese Diskussion über die Natur des Begehrens [ist] eine Abrechnung zwischen Deleuze, der hierin Schüler Bergsons ist, und den Hegelianern, allen voran Sartre und Lacan [...]. (Descombes 1981, S. 36)

Die Theorie der Begierde, die Kojève in seiner Wiedererzählung der *Phänomenologie des Geistes* liefert, ist wesentlich, um zur poststrukturalistischen Begehrensphilosophie zu gelangen. Dabei verfolgt Kojève – ebenso wie sein Schüler

Bataille – eine antagonistische Deutung von Hegels Begehrensdialektik.[66] Wir werden dieser Nacherzählung der Herr/Knecht-Szene als blutigem und begierigem Kampf folgen und besonders mit Butlers Perspektive kontrastieren, die in der geteilten Abhängigkeit von Herr und Knecht die Möglichkeit für Sorge und Solidarität entdeckt. An Kojève anschließend behandelt sie in ihrer Hegel-Lektüre Begehren als Schlüsselkategorie. Diesbezüglich kommentieren Samuel Chambers and Terrell Carvers in ihrer Studie zu Butlers Philosophie und Politischer Theorie, Butler „never ceases to write within what one might call 'the shadow of Hegel'" (Chambers/Carver 2008, 92). Dieser Darstellung kann man nur zustimmen. Ihr umfassendster Beitrag zu Hegel bildet ihre 1987 publizierte und 2012 neu herausgegebene Dissertationsschrift *Subjects of Desire. Hegelian Reflections in Twentieth-Century in France.* Ähnlich wie Descombes in *Das Selbst und das Andere* (1983) befasst sich Butler mit der französischen Hegel-Rezeption und zeichnet wichtige Verbindungslinien zu strukturalistischen und poststrukturalistischen Theorien nach. Dabei denkt sie Hegels Begehrensdialektik als Verkörperungsprozess, den sie im Rekurs auf Foucault als Subjektivierung bezeichnet, ein Interpretationsansatz, der am Ende dieses Unterkapitels vorgestellt wird.

Die Körperlichkeit der Begierde

Butler stützt sich auf die These Kojèves, dass die Perspektive des erfahrenen Lebens wesentlich ist, um Begierde zu analysieren (vgl. Butler 2012, S. 73). In diesem Verständnis ist Begehren keine abstrakte, transzendente Kraft, sondern muss ausgehend von den geschichtlich gegebenen Gesellschaftsverhältnissen verstanden werden. Begierde bildet die praktische, geistige wie körperliche Erfahrung von Subjekten. Der Körperlichkeit von Subjekten und Begierden tragen die nachfolgenden Überlegungen Rechnung. Schließlich ist in Hegels Begehrens- und Begierdenlogik das Körperliche überaus präsent – als verzehrender Hunger, als Todesfurcht, als schöpferische Arbeit. Indessen sind diese Aspekte in abstrakter, nüchterner Sprache eingefasst. Dieser textästhetische Widerspruch weist darauf hin, dass Hegels Schrift zur Rationalisierungsgeschichte des Begehrens – dem zweiten Analysestrang – beiträgt. Subtextuell lässt sich die Schrift als leidenschaftlicher Kampf lesen, vielleicht sogar als homoerotisches Balzspiel. Auf der Textoberfläche werden derartige Assoziationen durch den Duktus des philoso-

---

66 Wie Descombes anmerkt, stellt Kojèves Kommentar die *Phänomenologie des Geistes* „als eine Erzählung der Universalgeschichte dar, in der die blutigen Kämpfe – und nicht ‚die Vernunft' – die Dinge vorantreiben zum glücklichen Schluß" (Descombes 1981, S. 22).

phischen Argumentierens verbannt. Man könnte nun über die epistemische Dimension dieser Textperformanz diskutieren. Doch im Anschluss an Butler verfolgen wir die Idee von Begehren als philosophische Denkkategorie und politische Kraft, insofern streben wir statt einer erkenntnistheoretischen Lektüre eine sozialphilosophische Lektüre an.

Zum historischen Horizont von Hegels Schreiben

Kojève hebt die Historizität des Begehrens hervor und verortet Hegels Schreiben in dessen geschichtlicher Gegenwart.[67] In diesem Sinne müssen auch philosophische Reflexionen über Begehren in ihren geschichtlichen Milieus und Machtgeweben betrachtet werden. Hegel verfasste die *Phänomenologie des Geistes* in einer politisch aufgewühlten Periode. Wenige Jahre nach der Revolution 1789 stand Frankreich unter der Regentschaft Napoleon Bonapartes, der Preußen bedrängte, das schließlich 1806 während der Doppelschlacht bei Jena und Auerstedt von der französischen Armee besiegt wurde. Während er sich anfänglich von den Ideen der Aufklärung begeistert zeigte, sagt man Hegel nach, sich im Laufe seines Lebens bereitwillig auf die Seite der preußischen Staatsmacht geschlagen zu haben (vgl. Röd 2009, S. 245 ff.). Hegel befürwortete indessen die sich herausbildende Marktwirtschaft, plädierte jedoch für eine politische Regulierung und ethische Einbettung des Marktes (vgl. Herzog/Honneth 2014, S. 358 f.). Da die Auseinandersetzung mit seiner Philosophie auf seine begehrenstheoretischen Überlegungen abzielt, während sich seine markttheoretischen Reflexionen auf die Kategorie der Bedürfnisse konzentrieren, richtet sich der Lektürefokus auf die Passagen zu

---

67 Charakteristisch hierfür ist Kojèves einfühlsame Beschreibung von Hegels Schreibsituation, in der nicht nur die geschichtsphilosophische Deutung hervortritt, nach der Napoleon für Hegel das Ende der Geschichte markiert, sondern auch die physische Präsenz der Arbeit: „Was ist denn nun dieser Hegel? Zunächst einmal ein Mensch von Fleisch und Blut, der weiß, daß er dies ist. Und dann schwebt dieser Mensch nicht in einem luftleeren Raum. Er sitzt auf einem Stuhl an einem Tisch und schreibt mit einer Feder aufs Papier. Und er weiß, daß all diese Gegenstände nicht vom Himmel gefallen sind; er weiß, daß das Produkte eines gewissen Etwas sind, das man menschliche Arbeit nennt. Er weiß auch, daß diese Arbeit in einer menschlichen Welt vollbracht wird [...], der er selbst angehört. Und dieser Natur ist in seinem Geiste in jenem Augenblick gegenwärtig, wo er schreibt, um auf die Frage ‚Was bin ich?' zu antworten. So hört er zum Beispiel von Ferne kommende Geräusche. Aber er hört nicht nur Geräusche, er weiß außerdem, daß diese Geräusche von Kanonenschüssen herrühren, und er weiß, daß auch die Kanonen Produkte von Arbeit sind, diesmal für einen Kampf um Leben und Tod zwischen den Menschen hergestellt. Darüber hinaus weiß er, daß das, was er hört, die Kanonen Napoleons in der Schlacht von Jena sind; er weiß also, daß er in einer Welt lebt, in der Napoleon handelt." (Kojève 1975, S. 51)

Begierden und Anerkennung aus der *Phänomenologie der Moral*. Anbei sei folgendes zu den moral- und marktphilosophischen Überlegungen der Aufklärung angemerkt: Während man den ethischen Wert des Marktes diskutierte, übten europäische Staaten imperiale Herrschaft in den von ihnen kolonisierten Gebieten aus. Das Kapital, welches aus der Ausbeutung von Millionen versklavter Menschen gewonnen wurde, floss in die europäischen Nationalökonomien (vgl. Buck-Morss 2000, S. 820 f.). Während im Lichte der Aufklärung Theorien der politischen Ökonomie moralphilosophisch diskutiert wurden – besonders prominent von Adam Smith –, wurde die gewaltvolle Gewinnschöpfung aus der Versklavung kaum hinterfragt. Wie die Philosophin Susan Buck-Morss (2000) darlegt, hielt man Freiheit als aufklärerisches Ideal hoch und zog Sklaverei als Negativbeispiel für Machtbeziehungen heran, ohne die konkreten ökonomischen Praktiken der Sklaverei zu betrachten. Somit lässt sich Hegels Denkfigur auch als kolonialgeschichtliches Zeitzeugnis der europäischen Kolonialherrschaft lesen.

4.2 Der Kampf um Leben und Tod

Zu Beginn kann sich die Bewusstseinsgestalt des Verstandes zwar selbst erblicken, doch dieses Bewusstsein seiner selbst bleibt rein geistig. Das Bewusstsein will sich aber in der Welt realisieren, da es nicht selbstgenügsam ist. Folglich ist sein primärer Weltbezug von Mangel geprägt. Um sich auf die Welt zu beziehen, bedarf es der Begierde. Begierde bildet somit die erste Bezugnahme zur Welt. Derweil ist sie im mehrfachen Sinne negativ: Sie ist negativ, weil sich das Bewusstsein leer fühlt und daher die Welt in sich aufsaugen will; sie ist negativ, weil sie sich auf ein anderes, ein Nicht-Ich bezieht; sie ist negativ, weil sie darauf abzielt, dieses Andere zu vernichten. Kojève beschreibt diese erste begehrliche Bezugnahme folgendermaßen:

> Wenn der Mensch eine Begierde empfindet – z. B., wenn er Hunger hat und essen will und wenn er dessen bewußt wird –, wird er nämlich zwangsläufig seiner selbst bewußt. Die Begierde offenbart sich immer als meine Begierde, und um die Begierde zu offenbaren, muß man sich des Wortes ‚ich' bedienen. Der Mensch mag noch so sehr von der Betrachtung des Dinges ‚absorbiert' werden – sobald die Begierde nach diesem Dinge entsteht, wird er augenblicklich ‚an sich selbst erinnert'. Mit einem Schlage sieht er, daß es außer dem Ding auch noch sein Betrachten gibt, daß es noch ihn gibt, der nicht dieses Ding ist. Und das Ding erscheint ihm als ein ‚Objekt', ein Gegen-stand, eine äußere Wirklichkeit, die nicht in ihm ist, die nicht er ist, sondern Nicht-Ich. (Kojève 1975, S. 54 f.)

Das Selbstbewusstsein empfindet sich im Akt des Begehrens als der äußerlichen Welt überlegen, doch um sich seiner Überlegenheit zu vergewissern, muss es sich auf andere beziehen. Diese Bezugnahme ist negierend, denn das Bewusstsein muss das Andere vernichten, es verzehren, um sich von dessen Nichtigkeit, dessen Unwert zu überzeugen. Hier deutet sich der fünfte Analysestrang an, da deutlich wird, wie stark Begierde mit Wert verbunden ist, insofern es darum geht, sich selbst auf- und das Andere abzuwerten – ein Faden, der uns im nächsten Kapitel zu Nietzsche führen wird.

In diesem frühen Stadium zeigt sich ein Subjekt, welches das Leben begehrt. Dieses Begehren ist, wie Butler schreibt, melancholisch, denn es ist sich des unüberwindbaren Abstands zum Leben bewusst (vgl. Butler 2012, S. 36). Die Begierde nach Konsumtion stellt eine Ersatzhandlung dar, da das Subjekt danach strebt, die Unabhängigkeit eines lebenden Objekts zu vernichten. Es kann nicht das Leben negieren, aber indem ein Objekt negiert wird, kann sich das Selbstbewusstsein als handlungsmächtig empfinden. Damit verkehren sich die ontologischen Rollen: „Through destroying the living object, self-consciousness gives itself a positive form as an agency of destruction," (Butler 2012, S. 37) Sie schlussfolgert: „As a destructive or consuming agency, self-consciousness as desire essays to gain reality through the consumption of a living thing." (Butler 2012, S. 38)

Das Selbstbewusstsein, das in diesem Moment noch auf der Stufe des „einfache[n] Ich" ist, ist „seiner selbst nur gewiß durch das Aufheben dieses Anderen, das sich ihm als selbstständiges Leben darstellt; es ist Begierde" (Hegel 1807/2006, S. 143). Dieses einfache Ich ist sich der „Nichtigkeit dieses Anderen gewiß" und „vernichtet den selbständigen Gegenstand" (Hegel 1807/2006, S. 143). Das Verlangen, das Andere als Objekt verzehren zu wollen, bezeichnet also die Begierde, wobei Hegel hierbei „ausdrücklich digestive Praktiken im Sinn [hat], die Negation besteht in der ‚Verzehrung des Gegenstands" (Kuch 2013, S. 30). Indem das Bewusstsein das Andere begehrt, ist die Begierde intentional auf ein Außerhalb seines Selbst gerichtet, denn es ist „in der Tat ein Anderes als das Selbstbewußtsein, das Wesen der Begierde" (Hegel 1807/2006, S. 143). Gleichermaßen vergewissert sich das Bewusstsein im Akt der Verzehrung seiner eigenen Selbständigkeit und Aktivität. Und da die Begierde mehr auf die Vergewisserung der eigenen Überlegenheit als unmittelbar auf den Verzehr des Objekts abzielt, wirkt sie bereits in dieser Rückkehr zum Selbst reflexiv (vgl. Hegel 1807/2006, S. 146). Aus dem einfachen Ich wird ein selbstreflektiertes Ich.

Dennoch verfängt sich das Selbstbewusstsein in einer paradoxen Situation, denn es „vermag also durch seine negative Beziehung [den Gegenstand] nicht aufzuheben; es erzeugt ihn darum vielmehr wieder, so wie die Begierde" (Hegel 1807/2006, S. 143). Außerdem reicht der Gegenstand, der keine Resonanz gibt, dem Selbstbewusstsein nicht, um sich selbst zu vergewissern, wodurch das Überlegenheitsgefühl des Selbstbewusstseins nichtig wird. In der narrativ eingebetteten Argumentation wird das Auftauchen eines anderen Selbstbewusstseins benötigt, weil sich das Begehren nur aus dem Selbstwiderspruch lösen kann, wenn die Operation der Negation, die es an einem Objekt auslöst, reziprok von einem anderen Subjekt an ihm ausgelöst wird. Durch seinen negativen Bezug zur Welt scheitert die Begierde und bedarf daher eines Begehrensobjekts, das nicht rein passiv ist, sondern reagiert, doch dadurch zielt auch dieses benötigte Gegenüber darauf ab, zu negieren. Das Selbstbewusstsein bedarf also eines anderen Selbstbewusstseins, das die Begierde spiegelbildlich zurückwirft und verdoppelt. Indem das Selbstbewusstsein ein anderes Selbstbewusstsein braucht, modifiziert sich die Begierde zum Begehren nach Anerkennung. Anerkennung ist damit der reflexive, mutuelle Modus des Begehrens. Zugleich ist sie Ziel des Begehrens, welches jedoch unweigerlich verfehlt wird. Gerade weil das Begehren nach Anerkennung als Band zwischen zwei Subjekte gelegt wird, kann es sich nicht als Autonomiebestreben erfüllen.

Überwundene Todesfurcht und unterjochte Arbeitskraft

Das frühe Kapitel der *Phänomenologie des Geistes* stellt das Soziale in all seiner Konflikthaftigkeit ins Zentrum des Kampfgeschehens und beschreibt daher eine antagonistische Grundtendenz im Begehren. Hegel schildert folglich ein reziprokes Verhältnis, das dennoch antagonistisch eingefasst ist, da beide Subjekte vom Anderen anerkannt werden wollen, ohne gewillt zu sein, dem Anderen im Gegenzug Anerkennung zu zollen. Trotz diesem beidseitigen Verlangen danach, vom Anderen anerkannt zu werden, bleibt das Kräfteverhältnis unausgewogen, sodass einer der Rivalen die Todesfurcht überwindet und bereit ist, sein Leben für den begehrlichen Kampf um Anerkennung zu opfern.

> Der Herr bezieht sich auf den Knecht mittelbar durch das selbstständige Sein; denn eben hieran ist der Knecht gehalten; es ist seine Kette, von der er im Kampfe nicht abstrahieren konnte [...]. Der Herr aber ist die Macht über dies Sein, denn er erwies im Kampfe, daß es ihm nur als Negatives gilt; indem er die Macht darüber, dies Sein aber die Macht über den Anderen ist, so hat er in diesem Schlusse diesen Anderen unter sich. (Hegel 1807/2006, S. 151)

Sein Gegner unterliegt seinem Überlebensdrang, weshalb ihn derjenige, der seine Todesfurcht überwunden hat, besiegt und unterjocht.[68]

---

68 Wie Kuch hinzufügt, ist dieser Kniff in Hegels Drehbuch, der dazu dient, einen der Rivalen verlieren zu lassen, damit keiner der beiden stirbt, dramaturgisch unausgereift, weil unklar bleibt, welche Kraft dazu führt, dass der Herr sich als überlegen erweist (vgl. Kuch 2013, S. 54). Man kann

Während davor das Dilemma der Negation darin bestand, dass in der ungestümen Begierde deren Objekt zerstört wurde, entfaltet sich nun eine andere Form der Negation: die Negation an sich selbst. Diese vollzieht sich in und durch den Knecht, da dieser seine Selbstständigkeit aufgibt und sich dem Herrn hingibt. Indem er für den Herrn da ist, negiert er sich selbst (vgl. Hegel 1807/2006, S. 150 f.). Der Knecht vermag zwar, indem er arbeitet, das Lebendige in den Händen zu halten, es zu modellieren, aber der Herr hält das Leben und das Sein im Griff, da er seine Todesfurcht zu besiegen vermochte. Anstatt in einer Sackgasse der Macht zu münden, schlägt die Dialektik hier erneut um. Indem der Knecht unmittelbar erschafft, kommt ihm eine andere Form der Macht zu, die sich als ‚potestas', als schöpferisches Potential äußert. Gleichsam mag der Herr zwar im Moment des Zweikampfes seine Todesfurcht überwunden haben, doch in seiner Machtstellung bleibt er von materiellen Bedürfnissen abhängig und somit braucht er den Knecht, der mit vollen Händen aus dem Leben schöpft. Die Herrschaft gerät durch die Asymmetrie der Anerkennung ins Schwanken. Schließlich kann man sich von niemanden als anerkannt erfahren, den man selbst nicht anerkennt, indem der Herr den Knecht geringschätzt, vollzieht sich eine „Entwertung der Wertschätzung" (Kuch 2013, S. 57), die der Herr vom Knecht erhalten könnte. In dieser dialektischen Dynamik ist die Herrschaft, wie Kojève kommentiert, „eine existentielle Sackgasse", in der der Herr „entweder in der Lust verdummen oder auf dem Schlachtfeld als Herr sterben" kann (Kojève 1975, S. 64).

Während sich der Herr in seiner Allmacht zunehmend beschränkt fühlt, durchläuft der Knecht einen Selbstbildungsprozess. Während er für den Herrn schuftet, arbeitet er zugleich für sich selbst, als dass er lernt, ein Ding mit seinen Händen zu formen und gestalterisch auf die Welt einzuwirken. Anstatt passiv ausgeliefert zu sein, wird er aktiv und begibt durch seine Selbstbildung mitten hinein in das Sein. Indem er mit seinen Händen die weltliche Materie bearbeitet, formt sich sein Selbst. In diesem Selbstbildungsprozess lernt er, seine Angst zu bändigen, und dadurch wird die Arbeit für ihn zur „gehemmten Begierde" (Hegel 1807/2006, S. 153). An diesem Punkt bricht die Machtkonstellation zwischen Herr und Knecht auf. Der ehemalige Herr verschwindet im Handlungsverlauf, die Hauptrolle nimmt der sich selbst ermächtigende Knecht ein. Negativität, Autonomie, Antagonismus, Aktivität, Alterität, Anerkennung, Abhängigkeit, Arbeit – allesamt Aspekte, die sich im Begriff der Begierde verketten.

---

diese ungeklärte Stelle auch als signifikante Leerstelle auffassen, die das Mysterium der Macht bedeutet, die Unvorhersehbarkeit des Kräftespiels unterstreicht und somit andeutet, dass derartige Rivalitäten dynamisch und Machtverhältnisse reversibel sind.

Die Dialektik von Begierden und Begehren

Für Kojève bildet die Kampfszene zwischen Herr und Knecht einen Erklärungsansatz für die Weltgeschichte, da für ihn das Ringen nach Anerkennung das dynamische Prinzip aller geschichtlichen Entwicklungen ist (vgl. Butler 2012, S. 64).
Dieses philosophiehistorische Denken, das dem aufklärerischen Fortschrittsglauben folgt und teleologisch ausgerichtet ist, deutet sich im Stufenmodell von
Begehren, Begierde und Anerkennung an.

In dem dialektischen Aufbau des Dramas zeigen sich zwei verschiedene Begehrensbegriffe. Erstens: das Begehren, alles zu verschlingen. Zweitens: das
geistige Begehren, Anerkennung zu erringen. Das animalische Verlangen zu
konsumieren ist zwar in Zügen in der anthropogenen Begierde enthalten, diese
weist aber weit darüber hinaus, da sie darauf abzielt, das Selbstgefühl zu stärken
und Anerkennung zu erlangen (vgl. Hegel 1807/2006, S. 146). Begierde birgt eine
Doppelstruktur, da sie sich auf das Objekt sowie reflexiv auf sich selbst bezieht.
Allerdings muss die reflexive Begierde zwangsläufig scheitern. Obzwar sie darauf
angelegt ist, das Selbstbewusstsein seiner Autonomie zu versichern, macht dieser
Drang das Selbstbewusstsein von seiner Umwelt abhängig, da es sich in Bezug
zum Anderen setzen muss.

Da Hegel Begehren als Bindeelement zwischen zwei Subjekte setzt, bemerkt
der Philosoph Hannes Kuch in seiner Studie zum Herr-Knecht-Verhältnis, hebt
sich dieser von der philosophischen Tradition ab, in der „die eigenen Neigungen
oft als unmoralisch und antisozial, als natürlich und egoistisch verstanden
wurden", wohingegen Hegel eine Perspektive auf Begehren freilege, „welche es
als konstitutiv sozial versteht" (Kuch 2013, S. 39). Schon in der Lektüre von Platons
Schriften zeigt sich indessen, wie Eros als Bindeglied zwischen zwei Subjekten
fungiert und damit von den Vorbehalten befreit wird, sich egoistisch die Befriedigung der eigenen, der appetitiven Begierden zu beschränken. Dennoch lässt
sich aus Platons Schriften nicht das sozialphilosophische Potential schöpfen, das
Hegels Text aufbietet. Zwar bergen die Reflexionen im Symposium über den
pädagogischen Eros und die Knabenliebe Einblicke in soziale Praktiken. Zudem
deuten die philosophischen Debatten über Aktivität und Passivität ein antagonistisches Sozialmodell an. Doch letztlich mündet Sokrates' Schlussfolgerung
darin, den Gegensatz von aktiv/passiv zu versöhnen und in der Hinwendung zum
Wahrheitsstreben zu überwinden. Trotz dieser eklatanten Differenzen zwischen
Platons und Hegels Schriften findet sich bei Hegel ähnlich wie bei Platon ein
doppelter Begehrensbegriff. Während Hegel animalische Begierde und anthro-
pogenes Begehren voneinander trennt (vgl. Kuch 2013, S. 30–34), unterscheidet
Platon konzeptuell zwischen appetitiven Begierden und philosophischem Eros.

In seiner Weitererzählung differenziert Kojève zwischen der „natürlichen Welt" und „menschlichen Welten" (Kojève 1975, S. 49). Vor dem Hintergrund dieses Natur/Kultur-Dualismus spaltet er das anthropogene Begehren von der animalischen Begierde ab und beschreibt die anthropogene Begierde unter den Vorzeichen der Negativität und Reziprozität: „Die Begierde muss, um anthropogen zu sein, sich auf ein Nichtseiendes beziehen, d. h. auf eine andere Begierde, auf ein anderes lechzendes Leeres, auf ein anderes Selbst." (Kojève 1975, S. 57) Im Begehren danach, von anderen anerkannt zu werden, wird der Mensch durch den Selbstbezug über andere zu einem reflexiven Subjekt. Er wird zum Selbst, indem er grundlegend in soziale Beziehungen eingelassen ist. Indem Kojève das anthropogene Begehren von biologischen Zwängen befreit, bestimmt er es als Möglichkeit, reflektiert zu wählen, und verbindet es mit dem Versprechen von Freiheit. Begehren bestimmt und bedingt den Prozess der Subjektivierung. Erst im Begehren spricht das Subjekt von sich. Um zu bekommen, was es sich wünscht, drückt sich das Subjekt aus. Zugleich formt es durch diese sprachlichen Ausdrücke seine Begierde (vgl. Butler 2012, S. 66). Dergestalt bindet Kojève die Attribute der Handlungsmacht und Aktivität an die Begierde. Der Mensch wird zum Begehrenssubjekt, zum Subjekt seines Begehrens und somit zum sprechfähigen Subjekt. Im Gegensatz dazu vertreten psychoanalytisch geprägte Anschlüsse an Kojèves Hegel-Deutung wie derjenige von Lacan die These, dass sich Begehren der sprachlichen Transparenz entzieht. Tatsächlich ist es sinnvoll, diese Subjektfassung von Kojève, der Bewusstsein mit sprachlicher Transparenz verbindet, kritisch zu hinterfragen. Kojèves Thesen beruhen zudem auf einem allzu simplen Dualismus von Natur/Kultur, doch indem er den sozialen Charakter des Begehrens betont, es mit der Möglichkeit, sprachlicher Ausdrucksfähigkeit verbindet und als Subjektivierungsmodus ausmacht, ermöglicht er die Philosophie des Begehrens, die der *Anti-Ödipus* fortführt.

Animalische Begierde, anthropogenes Begehren?

Indem sich das Bewusstsein zu Selbstbewusstsein wandelt, entwickelt sich die animalische Begierde zu anthropogenem Begehren. Ausgehend von dieser Unterscheidung vertritt Kojève ein dialektisches Stufenmodell, wohingegen das Begriffspaar Aufbegehren/Begierden ein permanentes Wechselspiel suggeriert. Trotzdem erweist sich Kojèves Unterscheidung als praktikabel, um die von Hegel beschriebene Begehrensdialektik besser zu begreifen. In Anlehnung an Kojève unterscheidet Kuch begrifflich zwischen dem Verlangen für das Objekt als Begierde und dem reflexiven Verlangen als Begehren, das darauf abzielt, Anerkennung zu erlangen (vgl. Kuch 2013, S. 31 f.). In solch einem dialektischen Stufenmodell entspricht Begehren nicht der anfänglichen Begierde, da es nun auf Anerkennung abzielt und somit die Begierde überwindet. Somit wird eine neue Stufe innerhalb der Begehrensdialektik erreicht. Kojève schreibt hierzu:

> Die Analyse, die die konstitutive Rolle der Begierde aufdeckt, macht uns verständlich, warum die menschliche Existenz nur auf Grundlage animalischer Existenz möglich ist [...]. Die animalische Begierde ist eine [...] notwendige, aber nicht ausreichende Voraussetzung der menschlichen und philosophischen Existenz. (Kojève 1975, S. 56)

Wie das Zitat verdeutlicht, bildet die animalische Begierde die Möglichkeitsbedingung für die „menschliche Welt", doch erst in dem reflexiven Modus, in der doppelten Negation wird der Mensch Subjekt seiner Geschichte. „Die Begierde ist menschlich [...] nur unter der Bedingung, daß sie auf eine andere Begierde [...] bezogen ist." (Kojève 1975, S. 57) Da Begierde als Verzehrungsverlangen bereits negativ ist, weil sie das verlangte Objekt vernichten will, wirkt sie doppelt negativ, weil sie sich auf eine andere Begierde bezieht, die ebenfalls negativ ist.

Ein dialektisch auf Aufhebung ausgerichtetes Modell suggeriert, dass die Verzehrungsbegierde, einmal überwunden, im Anerkennungsbegehren aufgeht. Damit wäre zwar die animalische Begierde dem anthropogenen Begehren inhärent, doch von den ‚niederen' Instinkten entkoppelt, strebt dieses zu höheren Zielen. Solch geradlinige Ausrichtung entspricht Hegels teleologischer Geschichtsphilosophie, die mit dem aufklärerischen Fortschrittsglauben und dem frühkapitalistischen Progressionsnarrativ korreliert, das postuliert, die Menschheitsgeschichte bewege sich kontinuierlich zur Freiheit hin. In sozioökonomischer Perspektive beweist die kontinuierliche Krisendynamik des Kapitalismus, dass dieser Glaube Irrglaube ist.

In begehrenstheoretischer Hinsicht lässt sich Hegels Dialektik dahingehend dynamisieren, als dass sie sich von dem Entwicklungsmodell entkoppeln lässt. Somit gelangt man leichtfüßig zu einem Modell des Begehrens, das in sich multipel ist und jederzeit vom gemäßigten Anerkennungsstreben in das wollüstige Verlangen, den Anderen zu verschlingen, umschlagen kann. Vor dem Hintergrund der Annahme, dass es nicht ontologisch differente Begierden, sondern ein Begehren in seinen mannigfaltigen Artikulationen gibt, zeigt sich die Denkfigur von Herr und Knecht als Kippfigur, die das Zusammenspiel von Begehren und Macht aufzeigt. Die Asymmetrie, in der die Figur angelegt ist, erscheint konstitutiv für soziale Dynamiken zu sein. Insofern weist die Denkfigur auf, dass menschliche Beziehungen stets macht- und damit auch gewaltvoll sind und niemals in harmonischer Balance verweilen. Hier wird die Gewaltförmigkeit des Begehrens hervorgehoben – ein Aspekt, den Bataille weiterverfolgt – und Alterität machttheoretisch gefasst. Die beiden Kontrahenten wirken komplementär zueinander, denn auch wenn der eine die Oberhand gewinnt, bleibt er von dem Anderen abhängig. So grundlegend asymmetrisch die Figur angelegt ist, verweilt sie in unauflösbarer, antagonistischer Reziprozität, die jedwede Machtgewichtung beständig ins Schwanken bringt. In dieser intrinsischen Interdependenz – wie sie Butler sozialphilosophisch ausarbeitet – ist Subjektivität relational eingefasst, somit lässt sich das Subjekt als Effekt dieses per se sozialen Begehrens verstehen. Dadurch eröffnet sich eine Denklinie, die Subjektivierung innerhalb von Sozialität betrachtet, ohne die Idee der Alterität aufzugeben. Im Gegensatz dazu muss die spinozistische Werdensphilosophie, wie sie Deleuze vertritt, die Idee der Alterität aufgrund ihrer radikalen Negativität ablehnen, da ihre Emphase auf relationaler Prozessualität liegt. In Hegels dynamische Dialektik von Asymmetrie und Abhängigkeit lässt sich dagegen das Wechselspiel von Begierden und Aufbegehren hineinlesen. Die Begierden artikulieren das Streben nach Autonomie, die Aufwertung des Selbst und die Abwertung der anderen, während Aufbegehren die beständige Auflösung dieser Abgrenzung beschreibt. Die Stärke besteht hier in einem antagonistischen Sozialmodell, das nicht den Aspekt der Alterität aufgibt, wozu Deleuzes spinozistische Philosophie tendiert, sondern ihn als grundlegendes Element von sozialen Bindungen einbezieht.

Derart dialektisch aufeinander bezogen, kann sich Begehren als Aufbegehren entfalten, das die ohnehin fragilen Grenzziehungen zwischen Ego/Alter überwindet oder zumindest die Grenzziehungen durchkreuzt. Aufbegehren kann sich als politischer Wunsch danach äußern, solidarische Beziehungen herzustellen, als Sorge für Andere, als Wissen um geteilte Abhängigkeit. Schließlich kann Begehren – als politische Kraft gedacht – transgressiv oder konservativ wirken, Machstrukturen verflüssigen oder verfestigen und im Miteinander blutrünstig oder behutsam sein. Diese Mannigfaltigkeit des Begehrens ist in den Kippbewegungen von Hegels Denkfigur bereits angelegt, derweil müssen sie in Schwingung gebracht werden, um das steife dialektische Denkraster zu dynamisieren.

Die aufeinander aufbauenden Begehrensbegriffe, die Kojève einführt, also Verzehrungsbegierde und Anerkennungsbegehren, ähneln bisweilen Platons Begriffspaar des philosophischen Eros und der appetitiven Begierden. So sehr sich die Denkwege Platons und Hegels unterscheiden, bildet das metaphorische Bedeutungsfeld des Verzehrs und des Verzehrens das begehrensökonomische Bindeglied zwischen ihren Erzählungen und verweist auf die kulturgeschichtliche Assoziation von Hunger und Verlangen, die post- und dekoloniale Denkansätze aufgreifen.

4.3 *Eating the Other*: Alterität und Anthropophagie

Deleuze sagt, dass sich die Philosophie Problemen stellt, die außerhalb des Philosophischen liegen.[69] Die Lesart, die Susan Buck-Morss von Hegels *Phäno-menologie des Geistes* vorlegt, bekräftigt solch eine Sichtweise auf philosophische Praktiken. Ihre These ist, dass Hegel, beständiger Leser der Zeitschrift *Minerva*, über den Aufstand der Versklavten gegen die französische Kolonialmacht in Haiti informiert war, worüber *Minerva* ausführlich berichtete. Man müsse deshalb, argumentiert Buck-Morss, Hegels Herr/Knecht-Dialektik nicht als historische Metapher, sondern im kolonialhistorischen Kontext lesen (vgl. Buck-Morss 2000, S. 842–850). Der Umstand, dass der Knecht verdinglicht werde, entspreche der tatsächlichen Gesetzeslage des „Code Noir", dem Dekrets Frankreichs zur Regelung des Umgangs mit Versklavten, der diese auf den legalen Status des Privatbesitzes reduzierte (vgl. Buck-Morss 2000, S. 847). Gleichfalls entspreche die Beschreibung des Herrn, der von der Arbeit seines Knechts abhängig ist, der Tatsache, dass die damaligen Kolonialmächte wie Frankreich und Holland ökonomisch von den Erträgen der Kolonien und dem Gewinn aus Versklavung abhingen. Trotzdem wird Hegels Herr-Knecht-Szenario gemeinhin nicht in den kolonialgeschichtlichen Kontext des Aufstandes auf Haiti gestellt, über den Hegel, als zeitungslesender Bürger anscheinend informiert war. Diese Leerstelle innerhalb einer derart weiten Rezeption zeugt von dem eurozentrischen Denken, das die Philosophie schon vor der Aufklärung betrieb und seither immer wieder aufs Neue betreibt. Das Denken der Alterität ist von rassistischen Denkmustern und Machtstrukturen geprägt, wobei sich europäische Identität, wie der Philosoph Étienne Balibar hervorhebt, in der Abgrenzung der rassifizierten Anderen konstruiert (vgl. Balibar 2011). Besonders bekannt für diese Auslegung von Hegels Anerkennungskampf ist das Buch *Schwarze Haut, weiße Masken* (1985) des Schriftstellers und Psychiaters Frantz Fanon, der die französische Kolonialgewalt als Anerkennungsdialektik und Entfremdungsphänomen analysiert. Ein wichtiges Konzept postkolonialer Theorien bildet dasjenige des Othering, das auf Hegels Herr/Knecht-Szenario zurückverweist. Othering operiert „über die Abgrenzung vom Naturhaften, Sexuellen, Temperamentvollen, dass sie dem kulturell Anderem zuschreibt, um sich als das Rationale und Zivilisierte zu wissen", doch gleichwohl „wird [...] genau dieses Andere gesucht, gerühmt und vielleicht sogar begehrt." (Kuch 2013, S. 242f.). Die Andere wird in machtvoller Geste auf Distanz gehalten und gleichermaßen begehrt. Praktiken des Othering und der Exotisie-

---

[69] Vgl. L'Abécédaire de Gilles Deleuze. Boutang, Pierre-André. FR: SODAPERAGE, Guy Seligmann 1988–89/1996. DVD. 2004. 453 min.

rung bestärken weiße Normen und Vormachtstellung, indem sie die Grenzen zwischen weißen Personen und Personen of color verfestigen. Um Praktiken des Othering im Zusammenspiel mit Begehren zu betrachten, ist das Beispiel des Verzehrungsverlangens besonders geeignet, als dass es die kolonialgeschichtliche Figur des kannibalischen ‚Wilden' aktualisiert, die in de- und postkolonialer Kritik adressiert wird.

Die appettitive Metaphorik der Begierde

Das gastronomische Assoziationsfeld, das Hegel durch den Begriff der animalischen Begierde evoziert, reiht sich in die lange Geschichte des populären Vergleichs zwischen Verlangen und Hunger (vgl. Baas 1995, S. 12ff.) ein. Bei Hegel wird Begierde als Konsumtion des Objekts gedacht. Das Subjekt positioniert sich als überlegen, indem es sich das Objekt einverleibt. Es ist nicht mehr passiv seinen Affekten ausgeliefert, sondern macht sich zum aktiven Handlungssubjekt. Indem Begehren als Verzehrung gedacht wird, erscheint es in einer zirkulären Ökonomie des Mangels, die jedoch nicht aus Güterknappheit, sondern aus der Körperökonomie resultiert. Sobald der verzehrte Gegenstand verschwunden und verdaut ist, tritt eine Leere auf, die wieder Raum für Hunger, für neue Begierde lässt (vgl. Kuch 2013, S. 34). Herausstechend ist, dass Hegel als Analogie für den Hunger nicht das Bedürfnis, sondern die Begierde wählt. Kojève betont dieses analogische Verhältnis von animalischer Begierde und Hunger:

> Was ist nun aber das Selbst der Begierde (das Selbst des hungrigen Menschen zum Beispiel) als ein nach Inhalt lechzendes Leeres, ein Ich, das sich anfüllen will durch das, was voll ist, sich anfühlen will, indem es dieses Volle leert, sich (wenn es erst einmal angefüllt ist) an die Stelle dieses Vollen setzen will, durch sein Volles das Leere einnehmen will, welches durch die Aufhebung des Vollen entstanden ist, das nicht das sein war? (Kojève 1975, S. 55)

Hier wird erneut deutlich, wie stark sich Begehrenskonzeptionen an Körperökonomien anlehnen. Der homöostatische Körperzustand, der zwischen der Leere des Hungerns vor und der Völle nach dem Essen oszilliert, wird als Grundmotor des begehrenden Bewusstseins ausgemacht.[70] In der ideengeschichtlichen Linie

---

[70] Begehren resultiert zwar in dieser Lesart aus dem Mangel des Hungers, dennoch scheinen einige Einwände, die Deleuze und Guattari gegenüber der von ihnen ausgemachten Denklinie des Begehrens als Mangels erheben, nicht zuzutreffen. Während Deleuze und Guattari unterstellen, Begehren auf die Logik des Bedürfnisses zu reduzieren, lässt sich mit Verweis auf Hegels Text einwenden, dass dort das Bedürfnis der Grundkategorie der Begierde untergeordnet ist. Das Bedürfnis nach Essen ist bereits Begierde, weil es nicht der reinen Nahrungsaufnahme dient,

des Vergleichs von Wollust und Hunger, die sich von Platon zu Hegel spinnt, zeigt sich das Verzehrungsverlangen als Vorstufe zu einem höheren, geistigen, zivilisierten Begehren, sei es als Streben zur Wahrheit, sei es als Streben nach Anerkennung. In diesem stufenförmigen Begehrensmodell reproduziert Hegel die Natur/Kultur-Unterscheidung, die wiederum mit der Assoziation von europäischer Identität mit Geist und Kultur, Rationalität und Zivilisation arbeitet und infolgedessen rassifizierte Alterität mit animalischem Begehren verknüpft. Diese Schattenseite der aufklärerischen Denktradition, die mit den Gewaltexzessen des Kolonialismus und Allmachtsanspruch auf kulturelle Hegemonie einhergeht, steht im Fokus de- und postkolonialer Kritik.

Kultureller Kannibalismus

In ihrem Essay *Das Andere Einverleiben. Begehren und Widerstand* (1994) untersucht die Literaturwissenschaftlerin bell hooks die machtvollen Mechanismen des kulturellen Kannibalismus, wie sie die Aneignung von Schwarzer Kultur durch Weiße bezeichnet. Hierbei konzentriert sie sich auf den US-amerikanischen Kontext in den 1990er Jahren. Ausgangspunkt ihrer Überlegungen ist ein neu erwachtes Interesse an rassifizierter Differenz, das sich als Kontaktwunsch und Berührungsverlangen ausdrückt und dabei auf subtile Weise rassistische Strukturen reproduziert. Hooks beschreibt somit Praktiken des Othering und betont in ihrer Analyse, wie wichtig es ist, die Machtbestrebungen des Begehrens von Weißen nach Personen of color und Schwarzer Kultur in den Blick zu nehmen (vgl. hooks 1994, S. 34).

Der Wunsch nach Begegnung mit Differenz wirkt mitunter als konsumtive Verzehrung: „In einer Warenkultur wird Ethnizität zur Würze. Sie macht die langweilige Kost pikant, nämlich die weiße Kultur des Mainstream", dabei würden auch kulturelle Tabus bezüglich „Sexualität und Begehren gebrochen [...] und zur Sprache gebracht" (hooks 1994, S. 33).[71] In diesem Verzehren-Wollen sieht

---

sondern immer schon den machtvollen Drang darstellt, das Andere zu vernichten, um sich überlegen zu fühlen.

71 Als alltagspraktisches Beispiel des Othering als Verzehrungsverlangen führt Kuch das Faible für kulinarische Kulturen an, die als exotisch wahrgenommen werden: „[In der Praxis der kulinarischen Exotik] wurde das kulturell Andere oder Fremde [...] zum Objekt kulinarischer Einverleibung [...]. Das kulturell Andere soll in Maßen und gleichsam in mundgerechter Form dargeboten werden. In dieser Praxis steckt auch eine Machtgeste. Das Verspeisen des Fremden erinnert nicht zufällig an Hegels ‚Begierde'. In der Begierde demonstriert das Bewusstsein die

hooks eine Spielart der Todessehnsucht, die von der westlichen Annahme zeugt, dass transgressive Lüste in den Tod führen würden (vgl. hooks 1994, S. 51f.). Das Essen der Anderen zu probieren, sei für weiße Menschen eine Art, „mit dem Tod zu flirten und mit der eigenen Macht anzugeben" (hooks 1994, S. 52). Das Verschlingen-Wollen der Anderen enthält somit die Negation des Selbst, aber auch die Negation des Anderen: Primär als sexuelles Verlangen codiert, strebe es nicht einfach danach, die rassifizierte Andere als Trophäe zu gewinnen und einzuverleiben, vielmehr würden weiße Männer davon ausgehen, dass diese erotische Begegnung sie verändere (vgl. hooks 1994, S. 36f.). Demnach wurzelt dieses Begehren in dem Glauben,

> daß der Geist des ‚Primitiven' in den Körpern dunkler Anderer wohne. [...] Das Verlangen, mit diesen Körpern, die als *anders* erachtet werden, in Kontakt zu kommen, ohne erkennbaren Willen zu beherrschen, beschwichtigt die Schuldgefühle der Vergangenheit. Bei diesem Verlangen geht es nicht mehr darum, die Anderen zum eigenen Bild und Gleichnis umzumodeln, sondern selbst zum Anderen zu werden. (hooks 1994, S. 38)

Obzwar sich hooks nicht dezidiert auf Hegels Herr/Knecht-Szenario bezieht, lassen sich die Merkmale der begehrensdialektischen Kippfigur in ihrem Text erahnen und zwar hinsichtlich der Konsumtionsbegierde, Alterität und Macht sowie Geschichtlichkeit. Kolonialgeschichtliches Begehren zeugt davon, die rassifizierten Anderen als solche abzuwerten und zu negieren. In der postkolonialen Gegenwart artikuliert sich ein Begehren, das ebenfalls auf rassifizierte Differenz und Alterität abzielt, diese jedoch vordergründig aufwertet und ein Transformationsmoment herbeisehnt. Anstatt die rassifizierte Andere in die weiße Norm einzupassen, sehnt sich das weiße Subjekt danach, die Normen des Weißseins zu übersteigen und mit der Anderen zu verschmelzen. Die Stärke von hooks' Argumentation besteht darin, aufzuzeigen, dass es sich nicht um zwei verschiedene Begehrensformen handelt, die sich entwicklungsstufenförmig in ein Fortschrittsnarrativ einsetzen lassen – was sich als implizite Absage an Hegels teleologische Geschichtsphilosophie lesen lässt. Hooks verdeutlicht, dass dieses offengelegte Begehren nach der Anderen durchaus eine koloniale Nostalgie nähren kann, da die Andere nach wie vor in ihrem Anderssein festgelegt wird, um den eigenen subjektiven Horizont omnipotent zu erweitern. Diese machtvollen Dynamiken erkennt hooks in konsumkapitalistischen Diskursen, die es fördern und für die es förderlich ist, Alterität zu kommodifizieren. Im vermeintlich toleranten Gestus verbergen sich rassistische Strukturen, die die Annahme weißer

---

Unwesentlichkeit des Gegenstands durch den Akt der Konsumtion, das Verspeisen bezeugt die ‚Nichtigkeit' des Anderen." (Kuch 2013, S. 243)

Überlegenheit unter veränderten Vorzeichen fortführen. Die Andere wird in ihrer Differenz begehrt und in die Konsumlogik einverleibt, von der sie in eine warenförmige Repräsentation verwandelt wird. Davon ausgehend, dass sich Begehren niemals ahistorisch und fernab von Machtverhältnissen artikuliert, zeigt sich der begehrlich aufgeladene Bezug zu Anderen als Zelebrieren von Differenz. Dabei wird diese Differenz in das hegemoniale Raster eingepasst, das mit der kapitalistischen Konsumlogik verschränkt ist.

> Gegenwärtig fördert die Vermarktung von Differenz solche Konsummuster, die jeden Unterschied, der den Anderen zu eigen ist, auslöschen. Das geschieht durch Tausch: Der Kannibalismus der VerbraucherInnen vertreibt dabei nicht nur die Anderen von ihrem Platz, sondern negiert auch die Bedeutung der Geschichte der Anderen, indem er sie aus ihrem Wirkungsgefüge reißt. (hooks 1994, S. 45)

Der Aspekt der Geschichtlichkeit ist im Hinblick auf Hegel insofern aufschlussreich, als dass hier zwei Formen der Geschichtlichkeit ins Feld geführt werden. Erstens: das teleologische Fortschrittsnarrativ – wie es Hegels philosophischer Bildungsroman verfolgt –, in dem sich ein kolonialgeschichtliches Herrschaftsbegehren in eine Diksursivierung der Differenz wandelt, die die hegemoniale Begierde darstellt, sich die rassifizierte Andere einzuverleiben. Zweitens: eine geschichtliche Gegenerzählung, die in diesem Fortschrittsnarrativ die Auslöschung von den Geschichten derjenigen sieht, die als andere begehrt werden. Personen of color sind durch die massenmediale Sozialisation in Gesellschaften mit weißer Vorherrschaft von den Normen letzterer geprägt, sodass „trotz der Bürgerrechtskämpfe, der Black-Power-Bewegung der sechziger Jahre und der Kraft von Parolen wie ‚black is beautiful' [...] unzählige Schwarze weiterhin über die Massenmedien [...] dazu erzogen [werden], weiße herrschende Gedanken und Werte zu verinnerlichen" (hooks 1994, S. 29). Trotz dieser ernüchternden Analysen sieht hooks Begehren als Transformationskraft, die „unsere politische Wahl und Ansichten bestimm[t]", da „Begehren Gewohntes aufbricht, es untergräbt und Widerstand möglich macht", dennoch könne man „diese neuen Bilder [...] nicht unkritisch übernehmen" (hooks 1994, S. 56). In dieser kritischen Perspektive auf Begehren zeigt es sich als politische Kraft, die Machtverhältnisse subtil weitertreibt und sie gleichermaßen unterwandert. Weiterhin zeigt sich, wie wirkmächtig das Begehrensbild des Verschlingen-Wollens ist, das Hegels Schrift aufruft, und wie stark es in Reflexionen über Macht, Differenz und Alterität eingebunden ist. Eine weitere Gegenerzählung zu Hegels Bildungsroman des Begehrens findet sich in einem anderen geopolitischen Kontext, im Brasilien der 1930er Jahre, wo die subversive Kulturstrategie der Anthropophagie aufkommt.

Das Verzehrungsverlangen

Die Figur des kannibalischen Wilden geistert durch die kolonialistisch geprägten Ideengeschichten, dessen animalische Begierde in Gegensatz zum gezügelten Triebleben der Europäer gesetzt wird. In den 1930er Jahren kam in Brasilien die Bewegung des *Modernismo* auf, die sich der Idee der Anthropophagie verschrieb. Anthropophagie wird im Modernismo als ästhetische Strategie entwickelt, um gegen die Verinnerlichung der hegemonialen europäischen Kulturen vorzugehen und dabei gewissermaßen die Vorzeichen zu verkehren. Anstelle einer Verneinung dieser Verinnerlichung betreibt man eine radikale Affirmation, die sich in der Metapher des kannibalischen Verschlingens manifestiert. Indem dieser Prozess kultureller Gegen-Aneignung die Thematik der Anthropophagie aufgreift, wird der kolonialistische Kannibalen-Mythos, der in frühen Reiseberichten kursierte, radikal resignifiziert.

Dabei lassen sich drei Kristallisationsmomente der Anthropophagie in der brasilianischen Kulturgeschichte anführen. Erstens: der kolonialgeschichtliche Moment, in dem die exotisierenden Mythen über kannibalistische Praktiken zirkulierten. Zweitens: die um 1928 in Erscheinung tretende Avantgarde-Bewegung des Modernismo, die Anthropophagie als poetisch-politische Subversionsstrategie in Umlauf brachte. Drittens: die in den 1970er Jahren aufkommende, popkulturelle Bewegung des ‚Tropicalismo‘, die diese ästhetisch-politische Strategie aufnahm (vgl. Islam 2011).[72] Der zweite Kristallisationsmoment ist vom 1928 erschienenen *Anthropophagischen Manifest* des Schriftstellers Oswald de Andrade (1928/1995) geprägt, der sich auf Freuds *Totem und Tabu* (1912/1975) bezog.

> That anthropophagy came to stand for desire may help explain why this metaphor emerged as an affirmation and a project within Brazil. As repressed desire, cannibalism was not pathological, but taboo, as alluded by Andrade. The ‚return of the repressed‘ creates a space for self–affirmation as the re-discovery of nature in its chaotic libidinal form. This anthropophagic knowledge is embodied, both corporeal and representation, rejecting a distinction between mental and physical central to modernist Enlightenment thought. (Islam 2011. S. 172)

---

72 Zur Literaturgeschichte der Anthropophagie in europäischer wie brasilianischer Prosa vgl. Luciana Stegagno Picchio (1988). Eine literarisch verfasste Kulturgeschichte Brasiliens, in der anthropophagisches Begehren leitmotivisch wirkt, um die subtilen Machtspiele der Gesellschaft zu durchleuchten, ist *Brasilien, Brasilien* von João Ubaldo Ribeiro (2013). Weiterhin interessant ist das in Österreich ansässige dekolonial und feministisch ausgerichtete Zentrum MAIZ, das die ästhetisch-politische Strategie der Anthropophagie als migrationspolitische Interventionsmöglichkeit weiterentwickelt: www.maiz.at.

Das Wissen darüber, dass sich die europäische Kultur in der Krise befand, gab Aufwind, die eigenen kulturellen Paradigmen anthropophagisch zu artikulieren und den Hiatus von Kolonisatoren und Kolonisierten aufzulösen (vgl. Rolnik 1998, S. 9).

Anthropophagie als Akt des Aufbegehrens

In der Anthropophagie wird Begehren in seiner Aggressivität, als appetitive Begierde gedacht, die als dekonstruktivistische Kraft wirkt, durch die die Grenzen zwischen Selbst und Anderem, Innen und Außen, Herr und Sklave nicht schlichtweg verkehrt, sondern aufgelöst werden (vgl. Islam 2011, S. 163). Im Verschlingen der Anderen wird diese zu einem Teil des Selbst, sodass sich die Subjektgrenzen verflüssigen. Doch das Verzehrungsverlangen ist, wie die Psychoanalytikerin Suely Rolnik festhält, nicht nur gewaltförmig, sondern umschlingt die Anderen wollüstig wie warmherzig:

> Above all, this mode depends, to a significant degree, on the exposure to alterity: to discover and desire the singularity of the other, without feeling shame in discovering and desiring, without feeling shame about expressing that desire, without fear of contaminating oneself, because it is through that contamination that the vital powers expand, where the batteries of desire are charged, where a series of becomings of subjectivity incarnates [...]. (Rolnik 1998, S. 10)

Rolnik, die mit Guattari eine enge intellektuelle Komplizenschaft verband, verdeutlicht, dass dieser begierige Prozess eine Werdensbewegung vollführt und mithin den Theorierahmen einer Begehrensdialektik verlässt, die immer wieder die identitären Grenzen auslotet.[73] Wenn man allerdings Rolniks Perspektive nicht in Abgrenzung, sondern in Anlehnung an Hegel betrachtet und im Begriffspaar von Aufbegehren und Begierden umformuliert, artikuliert sich in der Anthropophagie die von Hegel herrührende appetitive Begierde nach der Anderen, die im Verzehrungsakt als Aufbegehren entgrenzend wirkt. Die Andere aufzuessen, mag ein Gewaltakt sein, ja, die äußerste Form der Gewalt darstellen, doch gleichsam ist er im Denken des anthropophagischen Begehrens ein umschlingender und fusionierender Akt. Damit bricht Begierde in Aufbegehren auf.

---

73 Als Beispiel für die intellektuelle Nähe von Rolnik und Guattari lässt sich auf die Dokumentation einer gemeinsamen Reise 1982 durch Brasilien, also kurz nach Ende der Diktatur, verweisen, die Rolnik unter dem Titel *A Molecular Revolution in Brazil* veröffentlichte (Guattari/ Rolnik 2008).

Wie Rolnik zeigt, trat Anthropophagie als ästhetisch-affektpolitische Strategie in dem Moment zutage, in dem das dialektische Herrschaftsmodell nicht mehr den kulturellen Dynamiken entsprach. Die Bewegung des Modernismo in den 1930er Jahren, welche die kolonialgeschichtlich geprägte Gegenwart reflektierte, resoniert mit einem feinen Riss in französischer Philosophiegeschichte, der erst Jahrzehnte als Kluft sichtbar wird.[74] Während im brasilianischen Modernismo bereits das duale Herrschaftsmodell dekonstruktivistisch aufgelöst wurde, avancierte Hegels Herr/Knecht-Dialektik durch Kojève zur Analyseschablone von Machtverhältnissen. Erst in den 1970er Jahren, als sich in Brasilien bereits die zweite Welle der Anthropophagie, der ‚Tropicalismo‘, bewegte, vollzog sich in Frankreich der paradigmatische Umbruch von einem dialektischen zu einem dynamischeren Machtmodell und zwar mit den Arbeiten von Deleuze und Foucault (vgl. Descombes 1981, S. 17–23). Dennoch deutete sich dieser Wandel bereits in den 1930er Jahren an. Diesbezüglich sind besonders Batailles Überlegungen bedeutend, da er die Hegelsche Dialektik als todesgetriebene Verausgabung beschrieb – ein Aspekt, der im nächsten Kapitel aufgegriffen wird. Das Denken des anthropophagischen Begehrens wird uns hierbei erneut begegnen.

4.4 Arbeit als gehemmtes Begehren

Neben den Aspekten des Verzehrens und Verschlingens ist der Aspekt der Arbeit, den Hegels Herr-Knecht-Kapitel prominent als philosophische Kategorie einführt, relevant, um das Verhältnis von Begehren und Ökonomie näher zu begreifen (vgl. Kuch 2013, S. 175–185). Hierfür führt der Weg in das marxistische Rezeptionsfeld, dessen relevanteste Referenz Marx' *Ökonomisch-philosophische Manuskripte* (1844/1968) darstellen.

Da man die Ausführungen von Marx, der bis zu seinen 1844 veröffentlichten *Ökonomisch-philosophischen Manuskripten* als Junghegelianer galt, als Umformungen von Hegels Dialektik las, wurde die Denkfigur von Herr und Knecht als

---

74 Wie Descombes aufzeigt, fällt die Selbstkritik bezüglich des eurozentrischen Legitimitätsanspruchs mit dem Ende der französischen Kolonialherrschaft zusammen. Zugespitzt formuliert lautete die Anklage: „[D]ie Philosophie ist die Ideologie der europäischen Ethnie. Und ideologisch ist der Diskurs, der eine faktische Situation als zu recht bestehende, ein traditionelles Privileg als eine natürliche Überlegenheit ausgibt. In dem Maße heißt es, wie die Vernunft sich als die Vernunft [...] ausgegeben habe, sei sie eine ungerechte und gewalttätige Instanz gewesen. Es sei darauf hingewiesen, daß diese Gewissensprüfung der Philosophen zeitlich mit dem Untergang der europäischen Kolonialreiche einherging (1962 ist das Ende des Algerienkriegs)." (Descombes 1981, S. 162)

Metapher des Klassenkampfes mystifiziert (vgl. Kuch 2013, S. 175 f.). Solch eine Deutung findet sich bei Kojève, für den der Knecht die Arbeiterklasse verkörpert und der – laut Kuch – die Herr/Knecht-Szene „marxistischer las als Marx selbst" (Kuch 2013, S. 181; vgl. Kojève, 1975, S. 70). Wie der Philosoph Chris Arthur darlegt, stammt diese Bezugnahme, ob als Verweis auf vorkapitalistische Versklavung oder als paradigmatische Metapher für Klassenkampf, nicht von Marx selbst, sondern aus den nachfolgenden Interpretationen seiner Hegel-Lektüre (vgl. Arthur 1983). Außerdem lässt sich ein Problem aufzuzeigen, das politischer Natur ist. Hierbei ist erneut die Kritik von Buck-Morss anzuführen, die darauf aufmerksam macht, wie in marxistischen Lesarten die Herr/Knecht-Figur zur Metapher erhoben und damit der kolonialgeschichtlichen Realität enthoben wird. Ihrer Ansicht nach ist diese Enthistorisierung symptomatisch für eine Schwierigkeit, die marxistische Perspektiven aufwerfen, da diese Sklaverei als vormoderne Institution betrachten würden, anstatt Kolonialismus und Versklavung konstitutiv in die Analyse und Kritik der Kapitalismusgeschichte einzubinden (vgl. Buck-Morss 2000, S. 9). Dahingegen bieten post- und dekoloniale Ansätze – wie diejenigen von hooks und – das Potenzial, rassifizierte Machtstrukturen in ihrer Wechselwirkung Fanon mit sozioökonomischen Strukturen zu untersuchen.

Der marxistische Mythos

In seinem Aufsatz *Hegel's Master-Slave Dialectic and a Myth of Marxology* (1983) deckt Arthur auf, dass die Verbindungen zwischen dem Herr/Knecht-Kapitel und dem Klassenkampf erst durch späte Marx-Exegesen in dessen Texte hinein interpretiert wurden – wie von Kojève oder Marcuse. Deren Interpretationen verorten Marx' Aussage, Arbeit erschaffe den Menschen, in dem textuellen Kontext des Herr/Knecht-Kapitels, in dem Arbeit als knechtische Praktik beschrieben wird. Marcuse behauptet, Marx habe sich in seiner Entfremdungstheorie in den *Ökonomisch-philosophischen Manuskripten* auf die Denkfigur bezogen (vgl. Marcuse 1941, S. 115). Arthur widerspricht ihm und weist auf, dass Marx in den *Ökonomisch-philosophischen Manuskripten* vor allem Hegels Begriff der Entfremdung verwendet (vgl. Arthur 1983, S. 69). Obwohl Marx bisweilen das Begriffspaar von Herr und Knecht benutzt, wird im letzten Abschnitt des Manuskripts, in dem er sich dezidiert mit Hegel befasst, deutlich, dass seine Kritik an dessen Philosophie ausdrücklich auf das Gesamtunternehmen der *Phänomenologie des Geistes* abzielt (vgl. Marx 1844/1968, S. 566). Marx bemängelt, dass Hegel zwar die Arbeit als gattungsgeschichtliches Merkmal des Menschen ausmache, doch im politischen Fahrwasser der Klassischen Nationalökonomie schwimme, die von Adam Smith, David Ricardo oder John Stuart Mill vertreten wird.

> Hegel steht auf dem Standpunkt der modernen Nationalökonomen. Er erfaßt die Arbeit als das Wesen, als das sich bewährende Wesen des Menschen; er sieht nur die positive Seite der Arbeit, nicht ihre negative. Die Arbeit ist das Fürsichwerden des Menschen innerhalb der Entäußerung oder als entäußerter Mensch. Die Arbeit, welche Hegel allein kennt und anerkennt, ist die abstrakt geistige. (Marx 1844/1968, S. 574)

Marx wirft Hegel vor, den Blick auf einen vergeistigten Arbeitsbegriff zu verengen und materielle Ausbeutungsverhältnisse zu ignorieren (vgl. Arthur 1983, S. 71 f.). Insofern hantieren Hegel und Marx, obwohl sie Arbeit als philosophischer Kategorie ähnlichen Wert beimessen, mit unterschiedlich ausgerichteten Arbeitsbegriffen. Dass Hegel letztlich Arbeit als geistigen Bildungsprozess begreift, stellt für Marx eine philosophische Form der Entfremdung dar.

Durch Marx' Begriff der Entfremdung eröffnet sich dennoch ein neuer Blick auf Hegels Herr-Knecht-Verhältnis (vgl. Kuch 2013, S. 180). Einerseits zeigt sich, dass sich der Herr entfremdet, indem er die Arbeitsprodukte konsumiert, während der Knecht im unmittelbaren Umgang mit materiellen Objekten, im praktischen Schaffen einen Selbstbildungsprozess durchläuft. Doch obwohl sich Hegels Knecht durch die materielle Arbeit in direkten Bezug zur Welt setzt und somit emanzipiert, verweist Marx darauf, dass Arbeit im Kapitalismus per se entfremdet ist, da die Produktionsmittel nicht den Arbeitenden gehören und somit kein unmittelbarer Bezug zur Arbeit und den hergestellten Produkten besteht. In diesem Entfremdungsprozess formen sich Subjektivität und Sozialität:

> Eine unmittelbare Konsequenz davon, daß der Mensch dem Produkt seiner Arbeit, seiner Lebenstätigkeit, seinem Gattungswesen entfremdet ist, ist die Entfremdung des Menschen von dem Menschen. Wenn der Mensch sich selbst gegenübersteht, so steht ihm der andre Mensch gegenüber. Was von dem Verhältnis des Menschen zu seiner Arbeit, zum Produkt seiner Arbeit und zu sich selbst, das gilt von dem Verhältnis des Menschen zum andren Menschen, wie zu der Arbeit und dem Gegenstand der Arbeit des andren Menschen. (Marx 1844/1968, S. 517 f.)

Marx' Analyse der kapitalistischen Produktionsstrukturen zeigt, dass auch der Produzent keine souveräne Macht besitzt und stattdessen knechtisch dem Kapital zuarbeitet. Insofern vollzieht sich hier eine machtanalytische Wendung, da Marx das Herrschaftsverhältnis nicht im interpersonellen Verhältnis von Produzent und Arbeiterin (respektive Herr und Knecht), sondern in den Produktionsstrukturen verortet (vgl. Kuch 2013, S. 180). Die Sachherrschaft des Kapitals löst das Machtsystem personaler Herrschaft ab. Der ökonomische Gesichtspunkt, den Marx aus Hegels *Phänomenologie des Geistes* herausarbeitet, führt zum ersten Analysestrang, der Frage nach Mangel oder Produktion.

Die Negativität der Begierde

Gemäß Deleuze und Guattaris philosophiegeschichticher Einteilung in Mangel- und Produktivitätstheorien scheint sich Hegel auf der Seite des Mangeldenkens zu situieren. Doch schon bei Platon, der ebenfalls in der Denktradition des Mangeldenkens verhaftet wurde, zeigt sich, dass Begehren in seinem Text zwischen Mangel und Überschuss oszilliert. Wenn man das Szenario von Herr und Knecht genauer betrachtet, verhält es sich hier ähnlich.

Der Kampf um Leben und Tod rührt nicht aus einer Knappheit an Gütern oder Ressourcen, er ist also nicht ökonomischem Mangel geschuldet. Stattdessen entspringt er dem Begehren nach Anerkennung (vgl. Kuch 2013, S. 48). Dieser Aspekt ist durchaus beachtenswert: Hegel, der als prominenter Mangeltheoretiker des Begehrens gilt, geht von keinem Ursprungsszenario der Knappheit aus. Es scheint vielmehr so, als wäre das Bewusstsein von einer Fülle an Gütern umgeben, derer es sich ermächtigen und die es verzehren muss, um sich in die Welt zu setzen. Der Mangel in Form der Negation, die das Bewusstsein an den Objekten seiner Umwelt ausübt, entsteht somit aus einer Fülle heraus. Sofern ist es – wenn auch weniger explizit als das platonische Anfangsszenario des Lustgartens – ein weiteres Mal die Überfülle, die den Mangel hervorbringt.

Außerdem verkörpert der schuftende Knecht die Produktiv- bzw. Arbeitskraft. Allerdings ist dieses schöpferische Schaffen kein unmittelbarer Effekt des Begehrens, sondern wird nach Hegel durch die Hemmung desselben ermöglicht. Dabei ist es die aktive Leistung des Knechts, seine begehrlichen Impulse zu unterdrücken, während der Herr die Früchte von dessen Arbeit geniesst. Wie Butler darlegt, ist der Genuss des Herrn, welcher der materiellen Überfülle frönt, passiv codiert (vgl. Butler 2012, S. 53). Der aus dem Kampf um Leben und Tod als Sieger hervorgegangene Herr vergnügt sich in einer Daseinssphäre, die von einer Metaphorik der Lust, des Luxus und der Langeweile durchdrungen ist. Während der Herr vormals als dominant galt, wird er in seinem lasziven Luxusleben als schwächliche Figur charakterisiert. Der wahre Held in Hegels philosophischem Bildungsroman ist der Knecht, der sich sprichwörtlich und im Angesicht seines Schweißes aus seiner Unterwerfung herausarbeitet. Später sehen wir in Batailles Weitererzählung, wie dieser dagegen das Verlangen des Herrn als Todestrieb feiert. Hegels Definition der Arbeit als gehemmte Begierde führt auf einer begehrenstheoretischen Spur zu Freuds *Jenseits des Lustprinzips* (1920/1975): Auch wenn der psychische Mechanismus, das Begehren zu hemmen, zwangsläufig zum Scheitern verurteilt ist, muss es verdrängt werden, damit sich Menschen nicht im Lustprinzip verlieren, sondern sich im Realitätsprinzip verorten und den sozioökonomischen Anforderungen fügen. Dabei werden Arbeit und Begehren als scheinbarer Gegensatz konzipiert, ein Gegensatz, dem wir im Wissen um die affektive Besetzung der Arbeit im Neoliberalismus, heftig widersprechen müssen. Wenn man Foucaults Kritik an einem repressiven Begehrensmodell hinzuzieht, dann zeigt sich, dass Begehren nicht unterdrückt werden muss, um die Arbeitsdisziplin anzutreiben, vielmehr fördert es diese aktiv (vgl. Foucault 1977, S. 23–36). Dieser Aspekt zeigt sich in neoliberalen Begehrensökonomien, deren Imperativ lautet, der eigenen Arbeit leidenschaftlich verhaftet zu sein. Von Hegel herstammend, stellt die Kopplung von Begehren und Arbeit einen Kernaspekt dar, um kapitalismusgeschichtliche Transformationen nachzuvollziehen. Der *Anti-Ödipus*, der Begehren und Arbeitskraft in seiner Produktivitätstheorie verbindet, grenzt sich zwar dezidiert von Hegels Ansatz ab, nichtsdestotrotz greift er ebenjene philosophische Verbindung von Arbeit und Begehren auf, die aus Hegels Denkfigur von Herr und Knecht hervorgeht.

Deleuze und Guattari bemängeln Hegels Begehrensdialektik besonders aufgrund dessen Postulat der Negativität. Doch während sie dessen Ideen einseitig auf der Seite von Mangel und Negativität verorten, zeigt sich in der Lektüre, wie sehr sich Begehren zwischen Mangel und Produktion bewegt. Zwar mag Begehren aus dem negativen Weltbezug entspringen und insofern aus Mangel resultieren, doch der Umstand, dass sich im Verlangen nach der Welt das Soziale entfaltet, unterstreicht die produktive Seite des Begehrens. In diesem Sinne ließe sich die Hemmung des Begehrens, die sich durch die Arbeit des Knechts vollzieht, durchaus als Begierde verstehen, da der Knecht sein Verlangen bändigt. Machttheoretisch wirkt dieser Prozess jedoch emanzipatorisch und führt zum Aufbegehren, welches die Vormachtstellung des Herrn untergräbt. In solchen dialektischen Umschlagbewegungen wird deutlich, dass Aufbegehren und Begierde keinesfalls deckungsgleich mit transgressiven und konservativen Wirkungsweisen sind. Das zeigt sich ebenfalls im Hinblick auf den Herrn, der als Symbolfigur für soziale Autorität dient und dennoch eine Bewegung des Aufbegehrens vollzieht, indem er seine Todesfurcht überwindet. Diesen Schritt wird Bataille als Transgression bezeichnen und die Geschichte von Hegels Herrn als Begehrensökonomie weitererzählen. Im Gegensatz dazu bietet Butler eine Nacherzählung des Herr-Knecht-Kapitels, welche die sanften und sorgenden Tendenzen im Begehren hervorkehrt und einen Ausblick auf Aufbegehren eröffnet, das sich gerade aus Mangel und Negativität speist.

4.5 Außer-sich-Sein: Judith Butlers Begehrensphilosophie

Zu Beginn von diesem Unterkapitel kam bereits Butlers Interpretation des Herr-Knecht-Verhältnisses zur Sprache, zum Ende soll ihre Lesart weiter diskutiert werden. Sie argumentiert, dass das Anerkannt-Werden grundlegend der Kontrolle des Subjekts entzogen ist, insofern ist es in seinem Begehren danach, anerkannt zu werden, stets von den anderen abhängt. Anders formuliert liegt Begehren immer außerhalb des Selbst (vgl. Butler 2012, S. 73). Begehren ruht nie in uns selbst, es verweist immer auf die anderen und bildet dabei ein relationales Band. In dieser Perspektive situiert sich Subjektivierung in grundlegender Abhängigkeit, die Möglichkeitsbedingungen für Machtstrukturen und zugleich für Solidaritäts- und Sorgebeziehungen bildet. Die unüberwindbare Abhängigkeit schafft zwar Machtverhältnisse, indessen hebelt sie diese beständig aus, weil sich hierarchische Strukturen in dialektischen Dynamiken nie vollends verhärten. Damit bietet Butler eine spannende sozialphilosophische Perspektive auf Begehren, die dessen machttheoretische Implikationen im Verhältnis zu Alterität hervorkehrt. Allerdings fehlt ihr ein strukturelles Verständnis des Ökonomischen – ein Aspekt, der unverzichtbar ist, um soziale Ordnungen zu untersuchen.

Die Körpergeschichte des Knechts: Subjektivierung als soziosomatische Selbstunterwerfung

Butler denkt Begehren als verkörpert, weshalb sie ebenso das Begehrenssubjekt in seiner Verkörperung begreift. Sie weist darauf hin, dass sich der Knecht im Laufe der Geschichte selbst versklavt, indem er seinen eigenen Körper negiert. Damit führt sie einen entscheidenden Aspekt an, der philosophiehistorisch zumeist ausgeblendet wurde. Als machtvolle, soziale, geschichtlich gebundene Kraft schreibt sich Begehren in die Körper ein und formt diese entlang von sozialen Normen. Von dieser Prämisse ausgehend, entwickelt Butler aus dem Herr/Knecht-Verhältnis eine Theorie der Subjektivierung, die in den Termini der Verkörperung und der Sozialität gedacht wird. In *Psyche der Macht* (2001) setzt sie sich intensiv mit Hegel auseinander und legt dar, wie dessen philosophischer Bildungsroman nach der Befreiung des Knechts in dessen Selbstunterwerfung mündet: „Die Psyche spaltet sich damit in zwei Teile, eine Herrschaft und eine Knechtschaft, die einem einzelnen Bewußtsein innewohnen und durch die der Körper aufs neue als Andersheit verhehlt wird, als Andersheit allerdings, die nunmehr der Psyche selbst innewohnt." (Butler 2001, S. 44) Während vormals der Herr das entkörperlichte Begehren symbolisierte und der Knecht auf seine körperliche Arbeit reduziert war, wird nun die Machtdynamik aus dem Sozialen ins Psychische verlagert. Der eigene Körper erscheint als zu unterwerfendes Objekt und dient damit als Instrument zu seiner eigenen Unterdrückung.[75] Butler schlägt folglich eine innerpsychische Lesart, ähnlich wie diejenige Lacans, vor, doch da sie das Psychische als grundlegend in das Soziale involviert erachtet, überführt sie ihren Ansatz in eine Sozialtheorie. Trotz der theoretischen Distanz, die Foucault gegenüber Hegel einnimmt, versucht Butler, Hegels machtvolle Dialektik mit der Doppelbewegung der Subjektivierung engzuführen (vgl. Butler 2001, S. 35 – 63). Foucault zeige ebenfalls auf, wie das Subjekt zeitgleich hergestellt und unterworfen wird, ein Prozess, der sich im und durch den Körper abspielt. Dennoch hebt Butler nicht alleine die Herrschaftsbestrebungen im Begehren hervor, da sich in den Kippbewegungen der Dialektik und der Paradoxie der Subjektivierung Subversionspotenzial formieren kann. Der Kern dieses potenziellen Widerstands liegt im Begehren, das sie als Ermöglichungsbedingung der Intersubjektivität versteht.

Solidarische Sorge oder antagonistische Affekte?

Wie sich bereits mehrfach angedeutet hat, oszilliert Begehren in Hegels Begehrensdialektik zwischen Autonomie und Abhängigkeit, zwischen Gewaltsamkeit und Verwundbarkeit. Dahingehend lässt sich die Kampfszene zwischen Herr und Knecht als Drama des antagonistischen Begehrens lesen. Hierfür bietet Bataille ein bestechendes Beispiel, da seine Hegel-Lektüre stark von der Interpretation seines Lehrer Kojèves geprägt ist und ebenso den Aspekt des Antagonistischen betont. In seiner Theorie der Souveränität hebt Bataille hervor, dass der Herr nach Autonomie strebt und dabei soziale Normen überschreitet (vgl. Bataille 1997; vgl. Bischof 1997). Damit verortet er das transgressive Potentials im Herrn und nicht – wie in marxistischen Lektüren – im sich emanzipierenden Knecht. In dieser Blickweise betont Bataille die aggressiven und antagonistischen Tendenzen der Begehrensdialektik.

Trotz nüchtern gewählter Worte beschreibt Hegels Kampfszene Begehren in aller Brutalität. Die Arbeit, die hier als philosophische Kategorie eingeführt wird, dient der Ausbeutung des Knechts durch den Herrn und treibt zugleich die Selbstermächtigung des Knechts voran. Ähnlich ambivalent wirkt Begehren, weil es darauf abzielt, die anderen zu vernichten, und dennoch von ihnen anerkannt werden will, wodurch das Selbst existentiell abhängig vom Sozialen ist. Der Begriff der Begierde, der anfangs im heuristischen Begriffspaar Aufbegehren/Be-

---

75 Eine körpertheoretische und intersubjektive Lesart des Herr/Knecht-Szenarios bietet auch der von Butler und Catherine Malabou herausgegebene Dialog (2011).

gierden eingeführt wurde, kann erst im Rekurs auf Hegels Drama seine gesamte Tragweite entwickeln: als Drang, die Andere zu vernichten, um das Selbst zu stärken. Dennoch ist Begierde unauflöslich mit Aufbegehren verbunden, wie sich in der Strategie der Anthropophagie zeigt, wo die Andere verschlungen und umschlungen wird. Im Gegensatz zu Bataille, der Hegels Figur des Herrn, Nietzsches Denken der Differenz und Freuds Thesen zum Todestrieb miteinander fusioniert, hebt Butlers Lesart die Tendenzen zur Sanftheit und Sorge im Begehren hervor.

Im Kontrast zu Bataille, dessen Souveränitätskonzept die angebliche Autonomie des Herrn betont, stellt Butlers Begehrensphilosphe radikal derartige Idealisierungen von Autonomie infrage. Für sie scheitert die Fiktion des souveränen Subjekts daran, dass Begehren auf etwas außerhalb des Selbst zielt: „[D]esire always reveals the desiring agent as intrinsically other to itself: self-consciousness is an ek-static being, outside itself, in search of self recovery" (Butler 2012, S. 39) Diese Exteriorität des Begehrens macht Subjekte voneinander abhängig, sie bildet die Schlüsselfigur in Butlers Begehrensphilosophie, die in ihrer späteren Theorie zur Verwundbarkeit zutage tritt. In ihrer Hegel-Lektüre zeigt sich neben der Dimension des Ek-Statischen noch eine zweite Dimension des Begehrens, das Melancholische. Begehren ist ek-statisch, weil es stets auf Andere verweist, da das Subjekt durch sein Begehren außer sich ist. Begehren ist melancholisch, weil das Selbst Distanz zu Welt fühlt und versucht, Abstand zu überwinden.

Die soziosomsatische Sphäre

Das Potenzial von Butlers Lesart liegt darin, die konstitutive Verletzlichkeit zu denken, die uns in Relation zu anderen stellt. Diesen Gedanken arbeitet sie in ihrem späteren Werk aus, in dem sie das melancholische Begehren im Zusammenhang mit Trauer thematisiert. Hierbei ist besonders auf die Essaysammlung *Gefährdetes Leben* (2005) hinzuweisen, die in den USA 2004 erschien und damit in der aufgeladenen Atmosphäre nach 9/11. Ähnlich wie in *Raster des Krieges* (2009) befasst sie sich mit Diskussionen über Krieg und nationale Identität und interveniert damit in einen sich militarisierenden Diskurs, um die autoritäre Performanz einer Nation zu analysieren, die sich in ihrem Allmachtsanspruch narzisstisch verletzt fühlt. Ihre ethischen Kernfragen lauten dabei: Welche Leben werden betrauert? Welche Leben zählen als betrauerbar? Insofern bildet Trauer ihr emotionsphilosophisches Schlüsselkonzept, wobei sie sich auf Freuds Text über Trauer und Melancholie (1917/1975) bezieht. Die Melancholie bezeichnet dabei den Verlust, wobei unklar bleibt, was verlustig ging

Ich möchte jetzt zum Thema Trauer zurückkehren, zu den Momenten, in denen man etwas durchmacht, was man nicht beherrschen kann, und feststellt, daß man außer sich ist, nicht eins mit sich ist. Vielleicht können wir sagen, daß der Schmerz die Möglichkeit beinhaltet, eine Form der Enteignung zu verstehen, die grundlegend dafür ist, wer ich bin. Diese Möglichkeit bestreitet nicht die Tatsache meiner Autonomie, aber sie schränkt diesen Anspruch ein durch den Rückgriff auf die grundlegende Sozialität des leiblichen Lebens, auf die Art und Weise, in der wir von Anfang an und kraft unseres Daseins als körperliche Wesen bereits anderen anvertraut sind, über uns hinaus sind, in das Leben anderer einbezogen sind. (Butler 2005, S. 45)

Im gemeinsamen Akt des Trauerns wird folglich die geteilte Verwundbarkeit spürbar, da das Subjekt wahrnimmt, wie sehr es von anderen bedingt ist. In diesem Verständnis exponiert Trauer die konstitutive Sozialität des Selbst.

Diese Konzeption einer relationalen Ontologie basiert auf der sozialen Konstitution von Körpern, da Subjekte primär physisch von anderen abhängig sind. Diese Abhängigkeit ist insofern konstitutiv für Körperlichkeit und Sozialität, als dass sie sich nicht auf physische Unversehrtheit beschränkt, sondern die Möglichkeit beinhaltet, gesehen und gehört zu werden, sprich: als soziales Wesen anerkannt zu werden (vgl. Butler 2006, S. 15f.). Wie Butler formuliert:

I appear to others, and they appear to me, which means that some space between us allows each to appear. We are not simply visual phenomena for each other – our voices must be registered, and so we must be heard; rather, who we are, bodily, is already a way of being ‚for‘ the other, appearing in ways that we cannot see, being a body for another in a way that I cannot be for myself, and so dispossessed, perspectivally, by our very sociality. [...] No one body establishes the space of appearance, but this action, this performative exercise happens only ‚between‘ bodies, in a space that constitutes the gap between my own body and another's. (Butler 2011)

In diesem gegenseitigen Abhängigkeitsverhältnis wird Subjektivität als Intersubjektivität gedacht, die sich im Dazwischen der Körper verwirklicht. In meinem Verständnis lässt sich dieses konstitutive Dazwischen als zwischenkörperliche Bezogenheit begreifen. Durch diese Bezogenheit der Körper aufeinander ist das Soziale stets ‚soziosomatisch‘. Im Begriff des ‚Soziosomatischen‘ wird Sozialität folglich in körperlicher Dimension begriffen. Einzelkörper lassen sich keinesfalls als Inseln unberührter Leiblichkeit auffassen, vielmehr erzeugen sie sich im Soziosomatischen. Wie sich darin anschließen lässt, wirkt Begehren als Aufbegehren, weil es den Raum für soziale Relationalität öffnet. Gleichsam ist die intersubjektive Konstitution des Subjekts ein machtvoller Akt, da Subjektivierung stets innerhalb bestehender Kräfteverhältnisse liegt. Die Paradoxie der Subjektivierung, wie sie Butler darlegt, lässt sich in den Begriffen der Begierde und des Aufbegehrens beschreiben: einerseits in der Fixierung einer zugeschriebenen

Identität und andererseits in der Entgrenzung des Subjekts, das nach Butler immer ek-statisch, also außer sich ist.

Die soziosomatische Exterioriät führt dazu, gegenüber anderen körperlich exponiert zu sein, was auf eine grundlegende öffentliche und politische Dimension des Körpers hinweist:

> Der Körper impliziert Sterblichkeit, Verwundbarkeit, Handlungsfähigkeit: Die Haut und das Fleisch setzen uns dem Blick anderer aus, aber auch der Berührung und der Gewalt [...]. Der Körper hat unweigerlich seine öffentliche Dimension. Als in der öffentlichen Sphäre geschaffenes soziales Phänomen gehört mein Körper mir und doch nicht mir. (Butler 2005, S. 43)

Diese soziosomatische Offenheit von Körpern ermöglicht nach Butler ein weites affektives Spektrum wie Freude, Lust, Angst, Hoffnung. Doch obwohl sie in ihrem Denken des ek-statischen Begehrens ein derart breites Affektspektrum miteinbezieht, führt ihr Fokus auf die melancholische Dimension zu einer ethischen Konzeption von Begehren, die sich auf sanfte und sorgende Empfindungen kapriziert.

Grausamkeit und Verwundbarkeit

Hegel, dessen Anmerkungen zum Verzehrungsverlangen zur soziosomatischen Einfassung von Subjektivität hinleiten, beschreibt Begehren durchaus brutal – in der Lust den Anderen zu verschlingen und zu zerstören, in dem aggressiven Streben nach Autonomie. Butlers Wiedererzählung im Zeichen des melancholischen Begehrens forciert stattdessen sanfte Regungen. In dieser Blickweise scheint Begehren nicht inhärent aggressiv zu sein. Dabei kann man Butlers Philosophie bei weitem nicht den Vorwurf machen, Gewalt nicht zu berücksichtigen. Dennoch ist ihre Prämisse problematisch, dass das Hegelsche Anerkennungsbegehren vom Wissen um die wechselseitige Verwundbarkeit bestimmt ist. Damit verkehrt sie das begierige Machtstreben, das Hegel anfangs schildert, zu einem Begehren, das sich der Fürsorge für den Anderen öffnet, und erst in der Vergesellschaftung gewaltvoll wird.

Nichtsdestotrotz denkt Butler die gewaltförmigen Effekte der Interdependenz mit, da sie hervorhebt, dass gerade der Umstand, durch die Anderen verwundbar zu sein, aggressive Abwehrmechanismen hervorruft. Diesen Prozess fasst sie im Begriff des Abjektiven, in dem ein Teil des ‚Anderen' in sich selbst verleugnet wird, um den Anschein einer kohärenten Identität zu erzeugen, seien es nationale, geschlechtliche oder andere Identitätsformen. Der verfemte, verleugnete Anteil des Anderen in sich ruft umso stärkere Affekte hervor, die auf ‚Andere' projiziert werden. Je mehr diese Spaltung des Subjekts verleugnet werden muss, umso gewaltvoller äußern sich die Affekte gegen das ‚Andere' (vgl. Butler 2010, S. 48–59). Ihre machtanalytische Perspektive erfasst die gewaltvollen Effekte der Normen, die kohärente Subjektbildung vorschreiben und damit Ausschlüsse produzieren. In Anlehnung an Lacan koppelt Butler Begehren an das symbolische Gesetz, das soziale Normen etabliert. Zugleich postuliert sie, dass Begehren in sich ethisch ist, indem sie die zerstörerische Kraft der hegelianischen Begierde positiv umformuliert. Durch die Abhängigkeit und Bezogenheit, die das Begehren als soziales Band zwischen Menschen spannt, bleibt die Fiktion in sich geschlossener Identität niemals intakt. Entgegen der Idee des souveränen Subjekts können uns nicht solipsistisch einkapseln, schließlich sind wir durch die grundlegende Offenheit durch Andere verletzbar. Dies bildet die Möglichkeitsbedingung für Sorge und Solidarität. Daher erscheint Gewalt in Butlers Schriften als Effekt sozialer Machtverhältnisse, die sie nicht konstitutiv ins Begehren einbettet, da ihre begehrenstheoretische Grundannahme ist, dass „wir voneinander abhängig sind und dies zeitlebens bleiben", wodurch „die Zerstörung des anderen die Zerstörung dessen [ist], was für mich lebensnotwendig ist" (Butler 2014, S. 50). Aggressionen erscheinen als Effekte kultureller Normen, die diese Abhängigkeit zu leugnen versuchen, um unilaterale Machtverhältnisse zu errichten. Begehren bleibt in sich aggressionsfrei.

Während andere Denker wie Kojève und Bataille die Blutrünstigkeit der Begierde einseitig betonen, schließt Butler deren Gewaltförmigkeit konzeptuell aus. Gegen beide Seiten – Bataille wie Kojève auf der einen, Butler auf der anderen – ließe sich einwenden, dass sich Begehren nicht auf solch eine Logik des Entweder/Oder festschreiben lässt. Daher ist es wesentlich, Gewaltförmigkeit und Zärtlichkeit zusammenzudenken – als anthropophagisches Verlangen des Ver- und Umschlingens der Anderen oder in dem Wechselspiel von Aufbegehren und Begierden, das sowohl das Öffnen zur Alterität als auch das Verschließen eines Begehrenssubjekts gegenüber seinem -objekt bedeutet. Wenn man Butlers begehrensphilosophische Begriffe erneut hinzuzieht, dann zeigt sich das ek-statische Begehren als Aufbegehren, das eine öffnende Bewegung vollführt, während der Prozess der Abjektion, der darauf abzielt, sich in der fiktiven Einheit der Identität vor Alterität abzuschotten, die Bewegung der Begierden vollbringt.

Aufgrund ihrer sozialphilosophischen Orientierung an Hegel, zählt Butler zu den Mangeltheoretikerinnen des Begehrens. Dementsprechend kritisiert die feministische Philosophin Rosi Braidotti, dass sowohl bei Hegel, Freud und Lacan als auch bei Butler Begehren in der „logic of irreparable loss, unpayable debt and perpetual mourning" gefangen wird (2005). Braidotti mag das produktive Potenzial, das sich in Hegels Dialektik und in Auslegungen wie derjenigen Butlers verbirgt, unterschätzen, dennoch macht sie auf einen wichtigen Punkt aufmerksam. Butlers Figur des melancholischen Begehrens ist zwar dazu geeignet, die Verwerfungseffekte machtvoller Subjektivierung aufzuzeigen, doch es versperrt die Möglichkeit, das transformative Potenzial des Begehrens zu erfassen. Zwar versperrt sich Deleuze und Guattaris spinozistische Perspektive dagegen, die Machtdynamiken von Identität und Aliterität einzubeziehen. doch ihr produktives Begehrensmodell, das beständig neue Gefüge hervorbringt, ermöglicht, gesellschaftliche Transformation zu denken.

4.6 Kalkulation

Um die fünf Analysestränge aufzunehmen, lassen sich bei Hegel folgende Verknüpfungen aufzeigen. Erstens: Obwohl Deleuze und Guattari Hegel als reinen Mangeltheoretiker ausmachen, zeigt sich in seinen Beschreibungen, dass Begehren, obwohl es negativ bestimmt ist, das Soziale grundlegend hervorbringt und damit produktiv wirkt. Außerdem führt Hegel den Begriff der Arbeit als philosophische Kategorie ein, wobei in seinem Text das schöpferische und produktive Potenzial der Arbeit als gegenläufige Tendenz zum Begehren erscheint. Zweitens: Trotz der soziosomatischen Metaphorik in den Abschnitten zum Verzehrungsverlangen liegt die Grundbewegung der *Phänomenologie des Geistes* in der Erlangung des absoluten Geistes. Diese stellt sich somit als weiteres Kapitel der Rationalisierungsgeschichte des Begehrens dar. Hegels auktoriale Motivation, den spekulativen Weg zur ultimativen Ratio abzuschreiten, kollidiert auf textperformativer Ebene mit dem Begehren, welches in seiner ersten Erscheinungsform anhand der entkörperlichten Empfindung des Hungers ersonnen wird – der dritte Analysestrang. Drittens: Insofern tritt die körperliche Dimension des Begehrens deutlich zutage, da die Ökonomie des Begehrens anhand der Körperökonomie des Hungers entworfen wird. Dieser Gedanke lässt sich mit der ästhetisch-affektpolitischen Strategie der Antropophagie verbinden, die die Einverleibung als emanzipatorische gegen-kulturelle Aneignung beschreibt. Mit Butler konnten wir außerdem einen Einblick in die soziosomatische Dimension von Subjektivität und Sozialität erlangen. Viertens: Die Überwindung der Todesfurcht, die dem Herrn gelingt, erscheint als Überwindung des Todestriebs. Im dialektischen Verhältnis mit der Schaffenskraft des Knechts deutet sich hier ein Denkmodell von Freud an, dasjenige des Antagonismus von Eros und Thanatos. Fünftes: Das Verhältnis von Wert und Begehren zeigt sich in dem Ringen um Anerkennung, das auf symbolischen Wert und soziale Wertschätzung abzielt. Es zeigt sich zudem in der Arbeit des unterjochten Knechts, die – wie marxistische Lesarten unterstreichen – auf ökonomischen Wert und die wirtschaftliche Inwertsetzung des Menschen durch Arbeit hinausläuft.

Wie dargelegt bildet die Denkfigur von Herr und Knecht einen Einsatzpunkt, um soziale Machtverhältnisse kritisch zu betrachten. Dabei ist es wesentlich, diese Dialektik dergestalt zu dynamisieren, sodass sie über die starren Kategorien von Herrschern und Beherrschten hinausgehen. Es ist weiterhin wichtig, marxistische Lesarten um die Machtkategorie des Rassismus zu erweitern. Eine Umdeutung von Machtverhältnissen manifestiert sich in der französischen Philosophie ab den 1960er Jahren, deren Aufmerksamkeit von Hegel zu Nietzsche wandert. Damit vollführt sich der Wandel von sogenanntem identitätslogischem zu differenztheoretischem Denken. Nachdem das dialektische Denken in den 1960er Jahren auf die Anklagebank geraten war, kritisierten die strukturalistisch geprägten Philosophinnen die Identitätslogik der Dialektik, „die sich den Anderen nur vorstellen kann, indem sie ihn auf den Selben reduziert und die Differenz der Identität unterwirft" (Descombes 1981, S. 91). Demgegenüber dachten sie Differenz als der Identität vorgängig, als Differenz, die Identität hervorbringt und sie zugleich immer wieder zerrüttet. Die frühen Schaffensjahre von Deleuze, insbesondere dessen 1968 erschienenes Buch *Differenz und Wiederholung* (1992), und Foucaults frühe Arbeiten der 1960er Jahre markieren den Wendepunkt, an dem sich jene antihegelianische Tendenzen verzeichnen lassen, die sich schließlich im *Anti-Ödipus* als diskursiver Umbruchstelle vollends entfalten (vgl. Descombes 1981, S. 20). Wie Descombes darlegt, vollzog der *Anti-Ödipus* einen Radikalschlag sowohl gegen Platon, als auch gegen Hegel (vgl. Descombes 1981, S. 36 f.). Diese antihegelianische Haltung tritt bereits in Deleuzes früherem Werk deutlich zutage. In *Nietzsche und die Philosophie* bezeichnet er Hegels Philosophie als Sklavenmoral. Indem er die Sklavenmoral bei Hegel anprangert, schlägt er den preußischen Philosophen mit dessen eigenen Begriffen. Deleuze konstatiert konsequent: „Zwischen Hegel und Nietzsche ist jeder Kompromiß ausgeschlossen." (Deleuze 1985, S. 210) Kompromisslos Hegels Prinzip der Negation ablehnend, plädiert er für das Gegenmodell der Affirmation und zieht damit eine markante Denklinie von Spinoza zu Nietzsche. Damit gelangen wir zum nächsten Kapitel, das sich Nietzsches Wertphilosophie widmet.

5 Friedrich Nietzsches Begehrensökonomie der Schuld und Schulden

Wer in Blut und Sprüchen schreibt, der will nicht gelesen, sondern auswendig gelernt werden. (Nietzsche 1883/1969, S. 44)

Nietzsche, der schnurrbärtige Hammer-Philosoph, der musikvernarrte Zettel-Philosoph, der kopfschmerzgeplagte Werte-Philosoph, der schreibt wie ein Boxer zuschlägt: wortgewaltig eine Runde an Geraden und Haken austeilend, angriffs-lustig im Kreis umhertänzelnd, der Boxer-Philosoph, der in der zweiten Runde Ruhe und Eleganz in seine Bewegungen fließen lässt, geschmeidig antäuscht und ausweicht, um seine Treffer zu landen. Nietzsche, der listige Geschichtenerzähler, der die Gläubiger und Schuldner des toten Gottes verhöhnt, der dem Ehrgeiz seiner Schwester Elisabeth Förster-Nietzsche, die danach trachtet, ihn als natio-nalsozialistischen Blut-und-Boden-Philosophen auszustellen, bis in den Wahn-sinn ausweicht. Nietzsche, der Zarathustra verkünden lässt, man solle die Peit-sche zum Weibe mitnehmen, und der für eine Fotoaufnahme mit dem liebsten Freund Paul Rée vor einem Holzkarren posiert, auf dem die angebetete Freundin, die Psychoanalytikerin Lou Salomé, thronend in die Kamera blickt, die Peitsche in ihrer Hand. So viele Masken, so wüstes Schreiben.

Nietzsche verwendet zwar den Begriff des Begehrens nicht als eigene Denk-kategorie seiner Philosophie, dennoch schreibt er darüber – allein sein Begriff des Willens zur Macht verweist auf dessen begehrliche Wirkungsweise als vitalistisch-affirmative Kraft. Bei aller Versuchung, Begriffe in seinen Zeilen zu lesen, die dort nicht stehen, sollten wir ernst nehmen, dass er Begehren nicht dezidiert als Ka-tegorie behandelt und daher seine eigenen Begriffe nicht blindlings mit Begehren übersetzen. Dennoch bietet die Streitschrift *Zur Genealogie der Moral* Einblicke in die affektiven Tiefenstrukturen der Ökonomie, weshalb Nietzsches Thesen zum Verhältnis von Einschreibung und Schuld wegbereitend für diejenigen des *Anti-Ödipus* sind (vgl. Deleuze/Guattari 1974, S. 225–280). Um den Denkpfad von Deleuzes Nietzsche-Lektüre zu der mit Guattari geteilten Begehrensphilosophie abzuschreiten, machen wir einen kurzen Abstecher in die philosophiehistorische Vergangenheit zu Spinoza, dem Deleuze und Guattari die Leitfrage des *Anti-Ödipus* verdanken: Warum begehren Menschen ihre eigene Unterdrückung? De-leuze folgt dieser Frage bereits im Zuge seiner Nietzsches-Lektüre, mithin beant-wortet er sie im Verweis auf Nietzsches Beschreibung der Herren- und Sklaven-moral (vgl. Descombes 1981, S. 205 ff.).

https://doi.org/10.1515/9783110686975-008

5.1 Plurales Begehren: Deleuze liest Spinoza

Begierde ist des Menschen Wesen selbst. (Spinoza 1677/2007, IV, Lehrsatz 18)

Für Deleuze ist Spinoza einer der ersten Philosophen, mit dem eine prozessuale Philosophie, ein Denken der Immanenz und des Werdens beginnt. Schlägt man das Merve-Buch *Spinoza. Praktische Philosophie* auf, springt einem als erstes Wort Nietzsches Name entgegen (vgl. Deleuze 1988, S. 9). Deleuze macht Spinoza zu Nietzsches Komplizen gegen den Todeskult, da Spinoza schon vor letzterem „all jene Verfälschungen des Lebens und all jene Werte [denunziert], in deren Namen wir das Leben entwerten: wir leben nicht, wir führen nur ein Schein-Leben, wir träumen nur davon, zu verhindern, daß wir sterben, unser ganzes Leben ist ein Todeskult" (Deleuze 1988, S. 38). Während diese Leidenschaften das Leben negieren, bildet Spinozas Conatus für Deleuze eine grundlegend affirmative Kraft. Indem der Conatus ontologisch als Schöpfungskraft vorgeschaltet ist, kann man ihn nicht innerhalb eines repressiven Machtmodells menschlicher Herrschaftsverhältnisse erfassen. In diesem Verständnis bestimmt Deleuze den Conatus ähnlich wie er Nietzsches Willen zur Macht begreift. Hier liegt die begehrenstheoretische Crux, da der Conatus eine Kraft der Überfülle ist, ein Aufbegehren, das den Immanenzplan umwandelt, ein Aufbegehren, das das Leben bejaht, Lust sucht und Unlust scheut. Es sind die „trübseligen Leidenschaften", die nach Spinoza die Herrschaft des Tyrannen ermöglichen, welche die Menschen ihre eigene Unterdrückung begehren lassen – eine These, die von der *Genealogie der Moral* ebenso wie vom *Anti-Ödipus* aufgenommen werden.

In Spinozas prozessualer Philosophie wird der Körper als Modell eingebracht, um das Unwägbare zu denken, denn „was der Körper alles vermag, hat bis jetzt noch niemand festgestellt" (Spinoza 1677/2007, II, Lehrsatz 2, Anmerkung). Bei Spinoza werden Körper nicht, wie die Philosophin Kerstin Andermann schreibt, „im Sinne des aristotelischen Hylemorphismus als Stoff und Form und nach dem Prinzip einer inneren Wesensform bestimmt, sondern von den dynamischen Verhältnissen her verstanden, in denen sie sich bewegen und aus denen sie sich speisen" (Andermann 2019, S. 25). Deleuze nimmt diesen Gedanken auf und begreift Körper in Bewegungen und Schnelligkeiten, als Vermögen affiziert zu werden, zu affizieren und die bestehenden Verhältnisse immer wieder zu überschreiten (vgl. Deleuze 1988, S. 27–30; S. 159 f.). Deleuzes Beschreibung von diesem breit gefächerten Körperbegriff liest sich wie eine Protodefinition des *Agencement:*

Ein Körper kann alles mögliche sein, es kann ein Tier sein, ein Klangkörper, es kann eine Seele oder eine Idee sein, es kann ein Textcorpus sein, ein sozialer Körper, ein Kollektiv sein.

> Wir nennen die Länge eines Körpers die Gesamtheit der Verhältnisse von Schnelligkeit und Langsamkeit, Ruhe und Bewegung zwischen Teilchen, die ihn unter diesem Gesichtspunkt zusammensetzen, d. h. zwischen nicht-geformten Elementen. Weite nennen wir die Gesamtheit der Affekte, die einen Körper in jedem Augenblick ausfüllen, d. h. die intensiven Zustände einer anonymen Kraft [...]. So legen wir die Kartographie des Körpers fest. Die Gesamtheit der Längen und Weiten konstituiert die Natur, den Immanenz- und Konsistenzplan, der ständig veränderbar ist und von den Individuen und Kollektiven unaufhörlich umgearbeitet, zusammengesetzt, wiederzusammengesetzt wird. (Deleuze 1988, S. 165)

Auch *Agencements* entstehen durch Schnelligkeiten, Bewegungen und Intensitäten. Sie transformieren sich beständig und setzen sich aus heterogenen Elementen zusammen, die sich erst in dieser Relationalität erzeugen. Vor allem werden *Agencements* durch Begehren angetrieben – einen ähnlichen Stellenwert als ontologische Schöpfungsmacht und Triebkraft nimmt der Conatus in Spinozas Philosophie ein.

In den aufgeführten Aspekten blitzen nietzscheanische Ideen auf, sei es bezüglich des Körpers als philosophischem Denkmodell, sei es in Bezug auf den Conatus, der in dem Willen zur Macht wiedererkennbar ist, sei es hinsichtlich der Affirmation als philosophisches Manöver, sei es in den Wirkungsweisen der trübsinnigen Leidenschaften. Vor allem zeigt sich die Gemeinsamkeit in der affektökonomischen Gestaltung, wie Andermann hervorhebt (vgl. Andermann 2019, S. 26). Deleuze greift Spinozas ontologische Grundkonzeptionen auf und überträgt sie auf Nietzsches Willens-, Affekt- und Krafttheorie.

5.2 Wilde Affekte: Deleuze liest Nietzsche

Körper, Affekt, Kraft – anhand dieser Schlagworte hangeln wir uns von Deleuzes Spinoza-Lektüre zu seiner Nietzsche-Lektüre, die einen Denkschritt hin zum *Anti-Ödipus* darstellt, dessen Vokabular, wie Descombes anmerkt, zwar „bald marxistisch, bald freudianisch" ist, dessen Leitfaden jedoch „von Anfang bis Ende Nietzsche verpflichtet" bleibt (Descombes 1981, S. 204).

In Deleuzes früher Schrift *Nietzsche und die Philosophie* (1976), die erstmals 1962 erscheint, vollzieht sich eine paradigmatische Wende der französischen Gegenwartsphilosophie. Bis zu dem Zeitpunkt bemühten sich lediglich Bataille, Klossowski und ihre Komplizinnen rund um das *Collège de Sociologie* darum, den völkisch-nationalistischen Deutungen alternative Interpretationen entgegenzusetzen. Weiterhin gilt er innerhalb der französischen Intelligenzija als unphilosophischer Wirrkopf, dem der muffige Geruch der Deutschtümelei anhängt. Deleuze bereitet Nietzsches Werk systematisch auf, bettet es in philosophiehistorische Bezüge und präsentiert es als ambitioniertes Projekt der Metaphysikkritik. Den ersten Abgrenzungspunkt der Studie bildet der freudomarxistische Diskurs, mit dem sich Deleuze schließlich „gegen den zeitgenössischen Unterdrückungs- und Befreiungsdiskurs [...], indem er seine dialektischen Grundlagen auf der Folie nietzscheanischer Denkmuster ausleuchtet", wendet (Rölli 2009, S. 256). Deleuze setzt ferner der von Hegel behaupteten Negativität der Begierde die von Nietzsche vertretene Affirmation des Affektiven entgegen. Während sich für Hegel das dialektische Denken als antagonistischer Zweikampf darstellt, argumentiert Deleuze in Komplizenschaft mit Nietzsche für die Polyvozität der Kräfte.

Aktion – Reaktion – Ressentiment

Im Denken dieses Kräftespiels unterscheiden Deleuze und Nietzsche zwischen aktiven und reaktiven Kräften: Während die aktiven Kräfte das Leben bejahen, verneinen die reaktiven Kräfte dasselbe. Unschwer ist hier spinozistisches Gedankengut erkennbar, denn der Wille zur Macht wird ähnlich wie der Conatus als immanent-ontologische Kraft konzipiert. Bei Nietzsche sind es die aktiven Kräfte, die das Leben hervorbringen, während die reaktiven Kräfte die Begehrensströme blockieren und Ressentiment hervorrufen. Das Ressentiment beschreibt folglich die Bewegung der Festsetzung von transzendentalen Werten, der Vereinheitlichung der Mannigfaltigkeit und der Verinnerlichung der Schuld als Herrschaftsmittel. Dabei wirkt das Ressentiment nicht lediglich reaktiv, sondern schöpferisch, indem es Machtverhältnisse hervorbringt.

Das Ressentiment bringt Mangel hervor, während das Leben selbst üppig ist. Wie Spinoza geht Nietzsche von einer Überfülle und Mannigfaltigkeit des Seins aus: „[D]er Gesammt-Aspekt des Lebens ist n i c h t die Nothlage, die Hungerlage, vielmehr der Reichtum, die Üppigkeit, selbst die absurde Verschwendung [...]" (Nietzsche 1888b/1969, S. 114). Hier zeigt sich der Gegensatz zu Hegel. Obwohl dessen Urszene des Bewusstseins nicht von Ressourcenknappheit geprägt ist, wird darin der Bezug des Bewusstseins zur Welt a priori negativ besetzt, sodass die Begierde diesem grundlegenden Mangel entspringt. Deleuze bemerkt, man könne Nietzsches Philosophie lediglich verstehen, wenn man wisse, gegen wen er anschreibe: Hegel. Fortan hebt Deleuze hervor, wie der Anti-Hegelianismus als „roter, aggressiver Faden [...] das Werk Nietzsches" durchzieht (Deleuze 1976, S. 13 – 16). Vor allem arbeitet er Nietzsches philosophische Kernkomplexe heraus: die ‚Ewige Wiederkehr', der Wille zur Macht und die Umwertung aller Werte.

Die Ewige Wiederkehr

Die ‚Ewige Wiederkehr' als Prinzip eines zyklischen Zeitdenkens wird an verschiedenen Stellen in Nietzsches Werk eingebracht, so in der *Fröhlichen Wissenschaft* (1887b/1973, S. 570) und in *Also sprach Zarathustra* (1883/1969). Hegels Geschichtsphilosophie folgt einer teleologischen Ausrichtung, die stufenförmig und progressionslogisch verläuft, wohingegen Nietzsches Modell der ‚Ewigen Wiederkehr' zyklisch und iterativ verfährt. Deleuze deutet die ‚Ewige Wiederkehr' als Differenzbewegung, ein Gedanke, den er in *Differenz und Wiederholung* weiterführt (vgl. Deleuze 1976, S. 52–56). Dabei geht Deleuze – erneut in Abgrenzung zu Hegel – von einem Differenzbegriff aus, der nicht als gegensätzlicher und negativ bestimmter Begriff zu Identität wirkt. Er leitet Differenz nicht negativ vom Mangel an Identität ab, da für ihn Differenz ontologisch vorgängig ist. Sofern vertritt er einen positiven Differenzbegriff, der der Mannigfaltigkeit des Seins immanent ist. Erst in der Wiederholungsbewegung erzeugt sich der Anschein von Identität. Dabei wird in der Wiederholung kein mit sich Identisches reproduziert, stattdessen wird im Re-Produzieren etwas Neues, Variierendes erschaffen. In diesem Verständnis ist Identität ein sekundärer Effekt der wiederholten Differenz. Sie erscheint als sozial erzeugtes Trugbild, da das Wiederholte ontologisch nie völlig mit sich identisch ist, sondern stets variiert. Diese Bewegung vollzieht sich in der ‚Ewigen Wiederkehr'.

Der Wille zur Macht

Für Deleuze enttarnt Nietzsche den von Hegel beschriebenen Zweikampf zwischen Herr und Knecht als ein solches Trugbild:

> Alles ist für einen höchst dialektischen Taschenspielertrick vorbereitet: Einmal den Sklaven in den Herren hereinversetzt, nimmt man wahr, daß die Wahrheit des Herren im Sklaven liegt. Tatsächlich hat sich alles, Sieg wie Niederlage, zwischen Sklaven abgespielt. Die Manie zu repräsentieren, repräsentiert zu werden, sich repräsentieren zu lassen; Repräsentanten und Repräsentierte zu besitzen: es ist dies allen Sklaven gemeinsame Manie, die einzige Beziehung, die sie untereinander begreifen, und die sie, mit ihrem Sieg, auferlegen. Der Begriff der Repräsentation ist Gift für die Philosophie; unmittelbar Produkt von Sklaven und der Sklavenbeziehung, stellt sie die schlimmste Interpretation der Macht dar, die erbärmlichste und niedrigste. (Deleuze 1976, S. 89)

In Deleuzes Betrachtungsweise vollzieht Hegels Denkfigur einen Taschenspielertrick, indem sie vorgibt, Freiheit anzustreben, doch stattdessen von christlicher Sklavenmoral herstammt. Diese ist von Ressentiments motiviert und bestärkt das

Begehren, sich nach der eigenen Unterwerfung zu sehnen. Mit dieser Sklavenmoral sind Arbeit, Leiden, Trübsinn und Negativität verbunden. Für Deleuze stellt
Nietzsche dem negativen Prinzip der Dialektik ein lebensbejahendes Kräftespiel
entgegen, wohl wissend, dass Nietzsche einer „spinozistische[n] Inspiration"
unterliegt (Deleuze 1976, S. 69). Anstatt in der Identitätslogik aus Satz und Widerspruch verfangen zu sein, lege Nietzsche den Blick auf ein Kräftespiel frei,
durch das aktive und reaktive Kräfte permanent widerstreiten. Man muss Deleuzes Deutung diesbezüglich widersprechen, schließlich lassen sich sowohl bei
Hegel als auch bei Nietzsche antagonistische Sozialmodelle ausmachen, die beide
dynamisch konzipiert sind. Demgegenüber verschließt sich Deleuzes Werdensphilosophie, indem sie sich ausschließlich an Spinozas Idee der Affiizierung
orientiert, der Möglichkeit, den Aspekt der Alterität mitzudenken. Deleuzes Darstellung diffamiert die Denkfigur von Herr und Knecht als sklavenmoralische
Denklogik, da sie auf Negativität beruht und daher die schöpferische Macht und
Mannigfaltigkeit des Seins verneint. Anstelle einer ontologischen Kraft repräsentiert der Knecht schlichtweg Herrschaft und kein Seinsprinzip. Damit verkörpert er ebenjenes mangeltheoretische, repressive Machtmodell, das sowohl er und
Guattari als auch Foucault anfechten. Im Gegensatz dazu bestimmt Deleuze den
Willen zur Macht als Vermögen affiziert zu werden – ganz im Sinne Spinozas. In
diesem Verständnis ist Macht nicht als Repräsentation von Herrschaft zu verstehen, vielmehr lässt sich Macht als immanent-ontologische Kraft auffassen, die das
Soziale und damit Herrschaftsverhältnisse hervorbringt. In dieser Perspektive
wird Macht nicht repräsentativ, sondern performativ verstanden, nicht als Repression, sondern als Produktion des Lebens begriffen (vgl. Deleuze 1976, S. 93).
In diesem immanent-ontologischen Machtbegriff deutet sich das Begehrensmodell des *Anti-Ödipus* an, in dem Begehren als gewaltiger Strom die Welt umfließt
und sich zugleich in Ströme unterteilt. Insofern vollzieht sich in Deleuzes Nietzsche-Lektüre eine begehrenstheoretische Wende, da er dezidiert gegen einen
negativen Begehrensbegriff, wie ihn Hegels Herr und Knecht verkörpern, eintritt,
um für einen positiven Begehrensbegriff zu plädieren. Deleuzes Nietzsche-Lektüre
bereitet seine eigene Begehrensphilosophie vor.

Es heißt, Deleuzes Schrift trug maßgeblich dazu bei, dass Foucault Nietzsche
und damit die Genealogie als philosophische Methode entdeckte und mit *Überwachen und Strafen* (1976) quasi einen Nachfolgeband der *Genealogie der Moral*
verfasste.[76] Dieser theoriegeschichtliche Umstand ist womöglich der Grund für die

---

76 An dieser Stelle sei auf einen anderen Text Foucaults verwiesen, in dem er sich mit Nietzsches
genealogischem Projekt auseinandersetzt, um dieses in seinen eigenen historisch fundierten,
poetisch-barocken Theoriearchitekturen in die Tat umzusetzen: *Nietzsche, die Genealogie, die
Historie* (1971/2002).

parallele Theoretisierung von Foucaults Modell der produktiven Macht und Deleuzes Bestimmung des Begehrens als Produktivkraft. Deren Parallelen sind, wie Baudrillard feststellt, auch der Tatsache geschuldet, dass sich beide Denker gegen das freudomarxistische Unterdrückungsmodell wenden (vgl. Baudrillard 1983, S. 21 f.). Neben dem Freudomarxismus als geteiltem Abgrenzungspunkt bildet Nietzsches Philosophie den gemeinsamen Bezugspunkt: Wenn man ihren jeweiligen Rekurs auf Nietzsche in der Querlektüre betrachtet, fällt ins Auge, wo der geteilte Nenner liegt: Der Wille zur Macht lässt sich sowohl als Prototyp von Foucaults Machtmodell als auch von Deleuzes Begehrensbegriff verstehen. Deleuze richtet seine Rekonstruktion des Willens zur Macht als ontologisch-vitalistische Kraft gegen das freudomarxistische Repressionsmodell seiner Zeit, das seiner Ansicht nach keine neuen Denkformen schafft, sondern lediglich die hierarchischen Ordnungen von Staat, Kapital und Familie fest- und fortschreibt (vgl. Deleuze 1979a, S. 106 f.). Ebenso wendet sich Foucault in *Sexualität und Wahrheit* gegen freudomarxistische Machtkonzeptionen, die von einer Repression des Sexuellen ausgehen (vgl. Foucault 1977, S. 83 f; S. 113). Im Grunde ist „die Repräsentation der Macht über die unterschiedlichen Epochen und Zielsetzungen hinweg doch im Bann der Monarchie verblieben" schreibt er, sodass im „politischen Denken und in der politischen Analyse [...] der Kopf des Königs immer noch nicht gerollt" ist (Foucault 1977, S. 90). Während Deleuze und Guattari Begehren aus der epistemologischen Unterdrückung befreien, entkettet Foucault Macht von der Logik des souveränen Herrschers, der bloß ein Schattenbild, eine sklavische Interpretation der Macht darstellt. Indem Foucault und Deleuze Macht und Begehren nicht repräsentativ und repressiv, sondern performativ und produktiv denken, entwickeln sie Theoreme, die sich als ungleiches Zwillingspaar zeigen. In ihrer gemeinsam vollzogenen Abwendung von Hegels Dialektik und Hinwendung zu Nietzsches Kräftespiel entwickeln sie Modelle von Macht und Begehren, die passförmig konzipiert erscheinen und sich dennoch in Widerstreit befinden.

Umwertung aller Werte

Für Deleuze zielt Nietzsches Denken des Willens zur Macht auf die Umwertung aller Werte ab: „Wenn man den Willen zur Macht im Sinne eines ‚Wunsches zu herrschen' interpretiert, macht man ihn gewaltsam von den etablierten Werten abhängig [...]", dadurch verkennt man „die Natur des Willens zur Macht als formendes Prinzip aller unserer Wertschätzungen und als verdecktes Prinzip neuer, noch nicht schon anerkannter Werte" (Deleuze 1979a, S. 26) Die Umwertung aller Werte, so ließe sich Deleuzes Zitat fortführen, bedeutet eine Umwertung des Begehrens, da dieses grundlegend wertsetzend ist. Da es für die Umwertung aller Werte nicht

ausreicht, die einzelnen Werte zu verändern, muss sich das gesamte Bewertungs-
und somit das Begehrenssystem wandeln.

Insofern ist die Denkkategorie des Werts in Nietzsches Werk überaus wesentlich. Laut Deleuze ist das „allgemeinste Vorhaben von Nietzsche [...] dies: in
die Philosophie die Begriffe von Sinn und Wert einzubringen" (Deleuze 1976, S. 5).
Der Sinn und der Wert stehen dabei in untrennbarem Zusammenhang, da „Interpretieren und selbst abschätzen [...] gewichten heißt, also bewerten" (Deleuze
1976, S. 8). Da Werte in diesem Verständnis keinesfalls transzendental allge-
meingültig, sondern menschlich, allzu menschlich gemacht sind, wurde Nietzsche, als „Schöpfer dieser Philosophie der Werte" (Deleuze 1976, S. 62) zum Ge-
schichtsschreiber. Demnach erfasst die Genealogie „zugleich den Wert der
Herkunft und die Herkunft der Werte" (Deleuze 1976, S. 6). In geschichtsphilo-
sophischer Dimension betrachtet Nietzsche historische Prozesse als immer wie-
derkehrende Tendenz zum Nihilismus. Indem durch den Nihilismus metaphysische Werte, also Werte außerhalb des Lebens, gesetzt werden, wird das Leben als
solches abgewertet. Insofern verweist der Begriff des Nihilismus hier nicht unmittelbar auf das Nichts, vielmehr drückt er Abscheu vor der Welt aus (vgl. Lange
1989, S. 18). Obwohl Nietzsche den europäischen Nihilismus zu verdammen
scheint, erkennt er im nihilistischen Modus Operandi dennoch die Möglichkeit,
festgesetzte Werte auszulösen. Doch für Nietzsche muss diese Bewegung radikaler
sein als der Nihilismus seiner Zeit. Es bedarf einer Umwertung aller Werte, welche
den metaphysischen Wertehimmel zum Einstürzen bringt.

5.3 Zur Einschreibung der Schuld

Nietzsche verfasste seine Streitschrift *Zur Genealogie der Moral* nachdem sich die
Veröffentlichung von *Jenseits von Gut und Böse* (1886/1968) als Misserfolg erwies.
Seine philosophischen Schriften wurden auch aufgrund ihres literarischen Stils
posthum prominent. Hier ließe sich auf den zettelphilosophischen Charakter und
die assoziative Fragmentierung der Aphorismen in *Die Fröhliche Wissenschaft*
(1887b/1973), die Prosa von *Also sprach Zarathustra* (1883/1969) oder auf die
wahnwitzigen Allmachtfantasien in *Ecce Homo* (1889/1969) verweisen. Dahingegen ist *Zur Genealogie der Moral* stärker systematisch angelegt, ähnlich wie der
Aufsatz *Über Wahrheit und Lüge im außermoralischen Sinne* (1873/1973). In seiner
Streitschrift legt Nietzsche die Maske des lyrischen Sprücheklopfers ab und setzt
diejenige des scharfzüngigen Geschichtenerzählers auf. Die *Genealogie der Moral*
ist Kulturgeschichte, Sprachgeschichte, Religionsgeschichte, Ökonomiege-

schichte, die als philosophische Fiktion darauf abzielt, die dominanten Fiktionen sozialer Wirklichkeiten zu enttarnen.[77]

Die Schrift gliedert sich in drei Abhandlungen: In der ersten Abhandlung erläutert Nietzsche die Machtgeschichte der Moral; in der zweiten Abhandlung entwirft er eine sozialpsychologische Theorie des Gewissens und befasst sich mit der Verquickung von Ethik und Ökonomie; in der dritten Abhandlung setzt er sich mit asketischen Idealen und dem Leiden des europäischen Nihilismus auseinander. Der Lektürefokus liegt hierbei auf der zweiten Abhandlung, um Nietzsches Ideen zur Ökonomie aufzunehmen, um im Hinblick auf den *Anti-Ödipus* zwei Aspekte zu betrachten: die Repräsentationskritik und das Einschreibungsmodell der Schuld.

Nietzsches Angriffs- und Ausgangspunkt sind die „englischen Psychologen" (1887a/1968, S. 257–263), die er dafür kritisiert, dass sie keine historische Perspektive einnehmen. Er setzt den moralphilosophischen, metaphysischen Wertideen einen historisch situierten, immanenten Wertbegriff entgegen, der ethische, ökonomische, sprachliche sowie epistemologische Wertigkeiten umfasst.[78] Vor allem verortet er Werte inmitten des Weltgeschehens, die nicht als Teil eines metaphysischen Ideengestirns die Menschengeschichte überstrahlen. In diesem Gestus wendet sich Nietzsche nicht nur gegen die geschichtsblinde Moralphilosophie und die Annahme von transzendenten, ethischen Werten, sondern auch gegen das ökonomische Postulat der Nützlichkeit. Dieser Aspekt wird in der zweiten Abhandlung seiner Streitschrift ausformuliert. Daran schließt, wie sich später zeigen wird, Bataille mit seinen ökonomietheoretischen Thesen an. Ähnlich wie Nietzsche lehnt er die rationalistische Prämisse der Nützlichkeit ab, um dagegen ein affektivdynamisches Ökonomiemodell ins Feld zu führen, in dem der Wirtschaftskreislauf nach apollinisch-asketischen und dionysisch-exzessive Zyklen ausgerichtet ist, wobei letztere in blutrünstigen Ausschweifungen münden können. Wenn Nietzsche im Laufe der ersten Abhandlung darlegt, dass sich die jeweilige Moral aus dem menschlichen Machtbestreben ableitet und die ‚Zivili-

---

77 Das Konzept der dominanten Fiktionen der Filmwissenschaftlerin Kaja Silverman beruht auf der Annahme, dass hegemoniale Diskurse als Fiktionen im kollektiven Imaginären aufzufassen sind (vgl. Silverman 1992).

78 Diesen Wertbegriff erarbeitet Nietzsche bereits in *Jenseits von Gut und Böse*, wo er den Wert der Wahrheit anzweifelt und mit der Hypothese beginnt: „Bei allem Werthe, der dem Wahren, dem Wahrhaftigen, dem Selbstlosen zukommen mag; es wäre möglich, dass dem Scheine, dem Willen zur Täuschung, dem Eigennutz und der Begierde ein für alles Leben höherer und grundsätzlicherer Werth zugeschrieben werden müsste. Es wäre auch möglich, dass was der Werth jener guten und verehrten Dinge ausmacht, gerade darin bestünde, mit jenen schlimmen, scheinbar entgegengesetzten Dingen auf verfängliche Weise verwandt, verknüpft, vielleicht gar wesensgleich zu sein." (Nietzsche 1887a/1968, 5, S. 16 f.)

sationsgeschichte' eine Genealogie der Grausamkeit ist, bereitet er seinen ökonomischen Rundumschlag vor, der in der zweiten Abhandlung erfolgt.

In der ersten Abhandlung, in der Nietzsche mit seiner genealogischen Begriffsanalyse beginnt, hebt er hervor, dass ,gut' und ,böse' in ihrer Herkunft mit gehobener oder niedriger Herkunft konnotiert waren, dass ,gut' von ,vornehm' oder ,höhergestellt' und ,schlecht' von ,schlicht' abstammt, folglich mit ,arm' übersetzbar sei (vgl. Nietzsche 1887a/1968, S. 261). Diese Etymologie soll aufweisen, dass moralische Werte aus sozioökonomischer Ungleichheit herrühren Nietzsche zeigt weiterhin auf, in welchem Ausmaße Machthabende die Verfügungsgewalt über Begrifflichkeiten innehaben, da deren „Herrenrecht", Namen zu geben, so weit geht, „dass man sich erlauben sollte, den Ursprung der Sprache selbst als Machtäusserung der Herrschenden zu fassen: sie sagen ,das ist das und das', sie siegeln jegliches Ding und Geschehen mit einem Laute ab und nehmen es dadurch gleichsam in Besitz" (Nietzsche 1887a/1968, S. 60). Diese These verweist auf eine machtvolle Ökonomie der Zeichen, die sich im Begriff des ,Zeichenwerts' fassen ließe. Der Zusammenhang zwischen Ökonomie und Semiotik besteht darin, dass Zeichen soziale Wertigkeiten errichten, eben wie der Begriff ,gut', der laut Nietzsche die ohnehin Reichen moralisch rühmte, wohingegen Arme als ,schlicht' und ,schlecht' verunglimpft wurden. Nietzsche kritisiert die Repräsentationslogik der Sprache insofern, als dass Sprache nicht schlichtweg personifizierte Machtverhältnisse widerspiegelt. Im Gegenteil dazu bestimmt Nietzsche Macht und Sprache als performativ und transsubjektiv: Es ist nicht das Subjekt, das die Sprache formt und führt, vielmehr wird das Subjekt im Sprachlichen hervorgebracht. Es gibt „kein ,Sein' hinter dem Thun, Wirken, Werden; ,der Thäter' ist zum Thun bloss hinzugedichtet" (Nietzsche 1887a/1968, S. 279).[79] Folglich formuliert er zwei sprachphilosophische Thesen. Erstens: Begriffe suggerieren historisch variable, wirkungsmächtige Bedeutungen. Zweitens: Sprachliche Dynamiken lassen sich nicht auf das Prinzip des souveränen Sprecher-Subjekts zurückführen. Indem sich Begriffe verschieben, ihre Bedeutungen stets umgemünzt werden, bilden sich Zeichenketten (vgl. Nietzsche 1887a/1968, S. 314). Hier erscheint erneut die ,Ewige Wiederkehr' als Iterationsfigur, als Wiederholung des

---

79 Nietzsches Sprachverständnis, um es zusammenzufassen, definiert sich durch die Übertragungsleistung der Metaphern, wie in dem Aufsatz *Über Wahrheit und Lüge im außermoralischen Sinne* (1873) dargelegt. Sprache entspringt dem Physischen: „Ein Nervenreiz zuerst übertragen in ein Bild! erste Metapher. Das Bild wieder nachgeformt in einem Laut! Zweite Metapher. Und jedesmal vollständiges Überspringen der Sphäre, mitten hinein in eine ganz andere und neue." (1873/1973, S. 373)

Ungleichen. Indem Begriffe beständig wiederholt werden, verschieben sich ihre Bedeutungen.[80]

Ähnlich wie Nietzsche kritisieren Deleuze und Guattari die sprachphilosophische Repräsentationslogik. Allerdings sind für sie Zeichenketten nicht zwangsläufig bedeutungstragend. Zeichenketten bilden stattdessen zunächst Codes, welche die Relationalität von Zeichen und Informationen bestimmen, ohne zwangsläufig Bedeutungen zu transportieren. Wenn ein Zeichen als zentraler Signifikant dazu dient, sämtliche Codes semantisch aufzuladen und ihnen ein fixes Interpretationsraster aufzudrängen, vollzieht diese semiotische Operation einen Machtakt, da sie der mannigfaltigen Immanenz einen transzendenten Sinn aufoktroyieren soll. Im Rückgriff auf Nietzsche sprechen Deleuze und Guattari vom „Herren-Signifikanten", der sich im Despoten verkörpere (vgl. Deleuze/Guattari 1974, S. 265–269; vgl. Deleuze 1979b, S. 120 f.). Im despotischen Regime findet eine Übercodierung statt, weil sich sämtliche Sinnzusammenhänge auf den souveränen Herrscher respektive den Herren-Signifikanten ausrichten. Ein deutlicher Seitenhieb gilt hier Lacan, der den Phallus als Großen Signifikanten definierte, womit er eine Regulierungsinstanz der Begehrensströme und eine „Höllenmaschine montierte, die den Wunsch an das Gesetz schmiedet" (Deleuze/Guattari 1974, S. 268).

All diese sprachphilosophischen und zeichentheoretischen Aspekte bündeln sich in dem von Nietzsche wie von Deleuze und Guattari geteilten Gedanken, dass sich Zeichen in einem immanenten Kräftespiel bewegen, das niemals stillsteht. Sie denken Sprache in ihrem pragmatischen Gehalt und in ihren wirkungsmächtigen Sprechakten. Wie Nietzsche darlegt, dass Begriffe als soziale Wertigkeiten hervorbringen, schreiben Deleuze und Guattari in *Tausend Plateaus:* „Die Grundeinheit der Sprache – die Aussage – ist der Befehl oder das Kennwort, die Parole. [...] Die Sprache ist nicht einmal dazu da, um geglaubt zu werden, sondern um zu gehorchen und Gehorsam zu verschaffen." (Deleuze/Guattari 1992, S. 106) Der Befehl wird nicht auf den Imperativ reduziert, vielmehr wird die Befehlshaftigkeit durch die handlungstreibende Performanz einer Äußerung bestimmt. Sprache ist insofern kein neutrales Zeichensystem, in dem Informationen übermittelt werden. Sprache repräsentiert nicht, sie produziert. Sie erlangt im Machtakt der Sinnsetzung imperativen Charakter.

---

80 Dieser Aspekt der Zeichenketten, deren Bedeutungsgehalt variiert, wurde u. a. von Jacques Derrida und Judith Butler aufgenommen und als Sprachphilosophie der *différance* bzw. der *Resignifzierung* ausgeformt. Indem ein Zeichen in jeweilig neuem Kontext rezitiert wird, vollzieht sich ein Bruch innerhalb der Wiederholung, was semantische Variationen hervorruft – Sprache wird folglich in ihrem pragmatischen Transformationspotenzial gedacht (vgl. Butler 2006; vgl. Derrida 1999; vgl. Krämer 2001, S. 217–263).

Nietzsches Repräsentations- und Metaphysikkritik besagt, dass im Postulat der transzendenten Werte das Leben abgewertet wird und dass die Annahme transzendenter Werte einen Mangel hervorruft, da das Leben als defizitär diffamiert wird. Demgemäß lässt sich Repräsentation als nihilistisches Denken auffassen, da sie anstrebt, „die höheren Werte der anderen Welt darzustellen", derweil kann das „Unrepräsentierbare [...] nur in seiner Abwesenheit präsentiert werden" (Lange 1989, S. 48). Somit muss die Präsenz „durch eine Vergegenwärtigung subsituiert, das Sein durch ein Bild ersetzt werden", denn die „Ebene der Repräsentation ist stets die eines Nicht-Habens, eines Mangel" (Lange 1989, S. 48). Deleuze und Guattari nehmen diesen Faden auf und kritisieren die metaphysischen Prämissen der Psychoanalyse. Indem das Unbewusste repräsentationslogisch aufgefasst werde, verweise Begehren immer auf ein Fehlendes und werde in den Zirkelschluss des Mangels eingefangen. Gegen diese psychoanalytische Konzeption der Psyche als Theater, auf dessen Bühne das Unbewusste repräsentiert und interpretiert werden muss, setzen sie die Fabrik, die Maschinerie des Begehens. Für sie wirkt das Unbewusste performativ: „Das Unbewusste sagt nichts, es läuft. Nicht expressiv, noch repräsentativ ist es, sondern produktiv." (Deleuze/Guattari 1974, S. 31) Ähnlich dazu beschreibt Nietzsche das Gewissen, das als Strafinstanz über repressive Funktionen verfügt und die Formung des modernen Subjekts ermöglicht. Die Psyche trägt somit aktiv zu ihren eigenen Unterdrückungsbedingungen bei – womit wir bei Spinozas Kernfrage angelangt sind, warum Menschen ihre eigene Unterdrückung begehren.

Für Nietzsche versteckt sich die Antwort auf diese Frage in den Dynamiken des Ressentiments. Dabei kritisiert er die Machtwirkungen der jüdisch-christlichen Theologie. Während vormals die von ihm aristokratisch genannte Moral Machtverhältnisse affirmierte, indem ‚schön' mit ‚gut' und ‚gottgeliebt' gleichgesetzt wurde, vollzog sich in christlicher Tradition die Umkehrbewegung des Ressentiments. In dieser subtilen Machtoperation wurden die Schwachen als die Guten gepriesen und Demut, Gehorsamkeit, Armut und Bescheidenheit zum moralischen Imperativ umgemünzt:

> Der Sklavenaufstand in der Moral beginnt damit, dass das Ressentiment selbst schöpferisch wird und Werthe gebiert: das Ressentiment solcher Wesen, denen die eigentliche Reaktion, die der That versagt ist, die sich nur durch eine imaginäre Rache schadlos halten. Während alle vornehme Moral aus einem triumphierenden Ja-sagen zu sich selber herauswächst, sagt die Sklaven-Moral von vornherein Nein zu einem ‚Ausserhalb', zu einem ‚Anders', zu einem ‚Nicht-selbst': und dies Nein ist ihre schöpferische That. Diese Umkehrung des werthesetzenden Blicks – diese nothwendige Richtung nach Aussen statt zurück auf sich selber – gehört eben zum Ressentiment: die Sklaven-Moral bedarf, um zu entstehn, immer zuerst einer Gegen- und Aussenwelt, sie bedarf, physiologisch gesprochen, äusserer Reize, um überhaupt zu agiren – ihre Aktion ist von Grund auf Reaktion. (Nietzsche 1887a/1968, S. 271)

Wenn wir an Buck-Morss Kritik an Hegels Herr/Knecht-Szene denken, lässt sich auch gegen Nietzsche einwenden, dass seine Darstellung trotz seiner Machtkritik von der Geschichtsblindheit europäischer Philosophie zeugt, die die kolonialistischen Gewaltverhältnisse ihrer Gegenwart ausblendet. Allerdings findet sich in *Ecce Homo* (1889/1969) ein emanzipatorisches Verständnis des Ressentiments, das sich als affektives Aufbegehren verstehen lässt und sich soziosomatisch artikuliert (vgl. Oudai Celso (2013). Daran anschließend sind postkoloniale Rekonzeptualisierungen des Ressentiments anzuführen, beispielsweise von Frantz Fanon (1985) oder Achille Mbembe (2017), die das Ressentiment als Aufbegehren derjenigen begreifen, denen die Sprecher- und Subjektposition in rassistischen Gesellschaftsstrukturen abgesprochen wird.

In der *Genealogie der Moral* dient der Ressentimentbegriff allerdings der Kritik der jüdisch-christlichen Tradition. Nietzsche beschreibt, wie Werte reaktionär umgewertet und reaktiv gegen das Leben gewendet werden. Spinoza schreibt im *Tractatus Politicus*, dass der Tyrann sich der trübsinnigen Leidenschaften der Menschen bemächtige und sich die eigene Unterwerfung durch Angst, Wut, Scham und Rachegelüste vollziehe. Nietzsche, der selbst auf Spinoza verweist, führt diese begehrenspolitische Beobachtung im Mechanismus des Ressentiments weiter (vgl. Nietzsche 1887a/1968, S. 301). Im obigen Zitat sehen wir, wie sich das Ressentiment von der Außen- auf die Innenwelt bezieht. Als reine Reaktion auf äußere Geschehnisse ist das Subjekt des schlechten Gewissens unausweichlich von seiner Umwelt abhängig – diese Stelle lässt sich als Kritik an Hegels Anerkennungsdialektik lesen.[81]

Im Ressentiment prägt sich das schlechte Gewissen aus und wird zum Motor der Subjektivierung (vgl. Butler 2001, S. 63–81). Damit bildet das Gewissen das Überthema der dritten Abhandlung.[82] In der Kulturgeschichte werde der Mensch als Tier herangezüchtet, das versprechen darf – so Nietzsches These (vgl. Nietzsche 1887a/1968, S. 291). Er entwickelt eine Theorie des Unbewussten, die dem Physischen entspringt, indem er den Prozess der ‚Einverseelung' mit der ‚Ein-

---

[81] Diesem sklavenmoralischen Subjekt stellt Nietzsche das souveräne Individuum entgegen, „das nur sich selbst gleiche, das von der Sittlichkeit der Sitte wieder losgekommene, das autonome übersittliche Individuum" (Nietzsche 1887a/1968, S. 293). Bataille verfolgt diesen Gedanken mit seinem Begriff der Souveränität. Dabei beschreibt er die Subversionsfigur des Souveräns als ein von den moralischen Sitten losgelöstes, lebensbejahendes Individuum. Im Zuge dessen bindet er ihn an Hegels Figur des Herrn zurück, den Bataille – im Gegensatz zu Nietzsche – in seiner Todesfurchtlosigkeit als Sinnbild der Souveränität begreift, welcher der Überschreitung fähig ist und damit nicht Herrschaft, sondern Trangsression verkörpert (vgl. Bataille 1978).

[82] Zu den Querverbindungen zwischen Freuds Idee des Über-Ichs und Nietzsches Konzept des schlechten Gewissens vgl. Butler 2001, S. 63–81; 2014.

verleibung' analog setzt. Für Nietzsche ist die Vergesslichkeit – mit Freud ließe sich sagen: die Verdrängung – eine wohltuende Aktivität des Unbewussten, weil sich das Bewusstsein von unlustvollen Erfahrungen ab- und lustvollen Erlebnissen zuwenden kann. Vergesslichkeit sei ein Vermögen, doch wurde kulturgeschichtlich ein Gegen-Vermögen herangezüchtet: das Gedächtnis (vgl. Nietzsche 1887a/1968, S. 291). Durch das Gedächtnis kann der Mensch erst in das Regelwerk sozialer Vergemeinschaftung eintreten. Indes ermöglicht die Fähigkeit zu versprechen das vertragliche Verhältnis des Gesellschaftlichen, wobei Nietzsche dieses Vertragsverhältnis nicht als Tauschhandel, sondern als Schuldbeziehung begreift (vgl. Nietzsche 1887a/1968, S. 293; Butler 2014, S. 20). Nietzsche betont damit die grausame, von antagonistischen Affekten angetriebene Tiefendynamik der Zivilisationsgeschichte.[83] Ein Spruch des Zarathustras lautet: „Wer in Blut und Sprüchen schreibt, der will nicht gelesen, sondern auswendig gelernt werden." (Nietzsche 1883/1969, S. 49)

Nietzsche merkt an, dass sich Schuld von Schulden ableitet, und verweist folglich auf die Verbindung von Ethik und Ökonomie (Nietzsche 1887a/1968, S. 297). Die Herkunft dieser Verbindung zeige sich im Vertragsverhältnis von Gläubiger und Schuldner, welches durch das Zufügen und Erleiden von Schmerzen bestimmt ist. Nach Nietzsches philosophischer Erzählung wurde im Römischen Recht das Äquivalenzverhältnis von pekuniärem Schaden und physischem Schmerz in Gesetzesklauseln austariert (vgl. Nietzsche 1887a/1968, S. 299). Es wurde festgelegt, für welche Schuldsumme der Gläubiger seinem Schuldner ein angemessenes Ausmaß an Schmerzen zuführen durfte. Der Idee einer grundlegenden Gleichheit in pekuniären Vertragsverhältnissen liegt eine konstitutive, machtvolle, affektiv aufgeladene Asymmetrie zugrunde:

> Die Äquivalenz ist damit gegeben, dass an Stelle eines gegen den Schaden direkt aufkommendes Vortheils (also an Stelle eines Ausgleichs in Geld, Land, Besitz irgendwelcher Art) dem Gläubiger eine Art Wohlgefühl als Rückzahlung und Ausgleich zugestanden wird, – das Wohlgefühl, seine Macht an einem Machtlosen unbedenklich auslassen zu dürfen [...]. Vermittels der ‚Strafe' am Schuldner nimmt der Gläubiger an einem Herren-Rechte theil: endlich kommt auch er ein Mal zu dem erhebenden Gefühle, ein Wesen als ein ‚Unter-sich' zu verachten und misshandeln zu dürfen – oder wenigstens, im Falle die eigentliche Strafgewalt, der Strafvollzug schon an die ‚Obrigkeit' übergegangen ist, es verachtet und misshandelt zu sehen. Der Ausgleich besteht also in einem Anweis und Anrecht auf Grausamkeit. (Nietzsche 1887a/1968, S. 298 f.)

---

[83] Das Gedächtnis wurde durch die Mnemotechnik erschaffen (vgl. Nietzsche 1887a/1968, S. 295). Schon der berühmte Mythos des Poeten Simonides von Keos, der als Erfinder der Gedächtniskunst gilt, zeigt sich als eine Geschichte, die von einer Diagrammatik der Todesopfer geprägt ist.

Während die sadistische Lust am Strafen ehemals offen zelebriert wurde, haben sich die Strafpraktiken durch das Ressentiment verändert, sie wurden verinnerlicht und sublimiert. In diesem Verinnerlichungsprozess entsteht die Seele als psychischer Innenraum und mit ihr das schlechte Gewissen als innere Strafinstanz, die in ihren Effekten subtiler und ungleich effizienter wirkt als die vormaligen, öffentlichen Bestrafungsspektakel waren.

An diese Kulturgeschichte des Strafens schließt Foucault an, derweil er in *Überwachen und Strafen* (1976) aufzeigt, wie das einstige Strafspektakel zugunsten reformierter Gefängnisse weicht; eine Entwicklung, die zur Herausbildung neuer Machttechnologien und zwar zur Disziplinarmacht führt. Während Nietzsche auf die Verinnerlichung und ‚Einverseelung' abzielt und die Einschreibung der Strafinstanz in die ‚Seele' hervorhebt, betont Foucault, wie sich disziplinierende Macht über körperliche Praktiken ausübt. Dennoch bezieht er sich in diesem körpertheoretischen Aspekt auf Nietzsche. Dieser setzt ‚Einverseelung' parallel zum Einverleiben und macht damit die Entstehung der ‚Seele' und damit des psychischen Innenraums als Effekt körperlicher Einschreibungsprozesse aus. Nietzsche schildert den kulturgeschichtlichen Sublimierungsprozess der Grausamkeit folgendermaßen:

> Alle Instinkte, welche sich nicht nach Aussen entladen, wenden sich nach Innen – dies ist das, was ich die Verinnerlichung des Menschen nenne: damit wächst erst das an den Menschen heran was man später seine ‚Seele nennt' [...] Jene furchtbaren Bollwerke, mit denen sich die staatliche Organisation gegen die alten Instinkte der Freiheit schützte – die Strafen gehören vor Allem zu diesen Bollwerken – brachten zu Wege, dass alle jene Instinkte des wilden freien schweifenden Menschen sich rückwärts, sich gegen den Menschen selbst wandten. Die Feindschaft, die Grausamkeit, die Lust an der Verfolgung, am Überfall, am Wechsel, an der Zerstörung – Alles das gegen die Inhaber solcher Instinkte sich wendend: das ist der Ursprung des ‚schlechten Gewissens'. (Nietzsche 1887a/1968, S. 322f.)

Weiterhin merkt er an: „Ohne Grausamkeit kein Fest: so lehrt es die älteste, längste Geschichte des Menschen – und auch an der Strafe ist so viel Festliches!" (Nietzsche 1887a/1968, S. 302) Diese Grausamkeit setzt sich in subtiler Spielweise in der Moral fort, deren Herkunft von Brutalität geprägt ist: „In dieser Sphäre, im Obligationen-Rechte also, hat die moralische Begriffswelt ‚Schuld', ‚Gewissen', ‚Pflicht', ‚Heiligkeit der Pflicht' ihren Entstehungsherd, – ihr Anfang ist, wie der Anfang alles Grossen auf Erden, gründlich und lange mit Blut begossen worden." (Nietzsche 1887a/1968, S. 300) Dabei hat das Gefühl der Schuld ihren

> Ursprung in dem ältesten Personen-Verhältnis, das es giebt, gehabt, in dem Verhältnis zwischen Käufer und Verkäufer, Gläubiger und Schuldner: hier trat zuerst Person gegen Person, hier mass sich zuerst Person an Person. [...]. [D]er Mensch bezeichnet sich als das Wesen, welches Werthe misst, werthet und misst, als das ‚abschätzende Thier an sich'. Kauf

und Verkauf, sammt ihrem psychologischen Zubehör, sind älter selbst als die Anfänge irgend welcher gesellschaftlichen Organisationsformen und Verbände: aus der rudimentärsten Form des Personen-Rechts hat sich vielmehr das keimende Gefühl von Tausch, Vertrag, Schuld, Recht, Verpflichtung, Ausgleich erst auf die gröbsten und anfänglichsten Geimein-schafts-Complexe [...] übertragen, zugleich mit der Gewohnheit, Macht an Macht zu ver-gleichen, zu messen, zu berechnen. (Nietzsche 1887a/1968, S. 305f.)

Der Mensch bestimmt sich selbst als wertendes und wertsetzendes Wesen. Dieses Wertsetzen, das sich vordergründig in ökonomischen Transaktionen vollzieht, ist stets ein Machtakt des Ab- und Aufwertens. Die Wertschätzungen oder -schöp-fungen sind aber auch semiotische Operationen, die Sinn erzeugen:

Interpretieren heißt die Kraft bestimmen, die einer Sache ihren Sinn gibt. Schätzen heißt den Willen zur Macht bestimmen, der einer Sache ihren Wert gibt. Folglich lassen sich die Werte nicht mehr von dem Gesichtspunkt abstrahieren, von dem her sie ihren Wert erhalten, wie auch der Sinn nicht von dem Gesichtspunkt, von dem her er seine Bedeutung erhält. Der Wille zur Macht als genealogisches Element ist dasjenige, aus dem die Bedeutung des Sinns und der Wert der Werte hervorgehen. (Deleuze 1976, S. 61)

In dieser Lesart ist der Wille zur Macht schöpferisch, da er Werte sowie Sinn er-zeugt. Auch der Wille des Ressentiments, der ein ausgehöhlter Wille, ein Wille zum Nichts ist, setzt Werte, indem er das Leben verneint, aber er setzt auf die falschen Werte und zwar moralische, die auf das schlechte Gewissen abzielen (vgl. Nietzsche 1887a/1968, S. 312). Im Ressentiment wird dem Leiden ein Sinn gegeben und um dieses Leiden abzudämpfen wird es mit einem „wilden Affekt" (Nietzsche 1887a/1968, S. 126) betäubt, sei es Rache, Zorn, Verzweiflung oder eine andere trübsinnige Leidenschaft (vgl. Deleuze 1976, S. 142f.).

Das retrospektive Projekt der Genealogie betrachtet die Geschichte unter dem Blickwinkel der „nihilistische[n] Auflösungsbewegung" (Lange 1989, S. 23f.). Ähnlich dazu verstehen Deleuze und Guattari Geschichte als Prozess der Deter-ritorialisierung. Sie ziehen Nietzsches Modell der Schulden und der Schuldigkeit der Annahme eines anthropologischen Tauschmodells vor wie es Mauss und Lévi-Strauss vertreten (vgl. Deleuze/Guattari 1974, S. 237–242; vgl. Lange 1989, S. 27f.).

Die Gesellschaft ist keine des Tausches, der Sozius ist vielmehr Beschrifter; nicht tauschen, sondern die Körper, die solche der Erde sind, markieren, kennzeichnen. Wir konnten sehen, daß das System der Schuld sich unmittelbar aus den Erfordernissen dieser wilden Ein-schreibung ergibt. Denn die Schuld ergibt die Einheit der Heiratsbindung und diese die Repräsentation selbst. Jene ist es, die die Ströme des Wunsches codiert und die, kraft der Schuld, dem Menschen ein Gedächtnis der Worte erstellt. (Deleuze/Guattari 1974, S. 237)

Gemäß ihrer Darstellung wurden im Feudalismus ökonomische Transaktionen im Schuldverhältnis zum Despoten eingeschrieben (vgl. Deleuze/Guattari 1974,

S. 249 f.). Am „Horizont des Despotismus [lauert] stets ein Monotheismus", durch
den Schuld zur „Existenz-Schuld", zur „Schuld der Existenz der Subjekte selbst"
wird (Deleuze/Guattari 1974, S. 254). Dadurch zeichnet sich der allmähliche
Übergang der Schuld gegenüber dem Despoten zur Schuld gegenüber dem Vater
ab. Mit der ödipalen Begehrensökonomie geht die Codierung dem patriarchalen
Schuldverhältnis einher (vgl. Holland 1999, S. 77). Die „Schuld der Heiratsver-
bindungen kommt dem gleich, was Nietzsche als die vorhistorische Arbeit des
Menschen beschrieb: sich der grausamen Mnemotechnik – tief ins Fleisch – zu
bedienen", um dem Menschen mit Gedächtnis auszustatten, daher. Daher ist es
bedeutsam, „in der Schuld eine direkte Folge der primitiven Einschreibung zu
sehen, statt sie [...] zu einem indirekten Mittel des universellen Tauschs zu de-
klarieren" (Deleuze/Guattari 1974, S. 237). Indem sie das Verhältnis von Schulden
und Schuld auf die Filiationslogik umlenken, kommen sie auf die Rolle des
Ödipus zu sprechen, der intergenerationelle Schuld verkörpert. Erneut wird ersichtlich, wie unauflösbar politische und libidinöse Ökonomien miteinander
verbunden sind. Zudem zeigt sich in den von Deleuze und Guattari dargelegten
Codierungsprozessen der nietzscheanische Gedanke, dass Schuld als Grundmo-
tivation sozioökonomischer Praktiken wirkt und durch Einschreibung operiert.
Während der Despotismus übercodierend war, da alle Ströme auf den despotischen Herren-Signifikanten ausgerichtet sind, ist der Kapitalismus prinzipiell
decodierend, da er keiner fixen Herrschaftsideologien, sondern lediglich der
Axiomatik des Kapitals bedarf. Jedoch liegt für Deleuze und Guattari in der
ökonomischen Entfesselung die Hoffnung, dass sich der Kapitalismus vehement
über seine eigenen Grenzen treibt und allzu wilde Begehrensströme freisetzt,
sodass er schließlich in sich kollabiert. Eine ähnliche Hoffnung setzte Nietzsche
in den europäischen Nihilismus. Im Hinblick auf die Gegenwart zeigen sich diese
Hoffnungen als gescheitert.

Wenn Deleuze und Guattari in ihrem Jargon von der Einschreibung des vollen
Körpers reden, wie denjenigen der Erde, kehren sie zu Nietzsche zurück und
vervielfältigen dessen Ideen. Es ist keineswegs ein auf Gleichheit beruhendes
Vertragsmodell, das als Grundparadigma des Gesellschaftlichen betrachtet werden kann, da ihm schmerzhafte, gewaltvolle Einschreibungsprozesse von Ordnungen, Regelwerken, Abhängigkeitsverbindungen und sozialen Wertigkeiten
vorhergehen. Ganz grundlegend lässt sich der Modus der Schuldigkeit als Subjektivierungsmodus begreifen. Dieser verdeutlicht im Bild der Einschreibung die
Materialität der eingeritzten Zeichen, wie beispielsweise der geplagte Körper,
eingespannt in der Hinrichtungsmaschine, die ihm mit spitzen Nadeln den
Schuldspruch in die Haut sticht wie in Franz Kafkas *In der Strafkolonie* (1919/
1994). Das Bild der Einschreibung zeigt sich auch in Nietzsches Sprachbild der in
Sand geritzten Zeichen, das er in *Über Wahrheit und Lüge* als Vorstufe des

Sprachlichen erfasst (vgl. 1873/1973, S. 372f.). Es zeigt sich ebenfalls in der von Deleuze und Guattari dargestellten geopolitischen Kartografie, durch die Nationalgrenzen in den Erdkörper eingezogen werden.

Nietzsches Beschreibung des Vertragsverhältnisses als Machtasymmetrie zwischen Schuldner und Gläubiger zielt vor allem auf das kapitalistische Kernverständnis des gerechten Handels ab. Die Idee des fairen Handels ist indessen ein gegenwärtig nach wie vor gültiges Credo. Der Ökonom Joseph Stiglitz schreibt diesbezüglich: „Das Wesen der Markwirtschaft besteht in endlosen ökonomischen Tauschgeschäften. Bei vielen dieser Tauschgeschäfte geht es um wechselseitiges Vertrauen. Ein Individuum leiht einem anderen Geld und vertraut darauf, dass es sein Geld zurückbekommt. Dieses Vertrauen fußt auf der Rechtsordnung." (Stiglitz 2002, S. 91) Dabei verweist Stiglitz zugleich darauf, wie die Austeritätspolitik des IWF Staatsschulden als politischen Hebel nutzt, um marktliberale Maßnahmen der Privatisierung, Liberalisierung und Dezentralisierung durchzusetzen. Diese rigide Sparpolitik äußert sich als radikaler Abbau sozialstaatlicher Strukturen, der verheerende wirtschaftliche und gesellschaftspolitische Folgen birgt. Die anschließende Frage, wie sich Nietzsches Ideen der Schuldenökonomie, die Deleuze und Guattari ausarbeiten, angesichts der spätkapitalistischen Austeritätspolitik aktualisieren lassen, wird im Schlusskapitel dieser Studie näher diskutiert.

5.4 Kalkulation

Um ein weiteres Mal die fünf Analysestränge aufzunehmen, so bietet die Lektüre der Genealogie der Schuld und Schulden mannigfaltige Verbindungsweisen. Erstens: Zum Verhältnis von Mangel und Produktion zeigt sich, ganz gemäß der Deutung von Deleuze und Guattari, die Idee des Lebens als Mannigfaltigkeit und Überfülle sowie die Bekräftigung der aktiven, affirmativen Kräfte. Zweitens: Nietzsche schreibt dezidiert gegen die Rationalisierungsgeschichte an und kritisiert die Philosophie dafür, das Ideal der Vernunft von den körperlichen und affektiven Regungen zu entkoppeln und diesen überzuordnen. Drittens: Dies führt zur Denkspur der Körperökonomie als Begehrensökonomie. Nietzsche bestimmt die Vernunft als körperliche Vernunft und macht somit den Körper als entscheidende Handlungsinstanz aus. Viertens: In seiner Affirmation des Lebens scheint sich sein Schreiben gegen das Denken des Todestriebs zu richten. Doch wie sich im folgenden Kapitel zu Freud zeigen wird, beschreibt die Differenzbewegung der ‚Ewigen Wiederkehr' eine der Arbeitsweisen von Thanatos und deutet auf dessen Potential des Aufbegehrens hin. Fünftens: In Nietzsches Wertphilosophie wird erkenntlich, wie Wertsetzungen affektiv angetrieben sind. Dies deutet auf einen

Gedanken hin, den Klossowski in Anlehnung an Nietzsche äußert: Der Akt des Wertens stellt in erster Linie einen Akt des Begehrens dar. Auch Bataille arbeitet sich Nietzsches Wertbegriff ab. Dessen Wertgeschichte, die Bataille und Klossowski aufnehmen, beschreibt eine Begehrensökonomie, deren wirtschaftliche Grundpfeiler des Werts und der Schulden einer gewaltvollen Kulturgeschichte entspringen, die von soziosomatischen Dynamiken geprägt ist.

Deleuzes Nietzsche-Lektüre zur Herren- und Sklavenmoral verkehrt Hegels Begehrensdialektik, um aus einer Philosophie des Seins in eine Philosophie des Werdens zu gleiten, von der Anerkennungsdialektik zum Kräftespiel, von der Identitätslogik zum Differenzdenken und, wie wir hier sehen, von einer Philosophie der Begierde zu einer Philosophie des Aufbegehrens. Indes kann man Deleuzes antihegelianische, spinozistische Nietzsche-Deutung als Versuch erachten, die Dialektik der Begierde als Kräftespiel des Aufbegehrens umzuschreiben. Allerdings versperren sein rigider Anti-Hegelianismus und seine vehemente Bekräftigung der Affirmation die Möglichkeit, Aufbegehren und Begierden in ihren Kippbewegungen zu betrachten. Seine anti-negativistische Haltung verunmöglicht es außerdem, die transgressive Kraft im thanatolgischen Begehren zu erkunden, das danach strebt, alle Einheiten aufzulösen.

Weiterhin stellt sich die Frage, warum Deleuze, dessen Nietzsche-Buch sowohl der Kritik an freudomarxistischen Ansätzen dient als auch einen Zwischenschritt zum *Anti-Ödipus* darstellt, nicht den Aspekt des Ökonomischen in Nietzsches Schriften und insbesondere in *Zur Genealogie der Moral* betrachtet. Schießloch legt dessen Streitschrift dar, dass sich Machtverhältnisse nicht in die rationalistische Ökonomie einfügen. Ferner zeigt Nietzsche auf, wie die Idee der Ökonomie aus affektgeladenen Machtverhältnissen erwächst, wie sich der ökonomische Wert aus dem Zeichenwert ableitet, wie das Ökonomische mit dem Ethischen verquickt ist. Diese affektökonomischen Einsichten nehmen stattdessen Klossowski und Bataille auf. Dieses Desiderat von Deleuzes Nietzsche-Studie wird jedoch, wie aufgezeigt, im *Anti-Ödipus* erfüllt, indem Deleuze und Guattari die *Genealogie der Moral* begehrensökonomisch weitererzählen. Dabei zeigt sich, wie hilfreich Nietzsches Kritik am ökonomischen Nützlichkeitsparadigma ist, um eine tiefere Schicht freizulegen, in der sich Ökonomie nicht rational und gerecht, sondern gewaltvoll, affektiv, körperlich und enthemmt erscheint.

Wenn man das nietzscheanische Vokabular des Nihilismus, des Ressentiments und der Umwertung aller Werte in die Begriffe des *Anti-Ödipus* übersetzt, zeigt sich folgendes: Der Nihilismus lässt sich als deterritorialisierende Bewegung begreifen, indem Werte außerhalb des Lebens und der Welt gesetzt werden, also Abstand vom irdischen Territorium genommen wird und Werte im Ideenhimmel abstrahiert werden. Daraufhin vollzieht sich im Ressentiment eine Verhärtung, es wendet sich gegen das Werden und verschließt sich gegen die Vielheit, indem es eine starre Einheit postuliert. Hier lässt sich eine Sedimentierungsbewegung verzeichnen, die Begehrensströme blockiert. Diese Bewegung lässt sich als Reterritorialisierung begreifen. Unschwer lassen sich in diese Dynamik die Operationen von Aufbegehren und Begierden hineinlesen, wobei Aufbegehren die freisetzende Bewegung des Nihilismus oder der Deterritorialisierung nachvollzieht und Begierden der einbindenden Bewegung der Kräfte durch das Ressentiment oder die Reterritorialisierung entsprechen. Das Zusammenspiel von Verflüssigung und Verhärtung, das all diese Begriffe prägt, wird in der Figur der ‚Ewigen Wiederkehr‘ als Wiederholung des Ungleichen eingefasst. Die ‚Ewige Wiederkehr‘ fließt in die Bewegungen der De-und Reterritorialisierung ein, die stets untrennbar einhergehen, wie flutende Wellen, die in gleichförmigem Rhythmus auf den Strand brechen, derweil sie sich in beständig variierenden Mustern in den nassen Sand einzeichnen und ihre Spuren mit jedem Wellenschlag wieder verwischen.

Nietzsche erachtet den Nihilismus als überaus ambivalent: Einerseits ruft er das Ressentiment und die verkrusteten Moralwerte hervor, andererseits besteht die Aussicht auf einen vollkommenen Nihilismus, in dem sich das Werden und die Vielheit austoben können. Dieser kann sich in der Umwertung aller Werte vollziehen (vgl. Lange 1989, S. 22). Die nihilistische Tendenz muss also ihre Grenzen, die das Ressentiment immer wieder setzt, überschreiten, um sich vollständig zu realisieren. Eine ähnliche Hoffnung liegt im Denken der Deterritorialisierung, das davon ausgeht, dass die stetige Deterritorialisierung den Kapitalismus über seine eigene Grenze in den Zusammenbruch, weil er im Zwang seiner decodierenden Eigenlogik alle Begehrensströme freisetzt (vgl. Deleuze/Guattari 1974, S. 44–47). Diese Hoffnung verkörpert die Begriffsfigur des Schizophrenen.

Kehren wir zurück zur Wiederkehr: In seiner frühen Schrift merkt Deleuze an, Nietzsches spekulative Lehre lautet, dass das „Werden, das Viele, der Zufall keine Verneinung [enthalten]; die Differenz ist die reine Bejahung; Wiederkehren ist das Sein der Differenz unter Ausschluß von jeglichem Negativen" (Deleuze 1976, S. 205). In dieser Perspektive zeigt sich die ‚Ewige Wiederkehr‘ als kosmologisches Prinzip. Zugleich klingen in dieser Schilderung starke Resonanzen zu Freuds Libidoökonomie an, da Nietzsches ebenso wie Freuds – und anschließend auch Batailles – ökonomisches Leitprinzip lautet, dass der Organismus danach strebt, Spannungen abzulassen (vgl. Baudrillard 2015, S. 66). Bei Freud findet sich diese Idee im Wechselspiel von Libido und Thanatos, wobei Thanatos, der zur Konstanz der Spannung hinarbeitet, im triebökonomischen Kräftemessen überwiegt. Auch Deleuze weist darauf hin, dass die nihilistische Ökonomie Nietzsches durch ein Konstanzprinzip bestimmt sei, das Energien ausgleicht. Insofern wirke das Prinzip der ‚Ewigen Wiederkehr‘ bei Nietzsche als kosmologisches Prinzip, das nach Homöostase strebe (vgl. Deleuze 1976, S. 52f; Nietzsche 1887a/1968, S. 27). In dieser Engführung von Freud und Nietzsche ist zu fragen, ob Freuds Konzept des

Todestriebs ebenfalls als iterative Kraft verstanden werden kann und ob dieser Gedanke bereits bei Nietzsche auftaucht. Ein Kritikpunkt, der sich an Deleuzes jubilierender Nietzsche–Lektüre äußern lässt, ist derjenige, dass er die düsteren, aggressiven, destruktiven Kräfte, welche die Schuldenökonomie bestimmen, unterschätzt und sie einseitig politisiert. Dergestalt erscheinen die lebensbejahenden Kräfte politisch wünschenswert, die lebensverneinenden Kräfte hingegen reaktionär. Einen anderen Deutungsweg, die den Schmerz in Nietzsches Schriften zelebriert, die Gewaltförmigkeit des Dionysischen anerkennt, schlagen die azephalischen Sade-Adepten Klossowski und Bataille ein, indem sie den Todestrieb als lebenswichtiges Element des Begehrens erachten. Nach dieser Hast durch Nietzsches wortgewaltige Wertphilosophie wenden wir uns Freud zu, um in der Lektüre von *Jenseits des Lustprinzips* zu verharren, am Nullpunkt der Spannungen angekommen: beim Todestrieb.

6 Sigmund Freuds psychoanalytische Paradoxien angesichts des Antagonismus von Eros und Thanatos

> Das Glücksgefühl bei Befriedigung einer wilden, vom Ich ungebändigten Triebregung ist unvergleichlich intensiver, als das bei Sättigung eines gezähmten Triebes. Die Unwiderstehlichkeit perverser Impulse, vielleicht der Anreiz des Verbotenen überhaupt, findet hier eine ökonomische Erklärung. (Freud 1930/1975, S. 437)

Kommen wir zu Freud: Vater der Psychoanalyse, Ökonom der Libido, Gläubiger des Ödipus. Zum Es, das spricht; zum Über-Ich, das straft; zum Ich, das sich sucht.

6.1 Traumsprachen und Wunschmaschinen: die Paradoxien in Sigmunds Freuds Frühwerk

In der *Traumdeutung* (1900) spricht Freud von dem Wunsch, dem das teleologische Dilemma eingeschrieben ist, stets das Ziel und damit die Befriedigung zu verfehlen. Dieser Wunsch arbeitet in den zeichentheoretischen Operationen der Verschiebung und Verdichtung. Insofern schreibt sich der stets fehlbare Wunsch in den Code des Traums ein und dieser Code muss entschlüsselt werden, da die Traumelemente metaphorisch oder metonymisch für die dahinterliegende Botschaft des Wunsches einstehen.

So könnte man, in geraffter Form, dieses frühe Denkmodell von Freud zusammenfassen, das sich als Hermeneutik des Begehrens präsentiert. Der Versuch, das Unbewusste zur Sprache zu bringen, ihm Sprachregeln zu verschreiben und Sprachspiele zu erfinden, in denen es sich manifestieren kann, zeugt von einer Tendenz zur Rationalisierung. Sie zeigt sich darin, dem Begehren in seiner Ausdrucksform der Traumsprache feste Funktionsweisen zuzuordnen und zwar in der metaphorischen Bewegung der Verdichtung und der metonymischen Bewegung der Verschiebung. Doch neben diesem durch Mangel geleiteten Wunsch wandelt ein zweiter Begehrensbegriff durch Freuds Texte: Libido, die, ähnlich wie Nietzsches Idee des Willens zur Macht, schöpferische Kraft und fließende Energie bedeutet. Es ist demnach die Libido, die ebenjenes produktive Potential birgt, das die von Deleuze und Guattari beschriebenen Begehrensmaschinen zum Laufen bringt (vgl. Lange 1989, S. 65). In dieser Ambivalenz verfangen, artikuliert sich die Kritik von Deleuze und Guattari an Freud und der Psychoanalyse:

https://doi.org/10.1515/9783110686975-009

Die große Entdeckung der Psychoanalyse war die Wunschproduktion, waren die Produktionen des Unbewußten. Mit Ödipus wird diese Entdeckung schnell wieder ins Dunkel verbannt: an die Stelle des Unbewußten als Fabrik trat das antike Theater, an die Stelle der Produktionseinheiten trat die Repräsentation, an die Stelle des produktiven Unbewußten trat ein solches, daß sich nur mehr ausdrücken konnte [...]. (Deleuze/Guattari 1974, S. 32f.)

Diese Denkweise des Wunschs als Mangel, den der Psychoanalytiker als dessen Interpret untersucht, reduziert multiple Begehrensartikulationen auf ein ödipales Deutungsschema und beschränkt das Unbewusste auf die Zeichenlogik der Repräsentation.

Im *Anti-Ödipus* kommen Deleuze und Guattari auf Daniel Paul Schreber zu sprechen, seinerzeit Präsident des Landgerichts Freiberg, der in den 1903 erschienenen *Denkwürdigkeiten eines Nervenkranken* die Geschichte seiner Schizophrenie schilderte. Es ist Schreber, den sie als schizophrene Abgrenzungsfigur gegenüber Freuds Neurotiker bestimmen. Schreber, der in seinem schizophrenen Zustand verschiedene Werdensformen annimmt, die Grenzen seiner bürgerlichen Identität überschreitet, der Frau wird, sich mit Gott vermählt. In ihm fließen die Begehrensströme frei – so die schizoanalytische Schilderung von Deleuze und Guattari (vgl. Deleuze/Guattari 1974, S. 7f; S. 71f.). Demgegenüber habe Freud in seiner Interpretation von Schrebers Aufzeichnungen versucht, dessen Krankheitsbild in der normativen Ordnung der Paranoia festzuschreiben. Dabei habe Freud sämtliche Symptome als Zeichen eines ödipalen Konflikts gedeutet und sein starres Interpretationsraster angelegt, um eine analytische Ordnung in das wild wuchernde Begehren zu bringen, das Schrebers Schriften tatsächlich offenlegen. Freud interpretiere die neurotischen Symptome stur als Spuren des Konflikts, die er retrospektiv aufdecken wolle. Die Lösung des Rätsels lautet immer schon Ödipus.

Dies ist der Einsatzpunkt von Deleuze und Guattaris Kritik: Freuds Proklamation des Ödipuskomplexes habe eine idealistische Wende herbeigeführt, da Ödipus die Metaphysik der Psychoanalyse markiere (vgl. Deleuze/Guattari 1974, S. 96). Zugleich gilt Ödipus als Platzhalter für die klassisch-bürgerliche Kernfamilienstruktur. Ödipus als Leitprinzip überführt das Politische in das Private: In dieser entpolitisierten Fassung der Psychoanalyse werden alle Ereignisse auf das Dreieck Mutter-Vater-Kind reduziert. Der Ärger auf den Chef gilt in dieser ödipalen Lesart letztlich dem Vater, da der Chef den Vater nur verkörpere. Damit wird Begehren in einem triangulären Familienbild gezeichnet und durch das ödipale Modell reguliert. Dabei, so die Gegenthese von Deleuze und Guattari, liegt Repression nicht im Begehren selbst, sie wird im Sozialen erschaffen und ihm daher sekundär auferlegt. Eine dieser repressiven Formen ist Ödipus. Durch die ödipale Ordnung des Begehrens wird gelehrt, dass sämtliche Autoritätspersonen lediglich

Vater oder Mutter repräsentieren, auf diese Weise werden sämtliche Agenten der gesellschaftlichen Produktion und Antiproduktion auf die Funktionsrollen der familialen Reproduktion begrenzt (vgl. Deleuze/Guattari 1974, S. 82). Dadurch, so ihre Kritik, beschränkt Freud Begehren auf individuellen Ausdruck, denn durch sein Theoriemanöver der Ödipalisierung verschließt sich sein Denken dem kollektiven Charakter des Begehrens. Da er in seinen Traumanalysen lediglich die Projektion des träumenden Individuums erachtet, erkennt er nicht die Vielzahl von Agenten, welche auf die Mannigfaltigkeit des Unbewussten verweisen (vgl. Deleuze/Guattari 1974, S. 74 f; 1992, S. 43–59). Des Weiteren teilen Deleuze und Guattari die repräsentationskritische Perspektive Nietzsches und richten sie, wie oben aufgeführt, gegen Freud: Die Psychoanalyse verwendet die Ideen der Repräsentation und Interpretation als begehrenshermeneutische Schlüsselmanöver, wodurch sie metaphysische Postulate setzt, welche die materielle Realität des Begehrens leugnet. Daher plädieren Deleuze und Guattari für eine materialistische Psychiatrie und setzen dem Bild der Repräsentationstheater dasjenige der Begehrensmaschinen entgegen (vgl. Deleuze/Guattari 1974, S. 32 f.).

Trotz dieser vehementen Vorwürfe von Deleuze und Guattari sollte man nicht vergessen, dass hier *ein* Freud und damit bloß ein einzelnes Bild seines Denkens kritisiert wird, wohingegen sein Schaffen in ein ganzes Spiegelkabinett der psychoanalytischen Schulen überführt.[84] Wie Dagmar Herzog ausführt, war zu Zeiten des Kalten Krieges ein heftiger Streit um die Deutungsmacht über Freuds Schriften im Gange. In den USA herrschte die von Anna Freud geprägte, sexualkonservativ ausgerichtete Schule der Ich-Psychologie. Zugleich standen politische Zugänge zur Psychoanalyse wie diejenigen von den Freudomarxisten Willhelm Reich und Herbert Marcuse oder von praktizierenden Psychoanalytikern wie Margarete und Alexander Mitscherlich oder Fritz Morgenthaler innerhalb der studentischen Protestkulturen hoch im Kurs (vgl. Herzog 2016, S. 179–212). In Frankreich hatte Lacans *École Freudienne de Paris* die akademische Deutungshoheit erlangt.

---

84 Im Fokus stehen hier zwei Lesarten Freuds, die durch Anna Freud geprägte Ich–Psychologie, die als Kontrastfolie dient, und dagegen Lesarten, die das Ungebändigte im Unbewussten hervorheben und einen stark kulturtheoretischen Zugang vertreten. Um einen groben Überblick auf bekannte psychoanalytische Schulen zu bieten, lässt sich auf die Objektbindungstheorie von Melanie Klein verweisen, die in ihrer therapeutischen Arbeit mit Kleinkindern die Objektbindungstheorie entwickelte, welche die symbiotische Bindung von Mutter und Kind in den Vordergrund stellt. In Anlehnung an Kleins Thesen, die auch im *Anti-Ödipus* eine zentrale Rolle spielen, entwickelte Donald S. Winnicott sein Konzept des Übergangobjekts und Heinz Kohut seinen Ansatz der Selbstpsychologie, der Narzissmus als psychische Grundstruktur ausmacht. Weiterhin wesentlich sind die Arbeiten von Wilfred Bion zur Gruppenanalyse und die von Lacan eingebrachte Strukturale Psychoanalyse, deren Fokus auf der sprachlichen Struktur des Begehrens liegt (vgl. List 2009, S. 141–165).

Guattari, der man als Nachfolger Lacans handelte, wurde zugunsten von Jacques-Alain Miller, Lacans Schwiegersohn, an den Rand gedrängt. Dennoch blieb Guattari, der sich als Schüler Lacans rege an den Aushandlungen über linke Psychoanalyse beteiligte und in der antipsychiatrischen Einrichtung *La Borde* tätig war, der Psychoanalyse treu, wobei er deren radikales Umdenken verfolgte (vgl. Bourg 2007, S. 125–138).

Inmitten dieses Streitfelds der zirkulierenden Freud-Exegesen intervenierte der *Anti-Ödipus* mit seiner lautstarken, polemisch anmutenden Fundamental-kritik. Allerdings muss man auch den leisen Zwischentönen Gehör schenken. Obzwar Deleuze und Guattari wortgewaltigen Widerspruch gegen Freud vor-bringen, kehren sie zu dessen älteren Thesen zurück, die ihrer Ansicht nach von der Allmacht des Ödipusmodell verdeckt werden.[85] Diesen leisen Zwischentöne werden wir mit gespitzten Ohren lauschen, wenn der Klang des Todestriebs im Dröhnen der Begehrensmaschinen unterzugehen droht. Seine stille Arbeit steht hier im Lektürefokus, da Deleuze und Guattari dessen konzeptuellen, begeh-renstheoretischen Stellenwert sowie dessen politisches und analytisches Poten-tial strategisch ausblenden. Freuds Definition des Todestriebs ist nicht weniger widersprüchlich als die Stellungnahmen von Deleuze und Guattari. Daher besteht das Anliegen dieses Kapitel darin, aufzuzeigen, warum der Todestrieb, entgegen der Behauptung von Deleuze und Guattari, nicht per se reaktionär ist.[86]

Das widerspenstige Werk

Es mag der Monumentalität, aber auch der Inkohärenz seines Werkes geschuldet sein, dass sich in der Nachfolge Freuds so verschiedene psychoanalytische

---

[85] Als Auswahl an Lektüren, welche die Verbindungen zwischen Freuds Schriften und dem *Anti-Ödipus* aufzeigen, sind diejenigen von Lange (1989), Herzog (2016, S. 153–179), Schuster (2016) und Buchanan (2015) anzuführen. Die wohl originellste Parallele zieht Ian Buchanan: Er argu-mentiert, dass der in *Tausend Plateaus* auftauchende Begriff des Gefüges, dessen Vorgänger die Wunschmaschinen *des Anti-Ödipus* sind, als direkte Ableitung von Freuds Begriff des Komplex begreifbar ist: „It is worth adding that *agencement* is Deleuze and Guattari's own translation, or perhaps re-arrangement would be a better word, of the German word *Komplex* (as in the 'Oedipal complex' or the 'castration complex'). Despite the fact it is Guattari himself who defines the as-semblage this way in the various glossaries he has provided, the connection between Freud's complex and the concept of the assemblage has been almost completely ignored." (Buchanan 2015, S. 383)

[86] Um das Dilemma des Todestriebs darzulegen, wird in erster Linie die antiödipale Bezugnahme auf Freud rekonstruiert und dabei weitgehend ausgespart, wie sich Deleuze und Guattari mit Lacan und anderen psychoanalytischen Positionen wie derjenigen von Melanie Klein befassen.

Strömungen finden. Während sich einige darum bemühen, die Ambivalenzen seiner Schriften produktiv herauszuarbeiten und deren kulturtheoretische Implikationen auszuloten, existieren stark individualistische Lesarten. Besonders einflussreich ist die eben erwähnte, US-amerikanische Schule der *Ich-Psychologie*, die „ihre Heilslehre von der gesunden, reifen Persönlichkeit" verkündet (Lange 1989, S. 70). Freuds Ausspruch „Wo Es ist, soll Ich werden" setzt sich diese psychoanalytische Schule als Credo. Diese Ausrichtung versteht Begehren vorrangig in Subjekt/Objekt-Relationen, in denen das Subjekt von seinem Begehren spricht. Derartige rationalisierende Anwendungen liefern jedoch ungenügende Lesarten von Freuds Werk, da sie dessen Denken auf Kur und Genese stabiler, ‚gesunder' geschlechtlicher Identitäten und funktionsfähiger Subjekte beschränken.

Indes kann man Freuds Schreiben als Prozess des produktiven Scheiterns verstehen, in dem Konzepte in unausweichliche Widersprüche streben, Argumentationsstränge zerfasern und zu bloßen Ideenspuren werden, Ausdrücke mehrdeutig schillern, sorgsam gebaute Dualismen einstürzen. Freuds Schriften als Spannungsfeld zu verstehen, erlaubt es, sein Denken nicht auf ein starres, in sich geschlossenes System zu herunterzubrechen, sondern in all seinen Widerspenstigkeiten und Uneindeutigkeiten ernst zu nehmen.

Die triebtheoretische Umdeutung von Jean Laplanche und Teresa de Lauretis

Solch einen vielschichtigen Zugang zu Freuds Schriften bietet der Theoretiker der Psychoanalyse Jean Laplanche. Seine Schriften, mitunter in Koautorschaft mit dem Philosophen und Psychoanalytiker Jean-Bertrand Pontalis verfasst, liefern eine reichhaltige Relektüre Freuds, die ganz anders anmutet als das Werk Lacans, das die französische Psychoanalyse dominiert. Daran anschließend arbeitet die Film- und Literaturwissenschaftlerin Teresa de Lauretis Laplanches Kernkonzepte queertheoretisch aus. Angemerkt sei, dass sowohl Laplanche als auch Lauretis ihre Theorien als Triebtheorien verstehen – Laplanche verwendet den Begriff der *pulsion* und Lauretis den Begriff *drive*. Sie favorisieren den Trieb- gegenüber dem Begehrensbegriff, um die somatische Dimension hervorzuheben. Nachdem *désir* philosophiegeschichtlich entkörperlicht wurde, gelang es Lacan, wie die Philosophin Mirjam Schaub resümiert, „mit seiner Begehrenslehre [...] die gesamte Ökonomie des Begehrens zu intellektualisieren" (Schaub 2004, S. 96). Dagegen erachten Laplanche und Lauretis Körperlichkeit als konstitutiv für Subjektivierungsprozesse. Insofern vollzieht sich in ihrer Hinwendung zum Triebbegriff die Abwendung von Lacan Konzept von *désir*. Mit dieser Übersetzungsgeschichte und ihren Schwierigkeiten im Hinterkopf wird im Folgenden der Triebbegriff frei als Begehren umformuliert.[87] Da Begehren in der philosophischen Rationalisierungsgeschichte tendenziell intellektualisiert wird, wird hier bestrebt, dessen soziosomatische Dimension hervorzuheben. Dazu bieten die Freud-Lektüren von Laplanche und Lauretis hilfreiche Hinweise.

Das körperliche Ich und die Körperlichkeit des Begehrens

Freud verweist auf die grundlegende Körperlichkeit des Selbst. Das Ich wird von „unbekannten, unbeherrschbaren Mächten" angetrieben (Freud 1923/1975, S. 292). Insofern ist das Ich dem Es ausgeliefert und wird in seiner Körperlichkeit definiert: „Das Ich ist vor allem ein körperliches, es ist nicht nur ein Oberflächenwesen, sondern selbst die Projektion der Oberfläche." (Freud 1923/1975, S. 294) Dieser Satz deutet an, dass das Ich bloß die Erscheinungsfläche von psychischen Prozessen ist, die von körperlichen Kräften gelenkt werden. Zugleich ist das Ich den äußeren, sinnlichen Wahrnehmungen zugänglich und bildet die Schnittstelle zwischen sozialer Außenwelt und psychischer Innenwelt. Begehren entspringt dem Tohuwabohu des Körperlichen und so undenkbar, so unfassbar Körper sind, so unberechenbar, so unbeherrschbar bleibt Begehren.

6.2 Sigmund Freuds ökonomisches Vokabular

Für Deleuze und Guattari äußert sich das Schuldverhältnis, das Ödipus repräsentiert, auch in der Rollenverteilung von Analytikerin und Analysand, das außerdem ein pekuniäres Vertragsverhältnis ist, in dem sich Geldfluss in Redefluss übersetzt (vgl. Deleuze/Guattari 1974, S. 82). Dergestalt wird die ödipale Schuld durch die Geldgabe an den Psychoanalytiker gesühnt, der als Ersatzfigur des Gläubigers auftritt.

---

[87] Die Psychoanalytikerin Ilka Quindeau, die sich ebenfalls auf Laplanche bezieht, plädiert ebenfalls dafür, den Triebbegriff durch den Begehrensbegriff zu ersetzen, da Trieb umgangssprachlich nach wie vor als „schwer zu beherrschende biologische Macht" begriffen wird und dies die kulturtheoretischen Implikationen von Freuds sehr spezifischer Verwendung des Begriffs verdeckt (Quindeau 2008, S. 37).

Die Libidoökonomie als Rationalisierung des Begehrens

Wenn man die Psychoanalyse als ein Kapitel der Rationalisierungsgeschichte des Begehrens liest, lässt sich die Libidoökonomie als Versuch verstehen, dem Begehren trotz aller Unbeständigkeit ein Regelwerk zuzuschreiben, einen ökonomischen Ablauf, der trotz seiner Komplexität einer nachvollziehbaren Logik folgt. Die libidinöse Ökonomie, die Freud in einem Modell der Spannungsmomente beschreibt, soll eine analytische Ordnung in das Begehrensgeschehen bringen. Allgemein gesprochen, finden psychoanalytische Deutungsmodelle praktische, marktkompatible Anwendung und prägen damit maßgeblich, die Emotionskultur, die sich kapitalismusgeschichtlich herausbildet (vgl. Illouz 2007b, S. 12). Das Begehrenssubjekt soll berechenbar gemacht werden, indem Empfindungen durch psychoanalytische Schlüsselkonzepte massentauglich und warenförmig gestaltet werden. Wie Adorno in *Minima Moralia* kritisch aufzeigt, führt die kulturindustrielle Vermarktung vulgärfreudianischer Gedanken gewisse Gefühlsschablonen ein, in die Individuen ihre Empfindungen einpassen können.[88]

> Seitdem mit Hilfe des Films, der Seifenopern [...] die Tiefenpsychologie in die letzten Löcher dringt, wird den Menschen auch die letzte Möglichkeit der Erfahrung ihrer selbst von der organisierten Kultur abgeschnitten. [...] Anstatt die Arbeit der Selbstbestimmung zu leisten, erwerben die Belehrten die Fähigkeit, die Triebkonflikte unter Begriffe wie Minderwertigkeitskomplex, Mutterbindung, extrovert und introvert zu subsumieren, von denen sie im Grunde sich gar nicht erreichen lassen. [...] Anstelle jener Katharsis, deren Gelingen ohnehin in Frage steht, tritt der Lustgewinn, in der eigenen Schwäche auch ein Exemplar der Majorität zu sein [...]. Das Reich der Verdinglichung und Normierung wird auf diese Weise bis in seinen äußersten Widerspruch hinein, das vorgeblich Abnorme und Chaotische, ausgedehnt. Das Inkommensurable wird gerade als solches kommensurabel gemacht, und das Individuum ist kaum einer Regung mehr fähig, die es nicht als Beispiel dieser oder jener öffentlich anerkannten Konstellation benennen könnte. Solche auswendig übernommene und gleichsam jenseits der eigenen Dynamik vollzogene Identifizierung indessen schafft mit dem genuinen Bewußtsein der Regung schließlich auch diese selbst ab. Sie wird zum ab- und abstellbaren Reflex stereotyper Atome auf stereotype Reize. (Adorno 1951/2012, S. 72f.)

Der kapitalistische Leidensdruck wird gelindert, während der Kapitalismus intakt bleibt und noch tiefer in die Gefühlswelten der Individuen eingreifen kann.

---

88 Angemerkt sei, dass sich Adorno in seinen Reflexionen über die Psychoanalyse auf die Freud-Schulen in den USA bezieht, die besonders konservativ ausgerichtet waren. Dennoch lassen sich seine Beobachtungen auch auf die Zirkulation von psychoanalytischen Konzepten in westeuropäischen Emotionskulturen anwenden, was dem kulturellen Transfer derjenigen Formate geschuldet ist, die psychoanalytische Modelle aufgreifen wie beispielsweise Hollywoodfilme und Ratgeberliteratur.

Heutzutage bilden die pastoralmächtigen, psychoanalytischen Praktiken eine Berufssparte aus, die weit über die Aufgabe der Analytikerin hinausreicht und sich in einer Emotionskultur vervielfacht, die von Ratgeberliteratur und Life Coaches bis hin zu Meditation-Apps reicht (vgl. Maasen 1998, S. 60). In dieser Hinsicht kann man Freuds Projekt der Psychoanalyse als als eines der Rationalisierung verstehen, das darauf abzielt, Begehren transparent zu machen und in austauschbare Informationen zu transformieren, also in klar kommunizierte emotionale Bedürfnisse, Ich-Botschaften und sexuelle Präferenzen. In dieser kulturkritischen Perspektive dient das psychoanalytische Unternehmen nicht nur der reinen Selbsterkenntnis, sondern es produziert beständig biopolitisch nutzbares Wissen.

Topisch, dynamisch, ökonomisch

Wie Deleuze und Guattari schreiben, ist die Verbindung der „Psychoanalyse mit dem Kapitalismus nicht weniger stark als die der politischen Ökonomie" (Deleuze/Guattari 1974, S. 389). Diese Beobachtung wird hier aufgegriffen und der Vermutung nachgegangen, dass Freuds ökonomisches Vokabular nicht einfach einem anderen Diskurs entliehen ist, stattdessen bezeugt der Theorietransfer, wie sehr das Ökonomische seiner Theorie inhärent ist.[89] Wir werden diese Spur in der Lektüre von *Jenseits des Lustprinzips* aufnehmen, welche die Verbindungslinien zur ökonomischen Theorie von Joseph Schumpeter aufzeigt. Außerdem finden sich in Freuds kulturtheoretischen Schriften wie dem *Unbehagen der Kultur* Anmerkungen zum Verhältnis von psychischen Mechanismen und Arbeitsstrukturen – ein Aspekt, den die Theorielinie des Freudomarxismus aufnimmt. Überdeutlich drückt sich das Ökonomische im Begriff der Libidoökonomie aus. Es gilt also, Freuds vielschichtigen Ökonomiebegriff im Zusammenhang mit seiner Begehrenstheorie zu betrachten.

Für Freud gibt es drei zentrale Gesichtspunkte, die er in seinen metapsychologischen Schriften benennt: topisch, dynamisch, ökonomisch. Der topische Gesichtspunkt wird zunächst in dem System ‚Ubw – Vbw – Bw', also Unbewußtes, Vorbewußtes und Bewußtes gefasst und im späteren Werk in das Strukturmodell von ‚Es – Ich – Über-Ich' übersetzt (vgl. Freud 1923/1975). Der dynami-

---

89 Der Wirtschaftswissenschaftler Klaus Gourgé geht in seiner Abhandlung zur Ökonomie der Psychoanalyse zwar davon aus, dass beide Wissensordnungen sich fremd seien, betont aber, dass Freud Kenntnisse über ökonomische Theorien, insbesondere den Ansatz von John Maynard Keynes, besaß und dass dieses Wissen einfloss, als er Ökonomie als zentralen Gesichtspunkt bestimmte (vgl. Gourgé 2001, S. 5; S. 105–113).

sche Aspekt ist eng mit dem ökonomischen verbunden, da er auf ein Spiel der Kräfte hinweist. Vereinfachend ließe sich formulieren, dass der dynamische Aspekt die stetigen Kräftebewegungen beschreibt, wohingegen der ökonomische Aspekt die Zu- und Abnahme von Erregung erfasst. Indessen bleibt es schwierig, trennscharf zwischen beiden Analyseaspekten der Dynamik und Ökonomie zu unterscheiden. Der ökonomische Gesichtspunkt entwickelt sich im Spannungsfeld zwischen Lust und Unlust. Freud denkt dabei die Psyche als Apparat, der Spannungen auf- und abbaut. Mithin zielt dieser psychische Apparat auf die Konstanz der Quantität der Erregungen ab – dies fasst Freud später als Lustprinzip. Er bestimmt also Lust als Ruhemoment im Energiehaushalt. Der Apparat leistet Arbeit, indem er freie Energie in gebundene verwandelt und Erregungen ableitet (vgl. Laplanche/Pontalis 1973, S. 358). Damit richtet sich der ökonomische Aspekt weniger auf die Ebene der Selbsterhaltungs- und mehr auf die Ebene der Sexualtriebe: „Was Freud unter libidinöser Ökonomie versteht, ist genau das Zirkulieren, das sich im Innern des psychischen Apparates vollzieht" (Laplanche/ Pontalis 1973, S. 360), wobei die zirkulierende Energie Libido ist. Für Freud bildet der ökonomische Aspekt daher primär eine Frage der Quantität, nach dem Mehr oder Weniger der Erregung im Libidohaushalt.

6.3 Diesseits des Lustprinzips: der Zwiespalt zwischen Eros und Thanatos

Freud verfasste seine Schriften vor und während der Weltkriege in Wien, einer Stadt, die ein seismographisches Zentrum des Ersten Weltkrieges war. Wie sich seine Zeit wandelte, so wandelt sich sein Werk, es wird zusehends kulturpessimistischer.

Wider die eugenische Progressionslogik und den technologischen Fortschrittsglauben

Während sich viele seiner Zeitgenossen in dem Glauben wähnten, dass im „Mensch selbst ein Trieb zur Vervollkommnung wohnt, der ihn auf seine gegenwärtige Höhe geistiger Leistung und ethischer Sublimierung gebracht hat und von dem man erwarten darf, daß er seine Entwicklung zum Übermenschen besorgen" wird, lehnt Freud diesen tröstlichen Glauben an eine Triebteleologie ab, da er keinen Weg sieht, „diese wohltuende Illusion zu schonen" (Freud 1920/1975, S. 251). Diese Perspektive ist außerordentlich beachtlich, da sich Freud konsequent dem kapitalistischen Fortschrittsnarrativ versperrt, das sich in begehrentsheoretischer Hinsicht sowohl bei Hegel als auch bei Deleuze und Guattari findet. Letztere halten insofern an einer teleologischen Ausrichtung fest, als dass sie davon ausgehen, dass sich der Kapitalismus unbeirrbar auf sein eigenes Ende hinbewegt. Dementsprechend reflektieren Freuds Thesen in *Jenseits des Lustprinzips* (1920) den sozialen und ökonomischen Krisenzustand seiner Gegenwart und damit eine Epoche, in der sich die Hoffnung auf stabile Nationalökonomien und sozialdemokratisch abgesicherte Arbeitsverhältnisse durch den Exzess des Krieges zerschlagen hatte, die von der Wirtschaftskrise bestimmt war und in der sich die faschistischen Kräfte in Europa den Weg zur Macht bahnten. In seinem 1935 veröffentlichten Kunstwerk-Aufsatz zeigt Walter Benjamin auf, wie sich faschistische Kräfte den technologischen Fortschrittsglauben für ihre politische Agenda zunutze machen (vgl. Benjamin 1935/1989). Freud verhält sich ähnlich zaudernd wie Benjamin angesichts politischer Progressionsrhetoriken. Damit wenden sich beide kritisch gegen ihren Zeitgeist, der von eugenischen Ideen der Vervollkommnung des Menschen geprägt war. Diese Ideen wurden nicht nur von faschistischen Kräften forciert, sondern auch von liberalen, progressiven Denkern befürwortetet, wie beispielsweise von dem Sexualwissenschaftler Magnus Hirschfeld (vgl. Herzog 2011, S. 28). In Anbetracht dessen ist es umso beachtlicher, wie konsequent Freud jeglichen Glauben dieser Art ablehnt und stattdessen die Ansicht vertritt, dass jeglicher Fortschritt mit Formen der Zerstörung einhergeht. *Jenseits des Lustprinzip* zeugt von diesem soziopolitischen Szenario, in dem sich Freuds Schreiben situiert.

Dem Phänomen der traumatischen Neurose begegnet Freud als Therapeut von traumatisierten Soldaten nach dem Ersten Weltkrieg, welche die Schockerlebnisse im Traum wieder und wieder durchleben (vgl. Freud 1920/1975, S. 222). Dieser Wiederholungszwang drängt ihn dazu, seine These, dass man nur Wünschenswertes träume, zu revidieren, wenn auch nur zögerlich, da er lediglich eingesteht, dass die traumatische Neurose entweder die Traumfunktion erschüttere, sich also vom Wünschen ablöse, oder auf seltsame masochistische Tendenzen des Ichs hinweise (vgl. Freud 1920/1975, S. 223f.). Seine zaudernde Erkenntnis widerspricht radikal dem spinozistisch-vitalistischen Prinzip, das der *Anti-Ödipus* vertritt. Anstatt jubilierend das Leben zu bejahen, sehnt sich Begehren nach der Stille des Todes.

Die quantitative Begehrensökonomie der Erregung

In *Jenseits des Lustprinzips* widmet sich Freud dem ökonomischen Gesichtspunkt, den er im Spannungsverhältnis von Lust und Unlust situiert. Lust entspricht einer Verringerung und Unlust einer Steigerung der Quantität der Erregung. Das Lustprinzip zielt also darauf ab, die Spannung möglichst niedrig oder zumindest konstant zu halten (vgl. Freud 1920/1975, S. 217–220). Indessen vermutet Freud, dass auch andere Kräfte im Seelenapparat schalten und walten, sodass man nicht von der alleinigen Herrschaft des Lustprinzips ausgehen kann. Neben dem Lustprinzip wirkt das Realitätsprinzip, folgert er, denn die Selbsterhaltungstriebe des Ichs drängen dazu, nicht rein den Lüsten zu verfallen, sondern sich dem Realitätsprinzip unterzuordnen, was bedeutet „den Aufschub der Befriedigung, den Verzicht auf mancherlei Möglichkeiten einer solchen und die zeitwillige Duldung der Unlust auf dem langen Umwege zur Lust" zu folgen (Freud 1920/1975, S. 220). Das Realitätsprinzip bildet ein Zugeständnis an sozioökonomische Gegebenheiten: Ausgehend von der Lebensnot, der *Ananke,* nimmt Freud an, dass das Subjekt seinen unmittelbaren Lustgewinn aufspart, um sich den wirtschaftlichen Umständen anzupassen (vgl. Marcuse 1971, S. 22). Freud geht also von einer grundlegenden Ressourcenknappheit aus, die das Subjekt dazu zwingt, sein Begehren den materiellen Bedürfnissen unterzuordnen, wobei diese Unterordnung das Unbehagen der Kultur hervorbringt – ein Aspekt, den Marcuse in kapitalismuskritischer Perspektive aufgreift.

Dennoch kann die Erfahrung der Unlust nicht alleine dem Realitätsprinzip geschuldet sein, deshalb sucht Freud nach einer weiteren Kraft. Bereits in der Behandlung von traumatisierten Soldaten kam die Frage auf, warum das Unbewusste in Träumen immer wieder schmerzhafte Erlebnisse wiederholt. Diesen Wiederholungszwang, der sich in diesen Leidensmustern zeigt, bezeichnet Freud im Verweis auf Nietzsche als „ewige Wiederkehr zum Gleichen" (Freud 1920/1975, S. 232). Diese immer wieder aufgesuchte Unlusterfahrung kann nur durch noch unbekannte Kräfte erklärt werden und in Folge keimt die Idee auf, dass es einen „dem belebten Organismus innewohnende[n] Drang zur Wiederherstellung eines früheren Zustandes" gibt (Freud 1920/1975, S. 246).[90] Dieser Versuch, den Wiederholungszwang und das Triebhafte zusammenzudenken, scheint zunächst kontraintuitiv. Schließlich hat Freud vorab Triebe als grundlegend agil und dynamisch bestimmt, wohingegen er an dieser Stelle den Trieb als Streben zur Konstanz umdefiniert: „Diese Auffassung des Triebes klingt befremdlich, denn

---

90 Ein anderes Beispiel für die Wiederholung stellt das Fort-Da-Spiel dar: Ein Kleinkind wirft sein Spielzeug fort, zieht es wieder an sich heran und erprobt in Freuds Augen damit die Abwesenheit der Mutter. Da deren Fortsein schmerzlich ist und das Kind diese unlustvolle Erfahrung stets neu inszeniert, kann diese Wiederholung nicht vom Lustprinzip bestimmt sein, so die erste Hypothese Freuds. Diese revidiert er jedoch, denn indem hier eine Positionsverschiebung stattfindet, in der das Kind von passiver zu aktiver Position wechselt, vermag es in dem Spiel einen Ermächtigungstrieb und/oder Rachefantasien gegenüber der Mutter auszuleben. Insofern folgt das Spiel dem Lustprinzip (vgl. Freud 1920/1975, S. 226 f.).

wir haben uns daran gewöhnt, im Triebe das zur Veränderung und Entwicklung drängende Moment zu sehen, und sollen nun gerade Gegenteil in ihm erkennen, den Ausdruck der konservativen Natur des Lebenden." (Freud 1920/1975, S. 246) Von diesem konzeptuellen Wagnis lässt sich Freud nicht abschrecken und formuliert die neue These, dass es das Ziel der Triebe sei, zu diesem ursprünglichen Zustand zurückzukehren, weshalb sich sagen ließe, dass das Ziel allen Lebens der Tod sei (Freud 1920/1975, S. 248). Von der konservativen Natur der Triebe ausgehend, erscheint der Todestrieb als Trieb zur Rückkehr des Leblosen (vgl. Freud 1920/1975, S. 248 f.). Indem er den Todestrieb als regressives Prinzip einführt, argumentiert er gegen die teleologische Annahme, der Mensch würde sich beständig weiterentwickeln und Vervollkommnung anstreben. Vor allem definiert sich der Todestrieb in einer Triebökonomie der Homöostase, er verringert die Erregungen und strebt den Nullpunkt der Spannungen an, weshalb er dem „Nirwana-Prinzip" folgt (Freud 1920/1975, S. 264).

Trotz dieser vehement kulturpessimistischen Haltung gesteht Freud ein, dass es dennoch eine Kraft gibt, welche Vervollkommnung anstrebt: Eros. Diese Reminiszenz an Platon und den aristophanischen Mythos deutet Freud dahingehend, dass er Eros als Bestreben bestimmt, „das Organische zu immer größeren Einheiten zusammenzufassen" (Freud 1920/1975, S. 252; vgl. Laplanche 2014, S. 161). Die Libido der Sexualtriebe fällt mit dem „Eros der Dichter und Philosophen" zusammen, „der alles Lebende zusammenhält" (Freud 1920/1975, S. 259). Doch dieser Verweis auf Platon steckt voller Tücken, denn darauffolgend bezeichnet er dessen Aristophanes-Mythos als eine Theorie des Eros, die den Trieb von „dem Bedürfnis nach Wiederherstellung eines früheren Zustands" ableitet (Freud 1920/1975, S. 266). Da Freud den Drang dieser Wiederherstellung als eine Wirkung des Todestriebs denkt, verkehrt er die Ordnung von Aristophanes Erzählung. Die halbierten Kugelmenschen, die sich zueinander sehnen, verkörpern den verzweifelten Versuch, die harmonische und auf ewig verlorene Ureinheit wiederzuerlangen und folgen darin dem Wiederholungszwang des Todestriebs.

In seinem Unternehmen der stets scheiternden Dualismen führt Freud als Zwischenergebnis eine strikte Unterscheidung ein und zwar diejenige zwischen Ich-Trieben, die zum Tode drängen, und Sexualtrieben, die das Leben fortführen wollen. Damit assoziiert er Thanatos mit den Ich-Trieben und Eros mit den Sexualtrieben (vgl. Freud 1920/1975, S. 253). Zwar verunsichert er diese problematische Analogie an verschiedenen Textstellen, dennoch nimmt er diese Ableitung des Eros aus den Sexualtrieben in *Das Ich und das Es* auf, wo er den triebtheoretischen Faden aus *Jenseits des Lustprinzips* weiterspinnt (vgl. Freud 1923/1975, S. 307).

Das Dilemma des Todestriebs

Laplanche, Freuds gewissenhafter Leser, merkt an, dass in dieser Analogie von Eros und Erotik eine der Schwierigkeiten von Freuds Todestriebtheorie liege, denn es mute zwar an, als wäre Eros mit dem Sexuellen verbunden, doch tatsächlich leitet Freud den Todestrieb aus seinem ursprünglichen Konzept der Sexualtriebe ab (vgl. Laplanche 2011, S. 178 f.). Wie stark Freud hadert, Thanatos mit dem Sexuellen zu verbinden, wird ebenfalls in *Das ökonomische Problem des Masochismus* deutlich.[91] Freud versucht zwar, die Analogie von 'Sexualtrieb = Eros' und ‚Ich-Triebe = Thanatos' aufrechtzuerhalten, aber dies misslingt ihm aus zwei Gründen: Das erste Problem ergibt sich aus dem Masochismus, der sowohl sexuell als auch todesgetrieben erscheint. Das zweite Problem besteht darin, dass auf phänomenaler Ebene Todes- und Lebenstriebe in legierter Form auftreten, insofern bleibt die Unterscheidung hypothetisch (vgl. Freud 1924/1975, S. 348). Jedoch unterscheidet Freud Eros und Thanatos durch eine andere Operation; neben der Spannungsreduktion bestimmt er dessen zusammenfügende und zergliedernde Bewegungen als Differenzierungsmerkmal:

> Die Libido trifft in (vielzelligen) Lebewesen auf den dort herrschenden Todes- oder Destruktionstrieb, welcher dies Zellwesen zersetzen und [...] in den Zustand der anorganischen Stabilität [...] überführen möchte. Sie hat die Aufgabe, diesen destruierenden Trieb unschädlich zu machen, und entledigt sich ihrer, indem sie ihn zum großen Teil und bald mit Hilfe eines besonderen Organsystems, der Muskulatur, nach außen ableitet, gegen die Objekte der Außenwelt richtet. Er heiße dann Destruktionstrieb, Bemächtigungstrieb, Wille zur Macht. Ein Anteil dieses Triebes wird direkt in den Dienst der Sexualfunktion gestellt, wo er Wichtiges zu leisten hat. Dies ist der eigentliche Sadismus. Ein anderer Anteil macht diese Verlegung nach außen nicht mit, er verbleibt im Organismus und wird dort mit Hilfe der erwähnten sexuellen Miterregung libidinös gebunden; in ihm haben wir den ursprünglichen erogenen Masochismus zu erkennen. (Freud 1924/1975, S. 347)

Freud versucht das ökonomische Problem des Masochismus folgendermaßen zu lösen: Der Masochismus entstammt zwar dem Todestrieb, wird aber von Eros besetzt und zu einem sexualisierten Aggressionstrieb gewandelt, der sich als Sadismus nach außen und als Masochismus nach innen wendet. Doch so bemüht er argumentiert, die künstliche Trennung des Todestriebs vom Sexuellen wirkt wie ein Taschenspielertrick, den er anwendet, um seine starr dualistische Grundkonzeption beizubehalten, welche jedoch den Begehrensdynamiken wider-

---

91 Die Schwierigkeiten, die *Das ökonomische Problem des Masochismus* aufwirft, werden in aller Ausführlichkeit von Laplanche diskutiert (vgl. Laplanche 2005, S. 202–220). Eine weiterführende, kulturwissenschaftliche Lesart, die das subversive Potenzial des Masochismus betont, bietet Volker Woltersdorff (2011a).

spricht. Laplanche kritisiert, dass Freud dadurch eine „vollkommen abstrakte (und als solche nicht verifizierbare), biologische Metaphysik" postuliert, „welche sich auf gegensätzliche Entitäten bezieht, die seit ewigen Zeiten existieren sollen" (Laplanche 2005, S. 212).

Ähnlich ambivalent ist der Status der Libido. Freud konstatiert, dass sich Eros und Thanatos aus ein- und derselben Energiequelle, und zwar der Libido, speisen und dass die erotischen und thanatologischen Triebkräfte aus einem „narzißtischen Libidovorrat" entstammen, der „desexualisierter Eros" ist (Freud 1923/1975, S. 311). Es ist dieser kurze Augenblick, in dem Freud versucht, die dualistischen Kräfte Eros und Thanatos aus einer monistischen Quelle, der Libido, abzuleiten (vgl. Marcuse 1971, S. 28). In diesem Versuch erscheint Libido einerseits aus dem Eros herzustammen, da Freud sie als entsexualisierten Eros ausmacht, und zugleich stellt er sie als Kraftquelle für beide Triebarten dar – ein weiteres Moment, an dem sich zeigt, wie brüchig sein Versuch einer Trieborderung ist. Laplanche schlussfolgert überzeugend, Eros und Thanatos würden beide von der Libido zehren, doch während Eros Energien binde, wirke Thanatos entbindend (vgl. Laplanche 2014, S. 177). Ein sexualsprachliches Beispiel für das Zusammenspiel von Eros und Thanatos, das beschreibt, wie Erregungen gebunden und entbunden werden, ist der Orgasmus, der im Französischen *la petite morte*, der kleine Tod, genannt wird.

Die leise Arbeit des Todestriebs

Wenn man trotz aller Ungereimtheiten wagt, ein Gesamtbild des Todestriebs zu skizzieren, lassen sich zwei grundlegende thanato-ökonomische Arbeitsweisen hervorkehren: Wiederholung und Zergliederung. Anstatt rein auf Zerstörung zu zielen, strebt Thanatos die Rückkehr zum todesstillen Zustand an (vgl. Lauretis 2010, S. 96). Das Prinzip, die Erregung möglichst konstant zu halten, aus dem sich das Lustprinzip abzuleiten schien, wird als Nirwanaprinzip umformuliert. (vgl. Freud 1920/1975, S. 264; 1923/1975, S. 313). Der Todestrieb zielt darauf ab, zum Ruhepunkt des Kräftespiels zurückzukehren. Während die Lebenstriebe „als Störenfriede auftreten, unausgesetzt Spannung mit sich bringen, deren Erledigung als Lust empfunden wird, leisten die Todestriebe „ihre Arbeit unauffällig" (Freud 1920/1975, S. 271). Damit scheint das Lustprinzip „geradezu im Dienste der Todestriebe zu stehen" (Freud 1920/1975, S. 271). Diese triebtheoretischen Thesen verdeutlichen die erste Arbeitsweise des Todestriebs, die Wiederholung. Am Ende von *Jenseits des Lustprinzips* ergibt sich dagegen ein Bild vom Zweikampf zwischen Eros, den Lebenstrieben, und Thanatos, den Todestrieben – ein Antagonismus, der für Freud Teil einer kosmologischen Libidoökonomie ist, in der beide

Triebe aus dem Kraftreservoir der Libido schöpfen. Diese großen Thesen riskieren, wie Laplanche warnt, „auf eine Metaphysik des Todestriebes loszustürzen" (Laplanche 2005, S. 208), für ihn hingegen ermöglicht der Todestrieb, das Sexuelle in all seiner Konflikthaftigkeit zu erfassen. In diesem Verständnis nimmt der Todestrieb den konzeptuellen Platz des Sexuellen ein und symbolisiert damit das unzähmbare Begehren, welches das Ich stets in die Gefahrenzone der Selbstentgrenzung bringt. Hierin zeigt sich die zweite Arbeitsweise des Todestriebs, die Zergliederung.

Der tödliche Wirtschaftskreislauf: Sigmund Freud und Joseph Schumpeter

Die leise Arbeit des Todestriebs klingt auch in wirtschaftlichen Prozessen an, zumindest zeigt sich eine erstaunliche Resonanz zwischen *Jenseits des Lustprinzips* und Joseph Schumpeters makroökonomischem Modell der ‚Schöpferischen Zerstörung' (vgl. Schumpeter 1942/1993, S. 134 – 143). Wie Lauretis darlegt, ist diese Resonanz nicht verwunderlich, da Freud und Schumpeter in demselben intellektuellen Umfeld lebten und sich ihre Kreise in Wien überschnitten (vgl. Lauretis 2010, S. 97 f.). Während Schumpeter in die USA ging, um eine prestigeträchtige Professur in Harvard anzunehmen, blieb Freud die professorale Position aufgrund antisemitischer Ressentiments verwehrt. Er musste ins Londoner Exil flüchten, wo er 1939 starb. Diese unterschiedlichen Lebensläufe lassen sich, laut Lauretis, im jeweiligen Tonfall von Freuds und Schumpeters Schriften erahnen. Während Freud düster die Zerstörungskraft der Kultur diagnostiziert, prognostiziert Schumpeter in den Zyklen aus Kreation und Destruktion eine progressive Entwicklung (vgl. Lauretis 2010, S. 98 f.). Wie Schumpeter in seiner Studie schreibt, wird durch die „Eröffnung neuer, fremder oder einheimischer Märkte und die organisatorische Entwicklung vom Handwerksbetrieb und der Fabrik" ein Prozess der „industriellen Mutation" betrieben, der

> unaufhörlich die Wirtschaftsstruktur von innen heraus revolutioniert, die unaufhörlich die alte Struktur zerstört und unaufhörlich eine neue schafft. Dieser Prozess der ‚schöpferischen Zerstörung' ist das für den Kapitalismus wesentliche Faktum. Darin besteht der Kapitalismus und darin muss auch jedes kapitalistische Gebilde leben. (Schumpeter 1942/1993, S. 137 f.)

Nach Schumpeter entsteht ökonomischer Wert weniger durch Arbeit als durch innovative Technologien, die neue Akkumulationsformen erschließen. Insofern definiert sich die kapitalistische Dynamik durch Kreativität (vgl. Schumpeter 1942/1993, S. 137). Damit widerspricht Schumpeter dem Glauben, ökonomische Praktiken seien rein durch Rationalität geleitet, und weist auf, wie Entrepreneure leidenschaftlich engagiert ihre kreativen Energie einsetzen, um den wirtschaftlichen Progress vorantreiben. Diese Beobachtung, die Schumpeter 1942 machte, hatte in wirtschaftswissenschaftlichen Diskursen der 1990er Jahren Hochkonjunktur, besonders in Marktanalysen, in denen, wie Lauretis schreibt, der Entrepreneur, der *venture capitalist* als neoliberale Symbolfigur galt (vgl. Lauretis 2010, S. 93). Indem Unternehmen neue Techniken einführen und dabei Arbeitsverhältnisse destabilisieren, resümiert Lauretis im Hinblick auf spätkapitalistische Verhältnisse, wird zugleich erschaffen und zerstört und in dieser Dynamik des Zergliederns und Neu-Formierens sind die Arbeitsweisen von Thanatos und Eros erkennbar (vgl. Lauretis 2010, S. 93). Damit wird deutlich, dass der Kapitalismus nicht allein über Produktion funktioniert, da Zerstörung ebenfalls ein wichtiger Mechanismus ist. Indem Freud das antagonistische Prinzip des Todestriebs einbringt, das sich, wie Lauretis aufweist, kapitalismusanalytisch anwenden lässt, bietet sein Konzept eine kritische Analysekategorie, um die verheerenden Verwüstungen des Wirtschaftskreislaufs aufzuzeigen und um einen kritischen Blick auf die politischen Implikationen des Fortschrittsnarrativs zu ermöglichen.

Die Theorie des Todestriebes ist, wie Laplanche erläutert, in sich unfertig und unstimmig. Dies bedeutet jedoch nicht, dass sie nicht anschlussfähig ist. Wir werden nachfolgend einige politische Rekonstruktionen des Todestriebes kennenlernen. Vorab werfen wir einen Ausblick auf *Das Unbehagen in der Kultur,* um zur Psychoanalyse der kapitalistischen Arbeitsverhältnisse zu gelangen: zum Freudomarxismus.

6.4 Freudomarxistische Begehrensdialektiken

Die Verbindungslinie von *Jenseits des Lustprinzips* und dem zehn Jahre darauf verfassten *Das Unbehagen in der Kultur* ist diejenige, dass Freud den Todestrieb als destruktive Kraft beschreibt, die gerade „das Vorhaben, Sozialformen wie Familie, Gemeinschaft und Nation auf der Basis zielgehemmter sozialer Bindungen auszubilden" unterminiert (Butler 2014, S. 36). Während diese These in *Jenseits des Lustprinzips* biologistischen Argumenten folgt, ist *Das Unbehagen in der Kultur* von kulturphilosophischen Thesen geprägt. Freud legt dar, dass Triebe im Laufe der Zivilisationsgeschichte unterdrückt und neu besetzt werden müssen. Den Prozess der Kulturbildung kann man „durch die Veränderungen charakterisieren, die er mit den bekannten menschlichen Triebanlagen vornimmt, deren Befriedigung doch die ökonomische Aufgabe unseres Lebens ist" (Freud 1920/ 1975, S. 456). Diese diffizile ökonomische Aufgabe wirkt zwar kulturstiftend, birgt jedoch destruktive Effekte. Auf der einen Seite tendiere Kultur dazu, größere Einheiten zu bilden – wie Familie und Nationen –, auf der anderen Seite tendiere sie dazu, diese zu zersetzen. Im Wechselspiel von Eros und Thanatos betrachtet Freud kulturelle Dynamiken in einem dialektischen Verhältnis, das stark an Hegels Begehrensdialektik zwischen Herr und Knecht erinnert.

Wesentlich für die Unterdrückung der Triebe ist die Herausbildung eines Über-Ichs, eines schlechten Gewissens, das als Strafinstanz wirkt und insofern repressiv ist, aber als „moralische[r] Masochismus" (Freud 1924/1975, S. 345) libidinös besetzt werden und Genuss verschaffen kann. Das aus seinen Texten zum Narzissmus stammende Konzept des strafenden Über-Ichs führt Freud an dieser Stelle kulturtheoretisch aus. In dieser These einer verinnerlichten Strafinstanz kreuzen sich das *Unbehagen in der Kultur* und die *Genealogie der Moral*, zumal Freud dezidiert auf den Willen zur Macht verweist (vgl. Freud 1924/1975, S. 347). Beide Texte legen kulturpessimistisch dar, wie aggressive und antagonistische Affekte durch kulturelle Sublimierungseffekte verinnerlicht werden und sich in Form des schlechten Gewissens der menschlichen Psyche ermächtigen. Weiterhin geht Freud auf die Arbeitsverhältnisse ein. Es ist nicht möglich, „die Bedeutung der Arbeit für die Libidoökonomie [...] ausreichend zu würdigen", denn „[k]eine andere Technik der Lebensführung bindet den Einzelnen so fest an die Realität als die Betonung der Arbeit, die ihn wenigstens in ein Stück der Realität, in die menschliche Gemeinschaft sicher einfügt" (Freud 1930/1975, S. 438). Durch Arbeit etabliert sich folglich das Realitätsprinzip. Dabei kommt Freud auf das Vergnügen zu sprechen, jemand anderen für sich arbeiten zu lassen – ein weiterer Verweis auf Hegels Herr/Knecht-Szenario. Der Nächste sei dem Menschen

> nicht nur möglicher Helfer und Sexualobjekt, sondern auch eine Versuchung, seine Aggression an ihm zu befriedigen, seine Arbeitskraft ohne Entschädigung auszunützen, ihn ohne seine Einwilligung sexuell zu gebrauchen, sich in den Besitz seiner Habe zu setzen, ihn zu demütigen, ihm Schmerzen zu bereiten, zu martern und zu töten. (Freud 1930/1975, S. 470 f.)

In der Arbeit können sich eine Vielzahl libidinöser Komponenten, narzisstische, aggressive und selbst erotische verbinden und ihnen wird, wenn die Betätigung über soziales Prestige verfügt, Wert zugesprochen. Nichtsdestotrotz werde Arbeit selten als Befriedigung und zumeist als Zwang empfunden, da die meisten Menschen nicht aus Muße, sondern für ihren Broterwerb arbeiten müssten.

Wilhelm Reichs Kritik der politischen Libidoökonomie

Die von Freud angeführten Verbindungen von Arbeit und Begehren griffen in den 1920er Jahren linke psychoanalytische Theoretikerinnen auf, die sie mit marxistischer Kritik der politischen Ökonomie verbanden. Hierbei ist besonders auf

Wilhelm Reich zu verweisen, der die Ideen des dialektischen Materialismus in psychoanalytischer Perspektive aufnahm, um die Begehrensökonomie des aufkommenden Nationalsozialismus zu untersuchen (vgl. Reich 1933/2003, S. 44–52). Freud und sein kollegiales Umfeld missbilligten dessen politische Ambitionen – sowie seine KPD-Mitgliedschaft –, da sie angesichts des manifesten Antisemitismus und angesichts der Bedrohung durch die erstarkende NSDAP nicht mit Marxismus assoziiert werden wollten. Schließlich schloss man Reich aus der *Deutschen Psychoanalytischen Gesellschaft* und der *Internationalen Psychoanalytischen Vereinigung* 1933 bzw. 1934 aus (vgl. Nitzschke 1997). Reich veröffentlichte 1933 die Studie zur *Massenpsychologie des Faschismus,* in der er darlegt, wie Repression Massenneurosen hervorrufe, die den faschistischen Kräften zuträglich seien, da sexuell unterdrücktes Begehren Autoritätshörigkeit befördere.[92]

Reichs begehrenstheoretische Analyse des Faschismus steht dem *Anti-Ödipus* in dem Bestreben nahe, eine Programmatik nicht-faschistischer Politik, eine „Einführung in das nicht-faschistische Leben" (Foucault 1977/2003, S. 178 f.) zu schreiben, wie Foucault in seinem Vorwort zum *Anti-Ödipus* hervorhebt. Für dieses Unternehmen bedarf es der Analyse faschistischer Mikropolitiken, von Mikro-Faschismen, wie Deleuze und Guattari in *Tausend Plateaus* schreiben (vgl. Deleuze/Guattari 1992, S. 293). In diesem Bestreben stehen sie, wie Herzog anmerkt, dem politischen Projekt von Reichs Faschismusstudie nahe (vgl. Herzog 2016, S. 156–168). Reich schreibt 1933:

> Meine charakteranalytischen Erfahrungen überzeugen mich [...], daß es heute keinen einzigen lebenden Menschen gibt, der nicht in seiner Struktur die Elemente des faschistischen Fühlens und Denkens trüge. Der Faschismus als politische Bewegung unterscheidet sich von anderen reaktionären Parteien dadurch, daß er von Menschenmassen getragen und vertreten wird. (Reich 1933/2003, S. 13)

Wenn Deleuze und Guattari fragen, warum Menschen ihre eigene Unterdrückung begehren, folgen sie Reichs Einsicht, dass der Faschismus ein Herrschaftsparadigma darstellt, das in seinen affektiven Machtwirkungen verstanden werden muss, da es in den gesellschaftspolitischen Begehrensbedingungen der Menschen und Menschenmassen entsteht. In seiner massenpsychologischen Analyse des Faschismus vermag Reich, die molekularen wie molaren Formationen, also die

---

92 Während Reich die Entstehung des Faschismus mit sexueller Unterdrückung begründet, zeigt Herzog in ihrer Studie *Die Politisierung der Lust. Sexualität in der deutschen Geschichte des 20. Jahrhunderts* (2005) auf, dass die Nationalsozialisten sowohl eine bürgerlich-repressive Sexualmoral vertraten und zugleich die sexualliberalen Ansichten übernahmen, die in den 1920ern und 1930er Jahren kursierten, diese jedoch rassentheoretisch umdeuteten und eugenische Sexualpolitiken betrieben.

Begehrensökonomie auf makro- und mikrosoziologischer Ebene in den Blick zu bekommen (vgl. Deleuze/Guattari 1974, S. 376).

Reichs Übersetzung von Freuds Konzepten in das Denken der marxistischen Dialektik brachte einige Schwierigkeiten mit sich, insbesondere hinsichtlich Freuds Spätwerk. Darin wirkt Freuds Konzept des Todestriebes stark kulturpessimistisch, eine Haltung, die dem materialistisch-historischen Entwicklungsgedanken des Marxismus widerspricht (vgl. Nitzscke 1997, S. 79). Freud initiierte 1934 den Ausschluss Reichs aus der *Internationalen Psychoanalytischen Vereinigung* und zwar, so der offizielle Grund, aufgrund von dessen Behauptung, die Todestriebtheorie widerlegt zu haben. Für Reich war Freuds These des Todestriebs als anthropologische Kraft nicht annehmbar, da sie kulturphilosophisch Krieg und Zerstörung legitimiere. Gerade die biologisierende Argumentation Freuds verunmögliche, machtkritisch nach den konkreten gesellschaftlichen Gründen von Zerstörungsphänomenen und Aggressionen zu fragen (vgl. Reich 1932, S. 308). Reichs Kritik an Freuds Setzung des Todestriebs als anthropologisches Universalprinzip, das der Legitimation sozialer Gewaltverhältnisse dient, entspricht der Kritik von Deleuze und Guattari. Marcuse widerspricht Reich dagegen, Freuds Triebtheorie sei derart kulturtheoretisch eingefasst, dass man den Todestrieb als Effekt sozialer Organisation verstehen könne (vgl. Marcuse 1971, S. 235).

Herbert Marcuses Kritik der politischen Libidoökonomie

Marcuse geht in *Triebstruktur und Gesellschaft* von Freuds These aus, dass Menschen nicht dem Lustprinzip, sondern gezwungenermaßen dem Realitätsprinzip folgen. Allerdings versteht er diese These nicht anthropologisch konstant, sondern kulturhistorisch bedingt, wodurch die utopische Aussicht auf eine andere soziale Libidoökonomie freigelegt wird (vgl. Marcuse 1971, S. 10 f.). In kapitalistischen Gesellschaften artikuliert sich das Realitätsprinzip als Leistungsprinzip, als das „herrschende Prinzip einer auf Erwerb und Wettstreit ausgerichteten Gesellschaft im Prozeß stetiger Ausdehnung" (Marcuse 1971, S. 49). Während Freud jedoch von der *Ananke,* der Lebensnot durch materielle Knappheit ausgeht, die Menschen grundlegend dazu zwingt, sich dem Realitätsprinzip zu unterstellen, argumentiert Marcuse, dass Mangel gesellschaftlich organisiert ist (vgl. Marcuse 1971, S. 40). In der Dialektik von Eros und Todestrieb wird der Todestrieb instrumentalisiert, um die Selbstunterjochung der Menschen zu fördern:

> Die Ablehnung der primären Zerstörungstendenzen vom Ich auf die Außenwelt nährt den technologischen Fortschritt, und die Ausnutzung des Todestriebes für die Über-Ich-Bildung

bewirkt die bestrafende Unterwerfung des Lust-Ichs unter das Realitätsprinzip und stellt so
die kulturelle Moral sicher. In dieser Umformung wird der Todestrieb dem Eros dienstbar
gemacht; die aggressiven Impulse liefern die Energien für die beständige Veränderung,
Beherrschung und Ausnützung der Natur zugunsten der Menschheit. (Marcuse 1971, S. 56)

Damit historisiert Marcuse die Triebdynamiken anstatt wie Freud den Antagonismus zwischen Eros und Thanatos als anthropologisches Triebschicksal zu
betrachten. Marcuse schreibt die Triebdynamiken im Geiste des historischen
Materialismus als Dialektik zwischen Revolution und Konterrevolution um (vgl.
Marcuse 1971, S. 92). Vermittelt über den Marxismus übersetzt er Eros und Todestrieb in hegelianische Termini und liest den Todestrieb als Negation (vgl.
Butler 2014, S. 55). Von dieser Lesart des Todestriebs ausgehend, ist nicht verwunderlich, dass Deleuze und Guattari Marcuses Position ablehnen, da diese
grundlegend dem spinozistischen Affirmationsdenken widerspricht, das die antiödipale Begehrensökonomie bestimmt. Dennoch ließe sich Deleuze und Guattaris Idee der Deterritorialisierung und Reterritorialisierung, der Entbindung und
Bindung von libidinösen Kräften im kapitalistischen Furor mit Marcuse Erkenntnis ergänzen, sodass die Liberalisierung der Sexualmoral durchaus merkantilen Interessen entsprechen kann.

Repressive Entsublimierung

Während Reich in den 1920er und 1930er Jahren mit Freud und dessen Anhängern
erheblich zu kämpfen hatte und schließlich aus deren Riege ausgeschlossen
wurde, hatte der Freudomarxismus in den 1960er Jahren Hochkonjunktur. „Lest
Reich und haltet Euch daran" stand an den Wänden der Universität Frankfurt. Die
Kernthese, mit der Reich die freudomarxistische Strömung in Bewegung brachte,
besagt, dass sich kapitalistische Verhältnisse durch die Unterdrückung des Begehrens verfestigen und in den Faschismus führen. Indem die Sexualität repressiv
unterbunden werde, sollen die Produktivkräfte der Bevölkerung gesteigert werden. Obzwar Reich durch sein Repressionsmodell die libidinöse Anziehungskraft
des Autoritären erklären kann, erweist sich sein Ansatz für die Analyse der
Wirtschafts- und Sexualitätsgeschichte nach dem Zweiten Weltkrieg als unge-
eignet. Wie der Historiker Franz X. Eder in einem Aufsatz über das Wirkungsfeld
der sexuellen Revolution aufzeigt, herrschte schon in den vermeintlich biederen
1950er Jahren ein gesamtgesellschaftliches Klima des zunehmenden öffentlichen
Interesses an Sex. Allerdings wurde Sexualität nur insoweit positiv verhandelt, als
es dem ehelichen Glück diente (vgl. Eder 2015, S. 27). Kommerz, Medien und
Sexualitätserziehung führten zu einem langsamen Einstellungs- und Verhal-

tenswandel, wobei deutlich ist, wie stark das neue Lustangebot warenweltlich eingebunden war: „Wer sich Ende der 1950er und Anfang der 1960er Jahre etwas ‚leisten' wollte", resümiert Eder, „dachte nicht nur an die ersehnten Konsumwaren, sondern auch an die ‚neuen' Freuden des sexuellen Lebens und womöglich auch an die Produkte, die man zu dessen Gestaltung und Verbesserung erwerben und einsetzen konnte" (Eder 2015, S. 37). Die Vereinbarkeit von calvinistischer Arbeitsmoral und hedonistischer Sexualkultur versuchten freudomarxistische Denkerinnen, allen voran Reimut Reiche und Herbert Marcuse theoretisch zu fassen und zwar im Konzept der repressiven Entsublimierung (vgl. Reiche 1971; Marcuse 1971). Anstatt den Kapitalismus als starre Repressionsmaschine zu begreifen, räumt Marcuse in *Triebstruktur und Gesellschaft* ein, dass das Sexuelle partiell enttabuisiert werden kann, wenn es den Produktionskräften zuträglich ist:

> Heute ist die sexuelle Freiheit, im Vergleich zur puritanischen und viktorianischen Epoche, zweifellos größer [...]. Zur gleichen Zeit aber sind die sexuellen Beziehungen selbst viel [...] mit sozialen Beziehungen in Verbindung getreten; die sexuelle Freiheit ist mit nutzbringender Konformität in Gleichklang gebracht worden. (Marcuse 1971, S. 96)

Diese Enttabuisierung lässt sich nicht allein als erkämpfter Erfolg von sexuellen Emanzipationsbewegungen verstehen, sie geht auch mit der Umstrukturierung der westeuropäischen Arbeitsverhältnisse einher: Während im Fordismus harte Fabrikarbeit körperliche Konvaleszenz erforderte und es daher wichtig war, dass sich Arbeiterinnen nach der Arbeit nicht in sexuellen Ausschweifungen verausgabten und erschöpften, sondern im kernfamiliären Kreis ihre Arbeitskraft reproduzierten, sind die Arbeitsverhältnisse im globalen Norden ab der zweiten Hälfte des 20. Jahrhundert zunehmend im Dienstleistungssektor angesiedelt. Das Stillsitzen im Großraumbüro darf daher mit Spielarten der selbstdisziplinierten Ausschweifung kompensiert werden. In spätkapitalistischen Gesellschaftsverhältnissen sieht man, wie Formen der repressiven Entsublimierung ihre Früchte tragen: Sexuelle Subjektivität funktioniert als subtile Form der Selbstgouvernementalität, in der die Anforderung, kreativ, authentisch und individuell zu sein, am Arbeitsplatz ebenso wichtig wie im Nachtleben ist. Indem die „gelockerte Sexualmoral innerhalb des gut befestigten Systems monopolistischer Kontrolle selbst dem System", dient, wird die „Nacht mit dem Tag, die Traumwelt mit der Außenwelt, die Phantasie mit der Entsagung" (Marcuse 1971, S. 96) und, wie sich anschließen ließe, der Hedonismus mit der Arbeitsdisziplin verbunden.

Außerdem haben sich die kapitalistischen Verhältnisse dahingehend verändert, dass die Familie weniger prägend ist und der ödipale Konflikt keine Schlüsselrolle mehr spielt. Diese Veränderung entspringt aus den fundamentalen ökonomischen Prozessen, die seit dem Beginn des Jahrhunderts die Umbildung des ‚freien' in den ‚organisierten' Kapitalismus charakterisieren. Das unabhängige Familienunternehmen und späterhin der unabhängig persönliche Unternehmer hören auf, die Bausteine des Gesellschaftssystems zu sein; sie werden von den unpersönlichen Gruppenbildungen und Vereinigungen großen Maßstabes aufgesaugt. Gleichzeitig wird der Sozialwert des Einzelnen vor allem in Begriffen standardisierten Könnens und der Anpassungsfähigkeit bemessen [...]. (Marcuse 1971, S. 97)

Im umstrukturierten Arbeitsmarkt der global agierenden Konzerne wird das Familienunternehmen mitsamt seinen ödipalen Verstrickungen rund um den Chef-Vater zur Ausnahme. Marcuse kritisiert traditionelle monogame Familienstrukturen, zugleich beobachtet er, dass Subjekte in der voranschreitenden Schwächung dieser Strukturen weiterhin entfremdet und zunehmend atomisiert würden (vgl. Marcuse 1971, S. 98). Soziale Verhältnisse werden verstärkt ökonomisiert und zwar nicht mehr im Zeichen der Familien, sondern im Imperativ der Individualität, die in der „spezifischen Vertretung eines Typs (wie etwa der Vamp, der Hausfrau, des ‚richtigen Mannes', der Erfolgsfrau, des tapferen jungen Paares)" liegt, „genauso wie die Konkurrenz sich immer mehr auf vorher vereinbarte Variationen in den Herstellungen von Apparaten, Spielereien, Verpackungen, Geschmacksvarianten, Farben, usw. beschränkt" (Marcuse 1971 S. 104).

Trotz aller politischen wie theoretischen Differenzen teilen Deleuze und Guattari mit Reich die Grundannahme, dass die Todestriebtheorie gesellschaftliche Herrschaftsverhältnisse unangreifbar macht und dass die Akzeptanz dieses Todestriebs in faschistisches Fahrwasser führen kann, da in sozialdarwinistischem Denken der Kampf aller gegen alle als natürlich gegeben legitimieren kann (vgl. Holland 1999, S. 6). Marcuse zeigt zwar auf, wie man den Todestrieb als Effekt sozialer Organisation auffassen kann. Da er den Todestrieb mit Hegels Negation gleichsetzt, widerspricht sein Ansatz Deleuzes rigidem Antihegelianismus, weshalb sich sein Ansatz inkompatibel zu demjenigen des *Anti-Ödipus* erweist. Schließlich ist Deleuze und Guattaris Abwehrhaltung gegenüber dem Todestrieb vor allem Deleuzes spinozistischen Grundeinstellung geschuldet, wobei er einen unüberwindbaren Gegensatz zwschen Hegels und Spinozas philosphischen Ausrichtungen behauptet, der äußerst fragwürdig ist.

6.5 Komplizen oder Kontrahenten? *Anti-Ödipus* und Thanatos

Schlagen wir uns zum *Anti-Ödipus* durch, der in seiner renitenten Rhetorik beständig auf Freud referiert, ihn nicht loslassen kann, ihn nicht loslassen will. Ödipus markiert zwar die idealistische Wende Freuds, dennoch bleiben dessen grundlegende „Begriffe der Ökonomie des Wunsches, Arbeit und Besetzung"

(Deleuze/Guattari 1974, S. 70) bedeutsam, allerdings hat Freud sie durch seine Einführung des Ödipusmodell nicht mehr im Zeichen der Produktion des Unbewussten verstanden, sondern in der Repräsentationslogik des expressiven Unbewussten. Betrachten wir, wie der *Anti-Ödipus* Freuds Begriffe der Partialtriebe, der Wunschmaschinen und der Libido umarbeitet, bevor wir auf Deleuze und Guattaris ambivalenten Umgang mit der Idee des Todestriebs zu sprechen zu kommen.

Partialtriebe, Wunschmaschinen, Libido

Der Philosoph Aaron Schuster hebt in seiner Studie zu Deleuze und der Psychoanalyse hervor, dass sich in Freuds Werk zwei zentrale Stränge ausmachen lassen: der hermeneutisch-expressive Strang des Unbewussten, den Deleuze und Guattari ablehnen, und der maschinistisch-produktive Strang der Triebe, an den sich Deleuze und Guattari anlehnen (vgl. Schuster 2016, S. 48). Anstelle der molaren Formation des Ödipuskomplexes, bilden die Triebe molekulare Dynamiken: „Die Partialobjekte bilden die unmittelbaren Kräfte des organlosen Körpers, und der organlose Körper die reine Materie der Partialobjekte." (Deleuze/Guattari 1974, S. 421) Wenn die Triebe nicht an das ödipale Prinzip rückgebunden werden, bilden sie unzählige positive Konnexionen. Ebenso heben sie, im Verweis auf Freuds Traumanalysen, die Bewegung des Werdens hervor, die sich andeutet, wenn Freud die Verschiebungen innerhalb des Traums nachverfolgt und die ständig wechselnden Projektionen der Träumenden aufführt (vgl. Deleuze/Guattari 1974, S. 77 f.).

In Freuds früher Phase, in der er technische Erklärungsapparate anwandte, erkennen Deleuze und Guattari die Möglichkeit, Begehren in Form von Wunschmaschinen zu denken, die eine Mannigfaltigkeit an Verbindungs-, Ver- und Entkopplungsformen des Unbewussten aufzeigen: „Tief im Inneren des Unbewußten dröhnen und brummen die Wunschmaschinen" (Deleuze/Guattari 1974, S. 68). Das zeigt sich in Freuds frühen Schriften, bevor er Ödipus als Universalkonzept einführte. Ihrer Ansicht nach ist Freud „angesichts der Welt der wilden Produktion und des explosiven Wunsches zurückgeschreckt, als habe er hier um jeden Preis etwas Ordnung einführen wollen" (Deleuze/Guattari 1974, S. 69). Das trifft auf einige Textstellen zu, in denen Freud vor der Radikalität seiner Schlussfolgerungen zurückzuschrecken scheint. Beim Lesen entsteht der Eindruck, als ob er eine rigide Begriffsordnung über die eigene Erkenntnis zu legen versucht, um radikale Einsichten wie diejenigen, dass Geschlecht stets uneindeutig ist und Begehren unbezähmbar bleibt, zu verschleiern – Einsichten, die über seine Zeit hinaus bis ins 21. Jahrhundert hinein Zweifel und Zorn erregen.

Wieder und wieder und wieder: der Todestrieb

In *Differenz und Wiederholung* hebt Deleuze das Paradox des Todestriebs positiv hervor, welches in seiner zweifachen Funktion liegt. Diese besteht darin, „in der Wiederholung die ganze Kraft des Differenten zu erfassen und gleichzeitig der Wiederholung auf positivste, exzessivste Weise Rechnung zu tragen" (Deleuze 1992, S. 359). In dieser frühen Interpretation macht Deleuze den Todestrieb als Differenzbewegung aus und formt ihn von einem negativen in ein positives Prinzip um.[93] Damit bereitet er die für den *Anti-Ödipus* naheliegende These vor, dass der Todestrieb in seiner zergliedernden Wiederholung der Deterritorialisierung entspricht (vgl. Deleuze 1992, S. 145–155). Auch wenn sich diese Vermutung in der Lektüre des *Anti-Ödipus* als schlüssig erweist, stellen sich Deleuze und Guattari im *Anti-Ödipus* vordergründig gegen Freuds Thanatosmodell. Der Grund dafür scheint strategischer Art zu sein, da sie in kurzzeitiger Komplizenschaft mit Reich die Todestriebtheorie bekämpfen, weil diese das Primat des Sexuellen durch das Primat der Angst ersetze (vgl. Deleuze/Guattari 1974, S. 375 f.). Durch dieses Primat der Angst distanziere sich Freud vom allumfassenden Sexuellen.

In *Jenseits des Lustprinzips* stellt Freud Eros seinen ungleichen Zwilling Thanatos an die Seite. Indem er Thanatos als Angst- und Aggressionstrieb ausmacht und ihn als gleichursprünglich mit Eros bestimmt, entsexualisiere er in dieser Theoriebewegung das Begehren, so die Schlussfolgerung von Deleuze und Guattari.

> Von Anfang an hat Freud durch seinen hartnäckig festgehaltenen Triebdualismus die Enthüllung des subjektiven oder vitalen Wesens des Wunsches als Libido zu beschränken versucht. Als aber der Dualismus zwischen Todestrieb und Eros aufgerichtet war, war dies nicht mehr nur eine einfache Beschränkung, sondern die Liquidierung der Libido schlechthin. (Deleuze/Guattari 1974, S. 428)

Diese Aussage ist nicht gänzlich falsch, wenn man Freuds unschlüssige Argumentation in Betracht zieht, die Eros aus den Sexualtrieben und Thanatos aus den Ich-Trieben ableitet. Liest man hingegen Freuds Darlegungen stringenter als er selbst, gelangt man mit Laplanche und Lauretis zu der Einsicht, dass der Todestrieb wie das Sexuelle konzipiert ist und zwar als Sexuelles, das sich stets der normativen Zurichtung der Sexualität entzieht.

---

93 Die Kulturtheoretikerin Katja Diefenbach stellt Deleuzes affirmative Rekonzeptualisierung des Todestriebes in den Nahbezug zu Lacan (vgl. Diefenbach 2018).

Thanatos als letzter Avatar des Sexuellen: Jean Laplanche und Teresa de Lauretis

Wie Laplanche erläutert, „besteht der eigentliche Grund für den Todestrieb darin, eine letzte Verwandlung darzustellen, eine letzte Bestätigung der Sexualität in ihrem luziferischen Gepräge, ihrem radikalen Streben nach Entbindung", jedoch werde diese Theorie entfremdet „durch die falsche Gleichung; Eros = Sexualität, wie durch die unendlichen Interpretationen, die der ‚Todestrieb' zuläßt" (Laplanche 2005, S. 204). Der Todestrieb steht paradigmatisch für die Konflikthaftigkeit des Sexuellen.

> Wenn man das Freud'sche Denken im Längsschnitt betrachtet und sich fragt, was hinter diesem Ausdruck ‚Todestrieb' steckt [...], erkennen wir, dass er eine erneute Bekräftigung dessen ist, was stets das konflikthafte, dem Ich entgegengesetzte, unversöhnliche Wesen der Sexualität ausgemacht hat. (Laplanche 2011, S. 178 f.)

Diese Lesart teilt auch Lauretis, die den Todestrieb als letzten Avatar bezeichnet, als letzten Agenten der Auflösung, der Negativität und des Unbewussten, der Widerstand gegenüber der Kohärenz des Ego leistet – damit verkörpert er den Grundpfeiler und die Entdeckung der Psychoanalyse (vgl. Lauretis 2010, S. 97). Indem Laplanche und Lauretis Freud gegen Freud lesen, decken sie auf, dass der Todestrieb – entgegen dessen fehlerhafter Schlüsse – dem Sexuellen entspricht.

Lauretis bestärkt Laplanches These, dass der Todestrieb die ursprüngliche Konzeption des Sexuellen bei Freud bedeutet (vgl. Lauretis 2010, S. 74–88). Doch während Laplanche als äußerst gewissenhafter Leser Freuds lediglich die strategische Bedeutung des Thanatos erläutert, zeigt Lauretis auf, welche Begehrensdynamiken dadurch nachvollziehbar werden. Das Sexuelle im Zeichen des Todestriebs widersetzt sich der Regulierung und Sublimierung und entzieht sich zivilisatorischen Kontrollen. Damit verkörpert der Todestrieb das Sexuelle dahingehend, dass er heteronormative Sozialeinheiten wie Geschlechtsidentität und Familienordnung zersetzt. Ähnlich wie Deleuze und Guattari bestreben Laplanche und Lauretis die Rückkehr zu einem früheren Freud, doch während Deleuze und Guattari den Todestrieb als repressive Kraft diffamieren, arbeiten sie dessen Potenzial des Aufbegehrens heraus.

Während Deleuze und Guattari den antagonistischen Wettkampfgedanken von Eros und Thanatos ablehnen, übernehmen sie das libidinöse Kraftvokabular von Freud. Wie oben dargelegt, fasst Freud Libido als fließende Kraft und bestimmt sie in seiner Triebtheorie als Kraft des Eros (vgl. Freud 1920/1975, S. 478). Die Libido als monistisches, positives Kraftkonzept lässt sich verwenden, um den Dualismus von Eros und Thanatos abzuschwächen. Dagegen beharren Deleuze und Guattari darauf, dass Libido nicht entsexualisiert werden kann, insofern lehnen sie Freuds Sublimierungsmodell ab (vgl. Deleuze/Guattari 1974, S. 374). Obwohl Freuds Modell der Sublimation fähig ist, sexuelle Wirkungsweisen in scheinbar nonsexuellen Phänomenen zu entdecken, ist es für Deleuze und Guattari nicht radikal genug. Für sie ist Begehren überall manifest und nicht nur latent vorhanden. Die Idee, Begehren strikt auf sexuelle Handlungen und Rollen zu beschränken, ist Effekt der familiären Ordnung, schreibt Guattari (vgl. Guattari 2012a, S. 67). Die Libido ist als Sexualenergie unmittelbar Besetzung von molaren Einheiten. Daher muss die Libido nicht entsexualisiert und sublimiert werden, um gesellschaftliche Besetzungen vorzunehmen. „In Wahrheit ist die Sexualität überall: darin, wie ein Bürokrat seine Akten streichelt, wie ein Richter Recht spricht, wie ein Geschäftsmann Geld fließen läßt, wie die Bourgeoisie dem Proletariat in den Arsch fickt, und so weiter und so fort." (Deleuze/Guattari 1974, S. 377)

Insofern ist für Deleuze und Guattari Begehren immer durch und durch sexuell. Sie misstrauen daher nicht nur Freuds Sublimationsmodell, sondern auch dessen Konzept des Todestriebs. Freuds Einführung eines gleichursprünglichen Prinzips der beiden Triebe lehnen sie ab und setzen stattdessen Libido als ontologisch primäre Kraft. Damit bestimmen sie Freuds Libido als Begehren schlechthin.

Antiproduktiv und reaktionär?

Es bleibt eine reizvolle Aufgabe, Arbeitsweisen des Todestriebs in dem antiödipalen Denkapparat aufzuspüren. Auf den ersten Blick verurteilen Deleuze und Guattari den Todestrieb als reaktionäre Kraft, der sie alle schlechten Eigenschaften der Psychoanalyse anhaften: die Kastrationsangst, die Unterordnung unter das Über-Ich und die nach außen gewendete Aggression (vgl. Deleuze/Guattari 1974, S. 80). Für sie wirkt der Todestrieb als mechanische Wiederholung, die Identitäten und Institutionen verfestigt und Mikro-Faschismen hervorbringt. Demgegenüber plädieren sie für das frei fließende Begehren, das immer neue Formen des Zusammenseins ermöglicht und begreifen Subjektivierung im soziosomatischen Werden und nicht als festgelegte soziale Rolle. Damit werden individualistische Ausrichtungen der Psychoanalyse wie die Ich-Psychologie mit einer antipsychiatrischen Praktik konfrontiert, die sich auf Gruppenfantasien konzentriert und das kollektive und revolutionäre Begehren voranbringt (vgl. Deleuze/Guattari 1974, S. 79 f.).

Im Laufe des *Anti-Ödipus* verbinden Deleuze und Guattari die Idee des Todestriebs mit Nietzsches Thesen zu Nihilismus und Ressentiment aus der *Ge-*

nealogie der Moral. Die despotische Herrschaft verbreitet kein lebensbejahendes Begehren, sondern den Todeswunsch. Da sich der Despot durch das Regime des Ressentiments an der Macht halten kann, erachten sie den Todestrieb als sozial erzeugten Effekt des Ressentiments (vgl. Deleuze/Guattari 1974, S. 273 f.). Für Nietzsche bedeutet Ressentiment, dass Leiden in christlicher Tradition gewertschätzt und das Leben entwertet wird, es bildet sich im Kontext der christlichen Kultur heraus, die Unterjochung als Weg der Tugend preist. Deleuze und Guattari begreifen den Todestrieb als Wunsch zu leiden und unterdrückt zu werden; ein unheilvoller Wunsch, der eine Konsequenz der Ressentiments ist. Holland merkt hierzu an:

> [T]he death instinct which first arose under despotism becomes even more pervasive under capitalism: instead of hovering over everyone as a distant threat from the despot, death now becomes immanent to everyday existence, which harbors the omnipresent threat of having insufficient money to secure food or shelter – the omnipresent threat, that is, of losing one's job, and so losing market access to the means of life. This market-based form of the death-instinct, like the other elements of capitalist asceticism, is reflected and reinforced by the dynamics of the nuclear family, with parental love functioning as money: since children are effectively isolated from other sources of nourishment and protection, if they forfeit parental love, they break the ,law of the father', and lose access to the mother, they will perish. Under both sets of conditions, the death instincts compels desire to become increasingly pacified ad reactive: desire of another's desire – but now the boss's or the father's rather than the despot's. (Holland 1999, S. 85)

Deleuze und Guattari bestimmen den Todestrieb als Unterdrückungseffekt, der daraus resultiert, dass Libido unter das Regime des Despoten und des Vaters gestellt und kontrolliert wird. An anderer Stelle setzen sie den Todestrieb mit dem „organlosen vollen Körper" gleich:

> Der organlose volle Körper ist das Unproduktive, das Sterile, das Ungezeugte, ist das Unverzehrbare. [...] Todestrieb ist sein Name und der Tod ist nicht ohne Vorbild. Denn der Wunsch wünscht/begehrt auch ihn, den Tod, bildet der volle Körper des Todes doch seinen bewegungslosen Körper, wie er gleichermaßen das Leben wünscht [...]. (Deleuze/Guattari 1974, S. 14)

Wie ist diese kryptisch anmutende Analogie zwischen Todestrieb und organlosem vollen Körper zu verstehen? Der organlose volle Körper gehöre der Antiproduktion an, schreiben Deleuze und Guattari, doch werde die Antiproduktion durch die konnektiven Synthesen wieder mit der Produktion vereinigt (vgl. Deleuze/Guattari 1974, S. 15).[94] Der organlose volle Körper scheint den Nullpunkt der Energien zu

---

94 Die konvektive Synthese stellt keine Ganzheit durch Verbindungen her, sondern verbindet

bezeichnen, auf den der organlose Körper hinstrebt und kann daher mit dem Todestrieb verbunden werden. Der Todestrieb wird als Mechanismus der Antiproduktion betrachtet: „This is the role of Deleuze and Guattari's version of the death instinct: to bring productive desire to a halt, to suspend or to freeze the connections it has made, in order that new and different connections may become possible; they therefore prefer the term ‚anti-production' to ‚death instinct' [...]." (Holland 1999, S. 28)

Trotzdem wird die Antiproduktion in die Produktionsmaschine einverleibt. Der organlose volle Körper alias Thanatos scheint einen ökonomischen Nullpunkt zu kennzeichnen, dessen es bedarf, um die Maschinen am Laufen zu halten, ein Nullpunkt, der niemals erreicht werden kann. Damit ist der organlose volle Körper „das Modell des Todes", „Null-Intensität" (Deleuze/Guattari 1974, S. 425). In diesem Verständnis entspricht der organlose volle Körper dem Nirwana-Prinzip, das auf den Nullpunkt der Spannungen abzielt und, ohne diesen jemals erreichen zu können, einen homöostatischen Ausgleich erzeugt. Wenn Deleuze und Guattari den organlosen Körper als Antiproduktion ausmachen und ihn in seinem „unproduktiven Stillstand" (Deleuze/Guattari 1974, S. 16) bestimmen, als Körper, dem jegliche Organisation widerstrebt, der zur Desorganisation hinstrebt, sprich, zur Zergliederung, zum Anorganischen, dann lassen diese Beschreibungen thanatologische Merkmale erkennen. An einer anderen Textstelle resoniert die Darstellung des organlosen Körpers mit der leisen Arbeit des Todestriebs wie sie Freud beschreibt:

> Dem organlosen Körper ist jede Maschinenverbindung, jede Maschinenproduktion, jeglicher Maschinenlärm unerträglich geworden. [...] Den Organmaschinen setzt der Körper seine glatte, straffe und opake Oberfläche entgegen, den verbundenen, vereinigten und wieder abgeschnittenen Strömen sein undifferenziertes, amorphes Fließen. Den phonetisch aufgebauten Worten setzt er Seufzer und Schreie, ungegliederte Blöcke, entgegen. (Deleuze/ Guattari 1974, S. 15)

Insofern nimmt der Todestrieb eine systematische Stelle ein, die in der Wirksphäre der Antiproduktion angesiedelt ist. Dennoch wird die Antiproduktion immer wieder in den Produktionsprozess eingespeist und dem Produktivitätsparadigma unterstellt. Der Einschreibungsprozess auf den organlosen Körper als Tabula Rasa wirkt ähnlich ambivalent wie der Nihilismus bei Nietzsche: „[T]he recording process is ambivalent: the forces of anti-production free desiring-production from strict instinctual determinism by suspending organ-machine con-

---

Partialobjekte. Holland stellt fest, dass die disjunktive Synthese in Analogie zum Todestrieb funktioniert (vgl. Holland 1999, S. 27).

nections, but they also make it susceptible to capture in systems of representation [...]." (Holland 1999, S. 61) Die Wirkungsweisen des Todestriebs als Stillstellung und Zergliederung werden in die Funktionen der Antiproduktion und des organlosen Körpers übertragen. Derweil wird Thanatos der Ebenbürtigkeit mit Eros beraubt, da Deleuze und Guattari Libido und Begehren als ontologische Kräfte verstehen, wohingegen Thanatos für sie geschichtlich erzeugt ist.

Zugleich schreiben Deleuze und Guattari, dass sich der Tod durch seine decodierende und damit entbindende Wirkungsweise des Repressionsapparats bemächtige und die Zirkulation der Libido dirigiere. „Man mag nun an befreite Wünsche glauben, die aber nähren sich wie Leichen von Bildern. Man wünscht nicht den Tod, aber was man wünscht, ist tot, schon tot: Bilder. Alles arbeitet im Tod auf ihn hin, alles wünscht für den Tod." (Deleuze/Guattari 1974, S. 436) In dieser Formulierung zeigt sich die Wirkung des Todestriebs als Entfremdungsphänomen – dies verweist wiederum auf das freudomarxistische Modell der repressiven Entsublimierung.

Thanatologisches Aufbegehren

Trotz des ambivalenten Status der Antiproduktion bleibt Thanatos' Rolle festgeschrieben: Er ist es, der das Subjekt seine eigene Unterdrückung begehren lässt (vgl. Deleuze/Guattari 1974, S. 135 f.). Diesbezüglich muss man – trotz aller Sympathie mit der antiödipalen Begehrensökonomie – Deleuze und Guattari deutlich widersprechen. Ihre kategorische Unterscheidung zwischen einem per se revolutionären Begehren und einem per se reaktionären Todestrieb produziert einen Schematismus, der hinter Freuds komplexe Konzeption der Triebdynamik zurückfällt. Dahingegen wird hier die These vertreten, dass der Todestrieb als disruptive, dekonstruktivistische Kraft arbeitet. Außerdem, so die anschließende These, artikuliert sich dessen zergliedernde Arbeitsweise im *Anti-Ödipus* in der Figur der Deterritorialisierung. Als Deterritorialisierung, als Zergliederung molarer Einheiten verstanden zeigt sich Thanatos als Aufbegehren.

Je facettenreicher der Todestrieb wirkt, desto unmöglicher wird es, Deleuze und Guattaris Aussage zu trauen, dass er rein reaktionär sei – das haben die Lesarten von Lauretis und Laplanche bezeugt. Wenn man hingegen von ihrer polemischen Diskreditierung absieht, lassen sich zwei thanatologische Operationen in der Begehrensökonomie von Deleuze und Guattari erkennen. Indem der Todestrieb als konservative Kraft wirkt, welche die beständige Wieder-Holung eines verlorenen Zustands anstrebt, lässt er sich als Reterritorialisierung verstehen. Komplementär dazu könnte Eros respektive Libido als Kraft, die neue Gefüge bildet, Entwicklungen antreibt und damit als Deterritorialisierung verstanden werden, da durch die neuen Zusammensetzungen andere Besetzungen und assoziative Verbindungen hervorgerufen werden. Doch durch die Gleichsetzung von Thanatos mit Reterritorialisierung würde man dessen dynamische Konzeption verkennen, die eben nicht auf Einheiten und Struktur und stattdessen auf Mannigfaltigkeit und Wandel abzielt. Wenn man demgemäß den Todestrieb in seiner zergliedernden Kraft betrachtet, kann man ihn dergestalt deuten, dass er molare Einheiten wie geschlechtliche Identität, Staat, Familienordnung zersetzt und dadurch eine deterritorialisierende Bewegung vollzieht. In dieser Perspektive benötigt Deleuze und Guattaris Begehrensökonomie den Todestrieb, um die dynamischen Prozesse von De- und Reterritorialisierung zu beschreiben und nicht nur für die Tabula-Rasa-Figur des organlosen Körpers. An manchen Stellen wird dies besonders deutlich, z. B. wenn sie in ihrem geschichtsphilosophischen Abriss erläutern, wie die Decodierung von Strömen zu neuen Machtformationen führt: „Man spürt, daß der Tod innen aufzieht, daß der Wunsch selbst Todestrieb, Latenz ist, aber auch, daß er von diesen Strömen herkommt, die virtuell neues Leben mit sich führen." (Deleuze/Guattari 1974, S. 287) Doch sobald ein altes System den Tod ereile, werde zugleich ein anderes Regime ins Leben gerufen, was dem Begehren einen anderen Namen gibt. Diese Darstellung der historischen Dynamiken resoniert in vielerlei Hinsicht mit Freuds pessimistischer Kulturtheorie.

Ein unüberbrückbarer Unterschied zwischen der Begehrensökonomie aus *Jenseits des Lustprinzips* und dem *Anti-Ödipus* scheint der breite ökonomische Rahmen zu sein. Während bei Freud – und im Nachgang Bataille – der Todestrieb die kosmologische Ökonomie antreibt, liegt der Begehrensökonomie des *Anti-Ödipus* ein Produktivitätsparadigma zugrunde. In diesem Paradigma müssen jegliche antiproduktiven Instanzen, jegliche thanatologischen Operationen der allmächtigen Produktion untergeordnet werden. Es kann nicht nicht produziert werden.

Wagen wir es, nicht nur Freud gegen Freud, sondern auch Deleuze und Guattari gegen sich selbst zu lesen: Wenn der Todestrieb als Wiederholungsbewegung zu denken ist, dann lässt sich hierdurch die Reproduktion von gesellschaftlichen Machtverhältnissen verstehen. Diese Lesart ließe sich mit Deleuze und Guattaris Verständnis des Todestriebs als reaktionärer Kraft vereinen. Wenn jedoch der Todestrieb zergliedernd und destruktiv wirkt, wie lässt sich dies als Reproduktion denken? Wenn dagegen der Todestrieb als Wiederholung und zugleich in seiner fragmentierenden Funktion betrachtet wird, dann entsprechen diese thanatologischen Operationen passgenau denen der Deterritorialisierung und der Reterritorialisierung. Das Zusammenspiel von De- und Reterritorialisierung folgt dem Wiederholungszwang. Ebenso entspricht das Zerfließen der Deterritorialisierung der Zergliederung des Todestriebs. In diesen fließenden Bewegungen von Wiederherstellung und Zersetzung beschreibt der Todestrieb die Dynamiken von Aufbegehren und Begierden.

6.6 Von Jacques Lacan zu Félix Guattari: vom Seinsmangel zum Maschinendenken

Da es unerlässlich ist zumindest kurz auf Lacan einzugehen, dessen Denken stark Guattari prägte, werden an dieser Stelle Ähnlichkeiten und Unterschied zum *Anti-Ödipus* umrissen, um schließlich näher in Guattaris Denken einzuführen.

Herr und Knecht als intrapsychisches Spiegelszenario

Zunächst wird in dem wohl prominentesten Text Lacans, dem Aufsatz zum Spiegelstadium (1986), die Nähe zu Hegels Herr/Knecht-Figur deutlich.[95] Dieser Text transformiert dessen dyadische Denkfigur, indem er die Struktur asymmetrischer Reziprozität aufführt und intrapsychisch konzipiert (vgl. Kuch 2013, S. 188–190). Lacan schildert das Scheitern der Anerkennung als stetige Verkennung des Selbst und des Anderen. Hier vollzieht sich der Übergang vom Imaginären zum Symbolischen. Ein Kind erkennt sich selbst im Spiegel als Ganzes und jubiliert darüber, sich selbst als Einheit zu erkennen. Dieses gespiegelte Körperbild stellt die Illusion einer Einheit, einer Identität her. Zugleich stellt dieser Selbstbezug die Grundstruktur für den Bezug zu Anderen dar, da Identität über Alterität erzeugt wird. Das Kind erkennt und verkennt sich als Anderen – eine entwicklungspsychologische Reminiszenz an Hegels Herr/Knecht-Dialektik. Das Kind ist mit dem Bezug zu sich selbst als Anderem konfrontiert. Um aus diesem dialektischen Dilemma zu entfliehen, bedarf es einer dritten Instanz, die bei Lacan die Sprache ist, die das Begehren strukturiert: das Symbolische. Lacan, der Sprachtheoretiker des Begehrens.

Durch die hegelianische Reminiszenz, die sich in der Darstellung des Spiegelstadiums findet, ist Lacan mithin als rigider Mangeltheoretiker des Begehrens bekannt, da er dieses als *manque-à-être*, als Seinsmangel bestimmt. Doch sein Begriff der *jouissance* kennzeichnet den Exzess, die Überfülle. Außerdem besteht, wie Butler feststellt, eine weitere begehrenstheoretische Parallele zwischen Lacan

---

[95] Eine ausführliche Auseinandersetzung mit den Spuren von Hegels Philosophie in Lacans Werk findet sich in Butlers Studie über die französische Hegel-Rezeption (vgl. Butler 2012, S. 186–205).

und Deleuze: „Like Lacan, Deleuze traces the repression of an original desire characterized by plentitude and excess which culminates in the derivative form if desire as lacking and deprived." (Butler 2012, S. 206) Ausgehend von einer grundlegenden Überfülle des Begehrens, bildet der Mangel einen Effekt der soziosymbolischen Ordnung, die sich dem Begehren auferlegt.

3+1 oder die Erweiterung des ödipalen Dreiecks

Lacan strukturiert Begehren um, indem er zwischen dem Imaginären, dem Symbolischen und dem Realen unterscheidet. Für Deleuze und Guattari liegt die Wesensdifferenz nicht zwischen dem Imaginären und dem Symbolischen, „sondern zwischen dem realen Element des Maschinellen, das die Wunschproduktion konstituiert, und der strukturalen Menge des Imaginären und Symbolischen, die nur einen Mythos samt seinen Varianten darstellt" (Deleuze/Guattari 1974, S. 107). Dennoch fällt ihr Widerspruch vergleichsweise sanft aus. Wie Herzog schreibt, sind Deleuze und Guattari nicht sonderlich an Lacans Konzeption des Symbolischen interessiert, sie halten ihm jedoch zugute, dass er das psychoanalytische Denken aus dem ödipalen Dreieck befreit, indem er es um eine Strukturebene erweitert. Diese Erweiterung besagt Lacans Formel ‚3+1' (vgl. Deleuze/Guattari 1974, S. 66). Deleuze und Guattari multiplizieren dieses begehrensökonomische Rechenspiel und schreiben ihre Formel als ‚4+n' nieder.

Guattari, Schüler Lacans

Wenn man über den *Anti-Ödipus* hinaussieht, ist es Guattari, der während seines antipsychiatrischen Schaffens stets in intellektueller Nähe zu Lacan blieb.[96] In *Chaosmose* (2014) zeigt sich diese Bezugnahme, die dennoch eine grundlegende Kritik an Lacans sprachtheoretisch fundiertem Begehrensmodell enthält. Guattari verwehrt sich dagegen, dass Lacan mit der Fixierung auf den alles strukturierenden Signifikanten das Psychische rein aufs Sprachliche reduziert, dabei gebe es zahlreiche Spielweisen der Semiotik, die sich nicht diskursiv ausdrücken. Wenn wir diesen Einwand aufnehmen, lässt sich schlussfolgern: Da sich Begehren nicht nur sprachlich artikuliert, muss es in seiner Mannigfaltigkeit erfasst und kann nicht an den Lacanschen Signifikanten gekettet werden. Am Beispiel des von

---

[96] Stéphane Nadaud, der Guattaris Schriften herausgab, schildert dessen angespannte Nähe zu Lacan im Vorfeld des *Anti-Ödipus* (vgl. Nadaud 2012).

Freud beschriebenen Fort-Da-Spiels verfeinert Guattari seine Kritik sowohl an Freud als auch an Lacan. Indem sie jegliche Subjektivitätsäußerungen in die Bedeutungssphäre – bei Lacan das Symbolische – zwängen, übersehen sie die mannigfaltigen Verknüpfungen mit Raum, Materie, Laut. Damit werde Subjektivität nicht deterritorialisiert, komplex und singulär gedacht, sondern strukturell festgestellt und dadurch reterritorialisiert (vgl. Guattari 2014, S. 94–98).

In seiner Auseinandersetzung mit Freuds und Lacans Darstellung des Fort-Da-Spiels, das Freud in *Jenseits des Lustprinzips* einführt, verwehrt sich Guattari dem thanatologischen Wiederholungsprinzip. Er unterscheidet zwischen „einer mechanischen Konzeption der tödlichen Wiederholung und einer maschinischen Konzeption der prozessualen Öffnung" (Guattari 2014, S. 97), wobei in seiner Perspektive zweifelsfrei letztere favorisiert wird. Dennoch erscheint ihm das Konzept des Todestriebs produktiv genug, um es zu rekonzipieren:

> Es gibt wohl einen genialen Zug in Freuds Vorahnung von einem Verhältnis zwischen dem Automatismus der Wiederholung und einem Todestrieb, den ich meinerseits dem Wunsch nach Aufhebung zuschreiben würde, der in jeder Wunschmaschine wohnt. Es gibt kein Face-to-Face oder kein Verhältnis enger Verflechtung zwischen zwei unterschiedlichen Trieben: Eros und Thanatos; aber ein Hin und Her in unendlicher Geschwindigkeit zwischen dem Chaos und der Komplexität. (Guattari 2014, S. 97 f.)

Das Tödliche des Todestriebs liegt nicht im Trieb selbst, sondern in der Stillstellung, im Persistent-Machen, in der Zentralisierung, in der Redundanz. Allerdings übersieht Guattari erneut, dass die zergliedernde Kraft des Todestriebs ebenjene Singularisierungseffekte herbeizurufen vermag, die er so ersehnt. Die politische Sehnsucht von *Chaosmose* liegt darin, eine offene Zukunft zu denken.

Zum Ende des Buches hin konstatiert Guattari, dass es zwei Möglichkeiten gebe, Zukünftigkeit zu erspähen. Eine Möglichkeit sei es, anzunehmen, dass das Spiel immer schon verloren, die Revolution immer schon gescheitert sei. Die andere Möglichkeit sei es, anzunehmen, dass alles immer wieder von vorne beginnen könne, dass die Welt in anderen Weisen, in neuen Formen erschaffen werden könne. In diesem Verständnis gibt es für Guattari zwei Wege, die Zukunft zu denken: einen nihilistischen und einen chaosmotischen Weg. Es bestehe die Wahl zwischen mechanistischer Sicherheit und kreativer Unwägbarkeit, wie es Guattari ausdrückt (vgl. Guattari 2014, S. 169). Die Kausalität der ‚Ewigen Wiederkehr' entspreche Freuds Idee der thanatologischen Wiederholung. Im Gegensatz dazu werde die Kontingenz der kreativen Unsicherheit von Begehrensmaschinen angetrieben. Guattari kontrastiert folglich die zirkuläre Kausalität des Todestriebs mit der chaosmotischen Kontingenz des Begehrens. Hingegen kann – so die Gegenthese zu Guattari – der Todestrieb als destruktive, disruptive, dekonstruktivistische Kraft verstanden werden, als fetischistisches Verlangen zur

Zergliederung, zur disharmonischen Störung von Einheit und Kohärenz. Dergestalt kann auch Thanatos in seinem Ausdruck als Aufbegehren kreative Unsicherheit erzeugen.

6.7 Kalkulation

Auch an dieser Stelle sollten wir die fünf Stränge, die unsere Analysen bündeln, im Hinblick auf Freuds Thesen zusammenführen. Erstens: Bezüglich des Verhältnisses von Mangel und Produktion haben Deleuze und Guattari erschöpfend erläutert, dass Freud in seiner Frühphase ein produktives und maschinisches Denken des Begehrens befördert, dass er später zugunsten des Mangelmodells des Ödipus aufgibt. Zweitens: Die Psychoanalyse stellt ein wichtiges Kapitel in der Rationalisierungsgeschichte des Begehrens dar, da Freuds Erfindung des Unbewussten als Versuch erachtet werden kann, die unergründlichen Begehrensregungen transparent, systematisierbar und steuerbar zu machen. Wir konnten dennoch sehen, wie sich seine Thesen textperformativ demontierten, der Fest-Stellung in starre Dualismen zuwiderlaufen und in dieser ständigen Selbstwidersprüchlichkeit ihr ideenreiches Potenzial entfalten. Drittens: Mit Laplanche und Lauretis lässt sich zeigen, wie Freuds Begehrenstheorie dem Körperlichen entspringt, dies wurde besonders in der Lektüre von *Jenseits des Lustprinzips* ersichtlich, da Freud dort die Idee der körperlichen Homöostase als Ausgangspunkt nimmt, um den Antagonismus von Eros und Thanatos einzuführen. Viertens: Die Lesarten Laplanche und Lauretis verdeutlichen, dass dem Todestrieb in seiner zergliedernden Arbeitsweise das Potential des Aufbegehrens innewohnt. Fünftens: Freud äußerst sich nicht explizit zum Zusammenhang von Begehren und Wert, allerdings kann man sein psychoanalytisches Projekt als wirkungsvolle Umwertung des Begehrens begreifen, die diesem und dem Unbewussten einen zentralen analytischen Status einräumt.

Der zentrale Analysestrang, der sich als roter Faden durch dieses Kapitel zieht, ist der Todestrieb und damit einer der umstrittensten Vorschläge Freuds. Trotz all ihrer Inkohärenzen ist die Idee des Thanatos nützlich, um Momente der Antiproduktion sowie iterative und dekonstruktive Operationen zu begreifen. Wenn man den Todestrieb als Kraft denkt, die einerseits Differenzwiederholungen vollzieht und andererseits den Stillstand anstrebt, dann liegt seine Wirkungskraft gerade in diesem antiproduktiven Moment. Freuds ontologische Setzung von Thanatos als antagonistischem Prinzip, das im Zusammenspiel mit Eros wirkt, widersprechen Deleuze und Guattari insofern, als dass sie die Antiproduktion unter ein übermächtiges, unumgängliches Produktivitätsparadigma subsumieren.

Der Todestrieb wird uns weiterhin verfolgen. Wir werden dessen Transgressionspotenzial nachspüren, sobald wir uns den Schriften Batailles zuwenden, in denen er ein thanatologisches Ökonomiemodell vorschlägt. Dort findet sich eine verkehrte Fassung der Ökonomie: Die Produktion wird der Verausgabung des Todestriebs unterstellt. Während Deleuze und Guattari Begehren respektive Libido als dem Todestrieb vorrangig ausmachen und Begehren als grundlegend subversiv begreifen, wird hier ein Begehrensbegriff als Gegenvorschlag eingebracht, der darauf angelegt ist, Doppeloperationen aufzuzeigen, die darin bestehen, Subjektivität zu stabilisieren und zu destabilisieren – Aufbegehren und Begierden. Die Destabilisierung der Subjektivität wird als thanatologisches Manöver verstanden. Wenn Begierde eine reterritorialisierende und Aufbegehren eine deterritorialisierende Bewegung beschreibt, wirkt der Todestrieb als iterative Kraft, die diese Bewegungen antreibt. Diese Differenzbewegung, die im Wiederholen zersetzend wirkt, beschreibt Lauretis. Sie hebt hervor, wie sich Thanatos dem heteronormativen Sexualitätsdispositiv widersetzt und dessen Grenzziehungen beständig unterwandert. Folglich wirkt der Todestrieb konservierend und transgressiv zugleich: Einerseits kann er in seiner mechanischen Wiederholungsbewegung als Stillstellung verstanden werden, andererseits wirkt er in seiner zergliedernden Wirkung als dekonstruktive Kraft.

Bilanz

Kommen wir zur zweiten begehrensökonomischen Bilanz.

In all diesen philosophischen Poetologien des Begehrens zeigen sich die jeweiligen narrativen Muster ihrer Zeit: Platons *Gastmahl* ist durch Dialogizität und szenische Darstellung geprägt. Die philosophischen Reden sind in mehrfach verschachtelten Erzählebenen gerahmt und sie bereiten den Höhepunkt der Erkenntnis über das Wesen des Eros, die Rede des Sokrates, sorgsam vor. Begehren wird durch die Entstehungsgeschichte des Eros mythologisch eingefasst und zugleich wird es in den Erörterungen der Philosophierenden als Wille zum Wissen ersonnen. Diese Narrative verdeutlichen, wie Begehren einerseits eine sakrale Aura anhaftet, während es andererseits in rationale Parameter gefasst wird. Hegels *Phänomenologie des Geistes* entspricht hingegen einem philosophischen Bildungsroman, einer narrativen Form, die dem aufklärerischen Fortschrittsoptimismus entspricht. Begehren wird in einer dialektischen Entwicklungsgeschichte erzählt, in der Bewusstsein zu Selbstbewusstsein wird und sich die Begierde danach, den Anderen zu verschlingen, zum vergeistigten Verlangen nach Anerkennen aufschwingt. Post- und dekoloniale Perspektiven wie diejenigen von hooks und Rolnik zeigen hingegen auf, dass diese westliche Progressionserzählung, mitsamt ihrem kolonialen Subtext, nicht derartig geradlinig geschrieben werden kann. Der kolonialhistorischen, linearen Narration setzen sie Gegenwartsanalysen entgegen, welche Dynamiken der Aneignung und Einverleibung aufzeigen. Nietzsche, dieser eigensinnige Geschichtenerzähler der *Genealogie der Moral*, widersetzt sich renitent dem Versuch, seine philosophische Prosa in literaturhistorische Genreformen zu gestalten. Sein Denken ist Denken auf Messers Schneide. Seine antiliberale Rhetorik wurde in reaktionären Lesarten überbetont, die sich um eine Interpretation des Willens zur Macht bemühten, die auf der Idee eines sozialdarwinistischen Antagonismus beruht, und dazu dient, soziale Ungleichheit zu legitimieren. Zugleich bieten seine Schriften scharfsinnige Macht- und Herrschaftskritik – nicht zuletzt seine Einblicke in die affektiven, sadistisch motivierten Tiefenstrukturen des Schuldverhältnisses, welches die grundlegende Asymmetrie in Handelsbeziehungen aufzeigt. Freuds *Jenseits des Lustprinzips* spricht von den Wirrnissen seiner Zeit. An die labyrinthische Literatur Kafkas erinnernd öffnen sich endlose textuelle Wege, die in Sackgassen münden, Dualismen, die, sorgsam erbaut, grandios zusammenstürzen. Dieses textperformative Scheitern spiegelt seine Gegenwart zwischen den Weltkriegen wider, welche derart unter den Erschütterungen vibriert, dass der Bau einer kohärent gebildeten Textarchitektur unmöglich erscheint. Der Text muss beben, muss scheitern, mit sich brechen, in sich zusammenbrechen und aus den Satzruinen andere Argu-

https://doi.org/10.1515/9783110686975-010

mente aufbauen, um seismographisch das Beben seiner Gegenwart zu erspüren. Darin zeigt sich Freuds Zweifel an der Progressionserzählung der Menschheit, sei es das kapitalistische Fortschrittsversprechen, der damalige Technologieglaube, die Faszination an Eugenik. Der Antagonismus von Eros und Thanatos zeugt von der verstörenden, zerstörerischen Atmosphäre der Zwischenkriegszeit.

Trotz aller Differenzen zwischen diesen vier Texten zeigt sich deren geteiltes Bestreben, Begehren zu rationalisieren, es zu regulieren und zu bändigen, es zu entkörperlichen und als rein geistiges Streben zur Wahrheit umzuformen, es als Eros zu lobpreisen, es als Gier nach Anerkennung zu problematisieren oder es libidoökonomisch kalkulierbar zu machen. Hiermit hangeln wir uns am zweiten Analysestrang entlang, In der Rationalisierung liegt der ökonomische Kern von Begehrenstheorien. Doch die Ökonomisierung des Begehrens folgt einer Logik des Scheiterns. Bei Hegel scheitert das Anerkennen auf Augenhöhe, bei Freud stürzen alle konzeptuellen Dualismen ein. Was bleibt, ist ein unlösbarer Zweikampf zwischen Eros und Thanatos. Einzig Nietzsche zweifelt das philosophische Rationalisierungsbestreben des Begehrens an und will viel lieber die wilden Leidenschaften tanzen, die Affekte aufwirbeln lassen. Die Rationalisierung des Begehrens ist für ihn eine Äußerung des Ressentiments und bildet den verzweifelten Versuch, sich vor dem Leben selbst zu ängstigen, sich vor dessen Chaos und Kontingenz schützen zu wollen und dagegen die Regelwerke der Rationalität zu errichten. Diese Haltung teilen Deleuze und Guattari. Auch sie stürzen sich in den Taumel der Affirmation, wollen die Begehrensströme fließen lassen.

Platons Schriften werden von Deleuze und Guattari als Ursprung des Mangeldenkens ausgemacht. Dagegen hat die Lektüre gezeigt, dass sich darin die Topoi des Mangels und der Überfülle verbinden – der erste Analysestrang. Zwar steht der Aristophanes-Mythos eindeutig im Zeichen des Mangels, doch das Szenario des *Symposions* ist auf verschiedenen Erzählebenen von Überfülle geprägt: Von der Zeugungserzählung des Eros im Lustgarten bis hin zum Festmahl der Philosophen. Ein Leitmotiv, das sich von Platons Schriften bis in den *Anti-Ödipus* zieht, ist die Metapher des Fließens – der dritte Analysestrang. Platon schreibt, dass Eros aus den Augen des Liebenden überströmt und den Geliebten umfließt, während Deleuze und Guattari über Begehrensströme schreiben. Trotz aller Verschiedenheit, die fließenden Bewegungen zu beschreiben, zeichnet sich in ihnen ab, dass Begehren in körperökonomischen Konzepten gefasst wird und die Begehrensströme den fließenden Körpersäften nachempfunden werden.

Von Platon hergeleitet, finden sich insbesondere drei Topoi, die ebenfalls bei Hegel und Freud und mitunter auch bei Nietzsche auftauchen, der aristophanische Mangel, die appetitiven Begierden und die ursprüngliche Überfülle – allesamt Aspekte, die zum ersten Analysestrang hinführen. Die prominente philosophiegeschichtliche Referenz ist hierbei der Aristophanes-Mythos. Das Streben nach der Anerkennung des Anderen zeigt sich bei Hegel als Zweikampf und bietet somit eine streitlustige Version der aristophanischen Erzählung über die Sehnsucht nach der verlorenen Hälfte. Freud referiert währenddessen ausdrücklich auf Platon, wobei das Prinzip des Eros dem Prinzip des Thanatos unterstellt, da er schreibt, die beiden sich suchenden Hälften würden letztlich den ursprünglichen Zustand anstreben, was dem thanatologischen Antrieb entspricht, zum Ruhezustand zurückzukehren.

Der zweite platonische Topos, der aufgegriffen wird, ist derjenige der appetitiven Begierden. Bei Hegel ist die Begierde nach Verzehrung allgegenwärtig, sie wird, ähnlich wie bei Platon, als Konsumtion des Anderen negativ gefasst. Hingegen hat die Idee des anthropophagischen Begehrens gezeigt, dass das Verschlingen-Wollen des Anderen durchaus ein Akt der Liebe, der Warmherzigkeit, der Bewunderung sein kann, der zwei Subjekten soziosomatische Verschmelzung erlaubt.

Der dritte gemeinsame Topos ist das Ursprungsszenario der Überfülle. Ein solches Szenario findet sich in Platons Schrift, das die Zeugung des Eros im üppigen Lustgarten schildert. Bei Hegel lässt sich feststellen, dass das Bewusstsein seinen Mangel in einer Umwelt der Überfülle erlebt, welchen das Verzehrungsverlangen überwinden soll. Nietzsche geht, wie Spinoza, von einer Mannigfaltigkeit aus, die jedoch durch das Ressentiment auf die Idee der Einheit und des Mangels verknappt werden soll. Einzig Freud geht von der *Ananke*, der grundlegenden Lebensnot durch materielle Knappheit aus, durch die das Realitätsprinzip gegenüber dem Lustprinzip vorrangig ist.

Hegels Denken beschränkt sich für Deleuze auf eine starre Begehrensdialektik. Dagegen hat die Betrachtung der Figur von Herr und Knecht dessen überaus dynamische Dialektik deutlich gemacht. Hegel kreiert ein Szenario, in dem beide Subjekte, Herr wie Knecht, letztlich in dem dynamischen Kräftespiel gefangen bleiben, ohne sich aus der Umklammerung lösen zu können. Sicherlich wird das Autonomiebestreben im Verlauf der *Phänomenologie des Geistes* befriedigt und der Weg zum Weltgeist bis zu seinem Ende beschritten, doch anstatt diese Rationalisierungsgeschichte zu verfolgen, lässt sich das dialektische Dilemma von Herr und Knecht in anderem Blickwinkel betrachten. Wenn man der Betrachtungsweise Butlers folgt, zeigt sich die Denkfigur von Herr und Knecht als intersubjektive Begehrenstheorie. Indessen stellt das von Rolnik beschriebene anthropophagische Begehren gewissermaßen eine Aufhebung von Hegels dialektischem Dilemma dar. In der Anthropophagie vollzieht sich das Verzehrungsverlangen der Begierden, es löst dabei aber die Unterscheidung von eigen/anders und innen/außen auf, wodurch die Subjektgrenzen überschritten werden – eine Artikulation des Aufbegehrens.

Während Hegel die asketische Arbeitsmoral des Knechts hervorhebt, kritisiert Nietzsche den knechtischen Habitus als Sklavenmoral des Ressentiments. In der Lektüre von *Jenseits des Lustprinzips* entsteht hingegen der Eindruck, dass Freud Hegels Gedanken zum zwieträchtigen Verhältnis von Herr und Knecht aufgreift, um den Antagonismus zwischen Eros und Thanatos zu charakterisieren. Diese Engführung von Freuds und Hegels antagonistischen Modellen findet sich besonders bei Marcuse. Während der Knecht als schaffendes Subjekt die Arbeit des Eros verkörpert, verkörpert der Herr Thanatos – eine Lesart, die Bataille verfolgt, der nicht nur Hegels und Freuds, sondern auch Nietzsches Ideen zu einer thanatologischen Begehrensökonomie fusioniert – der vierte Analysestrang.

In Auseinandersetzung mit Nietzsche ließ sich feststellen, dass ein Leitmotiv des *Anti-Ödipus*, das Modell der Einschreibung in den vollen Körper der Erde, das den prinzipiellen Machtakt gesellschaftlicher Organisation darstellt, aus der *Genealogie der Moral* herstammt, wo die körperliche Einschreibung der Schuld beschrieben wird. Im Begriffspaar Schuld/Schulden überkreuzen sich das Ethische und das Ökonomische und prägen sich dem Begehren ein. Dies führt zur Denkkategorie des Werts, die sich an der Schnittstelle von wirtschaftlichen und moralischen Diskursen situiert. Die jeweiligen geschichtlichen Wandlungsformen von Wert bestimmen Begehrensökonomien und werden wiederum von ihnen bestimmt – ein Wechselspiel, das auf den fünften Analysestrang verweist, der von einer engen Verbindung von Wert und Begehren ausgeht.

Die Einschreibung der Schuld erfolgt über die innere Strafinstanz des schlechten Gewissens, welches für Nietzsche kulturstiftend ist und zugleich die der Kultur inhärente Grausamkeit befördert. Eine ähnlich pessimistische, kulturphilosophische Perspektive präsentiert Freud, insbesondere in *Das Unbehagen in der Kultur:* Das schlechte Gewissen findet sich hier in der Instanz des strafenden Über-Ichs, das Begehren unterdrückt. Außerdem zeigt sich in der Resonanz zwischen Nietzsches und Freuds Schriften, dass sich die ‚Ewige Wiederkehr‘ durchaus als thanatologischer Wiederholungszwang verstehen lässt. Man kann darin in kapitalismustheoretischer Hinsicht den Wirtschaftskreislauf der kreativen Zerstörung nachvollziehen, was uns weiter zu Freud führt.

Deleuze und Guattari pflegen mit Freud im *Anti-Ödipus* ein äußerst ambivalentes Verhältnis, sie befürworten dessen frühes Begehrenskonzept der Traummaschinen und verwerfen seine Thesen zum Universalmodell des Ödipus. Allerdings erweist sich ihre Kritik am Todestrieb als allzu vorschnell. Mit Laplanche und Lauretis wurde der Gegenvorschlag eingebracht, den Todestrieb in seinem transgressiven Potential zu verstehen. In diesem Sinne lässt sich die zergliedernde Funktion des Todestriebes als Bewegung der Deterritorialisierung und des Aufbegehrens begreifen. Auf der Subjektivierungsebene werden Bewegungen der

Selbstentgrenzung sichtbar als Momente des Aufbegehrens, in denen die identitären Grenzen zwischen Ich und Du verwischen.

Während es auf subjektiver Ebene als Aufbegehren artikulieren kann, zeigt
Thanatos als kapitalismusanalytische Kategorie vornehmlich destruktive Tendenzen in Wirtschaftskreisläufen an. Man kann ihn auf makroökonomischer
Ebene im Rekurs auf Schumpeters ökonomische Theorie im kapitalistischen Zy-
klus der kreativen Zerstörungen verstehen, wobei die Zerstörung dem Schöp-
fungswillen des Marktes unterstellt ist. In dieser Perspektive ist Nietzsches
Schilderung des Schuldenverhältnisses äußerst aufschlussreich, um einen bei-
spielhaften Ausblick auf die neoliberalen Austeritätspolitiken des Internationalen Währungsfonds zu werfen. In den vergangenen Jahrzehnten hat der IWF
über ein globales Verschuldungssystem operiert und dabei durch rigide Sparmaßnahmen gezielt staatliche Strukturen demontiert, um den Markt durch diesen
Freischlag, der mit verheerenden Folgen wie Verarmung und Arbeitslosigkeit
einhergeht, radikal zu deregulieren. Man kann diese Praktiken Im Sinne
Schumpeters als schöpferisch-zerstörerisch verstehen, ohne dessen Progressi-
onsglauben zu übernehmen.

Zugleich lässt sich der Todestrieb in seiner zergliedernden Operationsform
auch als emanzipatorische Artikulation von Aufbegehren auffassen. Um anti-
produktive Resistenzen zu erkennen, muss man das von Deleuze und Guattari
verteidigte Produktivitätsparadigma hinterfragen. Das wohl klassischste Beispiel
aus der kapitalismuskritischen Protestgeschichte ist der Streik, das Aussetzen der
Arbeitskraft und damit des Produktionsprozesses, um die gesellschaftlichen Zustände zu verändern. Ob man diese Bewegung als thanatologischen Stillstand
lesen kann, sei dahingestellt. Wesentlich dabei ist, dass Momente der politischen
Antiproduktion in ihren disruptiven Kräften durchaus als thanatologische Arbeitsweise aufgefasst werden könnten, die Sand ins Produktionsgetriebe streut.

In diesem genealogischen Gefüge hat sich das Begriffspaar Aufbegehren/
Begierden, praktisch verwendet, als überaus produktiv erwiesen: einerseits um
die verschiedenen Denkstränge zusammenzubringen; andererseits um die di-
chotomische Trennung von Mangel/Produktion zu umgehen und durch die Fo-
kusverschiebung die Möglichkeit zu eröffnen, die Topoi des Mangels und der
Produktion in ihren Oszillationen zu beobachten. Außerdem konnten durch das
Begriffspaar die konzeptuelle Nähe von Freuds und Nietzsches Konzepten und
Deleuze und Guattaris Idee der De- und Reterritorialisierung aufgezeigt werden.
Nietzsches Beschreibung des Ressentiments und des Nihilismus lassen sich mit
der Dynamik von De- und Reterritorialisierung verkoppeln: Ressentiment als
Versuch, die Vielheit auf eine Einheit zu fixieren, kann als Reterritorialisierung
und als Bewegung der Begierde verstanden werden. Ergänzend dazu liegt in der
nihilistischen Abstraktionsbewegung eine deterritorialisierende Tendenz, die als

Aufbegehren begriffen werden kann. Wenn man diese Parallelisierung von Nietzsche und Deleuze und Guattari weitertreibt und Freuds Triebdynamik hinzunimmt, ergibt sich folgendes Bild: Wenn man Eros und Thanatos als Bindung und Entbindung von Kräften denkt, als Zusammenfügen und Zergliedern von größeren Einheiten, dann ist der Widerstreit von Eros und Thanatos ebenfalls in den Bewegungen von Nihilismus und Ressentiment, Reterritorialisierung und Deterritorialisierung sowie Aufbegehren und Begierden erkennbar. Thanatos wirkt außerdem als Wiederholungszwang, als ‚Ewige Wiederkehr' und feuert die Begehrensdynamiken immer wieder an. Auf Thanatos werden wir wieder und wieder und wieder zurückkommen.

III. Teil: **Von der Thanatografie zur Thanato-Ökonomie**

> [T]he death drive is the last avatar of sexuality, that agent of unbinding, negativity, unconsciousness and resistance to the coherence of the ego, which was the cornerstone and the discovery of psychoanalysis.
>
> (Lauretis 2010, S. 97)

Einleitung

Dieser dritte Teil des Buches behandelt Texte, die eng verzweigt das Verhältnis von Begehren und Ökonomie diskutieren und in diesem geteilten Gefüge neue Denkhorizonte eröffnen. Deshalb wird skizzenhaft das diskursive Umfeld umrissen, das sich von den 1930er Jahren bis hin in die 1960er, 1970er und 1980er Jahre erstreckt, im Vordergrund stehen die Lektüren von Klossowskis Aufsatz zum lebenden Geld (1998), Batailles Ökonomietheorie der Verausgabung (1975), Lyotards *Libidinöse Ökonomie* (2007) und Hocquenghems *Das homosexuelle Begehren* (2019).

Was diese Texte im Großen und Ganzen teilen, sind folgende Kernaspekte: die Rückbezüge auf Marx' Kritik der politischen Ökonomie, auf Nietzsches Wertphilosophie und auf Freuds Psychoanalyse. Diese Trias der „Meister des Zweifels" (Descombes 1981, S. 11) – Marx, Nietzsche und Freud – prägt die poststrukturalistische Philosophie, und ihr Einfluss deutet sich bereits in den früheren Schriften von Bataille und Klossowski an. In den hier diskutierten Texten findet sich eine mal mehr, mal weniger rigide Ablehnung des Marxismus als politisch-intellektuelle Strömung in Frankreich. Trotzdem zeigen sich starke Bezüge zu Marx und damit zu marxistischen Kategorien wie derjenigen des Werts, der Entfremdung und des Warenfetischismus. Die Kategorien der Entfremdung und des Warenfetischismus finden sich in dem Konzept des Simulakrums wieder, das Klossowski und Lyotard als medientheoretischen Schlüsselbegriff verwenden. Das Simulakrum verneint die Möglichkeit, der entfremdeten Welt des Konsumkapitalismus zu entfliehen, da jede Unterscheidung zwischen Wirklichkeit und Fiktion, Original und Kopie unmöglich erscheint. In allen Texten zeigt sich ein ebenso ambivalenter Umgang mit Freud: Während eine am Ödipusmodell ausgerichtete Auslegung von dessen Werk weitgehend abgelehnt wird, finden seine Kernkonzepte wie das Unbewusste, der Wunsch, Libido, Eros und Thanatos Verwendung. Gerade Hocquenghem verfolgt, ähnlich wie Deleuze und Guattari, die Rückkehr zu einem frühen Freud, der das Spiel der ungestümen Partialtriebe schildert. Nietzsches Philosophie zeigt sich besonders in den Texten von Bataille und Klossowski. Sein Konzept des Willens, welches das Leben in seiner Affektivität und Heterogenität versteht, scheint allerdings wegbereitend für alle Texte zu sein.

Ein wesentliches Ökonomiemodell, das bereits im *Anti-Ödipus* behandelt wird, und dem in diesem Kapitel eine wichtige Rolle zukommt, ist dasjenige des Gabentauschs, das durch die ethnologischen und anthropologischen Studien von Marcel Mauss und Claude Lévi-Strauss bekannt wurde (vgl. Lévi-Strauss 1993; vgl. Mauss 1990). Insbesondere Klossowski und Bataille berufen sich auf die ökono-

https://doi.org/10.1515/9783110686975-011

mischen Prinzipien des Potlatschs, der eine spezifische Spielart des Gabentauschs darstellt. Allgemein gesprochen gilt der Gabentausch als Alternativmodell zum Äquivalenzprinzip des Werts. Bei Marx entwickelt sich das Äquivalenzprinzip aus dem Gabentausch, indem der Gebrauchswert durch einen abstrakten Tauschwert erweitert wird – das Geld. Während die von Marx analysierte, kapitalistische Ökonomie auf dem Prinzip des monetarisierten Werts beruht, stellen die anthropologischen Studien von Mauss und Lévi-Strauss den Gabentausch als ökonomisches Primärprinzip dar, das sämtlichen sozialen Strukturen unterliegt. Indem die Gabe mit einer Gegengabe erwidert wird, zeigt sich zwar eine strukturelle Ähnlichkeit mit dem ökonomischen Tauschmodell, dennoch bestehen eklatante Differenzen zwischen ihm und dem Gabentausch (vgl. Kuch 2013, S. 247). Während die Transaktionen im ökonomischen Tausch instrumentell sind, da beide Partner anstreben, möglichst viel Gewinn aus dem Tauschakt herauszuschlagen, ist die Gegengabe keineswegs garantiert, da der Gabentausch nicht vertraglich abgesichert ist.

Im Gegensatz zum Gabentausch, der den Tauschwert an die Person bindet, da der Tausch die Person symbolisch mit Prestige und Ehre überhäufen soll, wird im Kapitalismus der Tauschwert an die Ware gekoppelt. Der hochformalisierte Gabentausch bringt eine Reihe sozialer Zwänge mit sich, derer sich der Kapitalismus zu entledigen sucht, indem er mit dem Preissystem eine vermeintliche Gleichheit errichtet. Begehren wird auf das Warenobjekt bezogen und kann in Äquivalenten bemessen werden:

> Verglichen mit den sozialen Verpflichtungen des Gabentauschs bietet der Markt eine Emanzipationsmöglichkeit, weil er ein pflicht- durch ein preisreguliertes System ersetzt [...]: Einzelne Individuen, die derselbe Wunsch nach denselben Waren beseelt, organisieren sich hier und jetzt um die Fokussierungspunkte herum, die die Preise als Ausdruck der Qualität der begehrten Waren darstellen, um deren Besitz sie rivalisieren. (Boltanski/Chiapello 2003, S. 458)

Insofern homogenisiert das kapitalistische Tauschverhältnis Begehren und damit die sozialen Verhältnisse, in denen sich Subjekte vermittelt über das Wertgesetz und damit warenförmig aufeinander beziehen. Auch der Gabentausch bringt Menschen als Tauschobjekte in Zirkulation. Polemisierend pointiert ließe sich sagen, das Tauschprinzip des Marktes macht alle Menschen zu Waren, während der Gabentausch manche Menschen zu Gaben macht. Lévi-Strauss zeigt auf, wie der Gabentausch als Begehrensökonomie funktioniert: Frauen werden zwischen den Familien getauscht, um Endogamie zu verhindern (vgl. Lévi-Strauss 1993).[97]

---

97 Eine kritische feministische Perspektive auf den Gabentausch bietet die Anthropologin Gayle

Der Tausch von Frauen, von Körpern fließt in die Versuche von Klossowski und Bataille ein, in den Tiefenstrukturen der vermeintlich durchrationalisierten Wertökonomie eine andere Begehrensökonomie aufzudecken. Sie zielen darauf ab, die affektiven Dynamiken aufzuzeigen, die unter der Sachherrschaft des Kapitals und welche den rationalen Markthandlungen vorangehen schalten und walten. Dabei nehmen sie an, dass sich die Prinzipien des Gabentauschs und der Wertlogik nicht in chronologischer Abfolge verstehen lassen, da die Ökonomien des Gabentauschs in der kapitalistischen Wirtschaft weiterwirken. Daher bestreben sie sie, die beiden Begehrensökonomien des Gabentauschs und der Wertlogik in ihren Wechselwirkungen zu studieren.

Während Bataille und Klossowski danach trachten, die gabenökonomischen Grundoperationen im kapitalistischen Begehrensregime offenzulegen, streben Lyotard und Hocquenghem eine Rückkehr zu Freuds Denken des Polymorph-Perversen an. Dabei zeugen ihre Texte vom Nahverhältnis mit Deleuze und Guattari. Lyotards *Libidinöse Ökonomie* stürzt sich in ähnliche textästhetische Abenteuer wie der *Anti-Ödipus*, und Hocquenghem nimmt dessen schizoanalytische Thesen auf, um einen Begriff des homosexuellen Begehrens auszuarbeiten, der einen Ausblick auf queere, antikapitalistische Politiken eröffnet. Derweil teilen alle Texte das Anliegen, die affektiven Dynamiken und die soziosomatische Dimension des Kapitalismus zu untersuchen. Wert, Simulakrum, Körper, Überschreitung, Verausgabung, Gabentausch – das sind die Schlagworte, die diese vier Texte ineinander verweben aneinanderknüpfen und deren Verbindungslinien wir nachvollziehen.

Rubin (1975), indem sie herausarbeitet, wie sich Geschlechterrollen durch das Primat des Sexuellen begründen und wie das heterosexuelle Tauschprinzip den Geschlechterdualismus verfestigt.

7 Lebendiges Geld und die lebende Münze: Pierre Klossowski

Diese Münze, mit der
alle Welt bezahlt,
R u h m –,
mit Handschuhen fasse ich diese Münze an,
mit Ekel trete ich sie u n t e r mich. [...]

– W i l l s t du sie kaufen?
Sie sind Alle käuflich.
Aber biete Viel!
klingle mit vollem Beutel!
– du s t ä r k s t sie sonst,
du stärkst sonst ihre T u g e n d ...

(Nietzsche 1888a/1969, S. 401 f.)

Dieses Gedicht schreibt Nietzsche 1891, und Klossowski dichtet es 1970 weiter. In *Die lebende Münze* (1998) erkundet er, wie Foucault im Vorwort schreibt, das Dreieck Begehren – Wert – Simulakrum, das uns beherrscht. Gleichwohl betont Foucault, dass dessen Denkpfad wesentlich aufschlussreicher zur Analyse kapitalistischer Dynamiken ist als die theoretischen Verbindungslinien, die meistens zwischen Freud und Marx gezogen werden (vgl. Klossowski 1998, S. 12 f.). Klossowskis textuelles Experiment ist motiviert, das freudomarxistische Deutungsparadigma der Entfremdung zu überwinden. Stattdessen führt er das Konzept des Simulakrums ein, um die performative Wirklichkeitserzeugung durch Zeichen- und Begehrenslogik zu erfassen.[98] Sein Text bildet eine weitere philosophische Poetik des Begehrens, da er ähnlich wie Nietzsches *Genealogie der Moral* eine Ursprungserzählung entwirft, die die Entstehung des Werts im Erotischen erkundet. Der Essay unternimmt „ein Gedankenexperiment"; im Zuge dessen skizziert Klossowski „einen lebendigen Wirtschaftskreislauf, überträgt wirtschaftswissenschaftliche Begriffe auf die Mikroebene des Körpers und justiert sie dort für die Analyse und Kritik einer Ökonomie der Leidenschaften neu" und stellt

---

[98] Die Publikation ist nicht auf das geschriebene Wort zu beschränken, da sie ebenfalls von Bildern bestimmt ist: Zeichnungen von Klossowski und Fotografien von Pierre Zucca. Der Text folgt dem Bildstrom, umfließt die erotischen Szenen voller sadomasochistischer Anspielungen, die sich in den Bildern abspielen. Heldinnenhafte Protagonistin dieser Szenen ist Denise Marie Roberte Morin-Sinclaire, welche mit Klossowski zusammenlebte und die er zur verehrten Muse stilisiert.

https://doi.org/10.1515/9783110686975-012

dabei die Hypothese auf, dass „der Körper [...] Wert aus sich selbst [schöpft], und das Triebleben [...] merkantilen Charakter" besitzt (Eidelpes 2013, S. 100).

In diesem Textexperiment, das den Zusammenhang von Wollust und Wertgesetz auslotet, wird deutlich, wie wegweisend Nietzsches und Sades Philosophien für Klossowski sind (vgl. Klossowski 1969; 1986). Von Nietzsche herkommend denkt er Ökonomien triebhaft und affektiv, von Sade herrührend erfasst er den erotischen Austausch als Tauschbeziehung. Damit betritt neben der Trias Marx-Nietzsche-Freud eine zwielichtige Gestalt das theoriegeschichtliche Spielfeld, Donatien Alphonse François de Sade, bekannt als Marquis de Sade. Besonders Bataille und Klossowski schreiben im Schatten seiner Schriften. In *Die Philosophie im Boudoir oder Die lasterhaften Lehrmeister* (1795/1985) bringt Sade das Prinzip der universellen Prostitution ein und beschreibt eine literarische Begehrensökonomie der dunklen Aufklärung. Seine Texte bieten in mitunter messerscharfen Formulierungen ein Kalkül der Lust und Gewalt. Sade führt damit den aufklärerischen, emanzipatorischen Glauben an die moralische Gerechtigkeit des philosophischen Logos ad absurdum, da er aufzeigt, dass selbst die reinste Ratio nicht frei von Genusssucht und Grausamkeit ist. Seine Schriften legen offen, dass die Quantifizierung der Lüste nicht die niederen Triebe unterdrückt, sondern sie in noch perfiderer Form zutage bringt (vgl. Roudinesco 2007). Das Begehren, das quer durch die Philosophiegeschichte zum Logos umgeformt werden soll, entbehrt gerade in kühlster Rationalität nicht seiner Grausamkeit, sondern zelebriert sie – so ließe sich die von Sade gewonnene Erkenntnis zusammenfassen, welche Klossowski und Bataille umtreibt. Klossowski schreibt, dass alles Begehren, dass alle Lust mit Wert besetzt und bemessen werden muss, um abgeschätzt und geschätzt werden zu können. Dabei bezieht er sich auf Nietzsche, der den Menschen als wertsetzendes Wesen bestimmt und darauf aufmerksam macht, wie sich in Akten des Wertsetzens stets Machtoperationen vollziehen. Die vermeintliche Gleichheit, die der kapitalistische Markt suggeriert, beruht auf asymmetrischen Gewaltverhältnissen. Klossowski nimmt die Idee auf und verbindet sie mit Sades Philosophie. So bildet der Marquis de Sade die Begriffsfigur, die das Textgeschehen unterschwellig regiert.[99] Von ihm leiten sich Klossowskis Thesen zum industriellen Kapitalismus ab, der in seinen affektiven Dynamiken zu erforschen ist, denn es herrscht ein langes „Unwissen um den

---

99 Klossowski bezeichnet Sade als ruchlosen Philosophen: „Die Gegenüberstellung des ‚ehrenwerten' und des ‚ruchlosen' Philosophen geht auf Platon zurück. Der ehrenwerte Philosoph erhebt die Tatsache des Denkens zur alleingültigen Aktivität seines Daseins. Der ruchlose Philosoph gesteht dem Denken keinen anderen Wert zu, als die Aktivität zur höchstmöglichen Leidenschaft zu entfalten, die in den Augen des Ehrenmannes nichts als ein Mangel an Sein bedeutet." (Klossowski 1969, S. 7)

eigentlichen merkantilen Charakter des Trieblebens im Schoße der Individuen" (Klossowski 1998, S. 13).

7.1 Sinnlichkeit und Simulakrum

Die Macht der industriellen Produktion liege darin, dass sie Simulakra herstellt. Das Simulakrum, eigentlich eine Bezeichnung für Trugbilder, versteht Klossowski als reell wirkmächtige Fantasie, die das Soziale unausweichlich umschlingt. Ähnlich wie Deleuzes Unterscheidung zwischen Aktualität und Virtualität überschreitet der Begriff des Simulakrums die unscharfe Trennlinie zwischen Fiktion und Realität. Im Kapitalismus ist das Simulakrum umso wirkungsvoller, da eine Ware – und sei sie ein noch so handelsüblicher Gebrauchsgegenstand – durch die Warenform stets als Simulakrum wirkt (vgl. Klossowski 1998, S. 8 f.). Obwohl nicht direkt genannt, geistert Marx' Konzept des Waren- und Geldfetischismus zwischen den Zeilen umher. Der Wertcharakter der Waren erscheint in kapitalistischen Verhältnissen als naturgegeben, obwohl ihr Preis künstlich erzeugt ist (vgl. Postone 2003, S. 246 f.). Insofern wirken Waren und Wert als Simulakren.

Entgegen rationalistischer Ökonomietheorien, in denen die kapitalistische Produktion dem Effizienzprinzip folgt, legt Klossowski – in Übereinkunft mit Bataille – dar, dass jegliche Produktion ein „verschwenderisches Experiment" ist (Klossowski 1998, S. 11). Nicht das Kalkül, sondern Begehren treibe die Produktion an. Somit geht Klossowski davon aus, dass Affekte die Substrukturen ökonomischer Prozesse bilden (vgl. Klossowski 1998, S. 12). Somit entspringt das Ökonomische der Affektivität und dem Körperlichen und bildet daraufhin Strukturen aus, die wiederum Affekte und Körper in speziellen Produktions- und Konsumtionsweisen zirkulieren lassen und sie in spezifischen soziokulturellen Arrangements organisieren.

7.2 Der erotische Wert

Klossowski beginnt *Die lebende Münze* mit einer anthropologischen Erzählung des Ökonomischen. Zunächst bindet er den Gebrauch, sei es von menschlichen Körpern oder von Gegenständen, an den Brauch, d. h., Gebrauchsweisen bilden geschichtlich variierende Praktiken, die sich fortsetzen und verändern. In Klossowskis Erzählung war der Gebrauch vormals sinnhaft, sinnlich und unmittelbar und wurde mit der voranschreitenden Ökonomisierung ausgehöhlt. Da sich die Produktion mehr und mehr auf Profit ausrichtete und ihn zum Selbstzweck setzte, wurde Gebrauch zweckentfremdet, und somit wurden Sinn und Sinnlichkeit im

Gebrauch von Objekten steril (vgl. Klossowski 1998, S. 10). Ein weiterer Wandel vollzieht sich im Kapitalismus, wo Objekte – Körper wie Gegenstände – taxierbar, also mit Wert besetzt werden. Es ist fortan dieser Wert, der begehrt wird. Anders ausgedrückt: Begehren wird begehrenswert. Wert wird begehrenswert.[100] Im Rekurs auf Sade zeigt Klossowski, dass diese begehrliche Wertsetzung und -schöpfung keine Konsequenz aus der Einbindung des Erotischen in das kapitalistische Wertgesetz ist, da dem Erotischen der Akt des Wertens inhärent ist.

Diese anthropologisierende Erzählweise von einem ursprünglich sinnlichen und sinnhaften Gebrauch der Gegenstände ist insofern idealisierend, als dass sie impliziert, in der Vergangenheit sei der unmittelbare Bezug zur materiellen Wirklichkeit gegeben gewesen. Dahingegen erscheint das Simulakrum als Novum des Kapitalismus, als modernes Entfremdungsphänomen, welches jede originäre, materielle Wahrheit in ihrem Inneren aushöhlt. Solch eine These ist historisch betrachtet nicht haltbar und romantisiert eine vorkapitalistische Welt der unmittelbaren sinnlichen Wahrnehmung, die als Fiktion authentischer, ästhetischer Erfahrung anmutet. Man kann jedoch Klossowski dahingehend verteidigen, als dass er – ähnlich wie Nietzsche in der *Genealogie der Moral* – eine präkapitalistische Ursprungsfiktion ersinnt, um einen breiteren Blickwinkel auf sozioökonomische Verhältnisse zu erhalten. Anstatt die Wirkungsweisen der Wertlogik auf das Gefühlsleben untersuchen, verkehrt Klossowski die kausale Betrachtungsweise und zeigt auf, wie die angebliche Rationalität des Kapitals Affekt- und Körperökonomien entspringt. Hierfür muss sein gedanklicher, fiktiv-genealogischer Ausgangspunkt außerhalb der kapitalistischen Verhältnisse seiner Gegenwart liegen. Erotik operiert für ihn durch Tauschökonomien, daher erscheint das Wertgesetz, Begehren marktkompatibel zurichtet, als geschichtlich spezifische Ausformung einer viel grundlegenderen, tieferen Verbindung zwischen Begehren und Ökonomie (vgl. Klossowski 1998, S. 16 f.). Begehren verläuft nicht entlang der linearen Reproduktionslogik, stattdessen arbeitet es über unentwegte Aufschübe. Dabei sind diese Aufschübe, wie Klossowski im Verweis auf Sade schreibt, als „Dividenden auf den Vermehrungstrieb" zu verstehen, in denen Triebkraft eingespart, akkumuliert und dann vermehrt ausgeschüttet wird (Klossowski 1998, S. 18). Die Gewinnausschüttung der Triebkraft materialisiere sich als Phantasma, da Begehren in non-linearen Aufschubschleifen operiert, werde Energie freigesetzt, die sich in der Fantasiefabrikation niederschlägt. Hierin entwirft Klossowski ein energetisches Ökonomiemodell des Erotischen, wobei er von einem Reproduktionstrieb ausgeht, der aber stetig aufgeschoben wird. Durch diesen Aufschub

---

100 Da Gegenstände bloß vermittelt über diesen Begehrenswert genossen und gebraucht werden können, bildet auch ein handelsüblicher Gebrauchsgegenstand ein Simulakrum.

akkumuliert sich die erotische Kraft und produziert Fantasie. In dieser Fantasie-fabrikation liegt ihr Mehrwert. [101] Indem das Begehrensobjekt lustvoll imaginiert wird, stellt sich die Fantasie als Raum des Sexuellen her, sodass sich Begehren von den grundlegenden Bedürfnissen abspaltet.

Die Produktion des Phantasmas

In der Fantasieproduktion erhält das Phantasma den Status eines „fabrizierten Objekts" (Klossowski 1998, S. 18). Im Aufschub öffnet sich ein zeitlicher Hiatus, in dem sich das Ökonomische ausbreiten könne, denn das Aufschieben des Be-gehrens bedeutet, auf die Zukunft zu setzen, mit ihr zu rechnen und das Zu-künftige durch die Produktion von Gütern zu sichern (vgl. Klossowski 1998, S. 60). Klossowski hebt also die öffnenden und schließenden Begehrensbewegungen hervor, die sich mit dem Begriffspaar von Aufbegehren und Begierden kenn-zeichnen lassen. Die Zeitspanne, in der sich eine Fantasie eröffnet, entspricht der assoziativen Arbeitsweise des Aufbegehrens; das ökonomische Kalkül, welches diese Virtualität erneut verschließt, entspricht der fest-stellenden Wirkung der Begierden. In ähnlichem Gedanken vergleicht Klossowski die perverse Produktion des Phantasmas mit der Fabrikation eines Gebrauchsguts. Während das Phan-tasma die individuelle Einheit bedroht, sprich: Subjektivität entgrenzt, setzt das Gebrauchsgut die Stabilität dieser individuellen Einheit voraus (vgl. Klossowski 1998, S. 48). Im Grunde wird die Einheit des ökonomischen Subjekts von den produzierten und konsumierten Objekten zusammengehalten, argumentiert Klossowski, denn indem die Gebrauchsweise des Konsumobjekts fixiert wird, wird auch die Handlungsweise des Subjekts standardisiert (vgl. Klossowski 1998, S. 54 f.). Das Phantasma wirkt insofern als Aufbegehren, als dass es öffnet, zer-gliedert, entgrenzt, während wirtschaftliche Fabrikationen als Begierden wirken, indem sie Begehren verschließen, fest-stellen und es in der Idee des Individuums vereinheitlichen.

---

[101] Diese These ist insofern interessant, als dass sie der psychoanalytischen Anlehnungstheorie von Laplanche ähnelt, der davon ausgeht, dass sich der Trieb an das Bedürfnis anlehnt und gleichermaßen entkoppelt, indem das begehrte Objekt – in Laplanches Fallbeispiel die Brust der Mutter – fantasiert wird (vgl. Laplanche 2014, S. 40–50).

Begehren und Wert

Im Laufe des Textes wird erkenntlich, dass für Klossowski das Erotische eine immanente Wertlogik birgt, die sich in kapitalistischen Lebenswelten fortsetzt. Diese begehrensökonomische Spur verfolgt er in der Steigerungslogik des Potlatsches, davon ausgehend, dass derjenige, der mehr gibt, als er wert ist, beabsichtige, seinen Wert zu erhöhen (vgl. Klossowski 1998, S. 65 f.). Wollust sei zwar an sich ohne Wert, weil sie allen zugänglich ist, weil alle sie empfinden können, doch steigt dieser begehrliche Wert, wenn Begehren nicht mehr frei verfügbar ist (vgl. Klossowski 1998, S. 67). Anders ausgedrückt, in dem Moment, in dem wir unser Verlangen auf etwas oder jemanden richten, entziehen wir zugleich unser Begehren von anderen möglichen Objekten, und damit markieren wir eine Präferenz und sprechen Wert zu oder ab. Wenn Wollust einzigartig werde, schreibt Klossowski, sei sie entweder nicht mehr bewertbar oder erziele ihren höchsten Preis. In Sades *Die Philosophie im Boudoir* heißt es hierzu: „Es gibt keinen Mann, der nicht Tyrann sein wollte, wenn er spannt: Offenbar empfindet er weniger Lust, wenn die anderen ebensoviel davon zu haben scheinen wie er." (Sade 1785/1985, S. 283) Das Lustmonopol, das den Preis hochtreibt, kennzeichnet für Klossowski das „Vermarktungsprojekt der wollüstigen Emotion" (Klossowski 1998, S. 67 f.), doch diese Operation ist keine Konsequenz des Profitgeistes, sondern bereits im Wesen des Erotischen enthalten. In diesem Sinne zitiert er Nietzsche, der schrieb, keiner wolle die Wollust geschenkt, daher suche sie sich zu verkaufen (vgl. Klossowski 1998, S. 68).

Bereits die Lektüre von Platons *Gastmahl* hat verdeutlicht, wie eng Ökonomizität und Eros verbunden sind und dass Armut und Reichtum, Mangel und Überfluss, Penia und Poros Eros erzeugen. Doch während Platon Begehren und die Art des Begehrens mit ethischem Wert belegt, zeigt sich hier, wie Begehren ökonomischen Wert erzeugt. In dieser Betrachtungsweise spalten sich Geld- und Begehrensökonomie nicht in differente Wertsphären, sondern sind ein- und derselben Wertsphäre inhärent. Deshalb bedarf es einer Wertkategorie, die das Zusammenwirken von monetären und begehrlichen Regungen erfasst. Im Anschluss an Klossowski können wir erotische Wertsetzungen und -schöpfungen als *Begehrenswert* bezeichnen. Dieser Begriff bildet eine neue Wertkategorie, die den Wert umfasst, der einer geschmacklichen Präferenz, einer affektiven Regung entspricht und mit Geldwert und moralischer Bewertung verschaltet ist. Der Begehrenswert erfasst somit die affektiven und ästhetischen Wirkungen einer Ware, eines warenförmigen Erlebnisses und weist auf den sozioökonomischen Status von Subjekten hin. Er handelt mit Kapitalformen, die sich nicht in pekuniären Kategorien fassen lassen, da sie in der symbolischen Wirksphäre situiert sind.

Während die Analysekategorie des Begehrenswerts auf kapitalistische Wertordnungen zugeschnitten ist, nimmt Klossowski mit seinen anthropologischen Thesen einen Ursprung des Werts aus dem Erotischen an. In seiner Lesart ist der Begehrenswert kein rein kapitalistisches Symptom, sondern eine „dem Genuß innewohnende Strategie" (Klossowski 1998, S. 68). Diese These, dass der Akt des Begehrens ein ökonomischer Akt des Wertens sei, bestimmt den Begriff des Begehrenswerts. Dieser wird allerdings in kritischem Abstand zu Klossowskis anthropologischer Darstellung verwendet. Da es Klossowski unterlässt, das Erotische historisch einzubinden, erscheint es als mythisch aufgeladene Sphäre, die jenseits von Gesellschaft und Geschichte steht. Dabei ist es unerlässlich, begehrensökonomische Vorstellungen und Verhältnisse in ihren jeweiligen geschichtlichen und gesellschaftspolitischen Gefügen zu betrachten. Während Klossowski das Erotische als Sphäre fasst, aus der alle sozialen Aktionen und ökonomischen Impulse entspringen, ist stattdessen davon auszugehen, dass das Erotische und das Ökonomische gleichursprünglich sind.

Das lebendige Geld

Grundbedingung des kapitalistischen Systems ist – zumindest theoretisch – die Verfügungsgewalt über den eigenen Körper, dessen Arbeitskraft freiwillig verkauft werden kann. In diesem Denken ist die Idee des Privateigentums eng mit der Idee des Körpers verbunden, der als Privateigentum verwaltet und verpachtet werden kann. Um diese zwieträchtige Rolle des Eigentums zu beschreiben, führt Klossowski Sades Prinzip der universellen Prostitution an. Der Perverse strebt nach Sade zur Auflösung des Eigentums über den eigenen Körper. Die Verfügung über andere Körper, das Verfügbarmachen des eigenen Körpers wirkt paradox, da der Körper als solcher untauschbar erscheint. Um den eigenen Körper tauschbar zu machen, muss das Subjekt ihn ganz grundlegend als tauschbaren Besitz begreifen. Obwohl Sade von der Vorstellung eines radikal autonomen Individuums ausgeht, kündigt das Prinzip der universellen Prostitution die gesellschaftsvertragliche Verfügungsmacht über den eigenen Körper auf. Damit wendet sich das Prinzip nicht nur gegen monogame Begehrensökonomien, sondern ebenfalls gegen das Postulat des Eigentums des eigenen Körpers, das ein kapitalistisches Gründungsmoment darstellt, da Arbeitende nicht mehr in feudalistischer

Knechtschaft ihre Körper verpachten, sondern ihre Arbeitskraft vermeintlich frei verkaufen.[102] Der Perverse nach Sade schert sich nicht darum und

> bewohnt den Körper der anderen, als ob es der eigene wäre und schreibt seinen eigenen den anderen zu. Das heißt mit anderen Worten, daß sich der eigene Körper als phantasmagorisches Besitztum zurückgewinnt. Auf diese Weise allein wird er zum Äquivalent des Phantasmas, nimmt er die Rolle des Simulakrums ein. (Klossowski 1998, S. 70)

In diesem Zitat ist der Modus des ‚als ob' markant. Da wir uns ohnehin in einer Welt der Simulakren befinden und unsere Lebenswirklichkeiten Fiktionen sind, die keine ursprüngliche Realität kennen, können wir aufgrund der erotischen Einbildungskraft andere mögliche Welten ersehnen und in dieser Sehnsucht andere Begehrensökonomien hervorbringen. Das scheint die hoffnungsvolle Konsequenz zu sein, die Klossowski in Aussicht stellt: Das Geld als mächtigstes Simulakrum und als umtauschbares Äquivalent wird durch Körper ersetzt, die sich als lebendiges Geld tauschen.

Nach Klossowski operiert Geld analog zu den perversen Körpern. Es treibt Handel an, indem es in seiner Funktion als Äquivalent untauschbare Objekte tauschbar macht. „Während das Geld das, was existiert, repräsentiert und garantiert, wird es um so verläßlicher zum Zeichen dessen, was nicht existiert, das heißt: des Phantasmas, als die Normenüberschreitung [...] als eine fortschreitende Eroberung des Inexistenten: das heißt: des Möglichen." (Klossowski 1998, S. 71 f.) Das Geld wirkt als Kraft des Möglichen, weil es die Auswahl zwischen vielzähligen Gütern bietet. Durch diese Aushandlungsmöglichkeit, die Geld eröffnet, verbindet es „den Wert dessen, was existiert in einem Prozeß, der dem zugute kommt, was nicht existiert" (Klossowski 1998, S. 72), wodurch das Aktuelle und das Virtuelle verknüpft werden. Wenn Sade für die Austauschbarkeit der Körper und für die universelle Prostitution plädiert, verdeutlicht dies, dass der Kapitalismus im Zeichen der Münze bereits Handel mit Körpern betreibt, dass er eine Körperökonomie ist, in der die Subjekte sich und ihre Körper kaufen und verkaufen (vgl. Klossowski 1998, S. 73). Lyotard, dessen *Libidinöse Ökonomie* (2007) an Klossowskis Essay anknüpft, schreibt hierzu, dass dieser letztlich zeigt, wie die „moderne Industrie auf einem Tauschhandel" basiert (Lyotard 2007, S. 108). Allerdings wird aufgrund der Vermessung und Vergütung der Arbeitskraft durch Kapital verdeckt, dass sich hier letztlich ein Tauschhandel abspielt und die Körper der Arbeitenden als lebendiges Geld fungieren. Lyotards Hinweis ist hilfreich, um die theoretischen Operationen nachzuvollziehen, die Klossowski durchführt: Er

---

102 Allerdings unterschlägt diese Perspektive die kolonialgeschichtliche Versklavung im 18. Jahrhundert.

untersucht unterhalb der Oberflächenstruktur des kapitalistischen Äquivalenz-prinzips Praktiken, die dem Paradigma des Gabentauschs entstammen. Der Ga-bentausch erscheint somit als anthropologisch konstante Struktur, die im indu-striellen Kapitalismus weiterwirkt und deren Dynamiken es aufzudecken gilt. Diese Betrachtungsweise wirft die Schwierigkeit auf, den Fortbestand konstanter kulturgeschichtlicher Strukturen anzunehmen, ohne die spezifischen Umstände einzubeziehen, in denen sich Wirtschaftspraktiken abspielen. Dennoch ist in-teressant, wie Klossowski diesen Tauschhandel der Körper in der Hoffnung auf-decken und vorantreiben will, dass das Äquivalenz- durch das Lustprinzip ab-gelöst wird.

Bei Klossowski fallen Geld- und Begehrensökonomien nicht dadurch in eins, dass der Kapitalismus die erotischen Verhältnisse kommerzialisiert, sondern zu-nächst dadurch, dass im Begehren bereits ökonomische Mechanismen angelegt sind. Sade beweise, dass dem Begehren die Begriffe des Werts und des Preises schon eingeschrieben sind (vgl. Klossowski 1998, S. 81). Der Kapitalismus baut demnach auf diesen ökonomischen und wertsetzenden Bestrebungen im Be-gehren auf. Allerdings arbeitet er gegen die schöpferisch-produktive Kraft des Begehrens, da er in seiner Wertlogik Phantasmen ausbremst, Perversionen re-stringiert, Identitäten vereinheitlicht. Insofern macht er die Menschen zu seinen Untertanen, während „die Industrie [...] über die technischen Möglichkeiten [verfüge], Leidenschaften künstlich und seriell zu produzieren, auszupreisen und als Simulakren in der Warenwelt zirkulieren zu lassen", wodurch auch „Leiden-schaften nun im allgemeinen Äquivalent Geld repräsentiert werden können" (Eidelpes 2013, S. 102).

Die universelle Prostitution: Karl Marx und der Marquis de Sade

Schon Marx kommt in seiner Analyse der kapitalistischen Arbeits- und Ausbeu-tungsverhältnisse auf die universelle Prostitution zu sprechen. In seinen 1844 veröffentlichten *Ökonomisch-philosophischen Manuskripten* führt er an, dass Prostitution ein spezieller Ausdruck der allgemeinen Prostitution der Arbeiter sei (vgl. Marx 1844/1968, S. 534). Für ihn bezeichnet die allgemeine Prostitution die Vertragsverhältnisse, in die Arbeiterinnen eintreten, wenn sie ihre Arbeitskraft und ihren Körper verkaufen müssen, um Lohn zu erhalten. Marx fasst die allge-meine Prostitution folglich als Verhältnis von Arbeiterin und Kapitalistin auf. An der von Charles Fourier geprägten, frühsozialistischen Idee einer universellen Prostitution kritisiert er, dass diese die Bildung eines vulgären, gedankenlosen Kommunismus befördert, der die kapitalistischen Tiefenstrukturen nicht über-windet, sondern reproduziert:

Wie das Weib aus der Ehe in die allgemeine Prostitution, so tritt die ganze Welt des Reichtums, d. h. des gegenständlichen Wesens des Menschen, aus dem Verhältnis der exklusiven Ehe mit dem Privateigentümer in das Verhältnis der universellen Prostitution mit der Gemeinschaft. (Marx 1844/1968, S. 534)

Dieser Gedanke einer „Weibergemeinschaft" (Marx 1844/1968, S. 534), in der Frauen allen Gemeinschaftsmitgliedern zur Verfügung stehen, erscheint als Fortsetzung kapitalistischer Strukturen unter anderen Vorzeichen, da das Besitzdenken fortbesteht, der Charakter der Menschen weiterhin negiert wird und diese erneut entfremdet werden. Derartige Bedenken kann man bezüglich Klossowskis Vision äußern: Wenn Menschen weiterhin als Ware zirkulieren, wenn Frauen, wie Marx schreibt, zum gemeinschaftlichen Eigentum werden, ihre Körper kapitalisiert werden, dann hat sich die Umwertung aller Werte noch nicht vollzogen. Eine Umwertung der Werte würde dagegen bedeuten, binäre Geschlechterordnungen ganz grundlegend zu hinterfragen und aufzubrechen.

Für Klossowski ist Sades Idee der universellen Prostitution als Libertinage durchaus wünschenswert. Während der Zuhälter bewirkt, dass der Kunde „seine Triebe bei der Verwirklichung seiner Phantasmen mit Hilfe der Prostituierten konsumiert, produziert er ein libidinöses Äquivalent zum Geld", schreibt Lyotard, hingegen ist es für „den Libertin [...] wichtig, aus dem System der Äquivalenz von Trieb und Geld auszubrechen [...]" (Lyotard 2007, S. 106). Klossowski beruft sich neben Sade auf die frühsozialistischen Ideen Fouriers. Dieser hegte die Vision der *Phalanstère* als Befreiung aus repressiven Arbeits- und restriktiven Liebesverhältnissen. Das kommunitarische Konzept der *Phalanstère* sah eine libertäre Lebens- und Produktionsgemeinschaft vor, die der Idee der freien Liebe folgte. Im Innern der *Phalanstère* könnten sich die „affektbedingten Tauschakte – nach dem Gesetz der Anziehungskraft" vollziehen und eine „weise und subtile Mischung von Polygamie und Polyandrie" hervorbringen (Klossowski 1998, S. 26 f; vgl. Preciado 2012, S. 80 – 90). Die Menschen sollen dem ökonomischen Tauschprinzip folgen, ihre Körper als Lustobjekte tauschen, und diese Transaktion soll nicht im Zeichen des Kapitals stehen, sondern dem Ziel der Begehrensbefriedigung folgen.

Das begehrensökonomische Textexperiment

In seinem Textexperiment will Klossowski die universelle Prostitution auf die Spitze treiben. Dadurch soll das ökonomische System zum Zusammenbruch gebracht werden und zwar durch das folgende Manöver: Seine Programmatik enttarnt, dass der Kapitalismus auf dem Verkauf des eigenen Körpers und auf Affektökonomien beruht. Diese Einsicht soll eine neue Form der Begehrensökonomie hervorbringen, in der das Geld den Leidenschaften untergeordnet wäre. Wenn sich Menschen nicht mittelbar durch den Warenfetischismus, sondern unmittelbar als Geld, als lebendiges Geld verstünden und ihre Körper direkt als Zahlungsmittel einsetzten, würde sich die aktuelle Warenlogik entblößen und zugleich ein begehrensökonomisches Regime der Lüste beginnen, welches nicht mehr der kalten Logik des Kapitals untergeordnet wäre. In der Werbewelt sind die Körper lediglich Simulakren, die dazu verleiten sollen, dieses Parfüm oder jenes Kleidungsstück zu kaufen. Wenn Körper hingegen direkt zur Ware werden, würde die Zeichenlogik der Werbewelt ausgehöhlt und Erotik könnte wieder selbstreferenziell werden – so die Hoffnung, die in Klossowskis Märchen der lebendigen Münze anklingt.

In seiner *Libidinösen Ökonomie* kommentiert Lyotard, dass die Vorstellung eines lebendigen Geldes keinen anderen Sinn habe, „als die Intensität im Handelskreislauf selber wieder zu etablieren und das Begehren nicht länger als geächtet zu behandeln [...]." (Lyotard 2007, S. 113). Für Lyotard scheitert das Gedankenexperiment daran, dass Klossowski dem trügerischen Zauber des Authentischen verfallen sei, indem er die Existenz erotischer Phantasma annehme, die außerhalb der Kapitallogik stünden. Tatsächlich würde in solch einer Tauschökonomie des lebendigen Geldes die Macht der Geldform weiterwirken, und sie würde sich auf die erotischen Körper ausweiten, diese zu Simulakren und Scheinformen machen, die für Klossowski kapitalistische Entfremdungsphänomene sind (vgl. Lyotard 2007, S. 113). Eidelpes vertritt eine ähnliche Ansicht, räumt jedoch ein, dass die „Idee von einer immanent systemsprengenden Wirkung der ‚wollüstigen' Emotion und ‚Perversion' [...] über 40 Jahre nach dem Erscheinen dieses Buches und nach so mancher erfolgreich in den Markt integrierten sexuellen Revolution fragwürdig erscheinen" mag, doch im „Kontext aktueller Diskussionen über eine mikrotheoretische Perspektive auf Ökonomie oder den Ausverkauf der Emotionen im Kapitalismus scheint diese kleine Schrift überaus avantgardistisch" (Eidelpes 2013, S. 103). Der Literatur- und Medienwissenschaftler Jochen Hoerisch betrachtet Klossowskis Essay hingegen als spannende, wenn auch kryptische Analyse der Zeichenlogik des Geldes, wobei er dem hoffnungsvollen Anliegen des Textes, eine andere Begehrensökonomie zu kreieren, wenig Aufmerksamkeit schenkt, da er lediglich erwähnt, dass Klossowski mit der Idee der universellen Prostitution den Kapitalismus an seine Grenzlinie zu treiben versuche (vgl. Hoerisch 1999).

7.3 Exzessive Begehrensökonomien und experimentelle Textökonomien

Indem Begehrens- und Marktlogik fusionieren, fällt die selbstregulierende Homöostase des Wirtschaftskreislaufs zusammen: Wie Begehren nach exzessiver Verschwendung giert, treibt sich der Kapitalismus stetig über seine Grenze. Deleuze und Guattaris kapitalismuskritischer Spieleinsatz ist das selbstzersetzende Schizophrene, das in der kapitalistischen Maschine arbeitet. Ähnlich dazu liegt Klossowskis Hoffnung, so Eidelpes, in der „Entfesselung aller leidenschaftlichen, verschwenderischen und zerstörerischen Kräfte im Kapitalismus [...] als Mittel zur Durchbrechung des kapitalistischen *circulus vitiosus*" (Eidelpes 2013, S. 103).

Zwar kann man von einer Entfesselung der erotischen Kräfte im Spätkapitalismus sprechen, doch wie der Philosoph Paul Preciado festhält, zielt die neue Biopolitik in intensivierten Weisen auf Begehren ab. In seinem Essay *Testo Junkie* (2016) folgt er der Frage, ob „Begehren, Erregung, Sexualität, Verführung und Genuss in der zeitgenössischen Ökonomie [...] die eigentlichen Motoren der Erzeugung von Mehrwert" sind (Preciado 2016, S. 38). In seiner experimentellen Schreibweise ähnelt Preciados Text Klossowskis Essay, da beide erforschen, wie das kapitalistische Wertgesetz Körper und Begehren bestimmt, beide streben an, über diese gesetzten Grenzen hinauszudenken. Allerdings hinterfragt Preciado – im Gegensatz zu Klossowski – konsequent das Paradigma des Geschlechterdualismus, auf dem sich das kapitalistische Sexualitätsdispositiv begründet. Nach Preciado beginnt die neue Biopolitik des Begehrens in den späten 1930er Jahren. Ein Beispiel dafür bietet der verstärkte Forschungsfokus auf Hormontherapien und die Entwicklung chirurgischer Techniken, die angewandt wurden, um die in den Weltkriegen zerstörten Gesichter und Hautoberflächen zu rekonstruieren, und die sich in den 1950er und 1960er Jahren als Behandlungsbereiche der Schönheits- und Geschlechtschirurgie weiterentwickelten (vgl. Preciado 2016, S. 29–33). Ein anderes Beispiel ist das *Playboy*-Magazin, das erstmals in den 1950er Jahren erschien und pornografische Ästhetik in bürgerlichen Lebenswelten salonfähig machte (vgl. Preciado 2012). Diese pharma- und pornoindustriellen Innovationen entfalten sich vollends in der Gegenwart. Das biopolitische, pharmakopornografische Regime formt Körper entlang der pornoindustriellen Bilderproduktion und führt ihnen pharmaindustrielle Fabrikate zu. Daher ist „Mutation des gegenwärtigen Kapitalismus [...] nicht nur davon geprägt, dass ‚Geschlecht', ‚Sex' und ‚sexuelle Identität' zu Objekten politischer Verwaltung des Lebens werden", sie ist auch von der Tatsache geprägt, dass „diese Verwaltung sich der neuen Dynamiken des avancierten Technokapitalismus, globaler Medien und Biotechnologien bedient" (Preciado 2016, S. 29).

Bevor wir im Folgenden spätkapitalistische Begehrensökonomien betrachteten, befassen wir uns im folgenden Kapitel mit Bataille. Sowohl Klossowski als auch Bataille ersinnen Ökonomien des Überschusses und der Ausschweifungen. Doch während Bataille im Modus der feierlichen Verschwendung denkt, zeigt sich in den Schriften Klossowskis eine Ökonomie des Geschenks. Erst im Schenken entfaltet das Simulakrum seine Verführungskraft. Deleuze kommentiert diesbezüglich:

> Man besitzt nur das wirklich, was enteignet ist, was außer sich ist, was unter dem Blick verdoppelt und reflektiert ist, was durch die besitzergreifenden Geister vervielfacht ist. [...] Besitzen heißt also, den Besitz verschenken und dieses Geschenkte ansehen, zusehen, wie es sich im Schenken vervielfacht. (Deleuze, 1979b, S. 41)

Besitz vollzieht sich, so lässt sich Deleuzes Kommentar zu Klossowski verstehen, nicht durch Nehmen, sondern durch Geben. Anstelle der Besitznahme vollzieht sich die *Besitzgabe*. In der Ökonomie der Körper, die als Geld zirkulieren, kann dieses Geschenk in die geschlechterdifferenzierte Struktur des Gabentauschs umschlagen, was an den Zweifel erinnert, den Marx bezüglich der universellen Prostitution äußert. Begehren in Termini des Besitzes zu denken, die geliebte Frau als Gabe zu erachten – diese Schritte reichen nicht weit genug, um die Umwertung aller Begehrenswerte anzustreben. Indem Klossowski den Gabentausch als Paradigma des Erotischen setzt und einen wollüstigen Tauschhandel der Körper ersehnt, anthropologisiert er den erotischen Tauschhandel. Infolgedessen verkennt er die geschlechtsspezifischen Implikationen des Gabentauschs, durch den Frauen zu Gaben gemacht werden. Es lässt sich aber keine revolutionäre Begehrensökonomie, keine Umwertung aller Begehrenswerte ersinnen, ohne die im Gabentausch festgeschriebene Wertigkeit von männlich codiertem Begehrensobjekt und weiblich codiertem Tauschobjekt aufzugeben.

Klossowski sehnt sich nach einer libertären Tauschökonomie der Körper, die allein dem Lustprinzip folgen, er kritisiert den Kapitalismus dafür, Sinnlichkeit, Lust und Begehren dem Primat der Nützlichkeit und dem Äquivalenzgesetz des Geldes zu unterstellen. Im Zuge dessen verkehrt er die Annahme, das Erotische werde kommerzialisiert. Die Wertschätzung und -schöpfung, die als kapitalistisches Wesensmerkmal gilt, erscheint bei ihm als Wesenszug des Begehrens. Dass Begehren ökonomische Züge aufweist, zeigt schon der Topos der appetitiven Begierden, über den in Platons *Gastmahl* diskutiert wurde. Doch die These, die Klossowski mit Verweis auf Sade aufstellt, ist weitaus radikaler. Klossowski setzt das Erotische als ontologische Sphäre des Sinnlichen, aus der das Ökonomische entspringt. Diese waghalsige These ist dahingehend problematisch, als dass das Erotische essentialisiert und dem geschichtlichen Geschehen entzogen wird.

Anstatt die Vorgängigkeit des Begehrens oder der Ökonomie anzunehmen, gehen wir stattdessen von ihrer Gleichursprünglichkeit aus und betrachten sie in ihren historischen Ausformungen. Da wir Begehren und Ökonomie als intrinsisch verbunden betrachten, ist Klossowskis Hinweis, dass der wertsetzende Akt des Begehrens eine ökonomische Handlung ist, überaus interessant. In diesem Verständnis wird die ökonomische Ordnung nicht einfach dem Begehren auferlegt, vielmehr beruht Wirtschaft auf einer Affektökonomie, die von Begehren angetrieben wird.

7.4 Kalkulation

Angesichts Klossowskis textexperimentellem Unterfangen lassen sich die fünf Analysestränge wie folgt aufgreifen. Erstens: Bezüglich des Verhältnisses von Mangel und Produktion bestimmt er Begehren durch einen Überschuss, der durch Aufschub erzeugt wird. Dadurch entsteht die Fantasiefabrikation des Begehrens. In dieser Denkrichtung wirken seine Überlegungen wegbereitend für das antiödipale Produktionsmodell. Zweitens: Da Klossowski in Anlehnung an Sade und Nietzsche die affektiven Tiefenstrukturen aufdecken will, die sich unter der Oberfläche der Sachherrschaft des Kapitals verbergen, schreibt er gegen die Rationalisierungsgeschichte des Begehrens an. Anstelle des wertlogischen Sparregimes des Begehrens, das auf ein rationales Kalkül der Lüste abzielt und frei fließendes Begehren in kalkulierbaren Fantasien und festen Identitäten einsperrt, soll die von ihm dargestellte Tauschökonomie derart homogenisierende Begehrensformationen auflösen. In diesem Sinne strebt sein Schreiben eine soziosomatische Ökonomie des Aufbegehrens an. Drittens: Da Klossowski Wertschöpfungen und Tauschökonomien aus der Sphäre des Sinnlichen und Erotischen ableitet, liegt seinem Denken der Begehrensökonomie eine Körperökonomie zugrunde. In seinem Denkexperiment will er die kapitalistische Begehrensökonomie in eine körperliche Tauschökonomie transformieren, die das Wertgesetz von innen aushöhlt, indem das Leitmotiv der Lust den sterilen Sachzwängen des Kapitals entgegenwirkt. Viertens: Klossowskis Überlegungen schenken dem Todestrieb keine Aufmerksamkeit. Obwohl sich im Hintergrund seiner Lektüre durchaus Thesen von Freud auffinden lassen, werden diese nicht explizit verhandelt. Ganz anders stellt es sich bei Bataille dar, der Thanatos als Ausgangspunkt von allem Ökonomischen bestimmt. Fünftens: Klossowski zeigt auf, dass Werte und Wertungen dem Erotischen entspringen. So problematisch seine Ursprungserzählung des Werts aus dem Erotischen ist, so überzeugend sind seine Überlegungen zum Zusammenhang von Wert und Begehren im Kapitalismus. Dies bringt uns zu der neuen Wertkategorie des Begehrenswerts, die affektive, symbolische und monetäre Wertsphären miteinander verbindet. Das kommende Kapitel verfolgt diese Thesen in den Texten Batailles, dessen Denken deutlich von der intellektuellen Nähe zu Klossowski zeugt.

8 Erotische Exzesse und verschwenderische Ökonomien: Georges Bataille

1937 gründete Bataille gemeinsam mit Roger Caillois das *Collège de Sociologie*. Ihr erklärtes Ziel war es, eine Sakralsoziologie zu begründen. Ihrer Einschätzung nach klaffte nach dem von Nietzsche postulierten Tode Gottes eine mythologische Leerstelle in Europa, die zu einer tiefen Sinnkrise führte, welche die Sogkraft des Nationalsozialismus bestärkte. Um dem aufkommenden Faschismus entgegenzuwirken, wollten sie einen Gegenmythos erschaffen. Im Zuge dessen befassten sie sich mit kannibalistischen Praktiken bei Opferritualen. Besonders Bataille interessierte sich für Menschenopfer und das Ausmaß, in dem ihn Begehrensökonomien des Opferns und Verzehrens faszinierten, zeugt bei aller geopolitischen Distanz von einer geheimen, ungeahnten Nähe zu den anthropophagisch-ästhetischen Aneignungsstrategien der brasilianischen Avantgarde-Bewegung des Modernismo. Ein ganz deutlicher Bezug ist derjenige zu Marx und Hegel. Bataille, ein leidenschaftlicher Leser Hegels, entwirft ein Ökonomiemodell im Widerspruch zu hegelianisch-marxistischen Lektüren des Herr/Knecht-Szenarios. Sein Bestreben, die Sachherrschaft des Kapitals im Hinblick auf affektive Dynamiken und fortbestehende religiöse Tendenzen zu untersuchen, teilt er mit Klossowski. Doch die intellektuelle Nähe der beiden reicht weit über geteilte Ideen hinaus, sie zeigt sich in den verschwisterten Schreibgesten ihrer großen, allumfassenden Erzählungen des Erotischen und in ihren Lebenswegen, die sich am *Collège de Sociologie* und in der Geheimgesellschaft *Acéphale* kreuzen (vgl. Moebius 2006, S. 253–306).

8.1 Das kopflose Denken der Zauberlehrlinge

Das *Collège de Sociologie*, das 1937 von Bataille und Roger Caillois ins Leben gerufen wurde, ist ein Ort, an dem sich Ideengeschichte, Politik und Okkultismus atmosphärisch vermischen und verdichten.[103] Mauss und ebenso der Soziologe

---

[103] Die Geschichte des *Collège de Sociologie* wurde sowohl von Stephan Moebius (2006) als auch Denis Hollier (2012) dokumentiert. Holliers Publikation bietet eine umfangreiche Auswahl an Vorträgen, Notizen und Artikeln der Mitglieder, die wiederum von seinen Erläuterungen gerahmt sind, sodass er einen fundierten Einblick in die Theoriegeschichte des *Collège* ermöglicht. Ein äußerst aufschlussreicher Artikel, der die Rolle Batailles im *Collège* aus der Perspektive seiner Gefährtin Colette Peignot beleuchtet, bietet Bernd Mattheus, Batailles Biograf (2001). Der Lite-

https://doi.org/10.1515/9783110686975-013

Émile Durkheim wiesen darauf hin, dass inmitten des entfremdeten Lebens im Kapitalismus religiöse Tendenzen weiterwirkten. Diesem religionssoziologischen Gedanken verpflichteten sich die Mitglieder des *Collège* (vgl. Bürger 1992, S. 46). Ihrer Einschätzung nach tat sich in den Krisenjahren der 1930er Jahre in Europa eine ideologische Kluft auf, die spirituelle Sehnsucht hervorrief, weshalb der nationalsozialistische Mythos enorme Sogkraft ausüben konnte (vgl. Hollier 2012, S. 11–19; S. 428–435). Die *collegiens*, die aus marxistischen und surrealistischen Zirkeln kamen, wollten der faschistischen Bedrohung entgegentreten und eine Sakralsoziologie alternativer Mythen erzeugen.[104] Eine der sakralsoziologischen Schreibstrategien bestand darin, auf ethnologische Berichte über rituelle Praktiken zurückzugreifen und in ethnografischer Rückwendung das magisch aufblitzende ‚Andere' im alltäglich-ernüchterten Eigenen zu finden, um von der profanen in die sakrale Sphäre zu gleiten. Daher entstanden im Dunstkreis des *Collège* ethnografische Alltagsdarstellungen wie beispielsweise der Aufsatz *Das Sakrale im Alltag* von Michel Leiris (1938/2012), in dem eine Kindheitsmystik hervortritt, die stark mit den magischen Momenten resoniert, welche in Walter Benjamins *Berliner Kindheit um neunzehnhundert* (1950/2010) aufschimmern.

Besonders Bataille beruft sich auf ethnologische Studien und die Existenz von vermeintlich ‚primitiven Gesellschaften', um diese mit der modernen Gesellschaft des Globalen Nordens abzugleichen und seine Gegenwart durch den Blick über die Bande der Alterität zu beobachten. Er will herausfinden, wie mythologische Tendenzen im entzauberten Kapitalismus fortwirken. Dabei ist seine Bezugnahme auf anthropologische Alteritätskonstruktionen äußerst kritisch zu betrachten, da er gänzlich außer Acht lässt, wie anthropologische und ethnografische Forschungsperspektiven Alteritätszuschreibungen in europäischen, hegemonialen Denkparametern vollziehen. Diese Kritik übt Lyotard, der im Einklang mit Deleuze und Guattari äußert, dass es keine primitiven Gesellschaften gibt. Es wäre unsinnig, diese ‚primitiven Gesellschaften' als Außen anzunehmen und dem kapitalistischen Handel ein mythologisiertes Tauschmodell entgegenzusetzen (vgl. Lyotard 2007, S. 133).

---

raturwissenschaftler Peter Bürger (1992) untersucht Batailles Bezüge zu Hegels Philosophie und durchkreuzt dabei ebenfalls die Geschichte des *Collège*.

104 In diesem Zusammenspiel aus zweckrationaler Projektplanung und religiöser Suche sah Bataille Jahrzehnte später das Scheitern des *Collèges* (vgl. Bürger 1992, S. 45).

Die azephalischen Adepten

Bataille rief außerdem den Geheimbund *Acéphale* ins Leben. *Acéphale* war Teil des sakralsoziologischen Projektes und stellte den Versuch dar, „die vom *Collège* theoretisch propagierten Gemeinschaften, die es der atomisierten Gesellschaft entgegenzusetzen galt, in die Tat umzusetzen" (Moebius 2006, S. 253). *Acéphale* – ‚ohne Haupt', der Name eines kopflosen Gottes – bezeichnete die Geheimgesellschaft, der neben Klossowski eine Riege von Intellektuellen des *Collège de Sociologie* angehörten und deren Ritualen Zaungäste wie Lacan und Benjamin beiwohnten. Im Denken des Azephalen, des kopflosen Gottes, symbolisiert der Kopf das monotheistisch-christliche Prinzip, das nach dem von Nietzsche verkündeten Tode Gottes in eine Krise geraten war. Dagegen verkörpert das azephalische Prinzip das Anarchische, das Affektive. Es vollzieht einen dionysischen Tanz, der Mannigfaltigkeit und Zerstörung zelebriert: „Der Azephale drückt mythologisch die Souveränität aus, die der Zerstörung geweiht ist, den Tod Gottes, und darin verbindet und vermischt sich die Angleichung an den kopflosen Menschen mit der Angleichung an den Übermenschen, der ganz und gar ‚Tod Gottes' ist." (Bataille 1999, S. 175) Gleichsam war *Acéphale: Religion – Sociologie – Philosophie* der Titel einer Zeitschrift, die Klossowski mitherausgab und deren Ansinnen es war, eine Nietzsche-Rezeption zu stärken, die sich deutlich von der nationalsozialistischen Einhegung von dessen Philosophie abgrenzte.[105]

Durch die Geheimgesellschaft wollte Bataille die mythologische Aura, die der Nationalsozialismus ausstrahlte, abschöpfen und dadurch Hitler bestehlen. In dieser ambivalenten Aneignung war Bataille stark von den spirituell aufgeladenen Nazi-Bünden fasziniert (vgl. Bürger 1992, S. 49 f.). Trotz der Faszination verstand sich die Geheimgesellschaft als antifaschistisch und antiautoritär, obwohl sie elitäre Züge zeigte. Das Bestreben bestand vorrangig darin, den spirituell-intellektuellen Zirkel in seiner Vorreiterrolle innerhalb der neuen Mythologie auszubilden. Während sich Bataille mit der Gründung, „weit von seiner einstigen politischen Revolte entfernt" hatte, erschuf er „Lebensregeln für die Verschworenen, alternierend zwischen Enthaltsamkeit und Zügellosigkeit", vollzog er mit den „Adepten nächtliche Riten im Wald" und schaffte mit *Acéphale* und „dem Kreis der Kopflosen ein theoretisches Forum" (Mattheus 2001, S. 18). Nachdem er

---

105 In *Wiedergutmachung an Nietzsche* (1999) setzt sich Bataille kritisch mit dem Faschismus auseinander und kritisiert ebenso den homogenisierenden Totalitarismus des Stalinismus: „Die Schaffung einer neuen Struktur, eines ‚Ordens', der sich auf der ganzen Erde entwickelt und verbreitet, ist der einzig wirkliche Befreiungsakt und der einzig mögliche – da die revolutionäre Zerstörung regelmäßig die Wiederherstellung der Struktur und ihres Kopfes zur Folge hat." (Bataille 1999, S. 174)

und seine geheimbündischen Geistesgenossen marxistischen und surrealistisch geprägten politischen Aktionen, wie der von 1935 von Bataille und André Breton gegründete Gruppe *Contre Attaque,* abgeschworen hatten, betraten die azephalischen Adepten politisches Niemandsland, da sie sich einerseits als antifaschistisch verstanden und andererseits in aristokratisch anmutender Selbstbezüglichkeit ihren okkultistischen Sehnsüchten folgten.

> Waren bei dem Kampfverbund revolutionärer Intellektueller, ‚Contre Attaque‘, das Referenzobjekt noch Arbeiterinnen und Arbeiter, so bezog sich *Acéphale* zunächst nur auf untereinander mehr oder weniger bekannte Intellektuelle, die gleichsam als geistige Elite mithilfe einer noch aufzubauenden, azephalischen Religion über das intellektuelle Feld hinaus die Veränderung der Lebenspraxis initiierten wollten. (Moebius 2006, S. 255)

Das Zwielicht, in dem sich *Acéphale* gründete – das düstere Heraufziehen des Nationalsozialismus, die Abgrenzungsbewegungen gegenüber der faschistisch instrumentalisierten Rezeption von Nietzsches Philosophie und der Versuch, sich diese als autoritätskritisches Denken einzuverleiben, die Sehnsucht nach einer libertären Mythologie, die sich den Blut-und-Boden-Mythen der Nazis widersetzte – strahlt bis in die Gegenwart.

Denken auf Messers Schneide

Im Nebeneinander von Affirmation und Kritik ist es nach wie vor möglich, Nietzsches Schriften zu einem Plädoyer für Politiken des Ressentiments und der Herren-Moral umzumünzen. Auch Batailles düster mythisch aufgeladene Schriften, die im deutschsprachigen Raum von Gerd Bergfleht etabliert wurden, unterliegen diesem Schicksal. Bergfleth konnte sich einen Namen damit machen, Batailles theoretisches Werk beim Verlag Matthes & Seitz herauszugeben, zu kommentieren und größtenteils zu übersetzen. Zudem trat Bergfleht in den 1990er Jahren als Intellektueller innerhalb der selbst ernannten „Neuen Rechten" ins Rampenlicht. Er beruft sich auf den Antirationalismus Batailles und argumentiert im Schulterschluss mit anderen rechten Autoren, dass sich die angebliche linke Hegemonie als „Diktatur der ipolitischen Korrektheit" durchgesetzt habe. Wie die Literaturwissenschaftlerin Gabriele Kämper in ihrer Analyse von dem 1994 erschienenen Sammelband *Die selbstbewusste Nation,* der einen Artikel Bergflehts enthält, aufzeigt, war die Schrift „Manifest einer neuen Rechten der 90er-Jahre" (Kämper 2004, S. 66), die sich an die seit Ende der 1960er Jahre aktive, sogenannte *Nouvelle Droite* in Frankreich anlehnt. Um im Bündnis mit konservativen Kräften kulturelle Hegemonie zu erlangen, präsentiert sich die gegenwärtige Rechte als ‚dritter Weg‘, distanziert sich vom Nationalsozialismus und stützt sich auf progressive Denkansätze, die sie für ihre Zwecke ummünzt (vgl. Weiß 2017). Vertreten werden derartige Positionen oftmals von ehemaligen 1968ern wie Bergfleth und dem Autor Botho Strauß. Bataille mag in diesen Kreisen mit anti-aufklärerischer, anti-rationalistischer Haltung als Befürworter des Thymos, des gerechten Zorns, gelten. Tatsächlich riskieren seine Beschreibungen von brutalen sozialen Riten, der Überschreitungsbewegungen im Kriegsgeschehen, in reaktionären, anti-egalitären Diskursen als Legitimation für sozialdarwinistische Gewaltverhältnisse zu dienen.

Der kopflose Gott

Im Mysterium des *Acéphale*, dem Klossowski wie Bataille anhängen, wird der Körper von der Herrschaft der Vernunft befreit. Dabei berufen sich beide auf Sade, zugleich verwerfen sie dessen kühle, kopflastige und aufklärerische Haltung. Während Sade peinlich exakt in Worten bemisst und seine Protagonisten akribisch argumentieren lässt, schwelgen Bataille wie Klossowski in enigmatischen Ergüssen der *écriture*. In Sades Schriften werden die erotischen Exzesse quantitativ und qualitativ taxiert, wodurch apollinische Maßregelungen die dionysische Raserei durchwalten. Bataille und Klossowski hingegen wollen den Kopf vom Körper schlagen und dem kopflosen Denken in seiner ungestümen Affektökonomie huldigen.

8.2 Der Begriff der Verschwendung

In seiner Schrift *Der Begriff der Verschwendung* führt Bataille das thanatologische Prinzip der Verschwendung respektive der Verausgabung ein. Dadurch verkehrt er die Perspektive auf den Kapitalismus, da dieser in seiner Ökonomietheorie affektiv angetrieben und primär destruktiv erscheint (vgl. Bataille 1975, S. 9 – 35).[106]

---

106 Als Auswahl von aktuellen deutschsprachigen Forschungsansätzen, die das Modell der Verausgabung aufnehmen, sind folgende zu nennen: Thomas Wex (1999) ergänzt Batailles Theorie um wirtschaftswissenschaftliche Konzepte. Der Literaturwissenschaftler Oliver Ruf (2009) untersucht die Figur der Verausgabung in ihren sozioökonomischen Facetten. Zudem ist auf zwei Sammelbände zu verweisen, die beide aufzeigen, welchen literatur- und kulturwissenschaftlichen Ideenreichtum Batailles Denken birgt: *Georges Bataille. Vorreden zur Überschreibung* (Hetzel/Wiechens 1999) und *Überfluss und Überschreitung. Die kulturelle Praxis des Verausgabens* (Bähr/Bauschmid/Lenz/Ruf 2009).

Damit hinterfragt er ganz grundlegend die Paradigmen der Produktivität und der Nützlichkeit.

Während klassische Ökonomiekritik in der Tradition von Marx und Friedrich Engels die Produktionsverhältnisse in den Blick nimmt, liegt Batailles Fokus auf der Konsumsphäre. Damit reiht sich seine Ökonomietheorie in eine lange intellektuelle Linie ein, die sich von Thorstein Veblens 1899 veröffentlichter *Theorie der feinen Leute* (1958) und Werner Sombarts 1922 erschienener Studie *Liebe, Luxus und Kapitalismus. Über die Entzauberung der modernen Welt im Geist der Verschwendung* (1992) zu Baudrillards *Die Konsumgesellschaft. Ihre Mythen, ihre Strukturen* (2015) fortführt. Während politische Ökonomiekritik klassischerweise vom Wirtschaftskreislauf als zweckrationaler Organisation ausgeht, betrachten diese Autoren in ihren sozialkritischen Perspektiven auf Konsum weniger das Bedürfnis und mehr das Begehren, wodurch sie die Produktionsbedingungen von Subjekten in den Blick bekommen (vgl. Böhme 2016, S. 8 f.)

Das Primat der Überfülle

Bei Bataille entsteht Ökonomie aus dem Überschuss und der Überfülle, wobei er sich in die Nähe von Marx' Modell der Mehrwertproduktion begibt, das auf der Prämisse beruht, dass Subjekte sowie Gesellschaft mehr produzieren als konsumieren (vgl. Wex 1999, S. 200). Dennoch begrenzt sich Batailles ökonomische Theorie nicht auf kapitalistische Überschussproduktion. Am Anfang steht der lebendige Organismus, der

> dank des Kräftespiels der Energie auf der Erdoberfläche, grundsätzlich mehr Energie [erhält], als zur Erhaltung des Lebens notwendig ist. Die überschüssige Energie (der Reichtum) kann zum Wachstum eines Systems (zum Beispiel eines Organismus) verwendet werden. Wenn das System jedoch nicht mehr wachsen und der Energieüberschuß nicht gänzlich vom Wachstum absorbiert werden kann, muß er notwendig ohne Gewinn verlorengehen und verschwendet werden, willentlich oder nicht, in glorioser oder katastrophischer Form. (Bataille 1975, S. 45)

Hierhin drückt sich die Quintessenz und gleichermaßen die Problematik seiner Theorie aus. Bataille begreift Ökonomie als Kräftespiel der Energien, wobei der Status dieser Energien, die er auf der Erdoberfläche ansiedelt, völlig ungeklärt bleibt. Während sich Freud in seinen Ausführungen über ökonomische Energiemodelle wie in *Jenseits des Lustprinzips* bemüht, seine Argumentation naturwissenschaftlich abzusichern, geht Bataille gleichmütig über diesen Anspruch hinweg. Dies führt dazu, dass sein energetisches Ökonomiemodell mitunter esoterisch erscheint. Es ist indessen prägnant, wie sehr Batailles energetisches

Zirkulationsmodell auf Freuds metapsychologischer Libidoökonomie der Spannungsreduktion beruht (vgl. Wiechens 1995, S. 31–34). In dieser Fusion von Freuds und Batailles begehrensökonomischen Modellen ist es der Todestrieb, der als Nirwana- oder Konstanz-Prinzip die aufgesaugte Spannung ablässt und damit die kosmologische oder psychische Homöostase anstrebt.[107] Mit dieser Prämisse beginnt Bataille die Regeln der „zweckrationalen, produktivistischen und utilitaristischen Vorstellungen des Ökonomischen" (Wex 1999, S. 199) zu brechen.

Gegen das Nützlichkeitsprinzip

Die Annahme von Ressourcenknappheit, die den Ausgangspunkt der klassischen Ökonomik bildet, stellt sich für Bataille als Systemfehler in Wirtschaftstheorien dar, die den Mangel als Nachfrage übersetzen und sämtliche soziale Praktiken dem Prinzip der Nützlichkeit unterstellen. Er wendet sich damit gegen neoklassische subjektive Werttheorien, in denen „ökonomische Phänomene auf individuellen Nutzen- oder Optimierungskalküle zurückgeführt" werden und der Wert eines Guts nicht mehr nach Herstellungskosten und nötigen Ressourcen bemessen wird, wie in der subjektiven Werttheorie, sondern „aus dem Grenznutzen, den ein bestimmtes Gut für einen Käufer darstellt" (Wex 1999, S. 191). Dieses Nützlichkeitsprinzip der ökonomischen Theorien ist für Bataille irreführend, da schlichtweg nicht feststell- und einsehbar ist, was für Menschen von Nutzen ist (vgl. Bataille 1975, S. 9). Daher sind für ihn subjektive Werttheorien wie die Nutzwerttheorie untauglich. Gemeinhin werde der Wert eines Einsatzes durch dessen Nützlichkeit definiert, was durch den Nutzen in Produktion und Erhaltung bestimmt sei (vgl. Bataille 1975, S. 10). Zugleich werde das Nützliche der Lust vor- und übergeordnet erachtet. Lustvolles Genießen, sei es in der Kunst, im Spiel oder in der Erotik, werde dabei als zweitrangig und nebensächlich abgewertet. Kurzum, im Nützlichkeitsprinzip werde die Lusterfahrung zwar eingeplant und angestrebt, doch sei sie von vornherein restringiert, weil exzessiver Genuss pathologisiert werde (vgl. Bataille 1975, S. 9). Batailles wortgewaltige Form des Schreibens lenken mitunter von den sachlichen Inhalten ab, zusammenfassend ist festzustellen, dass er das Ökonomische aus der Logik des Bedürfnisses löst und es der Logik des Begehrens zuordnet. Indessen ersetzt er das Primat des Nutzwerts durch dasjenige des Begehrenswerts – um sein Argument in meinen Begriff

---

107 Indem Bataille seine ökonomische Theorie im von Freud beschriebenen Antagonismus von Libido und Todestrieb aufspannt, ist sein Ansatz mit demjenigen von Schumpeter vergleichbar, der als Zeitgenosse Freuds ökonomische Prozesse in einer Dialektik aus Kreation und Destruktion konzipierte (vgl. Wex 1999, S. 206–210).

umzumünzen. Dies deutet bereits an, dass er sich einem ökonomischen Denken, das aus der Logik des Bedürfnisses und des Mangels resultiert, verwehrt und stattdessen ein Ökonomieverständnis vertritt, das sich aus übervollem, ausschweifendem Begehren speist.

Die Beherrschung der Todesfurcht

Zwischen Batailles Zeilen ziehen palimpsesthaft die Bilder des Machtkampfs zwischen Herr und Knecht vorbei. Wenn man das Nützlichkeits- und das Verschwendungsprinzip auf die Herrn/Knecht-Dialektik überträgt, wie Derrida in seiner Lektüre Batailles, verkörpert der Knecht die gehemmte Begierde und der Herr die Furchtlosigkeit gegenüber dem Tod (vgl. Derrida 1976, S. 385). Insofern symbolisiert der Herr ein thanatologisches Prinzip, während der Knecht dem Lustprinzip unterworfen bleibt, sodass für Bataille die wahre, die exzessive Lust unweigerlich mit dem Tod verbündet und somit negativ bestimmt ist (vgl. Bataille 1975, S. 86 f.). In solch einem Gedanken fusionieren der von Hegel beschriebene Überlebenskampf und Nietzsches Schmähung des christlichen Ressentiments mit Sades provokantem Appell, sich vom Joch der Moral zu befreien. Wie Derrida kommentiert, vermag Bataille auf eigentümliche Weise Hegels Herr-Knecht-Dialektik mit Nietzsches aristokratischer Moral zu verketten (vgl. Derrida 1976, S. 380). Er entkoppelt schließlich die Figur des Herrn aus der Dyade und entwickelt sie als Figur des Souveräns weiter. Der Souverän muss sich beständig behaupten, indem er Tabus überschreitet – in dieser Darstellung Batailles ist die Figur zwar anarchisch angelegt, resultiert aber aus dem alten Machtbild des heroischen Einzelkämpfers und individuellen Freigeists, wodurch sie ihr Transgressionspotenzial verspielt. Mithin verfällt Bataille dem aristokratischen Habitus, dem sich bereits die Azephalen verschrieben, und beschränkt sein Subversionsmodell der Souveränität auf Individualitätsperformanzen, ohne die strukturelle Dimension von Machtverhältnissen zu beachten. In seinem Überschwang übersieht er gänzlich, dass Aufbegehren in den sozialen Beziehungen und nicht im individuellen Selbstbezug liegt.

Konsum und Verschwendung

Zur Textoberfläche zurückkehrend, stößt man auf Batailles Behauptung, man könne menschliche Praktiken und Prozesse nicht auf Produktion und Konsumtion reduzieren. Sich rigoros vom Nützlichkeitsprinzip abgrenzend, bestimmt er zwei Arten der Konsumtion. Die erste Konsumtionsart, welche die „notwendigen

Minimalvoraussetzungen zur Erhaltung des Lebens und der produktiven Tätigkeit" (Bataille 1975, S. 12) darstellt, bildet die Grundvoraussetzung der zweiten Konsumtionsart, die unproduktive Ausgaben umfasst und sich aus dem Prinzip des Verlusts ableitet. Derartige verschwenderische, unkalkulierbare Konsumtionsakte sind „Luxus, Trauerzeremonien, Kriege, Kultur, die Errichtung von Prachtbauten, Spiele, Theater, Künsten, die perverse (d. h. von der Genitalität losgelöste) Sexualität" (Bataille 1975, S. 12). Bataille trennt strikt systematisch zwischen unproduktiven Ausgaben und der Konsumtion, die Teil des Produktionszyklus ist (vgl. Bataille 1975, S. 12). Dem unproduktiven Verlust- und Verschwendungsprinzip unterstehen Opferungen, sei es in Kriegen oder religiösen Ritualen, ebenso wie Luxusgüter, deren symbolischer Wert die Dimensionen der ökonomischen Räson übersteigt. Die Verschwendungssucht, die sich in diesen Ausgaben artikuliert, veranschlagt Bataille als anti-produktives Primat aller sozialen Praktiken – eine These, die in ihrem anthropologischen Anspruch, sämtliche Lebenswelten zu erfassen, überaus zweifelhaft und dennoch faszinierend ist. Bataille sucht dieses Prinzip außerhalb von kapitalistischen Produktionsverhältnissen und befasst sich mit Praktiken des Gabentauschs. Während in der klassischen Ökonomie der Tausch als Handelsform betrachtet wird, verweist Bataille auf die ethnologischen Studien von Mauss (vgl. Bataille 1975, S. 97–102; Mauss 1990). Obwohl Mauss vor allem die reziproke Tauschstruktur thematisiert, interessiert sich Bataille für ein Randbeispiel aus dessen Studien, den Potlatsch, den er als Spielart der zerstörerischen Verschwendung ausmacht. Wie der Medienwissenschaftler Oliver Ruf festhält, ist für Mauss „der verschwenderische, risikofreudige und luxuriöse Gabentausch mit dem Interesse nach Prestige und symbolischer Macht verknüpft", währenddessen „theoretisiert [Bataille] die Verausgabung weitestgehend als interesselose Beschäftigung und als eine Form der Selbstüberschreitung" (Ruf 2009, S. 28 f.). Für Bataille liegt das geheime Ideal des Potlatschs darin, dass dieser nicht zurückgegeben werden kann (vgl. Bataille 1975, S. 108). Demnach ist der Potlatsch keineswegs von Gewinn- und Prestigestreben motiviert. In dieser Perspektive basieren Tauschakte nicht auf dem Anreiz, symbolische und materielle Güter zu gewinnen. Stattdessen begründen sie sich aus dem Akt des Gebens, des Ausgebens, weshalb die Akquise von Gütern zweitrangig erscheint. Zwar fungiert der Potlatsch als ruhmsüchtige Tauschgeste, durch die der Schenkende danach trachtet, sein Prestige zu vermehren, doch da sich Gabe und Gegengabe exponentiell vergrößern, endet das wechselseitige Übertrumpfen bisweilen in völliger Verausgabung und Erschöpfung der Reichtümer. Dieses Machtstreben, das im selbstzerfleischenden Exzess münden kann, ist für Bataille ein Effekt der todesgetriebenen Zerstörungslust (vgl. Bataille 1975, S. 103). Für ihn offenbart sich im Potlatsch die grundlegende Ambiguität der menschlichen Existenz, die sich darin aufreibt, „Wert, Prestige und Wahrheit des Lebens [...] in die Negation des zweckdienlichen Gebrauchs der Güter zu legen", aber zugleich „von dieser Negation einen zweckdienlichen Gebrauch zu machen" (Bataille 1975, S. 105). Indem praktisch nutzbare Gegenstände negiert werden, da sie im verschwenderischen Akt verschenkt und zerstört werden, werden Wert, Wahrhaftigkeit und Prestige errungen, dadurch lässt sich dem Negationsakt der Nutzen des Machtgewinns zuschreiben. Derjenige, der imstande ist, alles zu geben, und sich traut, alles zu riskieren, erringt Ruhm. Der symbolische Wert erwächst aus der Negation des praktischen Nutzens und soll dennoch praktisch nutzbar gemacht werden, denn obwohl das verschwenderische Verschenken zunächst nutzlos erscheint, wird es, sobald es auf Prestigezuwachs ausgerichtet ist, nützlich. Somit wird die materielle Nutzbarkeit von Gütern negiert, um einen symbolischen Nutzen zu generieren.

Wert und Begehren

Dieser symbolische Nutzen lässt sich im Begriff des Begehrenswerts einfassen, der weit über den Gebrauchswert von Gütern hinausgeht und die symbolische Wertsphäre erfasst. In seinen Schriften zur Erotik bemerkt Bataille, dass sich durch die Transgression von sexualmoralischen Tabus, insbesondere des Inzesttabus, erotischer Wert erzeugt (vgl. Bataille 1994, S. 32).

> Das ist es gerade, was den Menschen vom Tier unterscheidet: die der freien Betätigung auferlegten Schranken verliehen dem unwiderstehlichen animalischen Trieb einen neuen Wert. Die Beziehung zwischen dem Inzest und dem unbezwinglichen Wert der Sexualität für den Menschen ist nicht so leicht zu zeigen, aber dieser Wert existiert, und er muß sicher mit der Existenz der allgemeinen Sexualverbote in Verbindung gebracht werden. (Bataille 1994, S. 208)

In diesem Zitat rekurriert Bataille auf Lévi-Strauss, der das Inzesttabu als anthropologische Konstante für die Begehrensökonomie des Gabentauschs ausmacht. Bataille ist zwar ein Denker der perversen Sexualität, jedoch zeigt sich in diesem Zitat sehr deutlich, dass seine Idee der Transgression unweigerlich des Tabus bedarf. In seiner Theorie des Eros braucht Bataille sexualmoralische Setzungen und soziale Sanktionen, um diese Verbote lustvoll zu überschreiten. Ferner zeigt sich deutlich, dass bei ihm Begehren und Ökonomie denselben Prinzipien der Verausgabung folgen. Das Erotische vollzieht sich als Schöpfen aus dem Vollen und zeigt sich zugleich als Erschöpfung.

Für Bataille leitet sich das Ökonomische aus dem Erotischen ab. Ähnlich wie Klossowski erläutert er, dass Wert im Begehren entsteht. Die erotische Spannung entfacht sich zwischen Entzug und Vollzug. Der Verzicht wirkt als „Ergänzung der

Erotik, durch ihn erhält das dem Begehren versprochene Objekt einen höheren Wert", gäbe es „keine Erotik, gäbe es nicht auf der anderen Seite die Achtung vor verbotenen Werten" (Bataille 1994, S. 214). Deshalb bewegt sich Batailles Begehrensökonomie in der dynamischen Dialektik von Tabu und Transgression, in der die „Wollust [...] der ruinösen Verschwendung" so nahe kommt, „daß wir den Augenblick des Paroxysmus den ‚kleinen Tod' nennen" (Bataille 1994, S. 166). Die Kritik an Klossowski kann diesbezüglich verschärft an Bataille geübt werden. Bataille vertritt ein transzendentales Verständnis des Erotischen, das er als transkulturelles und -historisches Erklärungsmodell für soziale Organisationsformen anwendet und das er passgenau zu seinem energetischen Ökonomiemodell entwirft. Obwohl er sich auf die wirtschaftlichen und erotischen Praktiken in anderen Epochen und Gesellschaften bezieht, ist seine Bezugnahme derart anthropologisch verallgemeinernd, dass er den jeweiligen geopolitischen und geschichtlichen Gegebenheiten keineswegs gerecht wird.

8.3 Die blutrünstigen Begierden der Opferökonomien

Während Klossowski eine Begehrensökonomie des Geschenks in Worten und Bildern skizziert, in der die Gabe erst im Akt des Schenkens wahrhaft besessen wird, erzählt Bataille eine Begehrensökonomie des Opferns, in welcher sich der Begehrenswert des Opfers durch die sakrale Zerstörung herausbildet. Anekdotisch angemerkt sei, dass von der *Acéphale*-Gruppe berichtet wird, „ihr Arcanum sei das zu verwirklichende Menschenopfer gewesen" (Bürger 1992, S. 48). Weiterhin wird spekuliert, dass Bataille bereitwillig seine Selbstopferung anbot, sich die Gruppe jedoch seiner Bitte widersetzte, weil niemand willens war, die rituelle Tötung zu begehen (vgl. Moebius 2006, S. 271f.). In seinen Schriften berichtet Bataille von verschiedenen Formen des Opferns, sei es die buchstäbliche Verzehrung des Anderen, der den Göttern als Geschenk dargeboten wird, sei es die Opferung des eigenen Besitzes (vgl. Bataille 1975, S. 72–81; S. 101).

Den anthropophagischen Akt des Menschenopfers stellt er in Kontrast zu Hegels Herr/Knecht-Dialektik, „[e]in Opfer kann nicht in der gleichen Weise konsumiert werden wie ein Motor Brennstoff braucht", denn das, was „der Ritus wiederzugewinnen vermag, ist die intime Partizipation des Opfernden an dem Geopferten, die ein dienstbarer Gebrauch unmöglich" macht (Bataille 1975, S. 86). Hingegen versuche Hegels Herr seinen Knecht zu verdinglichen und jegliches Band der Intimität zu zerschneiden. Indessen spinnt Bataille das Schicksal des vernachlässigten Herrn weiter und dichtet Hegels Drama um (vgl. Bürger 1992, S. 38–43). Ferner ist im Verschwendungsbestreben Hegels Idee der Begierde zu erkennen, die sich, bevor sie als geistiges Anerkennungsstreben geadelt wird, als blutdürstendes Verzehrungsverlangen artikuliert. Dennoch lässt sich dieses Begehren nicht ausschließlich brutal bestimmen, denn wie Bataille anmahnt, ist der Konsum des Anderen nicht nutzorientiert. In dieser Begehrensökonomie entsteht eine pure, intensivierte Intimität, eine Fusion zwischen Verschlungenem und Verschlingendem. Dieser Gedanke erinnert an das anthropophagische Begehren, das sich nicht als reiner Gewaltakt, sondern auch als wollüstiger Liebesakt manifestiert (vgl. Rolnik 1998).

Potlatsch als Verschwendung und Verausgabung

Der Potlatsch steht im Zeichen des Opfers, da er nur sekundär nach Ruhm und Rang strebt. Mit dem Zertrümmern der eigenen Besitztümer wird angestrebt, den Rivalen mit diesem selbstzerstörerischen Akt zu schmähen. Die Zerstörung des Eigenen verschiebt sich metonymisch auf den Anderen, der zum ausgestoßenen Abjekt wird:

> Das Geschenk muß als Verlust, und damit als partielle Zerstörung angesehen werden, wobei die Zerstörungslust zum Teil auf den Beschenkten übertragen wird. In den unbewußten Formen, wie die Psychoanalyse sie beschreibt, symbolisiert es das Ausscheiden der Exkremente, das seinerseits wieder an den Tod gebunden ist gemäß der grundlegenden Entsprechung von Analerotik und Sadismus. (Bataille 1975, S. 19)

Die zerstörerische Gabe ist das Verfemte, das Ausgeschlossene, das Abjektive, das Heterogene, das der kulturellen Homogenität widerstrebt.[108] In dieser Einschließung des Ausgeschlossenen, wie das Zitat zweifelsohne verrät, vermengt sich das Heterogene mit dem Abjektiven aus der Psychoanalyse, da der Anteil in einem Selbst, der als Anderes abgestoßen werden soll, dem Selbst anhaftet. In diesen Identitäts- und Alteritätskonstruktionen wird die machtvolle Grenzziehung zwischen Subjekt und Objekt ermöglicht und zugleich beständig überschritten (vgl. Butler 2010, S. 129–152).

In der merkantilen Ökonomie tauchen neue Formen und Funktionen des Potlatschs auf, die von den religiösen Riten der christlichen Geschichte geprägt sind. Nach Bataille individualisiert das Christentum den Besitz und verdrängt in der Spätfolge der calvinistisch-kapitalistischen Wende das Maßlose und Orgias-

---

108 Zudem schlägt Bataille im Denken des Heterogenen einen metaphorischen Bogen zu Sades skandalträchtigen Erzählungen, in denen das Ausgestoßene – die Exkremente – explizit ins Erotische einkalkuliert werden.

tische (vgl. Bataille 1975, S. 21 f.).[109] Während für ihn in vorkapitalistischen Systemen der Verausgabung die Reichen die Armen versorgten, habe sich die Bourgeoisie dazu entschieden, nur für sich zu verschwenden. Die Bourgeoisie habe sich in Abgrenzung zu einer aristokratischen Ökonomie der Verausgabung herausbilden können, indem sie die Verschwendungssucht des Feudaladels verteufelte (vgl. Bataille 1975, S. 22).

Man mag Batailles anthropologisierendes Ökonomiemodell machttheoretisch in vieler Hinsicht kritisieren, interessant ist seine von Kojève geprägte, marxistische Lesart des Hegel'schen Herr/Knecht-Szenarios, das für Bataille eine Lehre über die Verdinglichung des Menschen und seiner Lebenswelt darstellt, in der die darüber, wie Lüste auf den Gebrauch beschränkt werden. Doch diese Verdinglichung und Entfremdung der Welt ist nicht auf Knechtschaft begrenzt, sondern wird durch den Imperativ der Arbeit gegeben: „Durch die Einführung der Arbeit trat an diese Stelle der Intimität, der Tiefe der Begierde und ihrer freien Entfesselung von Anfang an die rationale Verkettung, bei der es nicht mehr auf die Wahrheit des Augenblicks ankommt, sondern auf das Endresultat der Operationen." (Bataille 1975, S. 87) Von der Sehnsucht „nach einer verlorenen Intimität" (Bataille 1975, S. 87) bedrängt, stellen profitlose Opfergaben und gewaltförmige Lüste den Versuch dar, sich aus der verdinglichten Welt der Nutzwerte zu befreien.

Apollinische und dionysische Begehrensökonomien

In diesem Gedanken schleicht sich Sade ein, der Szenen der orgiastischen und gewaltförmigen Verzehrung von Menschen als Begehrensobjekte beschreibt. Während Sade jedoch in nüchterner, aufgeklärter Brutalität schreibt, unterscheidet Bataille zwischen einer *intimen Welt,* die sakral und dionysisch ist, und einer *realen Ordnung* des Profanen und Apollinischen, in der die Grenzlinien zwischen Subjekten als verdinglichte Wesen erst gezogen werden.[110] In seinen Schriften zur Erotik kontrastiert er diese zwei Sphären als Phasen: die Phase des Fests, der Überschreitung, der Verschwendung, der Transgression und des Auf-

---

109 Mit dieser These begibt sich Bataille – trotz ihrer entgegengesetzten Positionen hinsichtlich der Frage nach der Rationalität des Kapitalismus – in die Nähe Max Webers, der in seiner soziologischen Studie *Die protestantische Ethik und der Geist des Kapitalismus* (1905/2005) untersucht, wie sich durch die calvinistische Heilslehre kapitalistische Strukturen ausbilden konnten.
110 Dazu schreibt Bataille: „Ich insistiere auf einer Grundtatsache: die Trennung der Wesen ist auf die reale Ordnung begrenzt. Nur, wenn ich der Dinglichkeit verhaftet bleibe, ist die Trennung real. [...] In ihrer Intimität sind alle Menschen eins." (Bataille 1975, S. 89)

begehrens, der die Phase des Arbeitens, der Produktion, der Akkumulation, des Tabus und der Begierden folgt: „In ökonomischer Hinsicht verzehrt das Fest mit seiner maßlosen Verschwendung die Ressourcen, die während der Zeit der Arbeit akkumuliert wurden." (Bataille 1994, S. 68) Im Dionysischen greift das Zukunftskalkül der Arbeit nicht mehr, insofern kann ungehemmt verzehrt werden und eben in dieser enthemmten Verzehrung findet sich „der Weg, auf dem die getrennten Wesen miteinander kommunizieren können" (Bataille 1975, S. 88 f.). Klossowski trifft diese Unterscheidung ebenfalls, da für ihn das Phantasma eine Transgression der Subjektgrenzen ermöglicht, während die warenweltliche Logik durch Begehrensaufschub operiert. Noch radikaler als Klossowski signalisiert Bataille, dass sich Menschen nur im Modus der anthropophagischen Begierde aufeinander beziehen können. Erst in der offen zutage tretenden Gewaltförmigkeit des Begehrens kann intimer Kontakt entstehen, weil Subjektgrenzen überschritten werden, die Effekte der realen Ordnung der ökonomischen Ratio sind, wohingegen in der verdinglichten Welt des Kapitalismus die transgressive Intimität derart beschnitten wird, dass sämtliche Kontakte im fahlen Licht der Entfremdung verhärmt aussehen.

Die dionysischen Dynamiken des Kapitals

Batailles Ökonomiemodell besitzt ebenso wie Klossowskis Essay aktuelle Relevanz, um die affektiven Dynamiken des Kapitals zu betrachten. Wie Oliver Ruf festhält, zeigt die weltweite Banken- und Finanzkrise 2007 und 2008, dass „Batailles Theorie der Verausgabung auch als Matrix postmoderner Ökonomie gelten" kann (Ruf 2009, S. 32). Demnach fügt sich Batailles Allgemeine Ökonomie in die Tradition „sozialökonomischen Denkens [...], insofern sie das Ökonomische in seiner Totalität zu erfassen sucht; nicht Zahlungsströme oder einzelne Produktionsfaktoren werden betrachtet, sondern die sozialen, historischen und psychischen Faktoren, auf denen Wirtschaften beruhen" (Ruf 2009, S. 32). So sehr Bataille die Verausgabung zelebriert, so sehr lassen sich Formen der Verausgabung erkennen, die Teil des kapitalistischen Furors sind, wie beispielsweise die adrenalingeladene Börsenspekulation (vgl. Stäheli 2007, S. 55; S. 84). Der Spekulant steht für das Risikospiel ein, das kein rein rationales Kalkül verfolgt, sondern affektiv angetrieben ist und in verheerenden Verausgabungen münden kann. Wie Stählis Studie hervorhebt, ist der Gewinn von Prestige sicherlich eine Motivation, im Vordergrund steht jedoch der Rausch des selbstbezüglichen Spekulationsspiels. Diese dionysischen Dynamiken sind keine Ausnahmeerscheinung, vielmehr, schreibt Stäheli, bedurfte die „Entstehung des Kapitalismus [...] nicht nur protestantischer Selbstdisziplinierungstechniken, sondern beruht auch auf dem dionysischen Geist des Spieltriebes" (Stäheli 2007, S. 11). Trotz aller Schwierigkeiten, die Batailles Ökonomieverständnis mit sich bringt da es als kosmologisches Prinzip erscheint, eröffnet es die Möglichkeit, die exzessiven, verschwenderischen, dionysischen Wirkungsweisen des Kapitalismus in den Blick zu bekommen – und der *Anti-Ödipus* nimmt diese Anregung von Bataille auf.

8.4 Unproduktive Ausgabe oder Anti-Produktion?

Batailles Allgemeine Ökonomietheorie bereitet wesentliche Thesen und Themen vor, die Deleuze und Guattari in ihrer Kapitalismusanalyse aufgreifen. Von Bataille übernehmen sie das Primat der Überfülle. „Following Bataille, Deleuze and Guattari insist that societies have always produced a surplus, no matter [...] however minimal that surplus may have been: social organization revolves around the determination of how and by whom the surplus will be expended or distributed." (Holland 1999, S. 5) Deshalb denken sowohl Bataille als auch Deleuze und Guattari Ökonomie in einer Logik des Begehrens, anstatt in einer Logik der Bedürfnisse. Da ökonomische Prozesse nicht durch Bedürfnisse, sondern durch Begehren motiviert sind, sind sie nach Bataille sowie nach Deleuze und Guattari in ihren affektiven Dynamiken anstatt in rationalen Aktionen zu begreifen.

Die wesentliche Differenz zwischen der Allgemeinen Ökonomie und dem *Anti-Ödipus* besteht im Verhältnis von Negation und Affirmation. Wie Holland anmerkt, scheint Batailles Denken Deleuze und Guattaris Idee der Anti-Produktion beeinflusst zu haben:

> This social sense of anti-production is derived in large part from Bataille's notion of *dépense* or expenditure. Actually, expenditure already possesses in Bataille himself both psychological and anthropological dimensions, but it is primarily the later that will concern us here, for it provides a devastating Nietzschean critique of bourgeois political economy and utilitarian philosophy that crucially supplements that of Marx within the schizoanalytical perspective. Bataille's insights are so important that, had he not existed, schizoanalysis would have had to invent them. (Holland 1999, S. 61 f.)

Mit seiner Einschätzung, dass Batailles Verausgabungsmodell als Möglichkeitsbedingung der Schizoanalyse wirkt, liegt er sicherlich richtig. Die Anti-Produktion ist ein wesentlicher Faktor in Deleuze und Guattaris Konzeption des Kapitalismus, da die ökonomischen Maschinen keineswegs reibungslos funktionieren (vgl. Deleuze/Guattari 1974, S. 14–24). Sie werden durch Störquellen angetrieben und modifiziert. Ebenso wichtig sind Ausgabe und Verausgabung, um die Kapitalströme im Fluss zu halten.

Trotz dieses geteilten Blicks auf anti-produktive Elemente und der Annahme affektgeladener Dynamiken im Ökonomischen stehen sich die begehrensökonomischen Theorien von Deleuze und Guattari und von Bataille diametral gegenüber. Während Bataille die Verausgabung und damit die Anti-Produktion als Ausgangspunkt des Ökonomischen setzt und sie zugleich als erste ontologische Kraft bestimmt, ist die Anti-Produktion für Deleuze und Guattari sozial hergestellt. Diese Differenz ist im Todestrieb begründet, den Deleuze und Guattari als reaktionär bestimmen, während Bataille, dessen Schreiben man unter den Titel *Thanatografie* (vgl. Mattheus 1984) stellen kann, Thanatos als Transgressionsprinzip per se versteht. Diese widerstreitenden Grundannahmen lassen sich in ihren ökonomischen Makrokonstruktionen wiedererkennen. Deleuze und Guattari situieren die Anti-Produktion im Arbeitsablauf der begehrensökonomischen Maschinen und schließen sie damit in ein Produktionsparadigma ein. Bataille beschreibt hingegen einen Energiekreislauf, in dem die Produktion lediglich eine geschichtliche Durchgangsetappe darstellt. In seiner Theorie der Allgemeinen Ökonomie führt er ein kosmologisches Ökonomiemodell ein, das durch einen natürlich gegebenen Energieüberschuss zur Anti-Produktion und Verausgabung strebt (vgl. Bataille 1975, S. 44–48). Im Lauf seiner Abhandlung skizziert er verschiedene sozioökonomische Etappen wie den Tauschhandel und nachstehend den Kapitalismus. Die politische Ökonomie ist lediglich eine Wegstrecke innerhalb dieser kosmologischen Ökonomie, welche die menschliche, allzu menschliche Dimension übersteigt. Indem er den Drang zur Verausgabung und damit den Todestrieb als negatives Prinzip der Ökonomie setzt, riskiert er, diesen ähnlich wie Freud zu universalisieren. Zugleich ermöglicht er, das kapitalistische Produktivitätsparadigma zu hinterfragen und die verheerenden Zerstörungstendenzen im Wirtschaftskreislauf offen zu legen.

8.5 Kalkulation

Bataille fährt damit fort, die fünf Analysestränge weiter zu verflechten. Um diese kurz zu bündeln, kann man seine Ausführungen folgendermaßen resümieren. Erstens: Bataille kritisiert ähnlich wie Deleuze und Guattari das Mangelprimat des Begehrens, da es seiner Ansicht nach dem Nützlichkeitsparadigma unterstellt ist. Doch im Gegensatz zu Deleuze und Guattari bestimmt er das Produktivitätsparadigma als Einzelaspekt der Allgemeinen Ökonomie, der lediglich in der historischen Formation des Kapitalismus auftritt. Zugleich definiert er mit Thanatos eine negative Denkfigur als Grundmotiv aller ökonomischen Prozesse. Zweitens: Im Fokus auf das Heterogene, das Abjektive, das Verfemte schreibt Bataille vehement gegen die Rationalisierungsgeschichte des Begehrens an und verweist auf die dionysischen Tendenzen, welche die Kapitalismusgeschichte ebenso prägen wie asketisch-apollinische Tendenzen. Indem er Begehren in seinen Überschreitungsbewegungen schildert, unterläuft es konsequent die bürgerlichen Tabus und zeigt sich als ungestüme, affektive Kraft. Dieses Denken des Affektiven drückt sich deutlich in der azephalischen Figur des kopflosen Gottes aus. Drittens: In seinem energetischen Ökonomiemodell, das auf die Körpermetapher der Homöostase rekurriert, verwendet auch Bataille das Modell von Körperökonomien, um Begehrensökonomien zu erklären. In diesem Unterfangen orientiert er sich an Freuds Energiemodell, um den Wirtschaftskreislauf als Thanato-Ökonomie darzustellen. Viertens: Indem Bataille Thanatos mit Ausschweifung, Verschwendung und Verausgabung assoziiert und grundlegend als Transgression bestimmt, lässt er keinen Zweifel daran, dass er darin subversives Potenzial erachtet. Indem er den Todestrieb konsequent als Transgressionsprinzip deutet, zeigt sich Thanatos als Aufbegehren, welches sozial gesetzte Tabus unablässig überschreitet. Fünftens: Bezüglich des Verhältnisses von Begehren und Wert haben auch Batailles Ausführungen verdeutlicht, wie produktiv der Begriff des Begehrenswerts ist. Ausgehend von dessen Kritik am Nützlichkeitsparadigma zeigt sich, dass Wert keine rein rationale Kategorie ist, sondern auch in seinen affektiven Dimensionen verstanden werden muss.

Ein Aspekt, der bisher bloß angerissen werden konnte, den wir erst zum Ende der Studie näher diskutieren werden, ist Batailles Faschismusanalyse, die – ähnlich wie im *Anti-Ödipus* – nicht vom Gegensatz, sondern vom Wechselspiel zwischen faschistischen Politiken und kapitalistischer Ökonomie ausgeht. Dabei beschreibt er Herrschaftseffekte als Homogenisierungen – einen ähnlichen Gedanken hegt auch Lyotard, der in *Libidinöse Ökonomie* die gleichmachenden Wirkungen des Wertgesetzes betrachtet.

9 Zerrissene Text-Körper und wilde Ökonomien: Jean-François Lyotard

Die Frage, wie Begehren im Kapitalismus schaltet und waltet, wie sich Macht und Begehren verbinden und verbünden, verfolgt neben Pierre Klossowski und Georges Bataille, Gilles Deleuze und Félix Guattari auch Jean-François Lyotard in seiner 1974 erschienenen *Libidinösen Ökonomie*.

Schon der *Anti-Ödipus* irritiert mit seinen wilden Sprachspielen, mit dem Durchkreuzen differenter Diskursregister und in der Durchmischung formeller und vulgärer Ausdrücke. Noch textexperimenteller ist die *Libidinöse Ökonomie* verfasst. Ein bezeichnendes Beispiel hierfür bildet die folgende Passage, die sich der körperlichen Metaphorik verschreibt:

> Öffnet den Körper und hebt alle ihn bedeckenden Schichten ab. [M]an fängt am oberen Ende an, schneidet den Mund in den Winkeln auf, löst die Zunge bis zur hinteren Wurzel heraus, spaltet sie, bereitet die Fledermausflügel das Gaumens und seiner feuchten Niederungen aus, öffnet die Luftröhre und macht daraus das Gerippe eines noch nicht verkleideten Schiffsrumpfes; mit Skalpellen und feinsten Pinzetten gerüstet, muß man dann die Faserstränge und Hauptteile des Hirns abtragen und zerlegen; und dann wird das ganze abstrakte Netz der Blutbahn und auch das Netz der Lymphgefäße glatt auf einem großen Labortisch ausgebreitet; die feinsten Knochenteile der Handwurzel, des Fußknöchels müssen zerlegt [werden]; [...] man muß die großen Muskeln herauspräparieren, die breiten Stränge des Rückens müssen ausgearbeitet werden wie glatte schlafende Delphine: Ihr müßt die Arbeit tun, die die Sonne oder das Gras leisten, wenn euer Körper in ihnen badet. (Lyotard 2007, S. 7)

Da die *Libidinöse Ökonomie* keine stringenten Argumentationslinien zieht und sich der Text stattdessen in anderen Darstellungsformen wie der Verdichtung motivisch auftauchender Metaphern ausprobiert, liegt der Fokus nicht darauf, die Kohärenz von Lyotards Argumenten akribisch abzuwägen. Vielmehr zielt die Lektüre darauf ab, die Schlüssigkeit der evozierten Bilder in Bezug auf die angerissenen Ideen zu überprüfen.[111] Lyotard experimentiert mit Sprachbildern und -figuren, um dem diskursiven Zwang des Argumentierens zu entgehen und eine textästhetische Wahrheit aufblitzen zu lassen, die sich der rationalen Erkenntnis

---

[111] Für dieses Unternehmen sind folgende Schriften hilfreich: die Aufsätze der Geschlechterforscherin Nikki Sullivan (2002; 2007), die sich in queertheoretischer Perspektive mit der *Libidinösen Ökonomie* befasst; die Texte des Philosophen James Williams (1998; 2000), der sich mit dem Politischen in Lyotards Werk auseinandersetzt, die Studie der Philosophin Petra Gehring (1994), deren Thema die Innen-Außen-Auflösung bei Derrida, Lyotard und Foucault ist, und die Kommentare zur *Libidinösen Ökonomie* des Philosophen Alphonso Lingis (1979) sowie der Philosophin Charmaine Coyle (2007).

https://doi.org/10.1515/9783110686975-014

entzieht. Obzwar für ihn Figur und Diskurs keine klar unterscheidbaren Gegenpole bilden, birgt die Figur einen nicht-diskursiven Restsatz, da sie sich der rein begrifflichen Darstellung entzieht (vgl. Gehring 1994, S. 208 f.). Zugleich spricht Lyotard dem Begehren das Potential zu, Strukturen zu durchbrechen und diese zu transformieren, es stellt sich für ihn als jenes Unrepräsentierbare dar, das nicht in Theorien respektive Diskursen einfangbar ist (vgl. Coyle 2007, S. 72). Folglich ist es konsequent, dass er dem Begehren in Sprachbildern auf die Spur kommen will. In fragmentarischer, bildhafter, nahezu exzessiver Schreibweise strebt sein Text an der Starrheit philosophischer Diskurse zu entfliehen und sich in philosophisch-libidinöser Wildheit zu präsentieren.[112] Da für Lyotard der Status theoretischer Texte der libidinösen Dynamik widerstrebt, versucht er seinen Text als Libido-Gefüge, als libidinösen Text-Körper zu kreieren, als Patchwork kaleidoskopisch durcheinander wirbelnder Ideen und Bilder. Um der totalisierenden Tendenz theoretischer Texte zu entgehen, will er Bilder, Assoziationen, Sätze und Gedankenfetzen möglichst ungebändigt strömen lassen – sofern dies im Medium eines Schriftstücks möglich ist. Diese Methodik des antitheoretischen Schreibens fasst er unter dem Begriff der *Dissimulation*, eine *écriture*, die in ihrem Eigensinn diskursive Schablonen durchbricht und dergestalt Singularitäten hervorbringt (Lyotard 2007, S. 302). Dementsprechend soll sein Text performativ aufführen, was auf inhaltlicher Ebene verhandelt wird: das freie Fließen von Begehrensströmen.

Unter reflexivem Rückbezug auf Lyotards experimentelles Verfahren und das metaphorische Sprachspiel seines Buches werden in den folgenden Abschnitten das Verhältnis zwischen politischer Ökonomie, Körperlichkeit und Begehren, die Konzeption des Libido-Körpers, das Umarbeiten von Freuds Triebmodell und Lyotards Gedanken zu Diskursökonomien behandelt und mit den Thesen des *Anti-Ödipus* verglichen.

---

112 So polarisierend dieses Textexperiment ist, so gespalten ist auch die Rezeption des Buchs. Bisweilen wird ihm wissenschaftliche Legitimität abgesprochen, während andere im unkonventionellen Schreibstil stilistisches und philosophisches Potenzial sehen. Die erste Betrachtungsweise zeigt sich in der Anmerkung des Politikwissenschaftlers Walter Reese-Schäfer, Lyotards Text sei keine Theorie, sondern reine Verzweiflung (vgl. Reese-Schäfer 1988, S. 18). Dabei scheint er sich auf eine Selbsteinschätzung Lyotards zu stützen und sie gewissermaßen zu verkehren, die besagt, der Text sei zwar kein Ausdruck heftiger Verzweiflung, jedoch rufe er ein Schwindelgefühl hervor (Lyotard 1989, S. 35). Für ausführlichere Zusammenfassungen der Rezeptionsgeschichte vgl. Williams 2000, S. 34 f; 40 f; vgl. Lingis 1979, S. 87 f.

9.1 Libido-Ökonomie

Lyotard nimmt den von Klossowski verfolgten Gedanken einer Ökonomie der Körper auf und spinnt ihn weiter (vgl. Eidelpes 2013, S. 100). In dieser mit Klossowski geteilten Betrachtungsweise bildet der Körper den soziosomatischen Nexus zwischen Individuum und Gesellschaft sowie Diskurs und Materie und markiert zugleich den Ausgangspunkt, um das Verhältnis zwischen der Libidoökonomie, wie in Freuds Triebtheorie dargestellt, und der politischen Ökonomie, wie von Marx analysiert, zu reflektieren.

Um Begehren in Gestalt eines Libido-Körpers zu beschreiben, greift Lyotard die vielfach in der Philosophiegeschichte praktizierte Verdoppelung des Körpers auf und vervielfacht Körper, um die Körperlichkeit als solche fragmentarisch und plural zu begreifen. Seine Somametaphorik des Begehrens verwandelt Freuds Triebtheorie: Während Freud Eros und Thanatos in einem unauflöslichen Antagonismus verharren lässt, arbeitet Lyotard diese Triebökonomie in einem Begehrenskonzept aus, das die wild strömenden libidinösen Energien zugleich produktiv und destruktiv erscheinen lässt. An dieser Stelle soll ausgehend von den textuellen Körperbildern auf sein Begehrensmodell geschlossen werden, das sich in ihnen entfaltet.

9.2 Affekt-Ökonomie

Die politische Ökonomie lässt sich als Diskurs der Naturalisierung von Produktion und Zirkulation sowie vom Menschen als *homo oeconomicus* verstehen (vgl. Lyotard 1994, S. 40, vgl. Vogl 2011, S. 11 f.). Um diesen diskursiven Machteffekt zu hinterfragen, geht Lyotard davon aus, dass Ökonomie keine primäre Ordnung darstellt, aus der sich gesellschaftliche Strukturen ableiten, vielmehr gebe es Dispositive, die libidinöse Energien akkumulieren und verteilen (vgl. Williams 1998, S. 40). Die politische Ökonomie gründet damit in Begehrensökonomien, wobei Begehren als eine Kraft wirkt, die sämtliche sozialen Prozesse antreibt.

Wie Klossowski zeigt auch Lyotard auf, dass der politischen Ökonomie Körper- und Affektökonomien zugrunde liegen. Hierfür führt er eine Bandbreite an Beispielen an, die bisweilen außerhalb des kapitalismusgeschichtlichen Kontextes stehen. Diese erweisen sich zwar als aufschlussreich, aber ähnlich wie im Falle Batailles und Klossowskis riskiert er, in diesem übergreifenden Ansatz allzu allgemeine Thesen aufzustellen. Eines dieser Beispiele entstammt der klassischen chinesischen Erotik, die Lyotard als Ökonomie der Körpersäfte beschreibt, in welcher der *coitus reservatus* der Akkumulation von Samen dient (vgl. Lyotard 2007, S. 249). Ein weiteres Beispiel liefert die wohl bekannteste Begehrenspoetik der griechischen Antike: Platons *Gastmahl*. Lyotard begreift das leidenschaftliche Verhältnis von Sokrates und Alkibiades als Tausch zwischen Körperzonen und Wissen:

> Die unmögliche ,Liason dangereuse' von Alkibiades und Sokrates (jedenfalls die, von der Platon im Gastmahl berichtet) beweist bekanntlich nicht nur, in welchem Maß der Eros unter den Bürgern im Spiel ist, sie klärt uns des weiteren darüber auf, daß die kreisförmige Organisation der begehrenden Körper in der *politeia* sie notwendigerweise in einen Paritätentausch, in eine Äquivalenz einordnet. Wenn Alkibiades sich Sokrates anbietet, damit dieser seine Jugend und Schönheit genießen kann, dann will er im Gegentausch das Geheimnis der Weisheit des Alten dafür bekommen. Es gibt einen Markt, und daher setzt er die Austauschbarkeit von Themen voraus, die hier in der Anus-Penis-Region auf der einen Seite (Alkibiades) und der diskursiven Mund-Region auf der anderen (Sokrates) bestehen. (Lyotard 2007, S. 193)

In derartigen Beispielen führt Lyotard vor, wie jede ökonomische Transaktion im Körperlichen und Erotischen ihren Anfang nimmt, und widmet sich in dieser begehrensphilosophischen Perspektive dem Kapitalismus seiner Gegenwart.

Der triebökonomische Tumult

Ein Anliegen der *Libidinösen Ökonomie* ist die Kritik am Marxismus. Lyotard verfasst den Text in Abgrenzung zu der Gruppe *Socialisme et Barbarie*, deren Mitglied er von 1954 bis 1966 war. Ähnlich wie im *Anti-Ödipus* ist der Ausgangspunkt die Annahme, dass es kein Außen des Kapitalismus und somit keinen externen kritischen Standpunkt geben kann.

> Ersetzen wir die trübe Kritik durch eine Haltung, die eher dem entspricht, was wir in unseren gewöhnlichen Beziehungen mit dem Kapital wirklich empfinden, im Büro, auf der Straße, im Kino, auf den Autobahnen, in den Ferien, in den Museen, den Krankenhäusern, den Bibliotheken – nämliche eine schauerhafte Faszination angesichts des ganzen Umfangs der Dispositive des Lustempfindens. (Lyotard 2007, S. 170 f.)

Anstelle der Idee eines potenziell möglichen, utopischen Außen verfolgt Lyotard ein Unterfangen, das dem *Anti-Ödipus* in nichts nachsteht: das subversive Potential im System selbst aufzuspüren und die immanenten libidinösen Ströme zu befreien. Die Negation in der marxistischen Dialektik wird als kritischer Gegenstandpunkt zugunsten der nietzscheanischen Affirmation des ungebändigten Lebens aufgegeben. Ausgehend von der Erkenntnis, dass es kein Außerhalb der Macht gibt, wird das System als „offenes, weit verzweigtes Netz von Trieben und Strömungen gedacht [...], innerhalb dessen der Kapitalismus regulierend wirkt:

als spezifischer Knotenpunkt, der den Fluß der Energien kanalisiert und in geordnete Bahnen lenkt" (Stäheli 2004. S. 59). Mit Freuds triebtheoretischem Vokabular untersucht Lyotard die kapitalistischen Wirkungs- und Funktionsweisen. Von dessen Überlegung ausgehend, dass Eros zur Vereinheitlichung und der Todestrieb zur Zergliederung des Organismus strebt, bestimmt er die regulierende Instanz des Wertgesetzes als Logik des Eros und die affirmative, disruptive Differenzbewegung als Wirkungsweise des Todestriebs.

Das Wertgesetz als Gesetz des Eros

Die marxistische Kategorie des Wertgesetzes schafft eine einheitliche Form, unter der die unterschiedlichen Marktwirtschaften zusammenfinden. Dieses merkantile Koordinierungsprinzip, das Adam Smith in der Metapher der unsichtbaren Hand schildert, die das Wirtschaftsgeschehen lenkt, zeigt Marx' Begriff des Wertgesetzes in kritischer Betrachtungsweise. Während in vorkapitalistischen Arbeitsverhältnissen der Wert der Arbeit gegen Produkte getauscht wurde, wird im Kapitalismus die Arbeitskraft als Ware verkauft. Da aber im Produktionsprozess ein ungleich höherer Wert als derjenige der Arbeit erzeugt wird, entsteht Mehrwert. Weil in der Konkurrenzdynamik der Unternehmen die Profitrate fällt, z. B. da Produktionsmittel modernisiert werden müssen, werden Warenpreise nicht durch den Wert der Arbeit, sondern durch die Kosten der Produktion bestimmt. In welcher Weise die Preise der Waren „gegeneinander festgesetzt oder geregelt sein mögen, das Wertgesetz beherrscht ihre Bewegung", schreibt Marx. Denn wo „die zu ihrer Produktion erheischte Arbeitszeit fällt, fallen die Preise; wo sie steigt, steigen die Preise, bei sonst gleichbleibenden Umständen" (Marx 1894/1964, S. 186).

Indem Lyotard Freuds triebtheoretisches Vokabular als Begriffsfolie über die Kritik der politischen Ökonomie legt, übersetzt er Eros in seiner bindenden und vereinheitlichenden Funktion als Wertgesetz, das er dem rationalistischen Ideal des philosophischen Logos gleichsetzt. Eros steht für die ökonomische Ordnung des Begehrens, wohingegen Thanatos eine unordnungsstiftende Kraft symbolisiert. Der Kapitalismus des 20. Jahrhunderts ist für Lyotard von einem paradoxen Moment geprägt: Einerseits wird die Wirtschaft vom Fluss der Intensitäten und libidinösen Energien getragen, anderseits werden diese Ströme vom Wertgesetzes reguliert und kanalisiert. Während die Logik des Eros die Wiederholung des Identischen anstrebt, verfolgt der Todestrieb eine iterative Wirkungsweise und zersetzt die sedimentierten Einheiten des Eros-Wehrgesetzes.

Die Intensität von Thanatos

In dieser Dynamik von Eros und Thanatos entwickelt Lyotard den Terminus der Intensität, die sich an der Verdichtung von Singularitäten bemisst. Singularitäten müssen sowohl bei Lyotard als auch bei Deleuze „als kleine subversive Partikel gedacht werden, die in jenen intensiven Triebzonen der Gesellschaft wirksam sind, die von den Gesetzen des Kapitalismus von Eros, Ödipus und Wertgesetz nicht erfasst werden und dargestellt werden können" (Stäheli 2004, S. 57). Unter den Begriff der Intensität fällt folglich eine Verdichtung singulärer, heterogener, anarchischer Kräfte, die durch regulative Instanzen abgeschwächt werden.

Im Gegensatz zu Deleuze und Guattari, die den Todestrieb als lähmende Kraft verstehen, agieren die wilden Kräfte bei Lyotard im chaosstiftenden Prinzip des Thanatos, durch das sie sich der ordnenden Wirkung des Eros-Logos-Wertgesetzes entziehen. Damit teilt die *Libidinöse Ökonomie* mit dem *Anti-Ödipus* das Bestreben, jene Intensitätszonen im Sozialen aufzuspüren und anzuspornen, die sich wirtschaftlichen Reglementierungen entziehen, um den Kapitalismus subversiv-affirmativ in den Kollaps zu treiben. Lyotard lässt hierfür Thanatos als Gegenspieler des Eros antreten. Er begreift die Funktion des Thanatos dabei in seiner zergliedernden Arbeitsweise. Damit versteht er Ökonomie als Wechselspiel zwischen dem vereinheitlichenden und fest-stellenden Prinzip des Eros und dem zergliedernden Prinzip des Todestriebs. Diese ökonomische Dynamik resoniert mit den Bewegungen des Aufbegehrens und der Begierden, wobei das Aufbegehren Lyotards Thanatosverständnis entspricht, während die Begierden mit dem Eros-Logos-Wertgesetz korrespondieren.

Trotz dieser wesentlichen Differenz bleibt Lyotard insofern in intellektueller Nähe zu Deleuze und Guattari, als er die kapitalistische Begehrensökonomien nicht im Zeichen des Mangels, sondern im Sinne der Produktion denkt (vgl. Lyotard 1994, S. 42). Kapitalismus im Sinne des ödipalen Prinzips der Kastration und damit als mangelmotiviert zu betrachten, bedeute eine Kontinuität zum nihilistischen Denken okzidentaler Religionen aufrechtzuerhalten, die um eine mystifizierte Leerstelle kreisen, die in der Psychoanalyse als phallisches Prinzip operiere. Diese Denkfigur wird von Lyotard in Anspielung auf Jacques Lacan als *Großes Zéro* respektive *Großer Signifikant* bezeichnet und rigoros abgelehnt (Lyotard 2007, S. 11; 1994, S. 43).

9.3 Körper-Ökonomie

Wie erwähnt, experimentiert Lyotard mit Körperbildern, um die bestehende Begehrensökonomie umzudenken. Hierfür greift er die Idee der doppelten Dimension des Körpers auf, die sich durch die Philosophiegeschichte zieht. Sie begründet sich in dem kartesischen Dualismus von Geist und Materie und findet sich beispielsweise auch in der phänomenologischen Unterscheidung von Körper und Leib wieder. Weiterhin spiegelt sich diese Dichotomie in der Differenz zwischen dem Körper des Individuums und dem Staatskörper.[113] Diese Duplizität greift Lyotard auf und bearbeitet sie grundlegend.[114] Mithin versucht er den Körperdualismus zu dynamisieren, dadurch Körperbilder zu vervielfältigen und den einheitlichen Körper zu zergliedern. In zwei methodischen Darstellungssträngen wird einerseits die somatische Einheit in Einzelteile zerlegt, anderseits wird der duplizierte Körper vervielfacht. Zu Beginn des Textes findet sich eine Beschreibung, die in literarisierendem Stil das Sezieren, das Auseinanderschneiden des Körpers behandelt – ebenjene Passage, die eingangs zitiert wurde.[115] Er wird als Schichtung von Oberflächen entblößt, wodurch er seiner Einheit beraubt wird. Dieses Körperbild verweist auf Freuds Bestimmung des Ichs, das „vor allem ein körperliches [ist], es ist nicht nur ein Oberflächenwesen, sondern selbst die Projektion der Oberfläche" (Freud 1923/1975, S. 294).

In verschiedenen Textoperationen wird der Körper in Einzelteile zergliedert, in Oberflächen zerteilt und vervielfacht. Einerseits wird er als Flechtwerk disparater Körperflächen dekonstruiert, anderseits wird er pluralisiert. So zirkulieren in der *Libidinösen Ökonomie* eine Vielzahl an Körpern: der Gesellschafts-Körper, der Text-Körper, der Kunden-Körper, der Opfer-Körper, der Bürger-Körper, der Handels-Körper (vgl. Lyotard 2007, S. 191; S. 226; S. 238). Diese Körper-Figuren erscheinen in inkommensurablen Diskursen, daher können sie nicht in Analogien aufgehen. Lyotards Zweifel an organisch-körperlicher Einheitlichkeit überträgt

---

113 Das von Ernst Kantorowicz aus historischer Perspektive untersuchte Konzept des königlichen Doppelkörpers trennt den staatlich-symbolischen Körper vom individuellen Leib der Privatperson ebenso wie er beide aneinanderbindet. Durch ein Mehr an Macht wird der staatliche Körper des Königs entkörpert, da er auf symbolischer Ebene gedacht wird (Kantorowicz 1990).
114 Im Zuge dessen trifft er eine begriffliche Unterscheidung zwischen den Termen der Dualität und der *duplicité,* was sich mit Doppelzüngigkeit oder Verlogenheit, aber auch schlichtweg mit Duplizität übersetzen lässt wie es Gabriele Ricke und Ronald Vouillé getan haben (vgl. Lyotard 2007, S. 41). Der Begriff der *duplicité* soll Dichotomien dynamisieren und entgegen starrer, ontologischer Modelle dualistische Unterscheidungen als wandelbare Denkbewegungen darstellen. *Duplicité* als Doppelzüngigkeit verweist außerdem auf den ambivalenten Status von Repräsentation. Die Dualität des Zeichens als Signifikat und Signifikant bildet für Lyotard die metaphyische Illusion einer Wirklichkeit außerhalb des Bezeichneten.
115 Der textuelle Status und die verstörende Wirkung dieser Darstellung körperlicher Destruktion weisen Parallelen zu den Eröffnungsszenen des gemarterten Körpers in Foucaults *Überwachen und Strafen* und zum organlosen Körper im *Anti-Ödipus* auf (vgl. Foucault 1976, S. 9–13; vgl. Deleuze und Guattari 1974, S. 7; vgl. Gehring 1994, S. 209).

sich auf die Annahme, dass die durch den Köper figurierten Diskurse nicht als abgeschlossene Systeme zu verstehen sind, wie z. B. die Theorie des Text-Körpers oder der Korpus der Wissenschaften. In seinem Vokabular sind Körper keine Einschreibungsflächen, sie bilden ein Patchwork von Intensitäten, ein Netz verdichteter Singularitäten. Der Körper ist kein passives Objekt der Einschreibung und wird auch nicht zur Denkfigur verklärt, stattdessen bildet die Körperlichkeit ein Feld von Kraftbewegungen. In diesen Schreibbewegungen will sich Lyotard von verschiedenen dichotomen Hierarchisierungen lösen, die er unter dem Schlagwort der Repräsentation subsumiert, u. a. die Trennung von Geist und Materie sowie von Innen und Außen.

9.4 Trieb-Ökonomie

Ähnlich wie Deleuze und Guattari sucht Lyotard die Rückkehr zum frühen Freud, der das plurale Begehrensdenken des Polymorph-Perversen befördert. Laut Lyotard nimmt Freud eine Vielheit libidinöser Triebe an, da er von der polymorph perversen Konstitution des Kindes schreibt (vgl. Lyotard 2007, S. 31). Doch im Laufe der Sozialisation werden Triebe kanalisiert, reguliert und dadurch sexuelle wie geschlechtliche Identität ausgebildet, sodass, wie Freud schreibt, „der Geschlechtstrieb des Erwachsenen durch die Zusammenfassung vielfacher Regungen des Kinderlebens zu einer Einheit, einer Strebung mit einem einzigen Ziel" entsteht (Freud 1905/1975, S. 14 f.). Da die Vorstellung von normkonformen, heterosexuellen Begehren mit der Verkörperung einer kohärenten Geschlechtsidentität einhergeht, werden polymorph – perverse Begehrlichkeiten reguliert. Geschlechtlichkeit richtet sich nach der Komplementarität dieser beiden so fixierten Geschlechtsidentitäten, die in der heterosexuellen Matrix an sexuelles Begehren gekoppelt werden (vgl. Rubin 1975, S. 180 ff.). Freud selbst konstatiert, dass der Geschlechtstrieb „als etwas aus vielen Faktoren Zusammengesetztes [erscheint], das in den Perversionen gleichsam in seine Komponenten zerfällt" (Freud 1905/1975, S. 134). Insofern wird Begehren im Normalisierungsprozess vereinheitlicht, wohingegen Perversionen eine Vervielfältigung des Begehrens vollführen.

Die Ordnung des Begehrens in der Körpereinheit

Wie lässt sich dieser Gedanke des homogenisierten Begehrens in Relation zu körperlicher Einheit verstehen? Nach Butler, die sich in ihrer Konzeption der Psyche auf Lacan stützt, wird der Körper im Hinblick auf ein vergeschlechtlichtes

Ideal diszipliniert und damit diskursiv hergestellt. Diese Disziplinierung wird verinnerlicht und dadurch zur Selbstdisziplinierung, die sich durch das Über-Ich in seiner Funktion als Strafinstanz vollzieht, welches dieses Ich-Ideal normativ setzt (vgl. Butler 2001, S. 76–81; vgl. Freud 1914/1975). Die Annahme einer kohärenten Geschlechtsidentität geht mit der Produktion des Körpers als in sich geschlossener Einheit einher, die im Hinblick auf ein Ideal entworfen wird. Die Idee, dass Körper getrennte Einzelkörper seien, korreliert mit der Idee einer in sich kohärenten Identität. Identität innerhalb des Sexualitätsdispositiv beruht auf der Annahme eines Begehrens, dass der heterosexuellen Matrix entspricht und dementsprechend normalisiert ist. Paradigmatisch wird die imaginäre Körpereinheit in Lacans Text zum Spiegelstadium (1986) beschrieben, auf das Lyotard rekurriert, wenn er das Bild einer körperlichen Einheit zerbrechen will. In Lacans Darstellung zeigt sich, wie sich die Wahrnehmung des Selbst vermittels der Wahrnehmung des eigenen Körpers vollzieht, der von seiner Umwelt abgetrennt erscheint. Damit schildert Lacan das Selbst(v)erkennen des Kindes im Spiegel als Prozess der normativen Subjektsetzung: Erst im Blick von außen, durch den Blick in den Spiegel sieht das Kind seinen Körper als Einheit und imaginiert infolgedessen sich selbst als kohärentes Ich. Dieser Effekt ist jedoch für Lacan kein stabiler Zustand, da diese Körpereinheit imaginär ist und mithin mäandert das Bild eines fragmentierten Körpers unbewusst durch das psychische Leben:

> Dieser zerstückelte Körper [...] zeigt sich regelmäßig in den Träumen, wenn die [...] Analyse auf eine bestimmte Ebene aggressiver Desintegration des Individuums stößt. Er erscheint dann in der Form losgelöster Glieder und demoskopisch dargestellter, geflügelter und bewaffneter Organe [...] (Lacan 1986, S. 67)

Lyotard will diesen alptraumartigen Fragment-Körper lebendig machen, um dessen Begehren zu befreien, da die imaginäre Kohärenz des Körper-Ichs die Libido-Normalisierung bedingt.[116]

Der Widerstreit zwischen Eros und Thanatos

Nach Freud treten Eros und Thanatos zumeist in legierter Form auf. Lyotard nimmt diesen Gedanken auf und dynamisiert das Wechselspiel der Triebe. Im Zuge dessen verkehrt er die Vorzeichen, da er den Todestrieb als Prinzip affir-

---

116 Während sich Freuds Libidoökonomie an der Körpereinheit des Organismus bemisst und damit Körper wie Libido normativ setzt, versucht Lyotards Entwurf eines fragmentarischen Libido-Körpers eine Ent-Normalisierung von Begehren (vgl. Lingis 1979, S. 87).

mativer und ungesteuerter Begehrensströme und den Eros als negatives Regulationsprinzip auffasst. Durch diese Bewegung verliert die Abgrenzung der beiden Triebprinzipien an Schärfe. Damit plädiert er für eine Ununterscheidbarkeit der jeweiligen Wirkungsweisen, postuliert aber zugleich eine Invertierung derselben, insofern er den Eros als negatives Prinzip versteht. Damit verkehrt er die Auffassung, dass der Todestrieb von Negativität geprägt sei. Um diesen scheinbaren Selbstwiderspruch aufzulösen ruft Lyotard das Bild des Möbius-Bandes auf: Eros und Thanatos sind zwei Seiten des Bandes, gleichzeitig gibt es nur eine Seite, da sie unendlich ineinander verschlungen sind. In dieser Verschlingung deutet Lyotard den Todestrieb als affirmative Differenz und dessen Wirkungsweisen als iterative Bewegung, die sich der diskursiven Regulation entzieht, wohingegen Eros als negatives Prinzip ordnend und kanalisierend wirkt. Dementsprechend wird die Libido als Energie oder gesellschaftsantreibende Kraft vom Eros als repräsentationales Prinzip abgegrenzt, das in einer Logik des Identischen operiert. In dieser Lesart wird Begehren in einer grundlegenden Ambivalenz aufgefasst.

Diese Ambivalenz begründet sich darin, dass Lyotard das Wort *désir* bei Freud in zwei verschiedenen Bedeutungen interpretiert: als Wunsch und als lebensbejahende Kraft, vergleichbar mit Nietzsches Begriff des Willens (vgl. Lyotard 1994, S. 116). Die beiden Bedeutungen divergieren im Werk Freuds und geben seiner Theorie eine jeweils andere Gewichtung. Diese Divergenz findet ihren konfliktreichen Höhepunkt in *Jenseits des Lustprinzips*, während sich in anderen Texten, wie etwa der *Traumdeutung*, diese Ambivalenz in einem mechanischen Modell aufgelöst wird (vgl. Freud 1920/1975, S. 261). Wie bereits Deleuze und Guattari aufzeigen, hantiert Freud in der *Traumdeutung* mit einem doppelten Begehrensbegriff. Erstens: Begehren operiert in Form des unerfüllbaren Wunsches, der keine Befriedigung erfährt und aus dem ein stetiger Mangel resultiert. Durch Repräsentationen im Inneren werden Ersatzbefriedigungen geschaffen. Zweitens: Begehren erscheint als Triebkraft von Maschinen, die diese Wünsche produziert. Für Lyotard besteht das Vorhaben der Psychoanalyse als gesellschaftlicher Institution darin, die zirkulierenden Libidoströme zu kanalisieren und im Regelwerk des eigenen Diskurses zu reproduzieren. Mit dieser These trifft die *Libidinöse Ökonomie* ins Herz ihres „Bruder[s]", dem *Anti-Ödipus* (Lyotard 2007, S. 133). Die beiden Bedeutungen von *désir*, die in Freuds Werk angelegt sind, arbeiten miteinander wie gegeneinander. Während in seinen früheren Werken, wie der *Traumdeutung*, Begehren in einer Theorie der Wunscherfüllung gedacht wird und die Ambiguität des Begehrensbegriffs in einem Modell der Repräsentation harmonisiert wird, verlagert die Bedeutung des Verlangens als Kraft diese in späteren Werken wie *Jenseits des Lustprinzips* in die Triebtheorie. Für Lyotard setzt sich die Kraftlinie des maschinellen Begehrens im Todestrieb fort (vgl. Lyotard 1994,

S. 16 f.). Dementsprechend liest er den Todestrieb als Kraft, die dazu führt, dass die psychischen Maschinen nicht reibungslos funktionieren.

Die metaphorische Zergliederung des Libido-Körpers

Der Philosoph Alphonso Lingis kommentiert, dass Lyotards Text zur libidinösen Philosophie Vokabular generiere, um Begehren und Sexualität aus einer neuen Perspektive zu analysieren, wie in den Figuren des Libido-Körpers und Libido-Bands (vgl. Lingis 1979, S. 87). So wird das Libidinöse in diversen Metaphern eingefasst, die wiederholt im Text auftauchen.[117] Zur Kritik der psychoanalytischen Repräsentationslogik verwendet Lyotard wie Deleuze und Guattari die Figur des Theaters, anhand der er die Trennung von inner- und außerdiskursiv diskutiert – eine weitere Parallele zum *Anti-Ödipus*. Außerdem wird Haut als nicht endloses Möbius-Band figuriert, ein Band, das keine zwei Seiten, sondern einseitig und in sich verschlungen ist und somit kein Innen und kein Außen kennt (vgl. Lyotard 1994, S. 158; vgl. Sullivan 2002, S. 50). In diesem Bild lässt sich das Zusammenwirken des brüchigen Dualismus von Eros und Thanatos erkennen.

Am Beginn seines Textes steht die eingangs zitierte Szene, in der das Sezieren des Körpers in Oberflächen beschrieben wird. Unter der entblößten Hautoberfläche befinden sich weitere Schichten organische Flächen. Der Körper wird von Lyotard als libidinöse Haut beschrieben, als Patchwork von somatischen und sozialen Elementen (vgl. Lyotard 2007, S. 27). Dementsprechend gibt es weder Körperinneres oder -äußeres, noch stellt die Haut die Grenze dessen dar. Diese Beschreibung führt dazu, wie die Philosophin Petra Gehring darlegt, dass sich „das szientistische Bild vom Körper als leibliche Umhüllung einer ‚Innerlichkeit' [...] als systematische Fiktion [erweist]" (Gehring 1994, S. 210). Wie der Körper seiner Einheit beraubt und als zergliederter Libido-Körper aufgerufen wird, löst sich die Vorstellung eines vereinheitlichten Begehrens auf. In Anlehnung an die perverse Polymorphie beschreibt Lyotard eine diverse Polymorphie, die kein Innen oder Außen und daher keine Öffnungen und keine Penetration kennt, nur Oberfläche. Dies entspricht dem Bild des Libido-Körpers, der kein Volumen hat, keine Tiefe kennt und in Oberflächen zergliedert wird, die sich in organischen Schichten anordnen. So entsteht ein Feld der Perversionen, eine Anreicherung der Partialtriebe, die sich über die libidinöse Haut bewegen und analog dazu eine

---

117 Die Begehrensmetaphern finden sich beispielsweise im Bild des libidinösen Labyrinths und der Sperre der Repräsentation, die als Trennung zwischen Signifikant/Signifikat fungiert und die nach Lyotard in derartige Rotation versetzt werden muss, sodass sie sich in ihrer Funktion als Schranke zeitweilig auflöst (vgl. Lyotard 2007, S. 23).

Zergliederung und Pervertierung des vereinheitlichten, normalisierten Begehrens in Partialtriebe.[118]

Durch den Begriff der Intensitäten weitet Lyotard die Idee libidinöser Energie aus und entwickelt ein Modell gesellschaftsmobilisierender Kraft. Wie der Philosoph James Williams, der das politische Potenzial von Lyotards Denken betont, schreibt:

> Desire is understood as a material process that involves systems and energy [...]. The libidinal economy is a flow of resources around a system where resources take the form of an energy that circulates and appears in many different, ever changing subsystems. The energy takes the form of libidinal feelings and desires (Lyotard calls these intensities). The use of libidinal here indicates an expansion of the model of sexual desire and feelings into a general model for energy in society: energy in the libidinal economy is like sexual energy (Williams 1998, S. 40)

Wesentlich ist, Begehren nicht mit sozialer Macht gleichzusetzen, sondern als ontologische Kraft aufzufassen. Diese Kraft *(puissance)* lässt sich nicht unter dem Namen von Macht *(pouvoir)* subsumieren. Während Lyotard Macht in der Idee der Identität verortet, entspricht die Libido einer Kraft, deren Potenz darin besteht, epistemische Modelle wie Subjekt/Objekt, Geist/Materie, Kausalität und Temporalität zu zersetzen, da sie ihnen einerseits innewohnt, andererseits über sie hinausgeht und eine transgressive Wirkung auf sie ausübt. In diesem Libido-Modell wird der Körper von Intensitätsströmen durchzogen, die sich rein kultureller Prägung entziehen und eher im Sinne fließender Kräfte in Anlehnung an Nietzsches Wille zur Macht zu denken sind. Das Modell ließe sich in dieser Hinsicht in einer Reihe vitalistischer Theorien von Baruch de Spinoza über Henri Bergson bis Gilles Deleuze verorten. Libidinöse Energien werden unter dem Begriff der Intensitäten als stets zirkulierende Flüsse von Lebensenergien resigni-

---

118 Lyotard unterstellt Lacan eine quasi theologische Konzeption durch das Setzen eines *Großen Signifikanten*, von dem sich alle anderen Signifikanten ableiten und auf den sie verweisen. Dieser Signifikant stellt bei Lacan den Phallus dar, durch den die Idee des Mangels eingeführt wird, da der Phallus unerreichbares Begehrensobjekt ist und somit unerfüllbare Wünsche generiert. Bei Freud drückt sich dieser Aspekt in seinen Konzepten des weiblichen Penisneids und der männlichen Kastrationsangst aus. Dies expliziert sein Verständnis von Begehren als Mangel. Der theologisch wirkende Signifikant, den Lyotard hier benennt, ist eine mythologisierte Leerstelle, daher bezeichnet sie Lyotard auch als Figur des *Großen Zéro*, eine Bezeichnung, die in Anlehnung zu Lacans Figur des Großen Anderen steht, der ebenfalls durch Negativität bestimmt ist (vgl. Lyotard 2007, S. 11 f.; vgl. Lingis 1979, S. 94). Diese Signifikanten sind für Lyotard ähnlich repressiv wie Eros als Katalysator von Begehrensströmen. Die Begehrensströme sind instabil, heterogen und durch den Todestrieb motiviert. Diese Pluralisierung von Begehren entwickelt das Potenzial, zumindest partiell der Regulation durch den Eros entgehen zu können (vgl. Lingis 1979, S. 89).

fiziert, als Kräfte, die das Leben in seiner ungebändigten Form sowie das Denken der Differenz, der Heterogenität und der Singularität affirmieren. Wie bei Platon oder Deleuze und Guattari zeigt sich hier die begehrenstheoretische Körpermetapher des Fließens. Bei Lyotard ist dabei insbesondere interessant, wie er das frei fließende Begehren mit der disruptiven Kraft des Todestriebs verbindet.

Zwillingsbücher: der *Anti-Ödipus* und *Die Libidinöse Ökonomie*

Wie angemerkt, bestehen Querverweise zwischen der *Libidinösen Ökonomie* und dem *Anti-Ödipus* und insbesondere zwischen Lyotards Körperbildern in der Gestalt eines in Oberflächen zergliederten Körpers und der von Deleuze und Guattari eingebrachten Figur des organlosen Körpers. Hierbei wird Begehren als Gefüge konzipiert, wodurch ein Immanenzfeld erschaffen wird. Dieses wird als Körper ohne Organe bezeichnet, der zugleich biologisch, politisch und gesellschaftlich ist (vgl. Deleuze 1996a, S. 30). Dieser Prozess der Herstellung von Gefügen und organlosen Körpern als Immanenzflächen wird von Deleuze und Guattari im Begriff der Wunschmaschinen gefasst, an den Lyotard in seiner Lektüre implizit anzuknüpfen scheint, wenn er die Interdependenzen des individuellen, des gesellschaftlichen Körpers und des Körpers der Welt als Teile einer Maschinerie ansieht. Deleuze und Guattari Begehrenstheorie führt zu einer Aufwertung des Partikularen, das sich dem Gesetz der Gleichmachung durch einen Wert im Sinne des Eros-Logos entzieht und daher in affirmativer Unbändigkeit subversives Potential entfaltet. Dies entspricht Lyotards Idee von Intensitäten als singuläre, anarchische, libidinöse Energien und steht seiner Darstellung des Körpers als libidinöser Haut nahe, welche die Bewegungsfläche eben jener Intensitäten ist. Doch Lyotard betont die Fragmentierung des Libido-Körpers, während der organlose Körper ein mannigfaltiges Ganzes ist. In diesen verschiedenen Körperkonzeptionen äußern sich die eklatanten begehrenstheoretischen Unterschiede zwischen Lyotard, der den Todestrieb in seiner subversiven Störkraft der Zergliederung mobilisiert, und Deleuze und Guattari, die ihren Begehrensbegriff vom spinozistischen Affirmationsmodell des Conatus ableiten. Auch wenn im *Anti-Ödipus* Ambivalenzen angesichts des Todestriebs auftauchen, wird Thanatos wird dort als lebensfeindlich und konservativ diffamiert. Gänzlich gegensätzlich prangert Lyotard den Eros an, der für ihn als begehrensökonomisches Ordnungsprinzip fungiert, während der Todestrieb als libidinöses Unordnungsprinzip operiert.

9.5 Text-Ökonomie

In der Sprache wird ökonomisiert, besonders in der wissenschaftlichen Sprache (vgl. Lyotard 1994, S. 118 f.). Da Diskursivität gemäß einem regulativen Prinzip operiert, werden Intensitäten im Diskursiven im Allgemeinen und in wissenschaftlichen Diskursen im Besonderen abgeschwächt. Lyotard versteht unter einem Dispositiv die Überlagerung von Rastern, welche die Energieströme filtern. Es gibt ein Dispositiv zur Sinngebung von Affekten, wodurch Diskurse produziert werden (vgl. Stäheli 2004, S. 59). Dadurch werden libidinöse Energien in stillgestellte sprachliche Energien transformiert, sodass diskursive Objekte entstehen, die ihrerseits zu Affekten, Gefühlen, körperlichen Einschreibungen anreizen. Auf diese Weise beschreibt Lyotard die Wechselwirkungen zwischen Begehren und Diskurs.

Daher begreift er einen Theorietext als Immobilisierung eines organischen Körpers, wobei dieser als Metapher für libidinöse Kräfte funktioniert (vgl. Lyotard 2007, S. 289). Dennoch ist diese machtvolle diskursive Wirkung nicht deterministisch zu begreifen: Dispositionen, die einerseits Begehren kontrollieren und regulieren, sind eben durch diese Funktion gefährdet, weil ihren Regeln deren potentielle Überschreitung immanent ist. Da Intensitäten durch Diskurse abgemildert und kontrolliert werden, spielt sich in der libidinösen Ökonomie ein dynamisches Verhältnis zwischen Intensitäten und Dispositionen ab. In der normativen Wirkung von Diskursen auf Affekte und Triebe etablieren sich festgelegte Formen des Ausdrucks von Emotionen, die dadurch entsprechend gestaltet werden, z. B. im Diskurs einer psychoanalytischen Sitzung. Wie Foucault, Deleuze und Guattari führt auch Lyotard die Diskursökonomie der Psychoanalyse an, in der Geld- gegen Redefluss getauscht und Begehren im pastoralmächtigen Modus reguliert wird (vgl. Lyotard 2007, S. 226; vgl. Williams 1998, S. 58). Zugleich können derartige Dispositionen von affektiven und libidinös besetzten Regungen überschritten und verwandelt werden. Diese Festlegung von Formen des Sprechens als Spielregeln inkommensurabler Diskurse und das Postulieren einer affirmativen, potentiell subversiven Bewegung zwischen den Diskursen als unregulierter libidinöser Energie deutet auf die später erfolgte Konzipierung des *Widerstreits* als kritische Bewegung hin.

Die Verflechtung von Wissen und Kapital ist das Dispositiv, das die libidinöse Ökonomie des Kapitalismus beherrscht (vgl. Lyotard 1994, S. 46). Daher fordert Lyotard:

Man muß also auf Kritik vollständig verzichten, in dem Sinn, daß man das Kapital nicht mehr dadurch kritisiert, daß man ihm libidinöse Kälte oder Einwertigkeit der Triebe vorwirft

[...]; man muß die unglaublichen unerhörten Triebkapazitäten, die es ins Spiel bringt kon-
statieren, untersuchen und verstärken (Lyotard 2007, S. 170 f.).

Dementsprechend strebt er danach, durch wilde Sprachspiele die diskursimma-
nenten Regeln zu subvertieren, um nicht zu sagen, durch stilistische Provokation
zu pervertieren. Dabei ist es Zweck seines Schreibens, den eigenen Text als Libido-
Körper zu kreieren, als einen Text, in dem Affekte und Begehren möglichst ungebändigt zirkulieren können, als Effekt eines assoziativen Stils und fragmentarischer Struktur, die mit der Textkonformität von auf Kohärenz abzielender Ar-
gumentationsführung bricht. Lyotards libidinöse Lektüre zielt nicht darauf ab,
Zeichen zu interpretieren, indem nach ihren Ursachen gefragt wird, sondern eine
Anreicherung von Bildern, Assoziationen, Verknüpfungen zu generieren, um
textperformativ dem Begehren freien Lauf zu lassen.

Da das Konzept des kohärenten Körpers Konsequenz eines totalisierenden
Denkens ist, das Lyotard ablehnt, wird der Körper in seiner vermeintlichen Einheit
zergliedert und vervielfacht. Mit diesem Gestus wendet er sich gegen die Idee von
Einheit und Totalität und gegen den Status theoretischer Texte als immobilisier-
ten Libidoströmen. Gegen beide versucht er anzuschreiben, indem er argumentative Kohärenz zugunsten einer assoziativen Akkumulation von Bildern und
Sätzen aufgibt, die wie in einem Kaleidoskop durcheinanderwirbeln, sich zusammenfügen und wieder auseinanderstieben. Retrospektiv bewertet Lyotard
seinen Versuch folgendermaßen:

> Es war Anlaß zu einer Art Ausagieren, deren Rationalisierung [...] in der Anmaßung bestand,
> das Schreiben so biegsam und flexibel zu machen, daß im Fleisch und Blut der Wörter nicht
> mehr die Repräsentation schweifender Gefühle, sondern ihre wirkliche Präsentation vor-
> geführt wurde (Lyotard 1989, S. 34).

Dieses Experiment einer literarisierenden Libido-Philosophie wirft die Schwierigkeit auf, dass Intensitäten in ihrer Darstellung mitunter in Form frei flottierender, flirrender Energien als begrifflich unfassbare Entitäten erscheinen, die
allzu esoterisch aufgeladen sind. Doch eben dadurch verwehrt sich der Text der
Entzauberung und verharrt im unerfüllbaren Wunsch, der immobilisierenden
Kraft theoretischer Diskurse zu entfliehen und ein Schreiben zu entwickeln, dass
sich als zergliederter Text-Körper präsentiert, auf dessen Sprach-Haut Sätze wie
libidinöse Strömungen entlangziehen.

9.6 Thanatos-Ökonomie

Ähnlich wie im *Anti-Ödipus* erscheint Begehren nicht durch Mangel organisiert, sondern wird als Produktivität und Exzess entworfen (vgl. Lyotard 2007, S. 9 – 12). In psychoanalytischer Perspektive wird Begehren gemeinhin im Sinne eines ödipal besetzten Wunsches begriffen, der sich durch seine Unerfüllbarkeit und dem daraus resultierenden Aufschub nährt und im Sozialisationsprozess substituiert sowie sublimiert, reguliert und normiert wird. Lyotards Kritik an dieser Position führt zu einem Verständnis von Begehren als Kraft, die konstitutiv für Gesellschaftsverhältnisse ist. In dieser Haltung nähert er sich Deleuze und Guattari an, die Begehren ebenfalls als dynamisch, plural, heterogen und produktiv im Sinne der unbewussten Wunschproduktion bestimmen. In der *Libidinösen Ökonomie* wie im *Anti-Ödipus* arbeitet Begehren als anarchische, unregulierte Kraft, die in ihrer affirmativen, lebensbejahenden Wirkung dem Willen Nietzsches, wie ihn Deleuze liest, nahesteht.

Indessen konzentriert sich Lyotard auf die Trope des Körpers, um Begehren in seinen mäandernden Bewegungen nachzuvollziehen. In seiner Schrift wandelt sich der Körper von einer organischen Volumeneinheit zu einer Oberfläche partikularer Intensitäten, die eine neue Blickweise auf Libidoökonomien ermöglicht. Wenn der Libido-Körper und damit Begehren nicht als geschlossene, kohärente Systeme gedacht werden, zergliedert sich Begehren in eine Vielzahl von Partialtrieben.

Für Lyotard spiegelt das vereinheitlichende, totalisierende Prinzip des Eros-Logos das Wertgesetz wider. Dagegen bringt er den Todestrieb ins Spiel, der in seiner fragmentierenden Wirkung Wege für das frei fließende Begehren schafft. Entgegen der Annahme von Deleuze und Guattari, dass Freuds Todestrieb als mechanische Wiederholung des Identischen wirke, begreift Lyotard ihn als iterative Differenzbewegung und verortet das Prinzip der Homogenisierung auf Seiten des Eros, durch den Begehrensströme diskursiv gebündelt und geleitet werden. In diesem ökonomischen Modell, das von einer exzessiven, affirmativen Bewegung auf der einen Seite und einer negativen, ordnenden Bewegung auf der anderen Seite bestimmt wird, verbindet er Eros mit dem Logos und dem Wertgesetz, während er den Todestrieb als freisetzende, ordnungsstörende Kraft entwirft. Damit beschreibt er eine Begehrensdynamik, in der Eros der stillstellenden Wirkung der Begierden und Thanatos der aufwirbelnden Wirkung des Aufbegehrens entspricht.

9.7 Kalkulation

Die fünf Analysestränge zeigen sich in Lyotards Text erneut in anderer Anordnung. Erstens: Im Einvernehmen mit Deleuze und Guattari lehnt Lyotard das begehrensökonomische Mangeldenken ab und findet stattdessen in der frühen Schaffensphase Freuds einen produktiven und pluralen Begehrensbegriff, den er sich zunutze macht, um das Mangelprimat vehement anzufechten. Zweitens: In einer Linie mit Deleuze und Guattari, Klossowski und Bataille prangert Lyotard die Rationalisierung des Begehrens als machtvolle Ordnung desselben an. Hierbei ist besonders sein Textexperiment der wilden Sprachspiele aufschlussreich, durch das er der homogenisierenden Diskursordnung von Theorietexten entgegentritt. Drittens: Auch Lyotard denkt Begehrensökonomien als Körperökonomie. Hierzu zieht er verschiedene Beispiele heran, die das freie Fließen von Körpersäften zu einer Konzeption des fluiden Begehrens verdichten. In diesem Nahverhältnis von Körpermetaphern und Begehrenstheorien ist insbesondere die Figur des fragmentieren Körpers aufschlussreich, die dem albtraumhaft mäandernden Körperbild entspricht, welches bereits Lacan in seiner Schrift zum Spiegelstadium erwähnt. Der zergliederte, zerfetzte Körper symbolisiert das Begehren, das jeglicher Ordnungseinheit widerstrebt. Viertens: Dies führt zu der Umformulierung von Eros als einheitsstiftender Kraft, welche gesellschaftliche Hierarchien befördert, und Thanatos als disruptiver, zergliedernder Kraft, welche diese Sozialordnungen aufbricht. In diesem Verständnis begreift Lyotard Thanatos als Aufbegehren und führt damit eine Lesart ein, die Freuds Antagonismus von Eros und Thanatos für eine kritische Analyse kapitalistischer Dynamiken fruchtbar macht. Fünftens: Indem Lyotard Eros mit dem Wertgesetz assoziiert, zeigt er dessen homogenisierenden Effekte auf. In diesem Gedanken lässt sich an Nietzsche anschließen, der darauf hinweist, dass die Idee des Werts und der Werte Ungleiches gleichmache. Doch während sich Klossowski ausgiebig mit dem Zusammenhang von Begehren und Wert auseinandersetzt, bleibt der von Lyotard angeführte Zusammenschluss von Eros und Wertgesetz recht eindimensional.

Das prägnanteste Begehrensbild in Lyotards *Libidinöser Ökonomie* bildet der zergliederte Körper, der sich als zerfetzter Text-Körper zeigt. Im folgenden Kapitel werden wir mit der soziosomatischen Idee des *self-shattering* einen ähnlichen Gedanken verfolgen, um nachzuvollziehen, wie die Fragmentierung der soziosomatischen Körpereinheit zu einer Pluralisierung des Begehrens führen kann.

10 Queere Kämpfe und antisoziales Begehren: Guy Hocquenghem

Ein Buch, das 1972 schon einige Monate vor dem *Anti-Ödipus* erschien, ist Guy Hocquenghems *Das homosexuelle Begehren* (2019). Dabei sollte man sich von der zeitlichen Abfolge nicht darüber hinwegtäuschen lassen, dass Hocquenghems Buch deutlich von den schizoanalytischen Thesen des *Anti-Ödipus* geprägt ist (vgl. Preciado 2009, S. 143). Seine Publikation wurde außerdem von Guattari als Mitherausgeber verantwortet. Diese Nähe der beiden Bücher sowie ihrer Autoren findet Ausdruck in gemeinsamen intellektuellen Experimentierräumen und in geteilten politischen Kämpfen.

Hocquenghem lehrte gemeinsam mit seinem Gefährten René Schérer Philosophie an der Experimentaluniversität Paris VIII Vincennes – Saint-Denis, an der auch Deleuze, Guattari und Foucault engagiert waren. Die Gründung von Paris VII hatte die Regierung gefördert, um den politischen Tumult rund um 1968 aus dem Pariser Zentrum in den außerhalb gelegenen Campus zu verlagern (vgl. Preciado 2009, S. 142). Vor allem war Hocquenghem aber Mitstreiter bei der *Front Homosexuel d'Action Révolutionnaire (FHAR)*, der Revolutionären Homosexuellen Aktionsfront, die sich 1971 gründete und deren politische Praktiken seine intellektuelle Arbeit ebenso prägten wie seine Schriften die Aktionen der *FHAR* beeinflussten. Seine Texte lassen sich insofern als Queer Theory *avant la lettre* bezeichnen (vgl. Voß 2018), da sie im Umdenken des Begehrens das bürgerliche Identitätsvorstellungen anfechten, das Zusammenspiel verschiedener Machtformen und -strukturen untersuchen und sich an der Schnittstelle von politischer Praxis und Theorie verorten. Um Hocquenghems begehrenstheoretische Überlegungen in der soziopolitischen Situation seines Schreibens nachzuvollziehen und zu verfolgen, wie sich diese Überlegungen in queertheoretischen Texten fortführen, beginnt dieses Kapitel mit einer Momentaufnahme der theoretischen und politischen Bedingungen von Hocquenghems Buch zum homosexuellen Begehren.

10.1 Befreiungskämpfe des Begehrens

Hocquenghem engagierte sich schon 1971, dem Gründungsjahr, in der *FHAR*. Ähnlich wie spätere Gruppen wie die *Gouines Rouges,* die *Roten Lesben,* oder *Act-Up* (vgl. Preciado 2009, S. 135) war die Haltung der *FHAR* dezidiert antibürgerlich. Im Gegensatz zu sogenannten homophilen Organisationen, die auf die Akzeptanz der Gesellschaft hofften und sich nach besten Kräften in die bourgeoisen Kreise

https://doi.org/10.1515/9783110686975-015

integrieren wollten (vgl. Shepard 2017, S. 88 f.), trat die *FHAR* laut und provokant auf. Sie stellte nicht nur sexualemanzipatorisch radikale Liberalisierungsforderungen, sondern kritisierte vehement die gesamten kapitalistischen Gesellschaftsverhältnisse.

Die Begehrenspolitiken der *Front Homosexuel d'Action Révolutionnaire*

In ihren Anfangsjahren intervenierte die *FHAR* in eine gesellschaftspolitische Debatte, die seit dem algerischen Unabhängigkeitskrieg, der von 1954 bis 1962 dauerte, immer wieder aufkam und um Sexualität und arabische, insbesondere algerische Männer kreiste. Der Historiker Todd Shepard legt in seiner Studie *Sex, France & Arab Men, 1962–1979* (2017) dar, wie die Rechte versuchte, arabische Männer als Bedrohung der sexuellen und nationalen Identität darzustellen – ein Agitationsmuster, das aktuell in abgewandelter Form in reaktionärer Rhetorik auffindbar ist. Die Persistenz dieser affektpolitischen Aufregung ist wenig verwunderlich, da sie kennzeichnend für rechte Ideen und Politiken ist: „The binary of healthy virility versus a disturbing sexual perversion was foundational for the modern ultranationalist French far right, which had emerged in the late nineteenth century" (Shepard 2017, S. 28). In den rechten Kreisen Frankreichs empfand man die Kriegsniederlage und den Kolonieverlust als kastrative Schwächung der nationalen Souveränität und als Kränkung der männlichen Souveränität. Man imaginierte die Figur arabischer Hypervirilität als Gefahr der weißen, bürgerlichen, heteronormativen Maskulinität, zugleich assoziierte man arabische Männer mit krimineller und sexueller Delinquenz (vgl. Shepard 2017, 42–63). Die Idee, diese könnten homosexuelle Praktiken importieren und integrieren, wirkte als Bedrohungsszenario, welches das Schreckensbild einer Kolonisierung Frankreichs bemühte. So aberwitzig derartige reaktionäre Angstbilder – in Geschichte wie in Gegenwart– erscheinen, so anschaulich zeigen sie auf, wie stark sexuelle und geschlechtliche Imaginationen mit politischen Wünschen, Ängsten und Sorgen verbunden werden (vgl. Kämper 2005, S. 67–70).

In diese Debatte um die sexuelle Dimension der rassifizierten Differenz intervenierte die *FHAR*, indem sie die reaktionären Assoziationen aufnahm und gewissermaßen verkehrte. Man solidarisierte sich nicht nur mit denjenigen, die derart rassistisch adressiert wurden, sondern betonte die sexuellen Begegnungen mit arabischen Männern. „It was through public evocation and exaltation of sex between male Arab immigrant workers, most particularly Algerians, and ‚French' and ‚European' homosexual males that the FHAR most aggressively advanced its claim to be at the vanguard of revolutionary action" (Shepard 2017, S. 65). Hierbei verfolgte man die Idee, durch eine Politik der Perversionen gegen die gesamtgesellschaftlichen Ordnungen aufzubegehren (vgl. Shepard 2017, S. 64). Einen wichtigen Bezug bot ein provozierendes, prominentes Zitat des Schriftstellers Jean Genet, der 1964 in einem Interview mit dem *Playboy*-Magazin geäußert hatte, er stünde womöglich nicht auf Seiten der *FLN, Front de libération nationale,* der algerischen Befreiungsfront, wäre er nicht mit so vielen Algeriern ins Bett gegangen (vgl. Shepard 2017, S. 54). Während Hocquenghem diese Perspektive auf Begehrenspolitiken in seinen Reflexionen über homosexuelles Verlangen aufnahm (vgl. Hocquenghem 2019, S. 135 f.), positionierte sich ein anderer schwuler Aktivist aus Paris deutlich dagegen: der Schriftsteller Renaud Camus. Er äußerte sich abfällig über arabische Männer und trat zugleich für eine klar abgegrenzte homosexuelle Identität ein (vgl. Shepard 2017, S. 101). Diese Tatsache ist insofern interessant, als Camus gegenwärtig einer der bekanntesten rechten Autoren Frankreichs ist, dessen antimuslimische Verschwörungstheorie des „Großen Austauschs" ein zentrales Leitmotiv der international organisierten Rechten bildet (vgl. Weiß 2019, S. 73 f.). Ganz im Gegensatz dazu verfolgte Hocquenghem ein Denken des Begehrens, das als revolutionäre Kraft autoritäre Ordnungen durchkreuzt.

Die homophobe Paranoia der Psychoanalyse

Im Einklang mit Deleuze und Guattari befasst sich Hocquenghem kritisch mit der Psychoanalyse und deren homophoben Positionen. Schließlich ist die Geschichte der Psychoanalyse von homofeindlichen Ressentiments geprägt, die, grob zusammengefasst, behaupten, Homosexuelle seien narzisstisch, unfähig zu lieben und überhaupt soziale Bindungen herzustellen, sodass sie allesamt in der paranoiden Annahme münden, homosexuelles Begehren bedrohe das Soziale (vgl. Herzog 2017, 56 – 87). In seiner Auseinandersetzung mit derartigen psychoanalytischen Positionen hebt Hocquenghem deren Assoziation von Homosexualität und Paranoia hervor. Diese Assoziation begründet sich in der Studie Freuds (1900/1975) zum Fall von Schreber, die Deleuze und Guattari im *Anti-Ödipus* diskutieren. Freud deutet Schrebers Schizophrenie in Termini der Paranoia und Homosexualität und da er dabei den starren ödipalen Erklärungsansatz wählt, verkennt er die identitätsüberschreitenden Werdensprozesse, welche Schreber durchläuft – so die Kritik im *Anti-Ödipus* (vgl. Deleuze/Guattari 1974, S. 71–75). Freud nimmt die Verbindung von Homosexualität und Paranoia in seinen nachfolgenden Schriften auf und argumentiert ferner, verstärkte Eifersucht und die damit einhergehende Paranoia seien Symptome verdrängter Homosexualität, die er hierdurch pathologisiert (vgl. Freud 1922/1975; vgl. Hocquenghem 2019, S. 92 f.). Allerdings muss man anmerken, dass Freud auch offen die Ansicht vertrat, dass das Leiden von Homosexuellen nicht von ihrem Begehren herrühre, dass dieses weder krank noch falsch sei, sondern dieses Leiden vielmehr durch die sozialen Sanktionen, welche die repressive Sexualmoral auferlegt, verursacht sei (vgl. Herzog 2017, S. 58 f.). In der Nachfolge Freuds konzentrierten sich die konservativ ausgerichteten Psychoanalyseschulen auf dessen problematisch pathologisierenden Thesen zu homosexuellem Begehren. Homosexualität inhärent mit Paranoia zu verkoppeln, bedeutet, sie als krankhafte ödipale Fehlentwicklung zu deuten. Wenn man dagegen die Perspektive verkehrt und das homosexuelle Leiden als Konsequenz sozialer Sanktionen betrachtet, dann erscheint die Angst angesichts drohender Repressionen gesellschaftlich bedingt und überaus gerechtfertigt. Hocquenghem spitzt diese Perspektive noch weiter zu und verkehrt das Verhältnis von Paranoia und Homosexualität, indem er die Paranoia als antihomosexuellen Affekt der Psychoanalyse ausmacht, die stellvertretend für die bürgerliche Gesellschaft steht. Ähnlich wie Deleuze und Guattari kritisiert er Freuds Deutung von Schrebers Schizophrenie und legt dessen Assoziation von Paranoia und Homosexualität dahingehend aus, dass sie die homophobe Panik der Gesellschaft präsentiert (vgl. Hocquenghem 2019, S. 17– 43). Anstatt solche sexualkonservativen Ängste zu beschwichtigen, enttarnt er sie als homofeindliche Paranoia, die er zugleich bekräftigt, da er eine radikale Affirmation des homosexuellen Antisozialen betreibt (vgl. Schérer 2000).

Wie Dagmar Herzog aufzeigt, wandelte sich in den 1970er Jahren der Schwerpunkt der homofeindlichen Argumentationen. Während man vormals von prä-ödipalen Störungen ausging und annahm, dass die Stagnation in der analen Phase Homosexualität hervorrufe, führte man nun ins Feld, Homosexuelle seien aufgrund narzisstischer Ich-Störungen unfähig zu lieben (vgl. Herzog 2017, S. 57– 68). Während sich diese argumentative Verschiebung vor allem in psychoanalytischen Kreisen in den USA manifestierte, standen in den linksintellektuellen Kreisen im Paris der 1960er und 1970er freudomarxistische Theorien hoch im Diskurs. Daher finden sich im *Anti-Ödipus* Bezüge zu freudomarxistischen Denkern, insbesondere zu Wilhelm Reich. Obwohl sie in ihren Überlegungen zu faschistischen Begehrenstendenzen auf dessen Massenanalyse beziehen, äußern sie sich grundlegend kritisch gegenüber freudomarxistischen Ansätzen. Trotz möglicher Berührungspunkte bleibt für sie die „Parallelisierung von Marx und Freud [...] absolut steril und irrelevant" (Deleuze und Guattari 1974, S. 38 f.), sodass die freudomarxistischen Kategorien ihren traurigen Höhepunkt darin finden, Kot mit Kapital gleichzusetzen (vgl. Deleuze und Guattari 1974, S. 39). Diese Analogie spielt auf eine Äußerung Freuds aus *Das Unbehagen in der Kultur* an, in der er Analerotik mit Sparsamkeit assoziiert (vgl. Freud 1930/1975, S. 456; vgl. Gourgé 2001, S. 110). Daran angelehnt vertrat Reich die Ansicht, dass Homosexualität eine Konsequenz der bürgerlichen Dekadenz des Kapitalismus und Kennzeichen des Faschismus sei.[119] Er drückt sich dahingehend deutlich aus:

> Der deutsche Faschismus versuchte es mit aller Macht, sich in den psychischen Strukturen zu verankern und legte daher das größte Gewicht auf die Erfassung der Jugend und der Kinder. [...] Die natürlichen, sexuellen Strebungen zum anderen Geschlecht, die von Kindheit an zur Befriedigung drängen, wurden im wesentlichen durch verstellte, abgelenkte homosexuelle, teils auch durch Askese ersetzt (Reich 1933/2003, S. 179).

Herbert Marcuse erkennt dagegen das utopisches Potenzial von Perversionen und Partialtrieben, dennoch listet er Homosexualität neben Koprophilie und dem Sadismus der SS-Truppen als Perversionen auf, die er Effekte der Triebunterdrückung ausmacht (vgl. Marcuse 1971, S. 200 f.).[120] Bei Reich, der Freuds Idee des Todestriebs als Erscheinungsform sozialer Gewaltverhältnisse begreift, verbindet sich faschistische Todessehnsucht mit homosexuellem Verlangen. Damit erscheint es als Folge eines faschistischen, sexualrepressiven, paranoiden Begehrensregime. Dahingegeben naturalisiert er Heterosexualität und adelt sie als politisch erstrebenswertes Ziel, wodurch er ebenjene bürgerliche, antirevolutionäre Geschlechterordnung bekräftigt, die sexuelle Repression erst hervorbringt (vgl. Hocquenghem 2019, S. 127 f.).

Gegen diese homofeindliche Einstellung schreibt neben Hocquenghem, Deleuze und Guattari auch Foucault in seiner *Geschichte der Sexualität* an. In dessen Biografie schildert Didier Eribon die Haltung, die in marxistischen Zirkeln im Frankreich der 1960er und 19070er Jahre verbreitet war:

> Man rezitierte in diesen Kreisen den reichschen Katechismus einer ‚sexuellen Revolution' und einen Freudomarxismus, in dem sich die Verurteilung der Homosexualität durch die

---

119 An dieser Stelle sei erneut auf Herzogs Studie (2005) zu den überaus ambivalenten Sexualpolitiken des Nationalsozialismus verwiesen, die progressive Ideen aus den Sexualwissenschaften übernahmen, indem man bisweilen annahm, dass eine homosexuelle Phase in der Pubertät durchaus gängig sei, während zugleich Homosexuelle verfolgt, interniert und ermordet wurden.

120 Ganz gegensätzlich zu dieser homofeindlichen These zeigt sich Marcuses libidoökonomische Utopie von einer möglichen Auflösung der Grenzen zwischen Homo- und Heterosexualität (vgl. Redecker 2015). Wenn die Arbeit außerhalb von kapitalistischen Entfremdungs- und Ausbeutungsverhältnissen neu organisiert würde, müsste der Körper „nicht mehr ganztägig als Arbeitsinstrument zur Verfügung stehen" und könnte dadurch resexualisiert werden: „Die mit dieser Ausbreitung der Libido verbundene Regression würde sich als erstes in der Reaktivierung aller erogener Zonen und damit in einem Wiederaufleben der prägenitalen polymorphen Sexualität und in der Abnahme des genitalen Supremats manifestieren. Der Körper in seiner Gesamtheit würde ein Objekt der Besetzung, ein Ding, dessen man sich erfreuen kann – ein Instrument der Lust." (Marcuse 1971, S. 199)

Psychoanalyse mit der traditionellen marxistischen verband. Die Vorstellung einer bürgerlichen Gesellschaft, die auf einer Repression der Lust und der Kanalisierung libidinöser Energien in die Arbeit basierte, lief auf eine Herabsetzung der Homosexualität hinaus: Als simpler Effekt der Tabuisierung würde sie mit dem repressiven System, das die sexuelle Revolution zum Einsturz bringen sollte, ganz einfach verschwinden" (Eribon 2016, S. 195).

Somit wirkte der Bruch mit dem freudomarxistischen Denken als Möglichkeitsbedingung der homosexuellen Protestpolitiken in den 1970er Jahren (vgl. Eribon 2016, S. 194). Die Forderungen der aufkommenden Schwulen- und Lesbenbewegungen, Homosexualität zu entpathologisieren, führten in psychoanalytischen Kreisen zur Grundsatzfrage, ob man das Ödipus-Modell als normativen Interpretationsrahmen beibehalten solle. Nicht nur in Frankreich führte dies zu einer progressiven Weiterentwicklung des psychoanalytischen Denkens, etwa in den Arbeiten von Eberhard Schorsch und Fritz Morgenthaler in der BRD oder Robert Stoller in den USA (vgl. Herzog 2017, S. 77.83; S. 203–207).

Die Abgrenzung gegenüber der traditionellen Psychoanalyse und des Freudomarxismus lässt sich als geteilter Ausgangspunkt vom *Anti-Ödipus* und von *Das homosexuelle Verlangen* begreifen. Darüber hinaus lassen sich von diesem textuellen Gefüge ausgehend Linien zur Queer Theory ziehen. Eine dieser Linien, die den *Anti-Ödipus* mit *Das homosexuelle Verlangen* und Queer Theory verbindet, liegt in der Kritik der binären Geschlechterordnung. Deleuze und Guattari verfolgen eine Multiplizierung von Geschlechtern und verflüssigen dadurch die Idee der Binarität, die das ödipale Paradigma der Psychoanalyse verfestigt. In der Molekularisierung des Begehrens, das die molare Geschlechterordnung unterwandert, vervielfältigen sich die Partialtriebe in unzähligen Varianten. „Die schizo-analytische Formel der Wunschrevolution wird zu allem Anfang sein: Jedem seine Geschlechter!" (Deleuze und Guattari 1974, S. 381) Eine ähnliche Denkbewegung, die der ödipalen Geschlechterordnung entflieht und zur polymorph-perversen Pluralisierung des Begehrens hinstrebt, findet sich bei Hocquenghem.

Homosexualität vs. homosexuelles Begehren

Hocquenghem trifft eine grundlegende Unterscheidung zwischen Homosexualität und homosexuellem Begehren. Homosexualität bedeutet für ihn die Annahme einer klar definierten, sozial zugewiesenen homosexuellen Identität, die sich in die ödipale Struktur einfügt und sich der bürgerlichen Ordnung und dem kapitalistischen System einpasst (vgl. Hocquenghem 2019, S. 12–17). Daher beruht seine begehrensökonomische Analyse des Kapitalismus auf der Kritik an Freuds

Ödipusmodell. Wie Deleuze und Guattari betrachtet er Freuds Konzept als molare Ordnung, die Subjekte in sozial zugewiesene Rollen einweist, welche entfremdend wirken (vgl. Hocquenghem 2019, S. 43 f.). Ferner deckt er eine Grundspannung zwischen ödipaler Familienformation und kapitalistischem Individualismus auf. Während der Kapitalismus seiner Gegenwart durch die Stärkung des Individuums die sozialen Funktionen der Familie abschwächt, führt das Ödipusmodell dazu, dass das heteronormative Familienideal verinnerlicht und die symbolische Ordnung der heterosexuellen Familie – trotz offensichtlicher Brüche mit deren Ideal – erhalten bleibt (Hocquenghem 2019, S. 70 f.). Ähnlich verhält es sich mit Homosexualität als Identität, die zwar nicht der ödipalen Norm entspricht, ihr aber auch nicht widerspricht, da sie in ihrer Ausnahmefunktion das heteronormative Regelwerk bestätigt. In der Zuschreibung als sexuelle Alterität wird dem Perversen ein fester Platz in der bürgerlichen Begehrensökonomie zugewiesen, wodurch sich Begehren reterritorialisiert. Zugleich wird Homosexualität als feste Identitätsform hergestellt (vgl. Rehberg 2019). Indem er sich derart gegen die Idee homosexueller Identität richtet, wendet sich Hocquenghem gegen konformistische Sexualpolitiken, die auf bourgeoise Assimilation und Akzeptanz abzielen. Dagegen erachtet er homosexuelles Begehren als potenziell revolutionär. Er entwirft es entlang der antiödipalen Denklinien von Deleuze und Guattari als nomadisch, polyvok, fließend, anarchisch, kollektiv – eine Begehrensmaschine, die neue Gefüge produziert (vgl. Hocquenghem 2019, S. 12 f.; vgl. Schérer 2000, S. 18; vgl. Bourg 2007, S. 189).

Ähnlich wie Deleuze und Guattari kehrt Hocquenghem in die frühe Schaffensphase Freuds zurück und findet dort die Idee des polymorph-perversen Begehrens, das dem ödipalen Imperativ vorgelagert ist (vgl. Hocquenghem 2019, S. 44–48). Daher erscheint es präpersonal, immer schon kollektiv, wodurch es sich nicht in festen Identitäten und sexuellen Rollen reterritorialisieren lässt: „Das homosexuelle Begehren bezieht sich [...] auf den vorpersönlichen Zustand des Begehrens. [...] Die unmittelbare Manifestation des Begehrens widersetzt sich den Identitätsbeziehungen, den notwendigen Rollen, die Ödipus aufzwingt, um die Reproduktion der Gesellschaft zu sichern." (Hocquenghem 2019, S. 87) Dementsprechend begreift Hocquenghem homosexuelles Begehren als Aufbegehren. Anhand der Unterscheidung von Deleuze und Guattari situiert er es am revolutionären Pol. Während Reich Paranoia mit Homosexualität und Faschismus assoziiert, ist für Hocquenghem das bürgerlich beengte Begehrensregime von homofeindlicher Paranoia geprägt. Er verortet es – im Vokabular des *Anti-Ödipus* gesprochen – am Pol von Faschismus und Reterritorialisierung. Außerdem bekräftigt er die heterosexuelle, bürgerliche Paranoia, da homosexuelles Begehren tatsächlich die ödipale Einheit des Sozialen zu zersetzen vermag, wodurch es revolutionär wird.

10.2 Das düstere antisoziale Begehren

In dieser antibürgerlichen Begehrenskonzeption zeigt sich Hocquenghems Schreiben in Resonanz zu Genets Literatur (vgl. Hocquenghem 2019, S. 25; S. 58; vgl. Schérer 2000, S. 16). Inmitten dieser Textresonanzen blitzen thanatologische Aspekte auf, die nahelegen, den Todestrieb als Ausdruck des Aufbegehrens zu denken.

Das glamouröse, kriminelle Milieu von *Querelle:* Jean Genet

Jean Genet beschreibt das kriminell-glamouröse Milieu der Hafenstädte wie beispielsweise in seinem 1947 veröffentlichten Roman *Querelle* (2011), in dessen literarischer Welt raue, gewalttätige Matrosen, Gauner, Handwerker, Diebe in alternativen Ökonomien des Schmuggels, der Sexarbeit, des Diebstahl als Outlaws der bürgerlichen Gesellschaft leben. In der Figur Querelles verbindet sich schwules mit mörderischem, sadistischem Begehren. Sein Verlangen nach Maskulinität verbündet sich mit der Lust an Gewaltakten und Gesetzesüberschreitungen. Dadurch spielt der Roman mit den kulturgeschichtlichen Assoziationen von sexueller und krimineller Devianz, denn als „urbane Perversion ist die unerlaubte Homosexualität stets mit dem Verbrechen der Unterwelt verbunden gewesen", schließlich ist Homosexualität „zuallererst eine Kategorie der Kriminalität" (Hocquenghem 2018, S. 102; vgl. 2019, S. 34). In diesem düsteren Bündnis von krimineller Halbwelt und devianter Homosexualität verweist Genets literarische Spur des dunklen, gewaltvollen Verlangens auf den Todestrieb. Querelle und seine Gefährten leben angesichts des Todes und gerade dadurch wird ihr Leben intensiv: „Schön nennen wir die Haltung, die Leben ausdrückt, häßlich die des Todes. Aber schöner noch ist die Haltung, die uns schneller leben läßt." (Genet 2011, S. 40)

Trotz aller Poetik des Todestriebs, die der Roman bietet, fehlt es an transgressivem Potenzial. Angesichts der sozialen Sanktionen kultivieren Querelle und seine Gefährten hypervirile Härte. Querelles gottgleiche Schönheit lässt zwar zarte Züge erahnen, die er jedoch ebenso zu unterdrücken versucht, wie zärtliche Regungen gegenüber seinen Gespielen. Damit reterritorialisiert sich das homosexuelle Begehren und verbarrikadiert sich in Männlichkeitsperformanzen, die als Panzerungen vor gesellschaftlicher Homofeindlichkeit schützen sollen. Hypervirilität erscheint als Fetisch und zugleich als Flucht vor gesellschaftlichen Repressionen, wodurch sich homosexuelles Begehren der bürgerlichen Paranoia beugt. Um wahrlich revolutionär zu sein, muss Begehren, so lässt sich mit Deleuze, Guattari und Hocquenghem schlussfolgern, nicht nur heterosexuelle Tabus überschreiten, sondern auch Geschlechtergrenzen aufbrechen. Daher verhält es sich bei Hocquenghem anders als bei Genet, zwar bezieht er sich in seiner Theorie homosexuellen Begehens ausschließlich auf schwules Begehren, hinterfragt aber das Denken ungebrochener Männlichkeit und die ihr zugrunde liegenden Geschlechterdifferenz. Seinen Fokus auf schwules Verlangen begründet er damit, dass die Ordnung des Begehrens durch männliche Vorherrschaft operiert, die sich durch das Ödipusmodell legitimiert. Daher ist für ihn wichtig, zunächst die Konstruktion männlicher Homosexualität in den Blick zu bekommen, in letzter Konsequenz müsse man jedoch die Geschlechtereinteilung in Frage stellen (vgl. Hocquenghem 2019, S. 11; S. 108).

Antisoziales Begehren als Aufbegehren nach neuen Beziehungsweisen: Guy Hocquenghems Begehrenstheorie und Bini Adamczaks Revolutionstheorie

Guy Hocquenghem verbindet Produktivität und Negativität des Begehrens. Während er mit Deleuze und Guattari das produktive Begehrenspotential betont, beschreibt er mit Jean Genet Begehren als düstere, destruktive Kraft. Dieser Aspekt des düsteren Verlangens findet sich auch in einem Artikel, in dem sich Hocquenghem zu dem Tod des Regisseurs Pier Paolo Pasolini äußert, der 1975 ermordet wurde. Pasolini hatte – ähnlich wie Genet – seine Exkursionen im zwielichtigen Milieu der Stricher und Kriminellen ebenso wie sein masochistisches Verlangen offen thematisiert. Nach dessen Ermordung verhaftete man den mutmaßlichen Täter – ein junger Sexarbeiter namens Pino Pelosi, der später aussagte, verschiedene Auftraggeber hätten ihn bedrängt, Pasolini zu töten. Hocquenghem schreibt: „Wir können nicht alle im Bett sterben." (Hocquenghem 2018, S. 101) Dieser zynisch anmutende Kommentar veranschaulicht Hocquenghems Denken des homosexuellen, antisozialen Begehrens, das aus seiner Unterdrückungsgeschichte entsteht:

> Es ist die innige, alte und sehr starke Bindung, die zwischen dem Homosexuellen und seinem Mörder besteht, die ebenso traditionell ist wie die Einstufung beider als delinquent in den Großstädten des 19. Jahrhunderts. Wir vergessen zu oft, dass Verheimlichung, das homosexuelle Geheimnis oder Lügen nie um ihrer selbst willen gewählt wurden, aus einem Geschmack an Unterdrückung: Sie waren notwendig, um einen verlangenden Impuls auf die Unterwelt zu projizieren, für eine Libido, die von Objekten außerhalb der Gesetze des gewöhnlichen Verlangens angezogen wird (Hocquenghem 2018, S. 101 f.).

Während andere Stimmen aus der Schwulenbewegung Schutz vor homofeindlicher Gewalt fordern, verläuft Hocquenghems Argumentation gewissermaßen gegen den Strich. Pasolini wäre nicht gestorben, wenn er mit Schauspielern anstelle von Sexarbeitern und im Schlafzimmer anstatt in den Straßen Sex gehabt hätte (vgl. Hocquenghem 2018, S. 103). Ein Rückzug in bürgerliche Sicherheitszonen bedeutet für ihn, homosexuelles Begehren aufzugeben und sich in das Identitätsraster der Homosexualität einzufügen. Derweil geht es ihm darum, die molekulare Mannigfaltigkeit homosexueller Subkulturen vor dem Einzug der Klassenkonformität molarer schwuler Identität zu bewahren:

> Die traditionelle Tunte, liebenswert oder bösartig, der Liebhaber junger Macker, der Kenner öffentlicher Pissoirs – all diese aus dem 19. Jahrhundert überkommenen exotischen Typen räumen den Platz für den nicht beunruhigenden modernen jungen Homosexuelle, 25 bis 40 Jahre alt, mit Schnäuzer und Aktentasche, ohne Komplexe und Affektiertheiten, kalt und höflich, der einen Job in einer Werbeagentur oder als Verkäufer in einem großen Kaufhaus hat, befremdliches Verhalten ablehnt, der Macht mit Respekt begegnet und ein Freund des aufgeklärten Liberalismus und der Kultur ist. Vorbei ist es mit den Schmutzigen und den Grandiosen, den Amüsanten und den Bösen (Hocquenghem 2018, S. 103).

Für Hocquenghem liegt die Gefahr von bürgerlichen homosexuellen Lebensläufen darin, das Potential des homosexuellen Begehrens einzuschränken, anstatt Machtunterscheidungen zu durchbrechen. Schließlich würden die neuen bürgerlichen Schwulen lediglich Sexualpartner innerhalb ihres eigenen sozialen Milieus suchen. Wie oben ausgeführt, vertritt Hocquenghem – und ebenso die *FHAR* – eine politische Analyse, die sich auf Machtstrukturen bezieht, welche durch die binäre Geschlechterordnung sowie Klassenverhältnisse und Rassismus bedingt sind. Dadurch eröffnet er eine Perspektive auf intersektionale Politiken; gerade dies macht seine Theorie des homosexuellen Begehrens zur Queer Theory *avant la lettre*. Ferner charakterisiert er homosexuelles Begehren als konstitutiv kollektives Begehren (vgl. Hocquenghem 2019, S. 92–97). In dieser Denkbewegung trifft er sich mit Guattari, der Begehren in kollektiven Fantasien denkt, wodurch es Identitätsordnungen durchkreuzt. In seinem Beitrag zu der Streitschrift *Drei Milliarden Perverse*, die 1973 von der *FHAR* herausgegeben wurde, beschreibt Guattari homosexuelles Begehren nicht als Identität, sondern als revolutionäres, antikapitalistisches, antitotalitäres, antifaschistisches Begehren (vgl. Guattari 2012b, S. 330–341). Damit beschränkt sich homosexuelles Begehren nicht auf Identitätsformen, stattdessen bricht es diese von innen auf, da es eine grundlegende, deterritorialisierende Tendenz des Begehrens bezeichnet. Indem sich Homosexuelle dem Status der unterdrückten Minderheit verweigern, verlagert sich die politische Frage. Sie wandelt sich zu einer offensiven Politik gegen die Indienstnahme aller Spielarten der Sexualität innerhalb des Reproduktions- und Wertsystems kapitalistischer Gesellschaften. Es handle sich, so Guattari, daher weniger um Homo- als um Trans-Sexualität[121], da es darum geht, die Sexualität in einer befreiten Gesellschaft zu denken, ohne kapitalistische Ausbeutung und den Unterwerfungsverhältnissen, die sie auf allen Ebenen der sozialen Organisation hervorbringt. In dieser Sichtweise schlussfolgert er, wird der Kampf zur Befreiung der Homosexualität zum integralen Teil des Kampfes für die gesellschaftliche Befreiung. (Guattari 2012b, S. 333). Diese Perspektive auf Begehren als politische Kraft, die Machtstrukturen durchkreuzt, überschneidet sich mit derjenigen Hocquenghems. Beide begreifen den Kapitalismus als Begehrensökonomie, deren bürgerliche Geschlechterordnung Subjekte in Identitäten einordnet und dadurch deren Verhältnisse zueinander hierarchisch organisiert.

Obwohl er wie Deleuze und Guattari Begehren als produktive Kraft bestimmt, die neue Verbindungen und Begehrensgefüge erschafft, führt Hocquenghem mit dem Gedanken des Antisozialen eine von Negativität geprägte Dimension des Begehrens ein, die gerade durch ihre Negativität revolutionär wird. Indem es sich der sozialen, heteronormativen Reproduktionslogik verweigert, wird Begehren unproduktiv und revolutionär (vgl. Hocquenghem 2019, S. 87–92). Ohne dass er sie explizit einbezieht, erscheint in seiner Darstellung Begehren in der Arbeitsweise des Todestriebs, und zwar als disruptive, mitunter gewaltförmige Kraft, die sich der bürgerlich-ödipalen Ordnung widersetzt. Der Todestrieb äußert sich im antisozialen Begehren, das gesellschafts- und geschlechterpolitische Grenzen aufzusprengen vermag. Damit zeigt sich homosexuelles Begehren als thanatologisches Aufbegehren. In diesem politischen Potential der Zergliederung, Zersetzung und Zerstörung widersetzt sich Hocquenghems begehrensökonomische Analyse dem kapitalistischem Fortschrittsdenken, das Deleuze und Guattari reproduzieren.

Gerade in dieser Verbindung von Negativität und Produktivität des Begehrens ermöglicht Hocquenghems Perspektive, soziale Relationen umzudenken. Homosexuelles Begehren birgt, wie er schreibt, die Möglichkeit von alternativen Begehrensökonomien und Beziehungsformen (vgl. Hocquenghem 2019, S. 92). Dabei entstehen andere „Beziehungsweisen", um einen Begriff der Philosophin Bini Adamczak aufzunehmen. Ihr Begriff der Beziehungsweisen lehnt sich an die marxistische Kritik an, die besagt, dass sich die Produktionsweisen ändern müssen, um kapitalistische Gesellschaftsverhältnisse zu überwinden. „An diese im Begriff der Produktionsweise aufgespeicherte Erkenntnis kann ein Begriff der Beziehungsweisen anknüpfen [...]. Kraft einer sprachlichen Ungenauigkeit er-

---

121 Mit dieser Formulierung zielt Guattari nicht auf den bekannten Gebrauch des Begriffs der Transsexualität ab, der ohnehin irreführend ist, da es sich hier um eine Frage der geschlechtlichen und nicht der sexuellen Identität handelt. Guattari will dagegen mit dem Präfix *trans* die transitive, transgressive Tendenz des Begehrens aufzeigen.

möglicht er es auch, nach den Verhältnissen der Beziehungen zueinander zu fragen, nach den Beziehungen der Beziehungen also." (Adamczak 2017, S. 241) Im Denken einer relationalen Ontologie, die Menschen immer schon in sozialen Gefügen begreift, bestimmen Beziehungsweisen gesellschaftliche Ordnungen. Die bestehenden Beziehungsweisen in ihrer ökonomischen Bedingtheit zu hinterfragen, bedeutet, deren auf Ungleichheit und Ausbeutung beruhenden Strukturen anzufechten. Das relational-ontologische Denken der Beziehungsweisen macht es auch möglich, das liberale Paradigma des Individuums zu überwinden. Insofern können neue Beziehungsweisen dadurch entstehen, dass Identitätsstrukturen aufgebrochen werden – also durch Aufbegehren. Das antisoziale Begehren kann also als ein Begehren für andere Beziehungsweisen verstanden werden. In seiner Idee des homosexuellen, antisozialen Begehrens hinterfragt Hocquenghem die bestehenden Beziehungsweisen und eröffnet Ausblicke auf Beziehungsweisen in queeren Begehrensgefügen. Somit vertritt er eine antiidentitäre Begehrenskonzeption, die der Queertheoretiker Leo Bersani aufnimmt und in ihrer soziosomatischen Dimension untersucht.

10.3 Nach der Aids-Krise: Thanatos und queertheoretische Begehrensmodelle

Wir machen einen weiteren theoriegeschichtlichen Tigersprung und gelangen in die 1990er Jahre. 1995 veröffentlicht der Literaturtheoretiker Leo Bersani in der USA sein Buch *Homos,* in dem er sich auf Hocquenghems Idee des Antisozialen bezieht. Anschließend nimmt der Literaturwissenschaftler Lee Edelman Bersanis Thesen in seinem 2004 veröffentlichten Buch *No Future. Queer Theory and the Death Drive* auf.

Während Hocquenghem seine Schrift zum homosexuellen Begehren im Aufbruchsmoment der Schwulen- und Lesbenbewegung verfasst, schreiben Bersani und Edelman nach der Aids-Krise der 1980er Jahre. Diese führt zu einer erneuten Stigmatisierung von Homosexualität, besonders schwuler Sexualität, da konservative Kräfte Ansteckung, Infektion, Seuche, Tod mit Homosexualität miteinander assoziieren (vgl. Beljan 2015). Generell werden in Diskursen über Familie und Reproduktion nicht-heterosexuelle Sexualitäten oftmals als gegen das Leben gerichtet und als gesellschaftszersetzend diffamiert (vgl. Edelman 2004). Sexualpraktiken, die außerhalb der heteronormativen Reproduktionslogik stehen, werden als todesgetriebene Ausschweifung dargestellt. Diese homofeindliche Zuschreibung manifestiert sich besonders während der HIV-Krise. Theoretiker wie Bersani und Edelman reagieren auf diese Gleichsetzung von schwuler Sexualität und Morbidität. Anstatt zur Verteidigung ein Bild vitaler

Homosexualität anzuführen, greifen sie die thanatologischen Assoziationen affirmativ auf und radikalisieren sie im Denken des antisozialen Begehrens – ganz in der Nachfolge Hocquenghems.

Leo Bersanis Figur des *Self-Shattering* als soziosomatisches Aufbegehren

Wie Hocquenghem begreift Bersani die Idee des Anti-Sozialen keinesfalls in dem Sinne, dass es soziale Beziehungen verunmögliche. Sie zielt vielmehr darauf ab, bürgerliche Gesellschaftsstrukturen und heteronormative Geschlechterverhältnisse zu verunsichern. In diesem Verständnis ist queeres Begehren antisozial. Es ist außerdem antisozial, weil es Identität, die Recheneinheit der kapitalistischen Sozialstrukturen, angreift. Bersani stellt antisoziales, queeres Begehren in soziosomatischer Hinsicht als körperliches, lustvolles *self-shattering* dar, damit treibt er den thanatologischen Zergliederungsprozess auf psychisch-phänomenaler Ebene weiter. Bereits Freud stellte den Todestrieb in den Zusammenhang von Sadismus und Masochismus (vgl. Freud 1924/1975). Bersani nimmt diesen Gedanken auf und entwickelt daraus die Idee des *self-shattering*, der Zersplitterung des Selbst in masochistischen Lustpraktiken. Im Begriff des *self-shattering* unterstreicht er die thanatologische Komponente des Lustschmerzes und beschreibt Sexualpraktiken, die mit Masochismus und Passivität assoziiert werden. Er stellt sie als selbstentgrenzende Praktiken dar, die die Grenzen des Körpers und des Subjekts überschreiten und damit die normativen Ansprüche sexueller Identität verunsichern (vgl. Bersani 1995, S. 100 f.). Die Zergliederung des Körpers zeigt sich in Beschreibungen von nicht-heteronormativen, queeren Sexualpraktiken.

Während eines Interviews schildert Foucault, wie BDSM-Praktiken[122] Körperzonen anders erotisieren, indem sie verschiedene Partien verschiedentlich fetischistisch aufladen, wodurch der Körper nicht mehr dem Primat des Genitalen untersteht (vgl. Foucault 1984/2005). Er gab dieses Interview kurz nachdem er von seiner Reise nach San Francisco zurückgekehrt war. Dort hatte er die schwule, sexuelle Subkultur kennengelernt und war in Kontakt mit der Anthropologin und feministischen Aktivistin Gayle Rubin gekommen. Rubin machte in ihren Aufsätzen *The Traffic in Women. Notes on the ,Political Economy' of Sex* (1975) und *Thinking Sex* (2003) die Analysekategorie des Sexuellen stark, weshalb ihre Texte wegbereitend für queertheoretisches Denken waren. Weiterhin engagierte sich

---

122 *BDSM* ist ein Akronym, das der sexuellen Subkultur rund um sadomasochistische Praktiken entstammt. Es steht für *bondage & discipline*, *domination & submission* und *sadism & masochism*.

Rubin in der lesbischen Gruppe *SAMOIS*, die in die sogenannten lesbischen Sexkriege involviert war. Im Zuge dessen wurde die Frage verhandelt, ob sadomasochistische Praktiken subversiv wirken oder patriarchale Strukturen reproduzieren. Rubin und ihre Mitstreiterinnen befürworteten eine sex-positive feministische Haltung und betrachteten BDSM als lustvolles Durch- und Umarbeiten von Machtsymboliken (vgl. SAMOIS 1983). In der Verflechtung von Theorie und Praxis, die aktivistische und akademische Arbeit miteinander verbindet, inspirierte der Aufenthalt in San Francisco und der Austausch mit *SAMOIS* Foucaults Ideen über den Lustkörper, die Bersani weiterführt.

In Bersanis Beschreibung des *self-shattering* zeigt sich der Todestrieb vornehmlich in seiner zergliedernden Operationsweise. Die thanatologische Körperfragmentierung, die eine alternative Begehrensökonomie ermöglicht, taucht schon in Lyotards Schrift auf. Diese Figur des zerfetzten Köpers folgt der Denkspur des zergliederten Albtraum-Körpers, den Lyotard aus Lacans Texten aufnimmt (vgl. Diefenbach 2018). Hocquenghem scheint seinerseits darauf zu reagieren, wenn er schreibt, dass die Angst vor dem zergliederten Körper die ödipale Ordnung bestimmt. Dahingegen geht für ihn die Auflösung der Körpereinheit mit der polymorph-perversen Lust einher, deren Partialtriebe Körperzonen anders aktivieren und stimulieren und deren soziosomatische Grenzen überschreiten (vgl. Hocquenghem 2019, S. 52f.). Diese körperliche Fragmentierung und gleichzeitige Auflösung ist in queertheoretischer Perspektive deshalb interessant, weil sie die heteronormative Einordnung des Körpers und damit das reproduktionslogische Primat der Genitalien infrage stellt. Ein ähnliches Motiv findet sich in der Literatur Monique Wittigs, die über lesbisches Begehren schreibt. Die dort auftauchenden, in Textfetzen zerrissenen Körper stehen für das Aufbegehren gegen weibliche Identität mitsamt ihrer soziosomatischen Symbolik, die Körper zu reproduktionslogisch und geschlechterpolitisch strukturierten Einheiten ordnet. Dieses Anschreiben gegen die heteronormative Einteilung und Vereinheitlichung von Körpern eröffnet Ausblicke auf ein soziosomatisches Aufbegehren, das neue Beziehungsweisen erschafft. Wittig argumentiert außerdem, dass Lesben keine Frauen sind (vgl. Wittig 1992). Ihre Aussage verweist darauf, dass ‚Frau' eine relationale Kategorie im heterosexuellen Verhältnis bildet und dass sich lesbisches Begehren in Beziehungsweisen bewegt, die diese geschlechtliche Positionierung verlassen. Damit wird der lesbische Lustkörper zergliedert und libidinös neu besetzt – ein Gedanke, der sich im Bestreben der lesbischen *SAMOIS* ausdrückt, die bestehende Begehrensökonomie durch die geteilten Begehrensgefüge von BDSM-Praktiken umzuarbeiten. In ähnlicher Art erfasst Bersani die Erfahrung des *self-shattering*, er sieht in männlicher, masochistischer Passivität die Entgrenzung der Geschlechterkategorien. Hiermit berührt er das Paradox männlicher, passiver Lust, welches schon Platon und seine Gefährten diskutieren. Bersani zeigt auf, wie die Undenkbarkeit männlicher Passivität darauf beruht, dass Männlichkeit über die sexuelle Kategorie der Aktivität konstruiert wird. Das passive, empfangene Element wird als feminin assoziiert und dieses Feminine wird als Abjektives aus der Männlichkeitskonstruktion ausgegrenzt (vgl. Bersani 2009, S. 133). Hocquenghem vertritt eine ähnliche Ansicht zum Topos der Analität, für ihn steht die passive männliche Lust im Zentrum der homofeindlichen Paranoia und stellt zugleich jene Lusterfahrung dar, die die ödipale, phallozentrische Ordnung radikal unterwandert (vgl. Hocquenghem 2019, S. 77 f.; vgl. Preciado 2009).

Wenn Begehren in der Arbeitsweise der Zergliederung operiert, die eine Arbeitsweise des Todestriebs ist, und imaginäre Körpereinheiten zersetzt und libidinös neu besetzt, dann artikuliert sich hier der Todestrieb als Aufbegehren. Bersani bestimmt Im Begriff des *self-shattering* die Erfahrung des Lustschmerzes als „ego-disintegrating jouissance" (Bersani 2009, S. 133). Damit beschreibt er Sexualpraktiken, die mit Masochismus und männlicher Passivität assoziiert werden als selbstentgrenzende Praktiken. Der Kulturwissenschaftler Volker Woltersdorff merkt dazu an, dass das masochistisches *self-shattering* eine andere Ökonomie des Selbst erlaubt (vgl. Woltersdorff 2011a).[123] In diesem Verständnis verweigert es sich einer neoliberalen Selbstoptimierung, Leistungszwang und Effizienzlogik und durchkreuzt die Idee eines isolierten Ich. Zugleich stellt BDSM eine soziale Praktik dar, daher ist der Akt des *self-shattering* kein Akt individueller, sondern in kollektive Handlungsgefüge eingebettet. Damit wird die Negation oder die Zerstörung des Egos im Sinne des *self-shattering* die Möglichkeitsbedingung für Herstellung von anderen Beziehungsweisen. In diesem Sinne ist *self-shattering* antiproduktiv wie produktiv. Seine zerstörerische Wirkung wirkt als Widerstand gegen die Tyrannei des Egos, worin sich die zergliedernde Wirkung des Todestriebs erkennen lässt. In dieser Perspektive operiert queeres Begehren in thanatologischer Arbeitsweise als antiidentitäres Prinzip.

Thanatos als dekonstruktive Kraft nach Lee Edelman

Lee Edelman (2004) greift das Denken des Antisozialen von Bersani auf, allerdings bezieht er sich in seinen Überlegungen zum Todestrieb vor allem auf Lacan. Er beschreibt ihn in seinen wiederholenden und zergliedernden Wirkungen als Iterationsbewegung, ähnlich Nietzsches Idee der Ewigen Wiederkehr oder Derridas Konzept der *différance*. Diese Iterationsschleife ist als Operation zu begreifen,

---

123 Für eine ökonomiekritische und queertheoretische Perspektive auf BDSM-Praktiken als Konsumpraktiken vgl. Weiss 2011.

die Bedeutungen in stetiger Bewegung hält, ihren Stillstand verhindert und damit transgressiv wirkt. Wenn man Freuds Aussagen zum Widerstreit von Eros und Thanatos ernst nimmt und den Eros als Kraft betrachtet, die molare Einheiten wie die heteronormative Kernfamilie erschafft, dann erscheint der Todestrieb als die dekonstruktive Kraft, die diese normativen Entitäten zum Einsturz bringt. Da Edelman jedoch eine Denkfigur der reinen Negativität beschreibt, die lediglich zur Verneinung der bürgerlichen Gesellschaftsverhältnisse dient, die weder intersektionale Anschlüsse anbietet noch mitdenkt, münden seine Reflexion in der Position von Bartleby: *I would prefer not to* (Melville 1853/1985). Seine Umformulierung des Todestriebs als dekonstruktive Kraft ist zwar begehrenstheoretisch spannend, hinsichtlich der politischen und ökonomischen Dimension des Begehrens bleiben seine Überlegungen jedoch steril und eindimensional. Dennoch tragen sie dazu bei, dass 2005 und 2006 in queertheoretischen Forschungsfeldern eine Debatte über das Denken des Antisozialen aufkommt (vgl. Caserio/Edelman/Halberstam/Muñoz/Dean 2006), die Fragen nach dem Für und Wider von subversiver Affirmation oder kritischer Negation und nach Utopie oder *No Future* verhandelt.

Von Guy Hocquenghems Begehrenstheorie zur Queer Theory

In *Anal Terror* (2009), seinem Vorwort zur spanischen Übersetzung von Hocquenghems *Das homosexuelle Begehren,* macht der Philosoph Paul Preciado zwei Merkmale der Queer Theory aus, die sich bereits bei Hocquenghem manifestieren. Erstens: die enge Verflechtung von queerpolitischer Praxis und Theoriearbeit. Zweitens: das Umarbeiten von poststrukturalistischen Philosophemen (vgl. Preciado 2009, S. 140). Hocquenghems Schreiben, das sich inmitten des *FHAR*-Aktivismus abspielt, und seine theoretischen Bezüge zum *Anti-Ödipus,* dessen queertheoretisches Potenzial er herausarbeitet, machen seine Texte tatsächlich zu einer Frühschrift von Queer Theory. Um von ihnen zur queertheoretischen Ökonomiekritik der Gegenwart zu gelangen, sollte man einen kurzen Rückblick auf das frühkapitalistische Begehrensregime werfen, welches die Idee der Homosexualität historisch bedingt.

Die Geschichte der Sexualität begründet sich auf der Trennung von Hetero- und Homosexualität als getrennten Identitäts- und Begehrensformen. Begehren wird nicht mehr an erotischen Praktiken gemessen wie einst von Platon und seinen philosophischen Gespielen beim Gastmahl. Stattdessen wird das Begehrenssubjekt an Wahrheit gekoppelt, womit es in christlichen Beichtpraktiken ab dem 17. Jahrhundert vom wahren Wesen seiner geheimen, innersten Wünsche sprechen soll (vgl. Foucault 1977, S. 23–36). Juridische und sexualmedizinische

Diskurse nehmen diese pastoralmächtigen Geständnispraktiken auf und säkularisieren sie im Zeichen der wissenschaftlichen Rationalität, womit sich Sexualität als Wissensgegenstand und Erkenntnisbereich herausformt. Da Begehren die geheime Wahrheit des Subjekts offenbaren soll, erzeugen sexualwissenschaftliche Diskurse Identitätsbilder des Perversen, des Delinquenten, des Homosexuellen. Um es am Beispiel der Figur des männlichen Homosexuellen kurz zu erläutern: Sexuelle Interaktionen zwischen Männern werden nicht mehr als unmoralische Handlungen betrachtet, sondern als pathologische, perverse Begehrensartikulationen, die die gesamte Persönlichkeitsstruktur bestimmen, wodurch sich diskursiv die Figur des devianten Homosexuellen herausbildet – der Weg führt folglich von der sexuellen Praxis hin zur sexuellen Identität (vgl. Foucault 1977, S. 47 f.). Diese historische Entwicklung ist indessen tief in kapitalistische Prozesse eingelassen. Die feministisch-marxistische Theoretikerin Rosemary Hennessy legt dar, dass der im 18. und 19. Jahrhundert aufkommende Konsumkapitalismus weiterhin familiale Organisationsformen benötigt, doch darüber hinaus neuer Zielgruppen bedarf, die sich aus traditionellen Familienkonstellationen herauslösen, um als individualisierte Konsumententypen den Markt anzuspornen:

> Like other historians, Foucault tells us that during the eighteenth and early nineteenth century in Europe, the centers of commodity production gradually moved from the household to the market, a shift that meant economic and political powers would no longer rely so completely on the family alliance. The new apparatus of sex did not replace the family but was superimposed on it without completely supplanting it. While family alliances continued to serve as conduits for property and inheritance, for social reproduction and control, sexuality extended that control into the body that produces and consumes [...]. In this complex relationship between family and sexuality lay the enabling conditions for the emergence of full-blown commodity culture, conditions made possible and supported by overdetermined adjustments in the international sexual division of labour. (Hennessy 2000, S. 98)

Diese marktlogische Entwicklung ermöglicht, dass homosexuelle Subjektivitäten sichtbar werden und in urbanen Räumen sexuelle Subkulturen entstehen (vgl. D'Emilio 1983).

Die Theorieströmung der Queer Theory, die zu Beginn der 1990er Jahre in den USA aufkommt, hinterfragt die begehrensökonomischen Unterscheidungen zwischen homo- und heterosexuell und den damit verbundenen Dualismus von männlich und weiblich. Ähnlich wie bei Hocquenghem bildet Identität den zentralen Angriffspunkt der Kritik, mithin begreift man Begehren als politische Kraft. Als Aufbegehren und Begierden gedacht, kann Begehren Identitätsstrukturen herstellen oder aufbrechen. Solch einer begehrenstheoretischen Doppelperspektive verschreiben sich queere Theorien, da, wie die Philosophin Antke Engel schreibt, „das machtanalytische und herrschaftskritische Anliegen der Queer Theory in entscheidender Weise vom Begehren geprägt" ist, wobei „es sich [...] – ganz im Sinne von Gilles Deleuze und Félix Guattari – um Begehren handelt, das sich nicht in Subjektivität und intimen sozialen Beziehungen verfängt", sondern sich „als konstitutive Kraft im Gesellschaftlichen entfaltet" (Engel 2011). In dieser begehrenstheoretischen Blickweise können Festschreibungen von Begehrensformationen betrachtet werden, welche sich anhand der heterosexuellen und damit zweigeschlechtlichen Matrix vollziehen. Zugleich werden Begehrensformen und Beziehungsweisen beschrieben, die sich nicht passgenau in die Matrix fügen, somit werden Lustpraktiken und Selbstentwürfe sichtbar, welche die Grenzen von sexuellen und geschlechtlichen Identitätszuschreibungen überschreiten. Während die begehrenstheoretische Perspektive von Deleuze und Guattari Ausblicke auf alternative Begehrensökonomien eröffnet, dient Foucaults sexualitätstheoretische Perspektive dazu, die historische, kulturelle und sozioökonomische Bedingtheit von Begehrensartikulationen machtkritisch zu reflektieren. Dadurch wird, schreibt Engel, „Begehren als Moment der Stabilisierung von Macht- und Herrschaftsverhältnissen problematisiert" und zugleich „die Macht zugestanden [...], eben diese anzufechten und unerwartete, neue Verknüpfungen zu stiften sowie auf eine offene Zukünftigkeit zu verweisen" (Engel 2011).[124]

Ein wichtige queertheoretische Analysekategorie ist diejenige der Heteronormativität, die erfasst wie Heterosexualität als kulturelle Matrix und soziale Institution wirkt, die auf strikter geschlechtlicher Differenz beruht (vgl. Dhawan/Engel/Govrin/Holzhey/Woltersdorff 2015, S. 7). In diesem Verständnis bildet Heterosexualität ein rigides Begehrensarrangement, durch das sich Verlangen, Geschlecht und Körper in einen festgelegten Sinnzusammenhang situieren: Ein Subjekt, dessen Körper männlich definiert wird, muss als Mann gegengeschlechtlich eine Frau begehren – so die gesetzte heterosexuelle Norm, die trotz

---

124 In ihrem Aufsatz bietet Engel (2011) einen prägnanten Überblick über queertheoretische Begehrensmodelle, die sich zumeist in der Polarität von einem psychoanalytisch geprägten Begehrensbegriff und einem deleuzianisch beeinflussten und bildlogischen Begehrensmodell aufspannen. Zwei prominente Vertreterinnen dieser beiden Ausrichtungen sind Teresa de Lauretis und Elspeth Probyn. Während Lauretis psychoanalytische Ansätze umarbeitet (1999), konzipiert Probyn, Begehrensdynamiken in der Iterationsschleife bewegter Bilder (Probyn 1996) – zwei Ansätze, die Engel wiederum fusioniert. Indem Engel „dem Vorschlag von Lauretis folgend, diese Bewegung in Phantasieszenarien" ansiedelt, zeige sich, dass „Begehren und Bewegung [..] der Bildlichkeit verfallen sind" (Engel 2011). Während Engel damit die Bildlogik des Verlangens hervorkehrt, wird hier bestrebt, Begehren in seiner Mannigfaltigkeit zu erfassen und daher die engführende Entscheidung, ob Begehren bild- oder sprachlogisch zu verstehen sei, zu umgehen. Begehrensartikulationen sind per se vielfältig, daher können deren Dynamiken in verschiedenen semiotischen Wissensordnungen nachvollzogen werden.

feministischer und sexualemanzipatorischer Bewegungen weiterhin auf dem Ungleichverhältnis von männlich codiertem Begehrenssubjekt und weiblich assoziiertem Begehrensobjekt beruht. Queertheoretische Forschung zielt darauf ab, diese Ordnungen des Begehrens zu verstehen und sie ihnen die sozialontologischen Selbstverständlichkeiten zu nehmen. Dabei wird Begehren als genuin politische Kategorie verstanden – ganz ähnlich wie im *Anti-Ödipus* und in *Das homosexuelle Begehren*. Doch während diese beiden Schriften Begehren im Zusammenhang mit Ökonomie betrachten, verlieren viele Denkansätze der Queer Theory, wie Rosemary Hennessy zu recht kritisiert, die strukturelle Dimension des Ökonomischen aus den Blick und kaprizieren sich auf die Dynamik des Kulturellen (vgl. Hennessy 2000, S. 108 f.). Dabei ist außerordentlich aufschlussreich, in queertheoretischer Perspektive auf die politische Ökonomie des Begehrens zu blicken.

Pink Economy: zwischen Kritik und Konsum

Frühe kapitalismuskritische Analysen liefert der Historiker John D'Emilio, der die Homosexualitätsgeschichte als Kapitalismusgeschichte erzählt (1983; 1993). Indessen blenden viele queertheoretischen Texte, wie Hennessy bemängelt, diese materielle Bedingtheit von sexuellen und vergeschlechtlichten Verhältnissen aus. Indem sie die ökonomische Dimension vernachlässig, macht sich die Queer Theory anschlussfähig an neoliberale Diskurse (vgl. Hennessy 2000, S. 108–120). Hierin ist ein entscheidendes Merkmal des Neoliberalismus erkennbar: Wirtschaftliche Prozesse werden stark abstrahiert dargestellt und zum Expertenwissen erklärt, sodass sich die Auseinandersetzung mit Ökonomie diskursiv von politischen Debatten abkoppelt. Die Kulturwissenschaftlerin Lisa Duggan führt an, dass das neoliberale Diskursregime auf der rhetorischen Trennung von Ökonomie auf der einen und dem Politischen wie Kulturellen auf der anderen Seite basiert. Daher werden strukturelle Ungleichheiten durch Rassismus, Geschlecht und Sexualität als kulturelle Symptome abgetan und es bleibt unbeachtet, wie monetäres Ungleichgewicht diese Machtverhältnisse aufrechterhält (vgl. Duggan 2003, S. XIV). Hennessy ist in ihrer Kritik noch radikaler. In queertheoretischen Texten werde oftmals ein von Deleuze geprägtes Begehren zelebriert, das sie als frei flottierend darstellen, ohne es historisch zu situieren. Spätmoderne Sexualitäten würden in ihrer Konzeption der Fluidität den Ansprüchen des Servicesektors entsprechen, anpassungsfähig und mobil zu sein (vgl. Hennessy 2000, S. 108 f.). Hennessys Kritik an der queertheoretischen Ökonomievergessenheit ist durchaus stichhaltig. Diesen Vorwurf kann man zwar zahlreichen queertheoretischen Ansätzen, nicht jedoch Deleuze und Guattari machen. Während Deleuze und Guattari im *Anti-Ödipus* Begehren historisch verorten und im engen Zusammenhang mit Ökonomie denken, ist ihre kapitalismuskritische Perspektive queertheoretisch vielfach vernachlässigt worden.

Hennessys scharf formulierter Einwand mag Anlass geboten zu haben, die materielle Grundlage der sexuellen Ordnung neu in den Blick zu bekommen. Dennoch ist der neue Fokus auf Ökonomie vor allem dem Umstand geschuldet, dass der Neoliberalismus im Globalen Norden seinen Tribut dafür einforderte, sexualliberale Zugeständnisse gemacht zu haben. Es wurde deutlich, wie queere Politiken für merkantile Zwecke angeeignet werden können, und die Wirtschaftskrise 2008 tat ihr weiteres, um kritische Reflexionen über kapitalistische Dynamiken bestärken. Zunehmend zeigte sich, dass die Entdeckung des Kapitals von queeren Subjekten als Konsumentinnen und von schwul/lesbischen Subkulturen als *pink economy* andere Machtverhältnisse kaschiert. Als Zielgruppen des Marketings werden diejenigen adressiert, die bestimmten Kriterien entsprechen, sprich: weiß, bürgerlich, bestenfalls männlich und mit westlicher Staatsbürgerschaft ausgestattet. In der Auseinandersetzung mit diesen neoliberalen Mechanismen vollzog sich der „economic turn in queer theory" (Dhawan/Engel/Govrin/Holzhey/Woltersdorff 2015, S. 17). Im Fokus steht hierbei die Frage, wie die bürgerliche, weiße, zumeist cis-männliche Homosexuelle als queere Vorzeigesubjekte vom Markt als auch vom Staatspolitiken adressiert und favorisiert werden, während Anderen aufgrund von rassistischen und klassistischen Machstrukturen diese ambivalente Anerkennung vorenthalten wird und ihnen materielle Ressourcen weiterhin versperrt bleiben.[125]

Angesichts dessen, dass politische Forderungen nach sexueller und geschlechtlicher Vielfalt durchaus Marktinteressen dienlich sein können, zeigt sich Begehren im Spannungsverhältnis, liberalisiert und domestiziert zu werden. Luc Boltanski und Ève Chiapello weisen darauf hin, wie Zugeständnisse von Unternehmen an identitätspolitische Forderungen, z. B. in Form von *Diversity Management,* dem Abbau von arbeitsrechtlichen Strukturen dient (vgl. Boltanski/Chiapello 2003). In dem Maße, in dem sich Sexualitäts- und Begehrensformen liberalisieren, werden diese auch verstärkt kommerzialisiert und erneut in normative Muster eingefügt. In neoliberalen Diskursen wird, schreibt Engel,

> eine Konvergenz oder quasi natürliche Stimmigkeit zwischen sexuellem Pluralismus und Marktpluralismus, zwischen sexueller Freiheit und Marktfreiheit [behauptet]. [...] Wenn die Thesen sexueller Selbstbestimmung und Selbstgestaltung forciert werden, geht es jedoch

---

125 Um die rassifizierenden, kolonialgeschichtlichen Implikationen der europäischen Sexualitätsgeschichte im Fokus auf Homosexualität nachzuvollziehen vgl. Voß und Wolter 2013; Ludwig 2014; Massad 2007.

nicht nur darum, neue Konsument_innengruppen [...], sondern sexuelle Subjektivitäten zu erschließen, die der Konsolidierung der neoliberalen Ordnung dienlich sind. (Engel 2009, S. 26)

In neoliberaler Logik werden Pluralität und Diversität propagiert, dementsprechend profitiert der Markt von einer Bandbreite sexueller Spielweisen. Die queertheoretische Herausforderung liegt darin, die Gefahren der neoliberalen Aneignung von queeren Begehrensformen aufzuzeigen und zugleich alternative Begehrensökonomien sichtbar zu machen und zu imaginieren (vgl. Dhawan/ Engel/Govrin/Holzhey/Woltersdorff 2015, S. 9).

Um die Aneignungen von queeren Begehrens– und Lebensformen durch neoliberale Politiken nachzuvollziehen, lassen sich vier beispielhafte Aspekte anführen: Gentrifizierungsprozesse, Warenfetischismus, Werbebilder und Verbürgerlichungsprozesse. In Gentrifizierungsprozessen zeigt sich, wie schwul/ lesbische und queere Subkulturen, die einst verrufen waren, in heterogenen, oftmals post-migrantisch geprägten Stadtteilen die Vorbedingungen dafür schaffen, dass diese zunehmend als hip gelten und sich dort eine Konsumkultur in Form von Bars, Clubs, Galerien, Kleidungsläden und Restaurants etabliert, die anziehend für die junge, weiße, überwiegend heterosexuelle Mittelschicht ist. Dadurch segregiert sich ein Stadtviertel allmählich sozioökonomisch, indem die Mieten stark steigen, sodass marginalisierte Gruppe und Personen sprichwörtlich an den Stadtrand oder darüber hinaus ins Suburbane gedrängt werden (vgl. Gressgard 2015). Ein weiteres beispielhaftes Phänomen ist Werbung, die queere Subjekte als Konsumentinnen adressiert, sie aber entweder in ihrer sexuellen und geschlechtlichen Andersartigkeit festschreibt oder in bürgerliche Normen einpasst und ihr Begehren unsichtbar macht (vgl. Engel 2009; vgl. Woltersdorff 2011b). Dabei können diese ambivalenten Adressierungen durchaus subversive Effekte erzeugen, da sie zwar queere Subjektivierungen in normative Ordnungen einzupferchen versuchen, zugleich aber neue Bilder derselben erzeugen. Engel plädiert für gezielte visuelle „VerUneindeutigung" und „Durchquerungen, die Begehren nicht einkapseln in normativ heterosexuelle oder normativ homosexuelle, in körper-normierende, rassistische oder klassistische Konstellationen" (Engel 2011). Um die Verbürgerlichungsprozesse von homosexuellen Lebensläufen zu betrachten, bringt Duggan 2003 den Begriff der Homonormativität ein. Dieser Begriff leitet sich, unschwer erkennbar, von *Heteronormativität* ab: Ergänzend dazu beschreibt Homonormativität schwul/lesbische Lebensläufe, die sich in heteronormative Gepflogenheiten einpassen, deren Beziehungsmodelle und -institutionen, wie monogame Partnerschaft und Ehe, übernehmen, sich deren Werte verschreiben und sich bemüht bürgerlich situieren (vgl. Duggan 2003, S. 50). Demnach zeigt sich Homonormativität als besondere Ausformung von Heteronormativität in Zeiten, in denen Staaten die Regenbogenfahne plakativ hochhalten, um sich als pluralistisch und progressiv zu präsentieren und zugleich wirtschaftsliberale Politiken zu verfolgen. In all diesen neoliberalen Aneignungen verdeutlicht sich, dass die Ideen homosexueller Identität, gegen die Hocquenghem anschrieb, nach wie vor wirkmächtig ist. Sie mag sich pluralisiert haben, dennoch arbeiten wirtschaftsfördernde Maßnahmen wie *Gender Mainstreaming* oder *Diversity Management* mit der Recheneinheit der Identität. Angesichts dessen bleibt Hocquenghems antisoziale, antikapitalistische Begehrenstheorie nach wie vor aktuell.

10.4 Kalkulation

Ein letztes Mal greifen wir die fünf Analysestränge auf, um zu betrachten, wie sie sich in Hocquenghems Textgefüge miteinander verbinden. Erstens: Hocquenghem greift dezidiert das produktive Begehrensmodell des *Anti-Ödipus* auf und macht deutlich, wie queeres Begehren beharrlich die ödipale Mangellogik durchkreuzt und mithin neue Beziehungsweisen hervorbringt. Zweitens: Er wendet sich ebenso wie Deleuze und Guattari, Klossowski, Bataille, und Lyotard gegen die Rationalisierungsgeschichte des Begehrens, wobei er sich besonders gegen die Psychoanalyse richtet. Er argumentiert, dass die psychoanalytische Assoziation von Paranoia und Homosexualität kein rational begründbares Argument darstellt, sondern vielmehr als homophober Affekt aufzufassen ist, der sich in der psychoanalytischen Paranoia äußert, homosexuelles Begehren würde die soziale Ordnung bedrohen. Drittens: Indem er queere Begehrensökonomien im Begriffsfeld der Partialtriebe und des Polymorph-Perversen beschreibt, lehnt er sich an Freuds frühe Phase an und begreift Begehren als Kraft, die dem Einheitsdenken der Identität widerstrebt. Im Anschluss daran zeigt Bersanis Konzept des *self-shattering* auf, wie die soziosomatischen Grenzen der sexuellen Identität in Lustpraktiken aufbrechen können. Dieses körperlich lustvolle Aufbegehren zeigt sich als thanatologische Arbeitsweise. Viertens: Daran lässt sich anfügen, dass der Todestrieb in Hocquenghems Texten nicht explizit genannt wird, so sehr dem Tod eine Rolle zukommt. Dennoch lässt sich die thanatologische Arbeitsweise des Zergliederns in seiner Idee des antisozialen Begehrens erkennen, welches die Einheit von Identität und gesellschaftlicher Ordnung zersetzt. Hocquenghem schildert die düstere Dimension des queeren Begehrens, wobei es ihm gelingt, dessen politisches Potenzial als antibürgerliches Begehren und als antikapitalistische Kraft hervorzukehren. Fünftens: Während sich in seinen Texten keine expliziten Hinweise zum Verhältnis von Begehren und Wert finden lassen – außer der obligatorischen Kritik am Wertgesetz –, zeigen die queertheoretischen

Anschlüsse zur *pink economy*, dass der Markt selbst aus liberalen Selbstentwürfen Kapital schlagen und queere Begehrensformen mit Wert besetzen und in Wert setzt. Hocquenghems Denken begegnet diesem kapitalistischen Begehrensregime mit einer radikalen Theorie der neuen Beziehungsweisen in queeren Gefügen.

Konklusion: Zur Kritik der politischen Ökonomie des Begehrens in der Gegenwart

Seit 1972, dem Erscheinungsjahr des *Anti-Ödipus*, haben sich die Gesellschafts- und Geschlechterverhältnisse ebenso gewandelt wie die Wirtschaftsstrukturen. Anstelle eines Rückblicks auf den philosophiegeschichtlichen Streifzug soll hier ein Ausblick auf die gegenwärtige politische Ökonomie des Begehrens eröffnet werden. Federführend ist dabei die Frage, ob und wie sich die Thesen des *Anti-Ödipus* in der Post-1968-Geschichte aktualisieren lassen.

Lest Wilhelm Reich und handelt danach! Begehren als Emanzipationskraft

Während Begehren heutzutage im Dienste der sozioökonomischen Ordnung zu stehen scheint, wurde es 1968 als revolutionäre, antikapitalistische Kraft gefeiert. In der BRD und noch stärker in Frankreich bildet der Mai 1968 als emblematischer Umbruchsmoment die relevante Referenz, um sexualpolitische Wandlungsprozesse zu thematisieren (vgl. Sigusch 2013, S. 231). Man schreibt der 1968er-Bewegung und in deren Nachfolge den sexualemanzipatorischen Bewegungen der Frauen-, Schwulen- und Lesbenbewegungen der 1970er und 1980er Jahre zu, dass sich die rigide Sexualmoral lockerte und die Sozialverhältnisse liberalisierten. Trotzdem gerät die sexuelle Revolution stets in die Kritik, Intimität und Erotik dem Markt preisgegeben zu haben. Umso wichtiger ist es, sie fernab von polemischer Rhetorik zu betrachten, Kontinuitäten wie Differenzen herauszuarbeiten und „aktuellen Mythologisierungen und anbiedernden Diffamierungen" entgegenzuwirken (Bänziger/Beljan/Eder/Eitler 2015, S. 8 f.).

Anstatt die sexuelle Revolution alleine an ihrem Emergenzpunkt zu betrachten, erweitert die Zeitdiagnose des Wirtschaftshistorikers Franz X. Eder das Blickfeld und setzt in den 1950er Jahren an. Gemäß Eder sind zahlreiche Faktoren anzuführen, die Möglichkeitsbedingungen von 1968 bildeten, u. a. die zunehmende Zirkulation von Pornografie und die Legalisierung der Antibabypille. Für die 1950er Jahre lässt sich als dominanter Diskursstrang die Ratgeberliteratur nennen, welche wegbereitend für die sogenannte ‚Sexwelle' in der BRD der 1960er Jahre war. In der scheinbar biederen Nachkriegszeit führten Kommerz, Medien und Sexualerziehung zu einem langsamen Einstellungs- und Verhaltenswandel, was verdeutlicht, wie sehr das neue Lustangebot warenweltlich eingebunden war (vgl. Eder 2015, S. 37). Der Pauschalkritik, 1968 habe Sexualität in die Marktsphäre getrieben, setzt Eder entgegen, dass die ‚Sexwelle' in den 1960ern Jahren – die aufgeheizte öffentliche Debatte über sexuelle Fragen – innerhalb der sozialen

https://doi.org/10.1515/9783110686975-016

Bewegungen reflektiert wurde. Den Umstand, dass der Markt Konsumfelder des Sexuellen erschloss, kritisierte beispielsweise Günther Amendt als Ökonomisierung des Begehrens, durch die Sex zur Leistungsnorm gemacht werde. Ähnliche Kritik kam von Reimut Reiche, der äußerte, das vermeintlich befreite Begehren wirke als neues kapitalistisches Regime (vgl. Eder 2015, S. 41 f.). In linksalternativen Bewegungskontexten romantisierte man – in Abgrenzung zur ‚Sexwelle‘ – Sex als Selbstfindung und fragte danach, wie es um die emotionale Bindung stehe, wenn Sex warenförmig gemacht und anonymisiert werde (vgl. Herzog 2015, S. 349 f.). Mithin war man sich in alternativen Milieus dem problematischen Wechselspiel von sexualpolitischen Entwicklungen und kommerziellen Einhegungen bewusst und bemüht, dagegen einzuwirken. Trotz dieser kritischen Distanz wurden emanzipatorische Forderungen von neoliberalen Diskursen aufgenommen.

Hier, so meine These, bildet sich ein eklatanter Selbstwiderspruch des Liberalisierungsnarrativs: Während die sexualemanzipatorischen Bewegungen in den 1970er und 1980er Jahren soziale Normen anprangerten, sexuelle und geschlechtliche Repression als Konsequenz des Kapitalismus ausmachten und die Idee einer befreiten Sexualität utopisch aufluden, fügen sich sexuelle Politiken partiell in die flexible Normalisierung des Neoliberalismus ein. Dadurch bleiben soziale Normen, beispielsweise Geschlechternormen, bestehen, erscheinen jedoch elastischer. Staats- wie Wirtschaftspolitiken übernehmen linke sexualpolitische Forderungen und Vorschläge wie etwa in Diskursen über *Diversity Management*. Sie spielen kulturelle Aneignung gegen ökonomische Umverteilungen aus, während sie den Abbau von sozialstaatlichen Strukturen vorantreiben. Indem Maßnahmen, die soziale Ungleichheiten verstärken, der Form halber linke Begriffe und Argumente bedienen, geben sie sich den Anschein progressiver Politiken, ohne jedoch die emanzipatorischen, ökonomiekritischen Ansprüche aufzunehmen. Dies ermöglicht rechten Gruppierungen, sexualliberale Denk- und Lebensweisen mit neoliberalen Diskursen gleichzusetzen und in ökonomie- und globalisierungskritischem Jargon gegen die vermeintliche linke Hegemonie zu wettern – eine Entwicklung, die wir im Folgenden näher betrachten.

Der alte Geist des Kapitalismus

Um die Querverbindungen zwischen antikapitalistischer Kritik und kapitalistischer Aneignung nachzuvollziehen, ist die soziologische Studie *Der neue Geist des Kapitalismus* (2003) von Boltanski und Chiapello überaus aufschlussreich. Deren erklärtes Bestreben ist es, den Zusammenhang von Kritik und Kapital von den 1960er bis in die 1990er Jahre anhand der Analyse von Managementdiskursen zu skizzieren und – über die deskriptive Dimension hinaus – das neoliberale Dogma der Alternativlosigkeit anzufechten (vgl. Boltanski/Chiapello 2003, S. 38). Da der Kapitalismus selbstreferenziell auf Akkumulation ausgerichtet ist, situiert sich die kapitalistische Eigenlogik außerhalb von moralischen Systemen. Um Menschen zu motivieren, sich als systemkompatible ökonomische Subjekte zu verhalten, müssen wirtschaftspolitische Diskurse jedoch auf ethische Systeme zurückgreifen, die dem abstrakten ökonomischen System nicht immanent sind. Mithin werden hierfür Diskurse instrumentalisiert, die dezidiert antikapitalistisch ausgerichtet sind (vgl. Boltanski/Chiapello 2003, S. 58 f.).[126] Boltanski und Chiapello unterscheiden zwischen zwei zentralen antikapitalistischen Kritikformen, der Sozial- und Künstlerkritik, deren Anfänge sie Mitte des 19. Jahrhunderts ausmachen (vgl. Boltanski/Chiapello 2003, S. 540; vgl. S. 81). Während die Sozialkritik vorrangig auf sozioökonomische Strukturen abzielt, die Klassenfrage in den Vordergrund stellt und damit auf Arbeitnehmerrechte abzielt, konzentriert sich die Künstlerkritik auf Fragen der Subjektivierung und auf Entfremdungserscheinungen in kapitalistischen Lebenswelten. Dementsprechend steht die Sozialkritik für gewerkschaftsbezogene Politik, während die Künstlerkritik wegbereitend für die Identitätspolitiken ist, die sich ab den 1970er Jahren anbahnten – so die Darstellung von Chiapello und Boltanski.[127] Diese Unterscheidung kann in analytischer Hinsicht hilfreich sein, historisch betrachtet ist sie äußerst unpräzise, wie beispielsweise frühsozialistische Ideen wie diejenigen von Fourier oder die Forderungen von sozialistischen Feministinnen nach Brot und Rosen zeigen (vgl. Arruzza/Bhattacharya/Fraser 2019, S. 92 f; Dhawan/Enge/Govrin/Holzhey/Woltersdorff 2015, S. 7 f.). Außerdem riskiert diese Unterscheidung, die marxistische Logik von Haupt- und Nebenwiederspruch zu reproduzieren. Diese verkennt, dass sich die ökonomische Ordnung auf der Ordnung des Begehrens begründet, die Menschen in sexuellen und geschlechtlichen Rollen regiert und die sich in der

---

[126] Davon ausgehend, dass sich das kapitalistische System außerhalb des Ökonomischen legitimieren muss, bringen Boltanski und Chiapello den titelgebenden Begriff des Geistes des Kapitalismus ein, der eine Ideologie bezeichnet, die „das Engagement für den Kapitalismus rechtfertigt" (Boltanski/Chiapello 2003, S. 43). Hierbei beziehen sie sich auf eine Annahme des Soziologen Max Weber, dass der Protestantismus ideologisch wegbreitend dafür war, um Akkumulation als Anzeichen für göttlichen Segen zu deuten (vgl. Weber 1905/2005).

[127] In der Künstlerkritik, die Boltanski und Chiapello auf den Schriftsteller Charles Baudelaire zurückführen, wird dem Bourgeois, der „Ländereien Fabriken, Frauen besitzt" (Boltanski/Chiapello 2003, S. 82), der Dandy gegenübergestellt, der lediglich sich selbst produziert, frei von Ort zu Ort flaniert und – so ließe sich in Erinnerung an den Dandy *par excellence* Oscar Wilde hinzufügen – den Rahmen ehelicher Besitznahme überschreitet, die Grenzen der Sexualität erweitert und damit als Flaneur in sexuellen Gefilden umherschweift.

Einteilung von bezahlter Produktions- und unterbezahlter Reproduktionsarbeit manifestiert (vgl. Federici 2012).

In den 1960er Jahren geriet der Kapitalismus in eine Legitimationskrise, die sich gemäß Boltanski und Chiapello aus dem Widerstreit zwischen dem entfesselten konsumgesellschaftlichen Hedonismus und der weiterhin wirkmächtigen protestantisch-asketischen Arbeitsmoral speiste (vgl. Boltanski/Chiapello 2003, S. 69). Die streng hierarchischen Unternehmensstrukturen entsprachen nicht mehr dem Zeitgeist der Mittelschicht, die, beseelt vom Aufruhr rund um 1968, nach liberaleren Umgangs- und Organisationsformen in der Arbeitswelt verlangte. In den darauffolgenden Jahrzehnten destabilisierte sich die ohnehin brüchige Unterscheidung zwischen privater und professioneller Sphäre zunehmend.

Dabei galt diese Sphärentrennung als kapitalistisches Wesensmerkmal; bereits Max Weber definierte den Kapitalismus dahingehend, dass sich Familien- und Berufssphären formell auseinanderentwickelten. In neoliberaleren Arbeits- und Gesellschaftsverhältnissen ab den 1980er Jahren verflüssigten sich dagegen die Grenzen zwischen privaten und professionellen Aktivitäten, zwischen beruflichen und freundschaftlichen Kontakten – eine Beobachtung, die Arlie Hochschild in ihrer 1983 erschienenen, emotionssoziologischen Studie *Das gekaufte Herz – Die Kommerzialisierung der Gefühle* (2006) darlegt. In den 1960er Jahren wandte sich die Managementliteratur noch gegen die Nahverhältnisse familienweltlicher Unternehmen und trat für eine strikte Trennung der privaten und der professionellen Sphäre ein, um eine faire, neutrale Bewertung der Kompetenzen fernab persönlicher Bindungen zu ermöglichen. Allerdings protestierte man in den 1990er Jahren gegen diese Trennung. Man empfand sie als individualitätseinschränkend, da sie affektiven Bindungen keinen Raum gebe und Flexibilität und Kreativität im vernetzten Miteinander blockiere (vgl. Boltanski/Chiapello 2003, S. 127). Dieser Haltungswandel einer Unternehmenskultur, die erst auf Sachlichkeit und Objektivität, dann auf Emotionalität und Kreativität setzte, verdeutlicht, wie der neue Unternehmenskurs Künstler- und Sozialkritik oder, anders formuliert, sogenannte Identitätspolitik und Klassenpolitik gegeneinander ausspielte.

Der neue Geist des Kapitalismus

Die französische Wirtschaft ging in den 1970er Jahren zunächst auf sozialkritische Forderungen ein. Doch als die Arbeitgeberinnen erkannten, dass diese Zugeständnisse hohe Kosten mit sich brachten und wenig effizient waren, nahmen sie stattdessen künstlerkritische Forderungen auf. Sie nutzten sie zu ihren Gunsten, denn sie setzten zeitgleich jene arbeitsrechtlichen Eingeständnisse außer Kraft, die sie zuvor den Gewerkschaften gemacht hatten (vgl. Boltanski/Chiapello 2003, S. 541–544). Während die kommunistische Partei und die Gewerkschaften an Einfluss verloren, wurden künstlerkritisch orientierte Strömungen wie die Frauen-, Homosexuellen- und Umweltbewegungen sichtbarer. Auf deren Autonomieforderungen gingen die Unternehmen ein und benutzen sie dazu, Arbeitsbedingungen zu individualisieren und Arbeitszeiten zu flexibilisieren – allesamt Maßnahmen, die wesentlich kostengünstiger waren. Außerdem beförderten diese neuen Arbeitsformen Technologien der subtilen Selbstkontrolle (vgl. Boltanski/ Chiapello 2003, S. 235–250; S. 254–260). Da man in Westeuropa die klassische Industrie abbaute und den Dienstleistungssektor ausweitete, passte man in den 1980er und 1990er Jahre den Produktionsapparat an die Nachfrage an, man organisierte die Produktionsverhältnisse gemäß neuer Modelle wie der sogenannten *Lean Production,* die auf kleine, flexibel änderbare Produktserien abzielt. Dadurch etablierten sich sozioökonomische Diskurse, die Flexibilität als nötigen Adaptionsmodus in globalen Entwicklungsprozessen ausmachte (vgl. Boltanski/ Chiapello 2003, S. 248 f.). Man kann hierin das Denkmuster eines sozialdarwinistischen Selektionsprozesses erkennen (vgl. Boltanski/Chiapello 2003, S. 283 f.), welches das kapitalistische Dogma der vermeintlichen Chancengleichheit aktiviert, um anhand der meritokratischen Leitmotive der Individualleistung und Eigenverantwortung das Soziale umzustrukturieren. Statt als Solidargemeinschaft zeigt sich das Soziale dadurch als Wettbewerb der Individuen. Diese Entwicklung hat sich in der Gegenwart weiter verschärft und verstärkt.

Der Analyse von Boltanski und Chiapello lässt sich eine Beobachtung von Eribon anfügen, der ab Mitte der 1980er Jahre eine „neokonservative Wende" innerhalb der parteipolitischen Linken, der *Parti Socialiste,* ausmacht (vgl. Eribon 2016, S. 156–159). Man sparte die Kategorie der Klasse aus dem Parteidiskurs aus und ersetzte sie durch die Schlagworte der Prekarität und der Prekarisierung. Dieser begriffspolitische Wandel der *Parti Socialiste* zielte darauf ab, deren neoliberale Wirtschaftsprogramme zu legitimieren, welche besonders die Arbeiterklasse betrafen. Deren Angehörige wurden fortan nicht mehr als politische Subjekte adressiert und repräsentiert, während ihnen Arbeitslosigkeit oder Teilzeitarbeit drohten. Für Eribon war diese neokonservative Wirtschaftspolitik das Einfallstor für die rechtsextreme Partei *Rassemblement National,* ehemals *Front National,* die Arbeiterinnen das symbolische Angebot machte, ihnen ihren Stolz als politische Subjekte zurückzugeben – allerdings unter rassistischen Vorzeichen: als weiße, französische Arbeiter. Der *Front National,* der sich in Abgrenzung zur neoliberal ausgerichteten *Parti Socialiste* zur Stimme des Volkers aufschwang, versprach Wählerinnen, ihre Arbeitsplätze und ihren Wohnraum vor Immigrierten und muslimischen Mitbürgerinnen zu schützen. Ähnliche Entwicklungen lassen sich zeitverzögert in der BRD feststellen. Wie die *PS* in Frankreich hat die Regierung unter Bundeskanzler Gerhard Schröder, die aus der Koalition von *SPD* und *Bündnis 90/Die Grünen* bestand, neoliberale Wirtschaftspolitiken vorangebracht, welche die sozialstaatlichen Strukturen aufbrachen, das Solidarmodell der Gesellschaft infrage stellten und Unternehmensinteressen durchsetzten. Allerdings manifestiert sich dieser gesellschaftliche Strukturwandel nicht alleine auf staats- und unternehmenspolitischer Ebene, sondern äußerst sich auch auf emotionskultureller Ebene.

Die Rationalisierung des Begehrens in der Ratgeberkultur

In die gegenwärtige Emotionskultur spielt ein spezifischer Umgang mit der Psychoanalyse hinein, in der das Selbst stetig therapeutisch an sich arbeiten und sich optimieren muss. Auf deren Anfänge machte Adorno bereits in den 1950er Jahren in den USA aufmerksam (vgl. Adorno 1951/2012, S. 65–75). Indem psychoanalytische Kernkonzepte massentauglich feilgeboten werden, wirken diese Deutungsschlüssel des jeweiligen individuellen Schicksals derart pauschalisierend, dass die eigentlichen Konflikte verdrängt werden. Stattdessen bietet man standardisierte Lösungsstrategien an, die darauf abzielen, das affektive Unbehagen in benenn- und behandelbare Emotionen umzuformen. Dabei verfolgen sie eine Ökonomie der Selbstverbesserung, in der das Selbst beständige Arbeit an sich leistet. In ihrer Studie zur Therapeutisierung des Selbst legt die Soziologin Sabine Maasen dar, wie dergestalt sexuelle Liberalisierung in libidinösen Leistungszwang umschlägt:

> Die gesellschaftliche Wertschätzung sexueller Leistungsfähigkeit schließt Sexualtherapien als weiteren Ausdruck ein. In der Konstruktion sexueller Dysfunktionen und ihrer behaupteten Behandlungsbedürftigkeit suggeriert sie ein Einverständnis darüber, was sexuelle Normalität sei. Diese Normalität wird mit Hilfe sexualtherapeutischer Interventionen operationalisiert: sexuelle Aufklärung ist die privilegierte Strategie; Lustmaximierung das fraglose Ziel. (Maasen 1998, S. 68)

Die subversiven Bewegungen der sexuellen Revolution schlagen in renormalisierende Tendenzen um. Aufbegehren wird zu Begierde. Wie im sechsten und im zehnten Kapitel aufgezeigt, zeugt die psychoanalytische Diskursgeschichte von zwei widerstreitenden Tendenzen: eine Tendenz, die Ambivalenzen und Widersprüche betont und im Unbewussten subversives Potenzial erkennt, und eine Tendenz zur Ich-Psychologie, die anstrebt, aus Es Ich zu machen. In den sexualpolitischen Aushandlungen von 1968 kumulierten diese beiden Tendenzen. Im Zuge der sexuellen Revolution zelebrierte man die Kraft des Begehrens, um aus sexualmoralischen Repressionen auszubrechen. Man verwarf die konservativen Freud-Interpretationen und verfolgte progressive Relektüren von Freud und Lacan. Trotz dieser antikapitalistischen Impulse begünstigte das Emanzipationsmodell des Begehrens den Strukturwandel der Arbeitswelt. Wie Boltanski und Chiapello herausarbeiten, rekurrierte man in Managementdiskursen auf diese emanzipatorischen Psychoanalysedeutungen. So hieß es „selbst unter den jungen Führungskräften, die zu einem der Archetypen der 60er Jahre stilisiert worden waren, dass der enge Zwangsrahmen aus Konventionen und Unternehmenspraktiken [...] aufgebrochen werden müsse" (Boltanski/Chiapello 2003, S. 470). Aus solchen Vereinnahmungsbewegungen entspringt der dritte kapitalistische Geist, wie er in den 1990ern in Unternehmenskulturen vorherrschte, die soft skills und Kommunikationskompetenzen von Angestellten als Humanressourcen nutzten.

Gemäß Boltanski und Chiapello vollzog sich diese begehrenspolitische Entwicklung in den 1960er Jahren in zwei Schritten. Erstens: Das Emanzipationsdenken des Begehrens führte in der Schicht junger Führungskräfte dazu, dass diese gegen die paternalistischen Strukturen der Arbeitswelt rebellierten. Zweitens: Man erlebte eine Welle der Ernüchterung, da Begehren in seiner Unerfüllbarkeit erlebt wurde – in vielfachen gesellschaftspolitischen Hinsichten. Um sich gegen diese stetige Leidens- und Frustrationsursachen zu wappnen, versuchte man Begehren dahingehend zu rationalisieren, als dass man es realistisch betrachten und pragmatisch handhaben wollte. Die vielzähligen „Hilfskonzepte psychoanalytischer Provenienz", die in die netzwerkartige Arbeitswelt Einzug fanden, beförderten ein Denken, das sich mit der „Wirklichkeit des Begehrens" (Boltanski/Chiapello 2003, S. 170 f.) konfrontierten und die Grenzen von dessen Erfüllbarkeit anerkennen wollte. Dabei verändert sich das psychoanalytische Denken. Freud beschreibt den Menschen in seinem Spätwerk als Wesen, das dem todesgetriebenen Wiederholungszwang verhaftet ist, der ihn dazu nötigt, traumatische Erlebnisse wieder und wieder zu durchleben. Auch andere Denker wie Lacan gehen von einer grundlegenden Unerfüllbarkeit des Begehrens aus. Im Gegensatz dazu führt der pragmatische Umgang mit psychoanalytischen Modellen eine Progressionslogik ein, die sich – vom Königsweg der Psychoanalyse abweichend – in Selbsttechnologien wie *Life-Coaching*, Ratgeberliteratur und Selbsthilfegruppen ausdrückt (vgl. Illouz 2013, S. 74 f.). Der Zugriff auf Begehren gestaltet sich damit noch rationeller. Damit ändern sich die gesellschaftspolitischen Perspektiven auf Sexualität.

Bedrohliches Begehren, berechnetes Begehren

Wie sehr man 1968 Begehren als emanzipatorische, revolutionäre Kraft betrachtete, bezeugt ein auf die Wände der Sorbonne gesprühter Slogan. *Mes désirs sont la realité – meine Wünsche sind Realität.* Dieser Satz spricht von dem Glauben an die performative Kraft des Begehrens, der Hoffnung darauf, durch dessen Transformation die Gesellschaft zu verändern. In den nachfolgenden Jahrzehnten verdüstert sich dagegen die Perspektive auf Begehren und das Verheißungsversprechen der sexuellen Befreiung. Heutzutage, resümiert der Sexualwissenschaftler Volkmar Sigusch, „ist Sexualität nicht mehr die große Metapher der Lust und des Glücks, wird nicht mehr zu stark überschätzt wie zur Zeit der sexuellen Revolution", während 1968 „die alte Sexualität positiv mystifiziert wurde als Rausch, Ekstase und Transgression, wird die neue negativ mystifiziert als Ungleichheit der Geschlechter, als Gewalt, Mißbrauch und tödliche Infektion" (Sigusch 2002, S. 12 f.). Dieses Unbehagen im Begehren geht mit einem zunehmend rationell ausgerichteten Zugriff auf Erotik und Sexualität einher. Womöglich erklärt sich dieses Rationalisierungsbestreben dadurch, dass Begehren als äußerst bedrohlich wahrgenommen wird. In dieser Betrachtungsweise erscheint das Bestreben, Begehren rationalistisch zu erfassen, als Schutzmaßnahme gegen dessen Kontingenzerfahrungen. Hierfür lassen sich verschiedene Phänomene beispielhaft anführen, wie die Aushandlungsmoral in sexuellen und romantischen Beziehungen oder die Erlebnissphäre des Onlinedatings, auf die wir im Folgenden zu sprechen kommen werden.

Der Status von stabilen Bindungen steigt in Zeiten zunehmender Bindungslosigkeit aufgrund von Arbeitsanforderungen, die Wohnortwechsel, Pendelrhythmus und ständige Erreich- und Verfügbarkeit vorsehen. Diese Tendenz geht mit zunehmender Skepsis an dem Verheißungsversprechen des befreiten Begehrens einher:

> Gerade für jüngere Menschen sind im späten 20. und frühen 21. Jahrhundert die hohen individuellen und gesellschaftlichen Glücksversprechen, die man während der Sexuellen Revolution mit dem ‚befreiten Sex' verband, kaum mehr nachvollziehbar – was allerdings nicht heißt, dass sie sich der Sexualisierung entziehen könnten oder wollten. Glaubt man den Sexualumfragen, platzieren sie den ‚Sex' allerdings verstärkt im Kontext von festen Beziehungen, die sie seriell eingehen. Hier zeigt sich, dass Sexualität und romantische Liebe in den letzten beiden Jahrzehnten noch intensiver verbunden wurden, unter anderem mittels Beziehungsarbeit und Konsumpraktiken. (Eder 2015, S. 52 f.)

Angesichts der Entfremdungserfahrungen ersehnt und erwünscht man sich, ähnlich wie in linksalternativen Milieus der BRD der 1970er und 1980er Jahre, authentische Gefühlserlebnisse und authentischen Selbstausdruck (vgl. Reichhardt 2014, S. 57–60). Damals erstrebte man, ein gutes Leben im falschen zu finden und außerkapitalistische Gemeinschaftsgefüge zu erschaffen. Dagegen dient das Ideal des Authentischen heutzutage als soziale Absicherungsstrategie und als Selbstvermarktungsressource (vgl. Koppetsch 2014a).

In ihrer Studie machen Chiapello und Boltanski darauf aufmerksam, dass sich der symbolische Wert der Authentizität umso mehr erhöht, je weniger soziale Verhältnisse vertraglich abgesichert sind (vgl. Boltanski/Chiapello 2003, S. 452f.). Offenheit, Ehrlichkeit und authentisches Auftreten gelten zu Zeiten sich andauernd verändernder Lebensrhythmen als kommunikativer Imperativ, durch den der Eindruck von Stabilität entsteht. Indem institutionell abgesicherte Beziehungsformen brüchig werden, wird „die gesamte Beziehungslast von der Authentizität der Menschen" getragen (vgl. Boltanski/Chiapello 2003, 495). Diese Feststellung korrespondiert mit den Beobachtungen des Sexualwissenschaftlers Gunter Schmidt, dass sich seit Mitte der 1990er Jahre eine Verhandlungsmoral herausbildet, die in romantischen Partnerschaften das Gefühl von Sicherheit verschafft und dennoch Raum für individuelle Autonomie erhalten soll. Ein ähnlicher Umgang lässt sich im Bereich des sexuellen Austauschs feststellen, der nicht auf langjährige Bindung angelegt ist (vgl. Schmidt 1998; vgl. Verheyen 2015). Solch eine Entwicklung führt zu einer Schlussfolgerung, die über den Kontext der Gegenwart hinaus auf die gesamte Rationalisierungsgeschichte des Begehrens zuzutreffen scheint: Je bedrohlicher Begehren erscheint, desto mehr bemüht man sich, es transparent zu machen, es kalkulierbar zu machen, um gegen Bedrohungs- und Ohnmachtsempfindungen, gegen Kontingenzerfahrungen anzukämpfen. In der spätkapitalistischen Sexualitätsgeschichte begründet sich der Anspruch, Begehren und damit die eigenen Wünsche hinsichtlich Erotik und Intimität bewusst auszusprechen und auszuhandeln, in den emanzipatorischen Praktiken der feministischen Bewegungen ab den 1970er Jahren. Die Soziologin Imke Schmincke zeigt auf, dass bereits innerhalb der Neuen Frauenbewegung im deutschsprachigen Raum Sexualität äußert ambivalent verhandelt wurde, wie sie anhand der Schriften Alice Schwarzers veranschaulicht (vgl. Schmincke 2015, S. 199). Man verhandelte Sexualität in den Praxisräumen der Selbsterfahrung und Körperarbeit, dabei wurde sie dahingehend paradox politisiert, als dass man sie zeitgleich dämonisierte und emotionalisierte, da man ihr repressive wie revolutionäre Kräfte zusprach (vgl. Schmincke 2015, S. 207–210). Obwohl die Grundintention der CR-Gruppen, das *Consciousness-Raising,* auf eine strukturelle Veränderung der Machtverhältnisse angelegt war, bildete sich in den zunehmend therapeutischen Verfahren eine Grundanlage für die heutige Ratgeberliteratur heraus (vgl. Schmincke 2015, S. 211). Schmincke vertritt folglich die These, dass die feministischen Selbsthilfegruppen, die sich in zunehmendem Maße professionalisierten, wesentlich zur Entstehung der neuen Emotionskultur beitrugen, die individualisierende Selbsttechnologien etabliert: „Was in der Praxis der Selbsterfahrung somit bereits angelegt war, ist eine Tendenz zur Individualisierung von Problemlagen bzw. emotionalen und sexuellen Erfahrungen, die sich dann in dem sogenannten Psychoboom niederschlägt." (Schmincke 2015, S. 210 f.) Man kann in der Ratgeberkultur mithin individualisierende und rationalisierende Tendenzen erkennen, die darauf abzielen, die eigenen Wünsche aufzuzeigen und die eigenen Grenzen abzustecken Hierbei soll Begehren berechenbar gemacht werden.

Dies bedeutet keinesfalls, dass Aushandlungspraktiken über Begehren keinerlei emanzipatorisches Potenzial bergen, doch in der gegenwärtigen Emotionskultur sind sie darauf ausgerichtet, Begehren zu rationalisieren, es wirtschaftlich profitabel zu machen und Begehrenssubjekte hervorzubringen, die den marktwirtschaftlichen Spielregeln folgen. Diese Logik der Begierde drückt sich im Drang danach aus, Identität und Individualität diskursiv festzustecken und festzuschreiben und zwar durch entsprechendes emotionskulturelles Vokabular. Wie Illouz diesbezüglich betont, zielt die auf Transparenz setzende, „heutige Kommunikation nicht darauf ab, irgendwelche ausgeklügelten Verführungsspielchen zu betreiben, in denen das Ich oftmals eher verhüllt als enthüllt wird", stattdessen gilt es, die „eigenen inneren Gedanken und das eigene Ich so authentisch wie möglich darzustellen und auszudrücken", dabei dienen „Konversation und Ausdrucksformen [...] als Indikatoren des kulturellen Kapitals [...]" (Illouz 2007a, S. 255 f.). Diese Beobachtung deutet darauf hin, dass Authentizität einen relevanten sozioökonomischen Faktor darstellt. Um diesen Zusammenhang zu verstehen, ist das grelle Gegenwartsbeispiel des Onlinedatings äußerst anschaulich und aufschlussreich.[128]

Onlinedating und die algorithmische Anreizung des Begehrens

Obwohl der Fokus auf den Berechnungsstrategien des Begehrens liegt, sollte man anmerken, dass Praktiken des Onlinedatings durchaus sexualemanzipatorisch wirken können. Ein Beispiel aus dessen früher Geschichte in den 1990er Jahren bietet das schwule Portal *PlanetRomeo*, vormals *GayRomeo*. Markenzeichen von *PlanetRomeo* ist der Umstand, dass es innerhalb der schwulen Community Berlins gegründet wurde und somit in einer traditionsreichen Sexualkultur, die der Intimität des Anonymen erotischen Wert beimisst. Dennoch galt die Website bald

---

128 Zu der Ökonomisierung des Begehrens beim Onlinedating vgl. Dröge/Voirol 2011; Govrin 2019.

als ‚schwules Einwohnermeldeamt', das zur Vernetzung innerhalb der Community beitrug (vgl. Quetsch 2011, S. 123). Sexualitätsgeschichtlich hat die Sichtbarkeit von homosexuellen Begehrensformen und Beziehungsweisen stets einen liberaleren Umgang mit heterosexuellen Fragen gestärkt (vgl. Herzog 2011). Schwule, lesbische und queere Sexkulturen agieren somit als avantgardistische Vorboten der libidinösen Liberalisierung. Da diese Liberalisierung zumeist mit Kommerzialisierung einhergeht und sich deterritorialisiertes Begehren reterritorialisiert, ist es interessant zu beobachten, was geschieht, wenn queere Lebens- und Liebesentwürfe im heterosexuellen Mainstream ankommen.

Dies ist der Fall bei *PlanetRomeo*. Die Vermischung von Freundschaft mit sexueller und romantischer Partnersuche, der lustvolle Umgang mit anonymer Intimität, das Experimentieren mit mehreren Profilen, das selbstgestalterische Projekt, sich als Begehrenssubjekt und -objekt zu entwerfen – ähnliche Praktiken wie bei *PlanetRomeo* pflegen auch Nutzerinnen aktuell beliebter Onlinedatinganbieter wie der App *Tinder* und der Website *OKCupid*. Man kann diese Tendenzen als Deterritorialisierung von klassischen Beziehungsmodellen begreifen. Außerdem zeugt die Mannigfaltigkeit an sexuellen Vorlieben und Identifizierungen, die man bei *OKCupid* angeben kann, davon, dass sich das heteronormative Identitätsraster deterritorialisiert, da sich dessen Kategorien von *homo/hetero* und *männlich/weiblich* multiplizieren und ausdifferenzieren. Mein Fokus liegt jedoch nicht auf solch subversivem Potenzial, sondern darauf, wie die Messbarkeitsmechanismen von *Tinder* und *OKCupid*, die im Back-End und damit im Hintergrund dieser Anwendungen arbeiten, die Begehrensdynamiken wettbewerbslogisch vorantreiben.[129] Anscheinend führen die Deterritorialisierungseffekte des Onlinedatings dazu, dass sexuelle Orientierungen und geschlechtliche Identitäten freier lebbar werden. Im Zuge dessen vervielfachen sich auch die Beziehungsformen. Bei einem Anbieter wie *OKCupid* sind die Wahlmöglichkeiten sehr frei, ob für den schnellen Sex, die Liebschaft mit sadomasochistischen Spielerei, freundschaftliches Rumhängen, die Suche nach monogamer oder polyamorer Partnerschaft – alles scheint möglich. Dennoch ist zu vermuten – und dies ist die These, der folgend nachgegangen wird –, dass die Marktlogik, die solche Plattformen strukturiert, reterritorialisierend wirkt, sodass sich Identität nicht auflöst, sondern multipliziert und flexibler gestaltet.

---

129 Für eine intersektionale Perspektive, die das emanzipatorische Potenzial beim Onlinedating hervorkehrt, vgl. Ötzekin 2018.

Algorithmische Affektökonomien

Für Onlinedatinganbieter ist die Vervielfältigung der sexuellen Kategorien dazu dienlich, die Userprofile auszuwerten und in der Logik des Matchmaking miteinander zu kombinieren. Je mehr Kategorien, desto genauer das Feintuning zur Begehrensauswertung. Algorithmisches Matchmaking bedarf daher möglichst ausdifferenzierter Kategorien, in denen sich die Profile vermessen und verwerten lassen. Dabei geht es für die User nicht nur um ein passendes Match oder darum, eine gute oder noch bessere Partie zu machen, sondern vor allem darum, soziale Anerkennung zu erlangen, den eigenen Begehrenswert zu erhöhen und damit erotisches Kapital zu erstehen.

Diesen Konkurrenzkampf um erotisches Kapital verstärken Algorithmen wie der *desirability score,* den die Dating-App *Tinder* einsetzt.[130] Dieser Algorithmus erfasst Nutzerinnen, deren Profile oft angeklickt werden, in einem Ranking und zeigt ihnen dementsprechend Profile an, welche die quantitative Messung des *desirability score* als ähnlich begehrenswert ausmacht. Noch ausgefeilter ist der *Elo-Score:* Wenn ein Nutzer in Kontakt mit einer Person kommt, die quantitativ als begehrenswerter gilt, übt sich das positiv auf dessen Ranking aus, sodass der niedrig eingestufte Nutzer höher eingestuft wird. Der Elo-Score lehnt sich an die Elo-Wertung an, die beim Schach wirksam ist. Die Elo-Zahl beziffert den Wert und damit die Spielstärke einer Schachspielerin. Deren Wert erhöht sich nicht einfach mit jeder gewonnenen Partie, sondern steigt, wenn sie eine Gegnerin schlägt, die eine höhere Elo-Zahl besitzt. Algorithmische Feinheiten dieser Art enttarnen die konfliktreiche Konkurrenzdynamik, die im Hintergrund vom virtuellen Matchmaking arbeitet. Während sich die Oberfläche als progressives Panoptikum von Individuum darbietet, die ihr jeweiliges Begehren aushandeln, wirkt hier ein antagonistisches, nahezu kriegerisches Begehrensmodell, das darauf angelegt ist, sich gegenüber Kontrahentinnen durchzusetzen, um einen besseren sozialen Status zu erlangen oder, anders formuliert, mehr erotisches Kapital zu erlangen.[131] Hier aktualisiert sich die quantitative Begehrensökonomie, die der *Anti-Ödipus* beschreibt, in algorithmischen Arbeitsweisen. Die Suche nach begehrlichen Bindungen und sozialer Anerkennung birgt den Anreiz des Aufbegehrens und drückt die Sehnsucht nach Resonanz aus – allesamt Bewegungen der Deterritorialisierung des Begehrens. Indessen wirkt dieses Kalkül als Reterritorialisierung, da die Begierde bestärkt wird, sich als Individuum in seinen *unique selling points*

---

130 Vgl. hierzu folgenden Artikel im Wirtschaftsmagazin *Business Insider,* der am 9. März 2017 erschien: http://www.businessinsider.de/tinder-secret-success-rate-photos-right-swipe-percentage-2017–3?r=US&IR=T.
131 Für diesen Gedanken gilt mein Dank Andreas Gehrlach.

zu bewerben, um sich konkurrenzlogisch von den Anderen zu distinguieren, und im Attraktivitätswettbewerb erotisches Kapital zu akkumulieren. Diese algorithmischen Valorisierungspraktiken prägen die Interaktion auch insofern, als dass die beständige Bewertung der Anderen das Nutzerverhalten bestimmt. Bei *Tinder* entscheidet ein kurzer Blick auf die angezeigten Profile, ein kurzes Wischen auf dem Smartphonescreen, ob es lohnenswert erscheint, mit diesem Menschen in Kontakt zu treten. Die Nutzerinnen werden als ökonomische Subjekte angerufen, schnelle, pragmatische Konsumentscheidungen zu treffen (vgl. Dröge/Voirol 2011, S. 353).

Die Multiplizierung des Selbst

In diesen sozialen Praktiken der digitalen Atttraktivitätsmärkte „begreifen sich die Menschen [...] zunächst als Bündel von Attributen [...]" (Illouz 2007, S. 120). In dieser affektökonomischen Rechenoperation werden Subjekte beim Onlinedating in Eigenschaften zergliedert, die miteinander kombiniert werden und in der Gesamtsumme Individualität ergeben sollen. Dieses multiplikatorische Identitätsprinzip, das so offenkundig mit standardisierten Schablonen operiert, rechnet das vermeintlich Authentische als Marketingfaktor ein. Bei *OKCupid* findet sich auf der rechten Seite eine tabellarische Zusammenfassung der Person. *Pansexual. Bisexual. Heteroflexible. Woman. Single. 175 cm. Curvy. White. Speaks English and some German. Smokes regulary. Drinks socially. Looking for people, within 25 miles, ages 28 – 42, short & long term dating and hookup.* Im Zentrum des Bildschirms findet sich ein Themenkatalog, der mehr Spielraum zum Selbstausdruck gibt. Eine Sparte, die ins Auge springt, ist folgende: *The first thing people notice about me.* Die jeweilige Antwort soll das Alleinstellungsmerkmal der Nutzerin preisgeben, ihren *unique selling* point.

Die Art und Weise, wie das vermeintlich Individuelle in das Matchmaking einkalkuliert wird, ist für das Dispositiv des Onlinedatings besonders bestimmend. Derweil bilden dessen virtuelle Räume keinen Sonderbereich des Sozialen, vielmehr sind die Arten und Weisen, wie hier Individualität durch die Addition von Attributen mit dem Faktor des Alleinstellungsmerkmals errechnet wird, gesamtgesellschaftlich symptomatisch. Die algorithmische Anreizung des Begehrens, die konkurrenzlogische Kommunikationsstruktur, welche die Nutzerinnen zu sich selbst anpreisenden Waren im Wettbewerb um Begehrenswert macht, führt zu Entfremdungsempfindungen. Um dieser Fremdlenkung des eigenen Begehrens entgegenzuwirken, lenken die Nutzerinnen die Aufmerksamkeit darauf, ihr angeblich authentisches Selbst und Begehren darzustellen. Damit erfüllen sie allerdings ebenjene marktkompatible Anforderung, sich in ihren Alleinstellungsmerkmalen anzupreisen.

Die Rationalisierung des Begehrens und ihre Entfremdungseffekte

In dem Gewinn von Onlinedatinganbietern übersetzt sich Begehrenswert in monetär bezifferbaren Wert. Dieses Kalkül rechnet mit dem Begehren danach, sich als möglichst eigen zu erfahren und zu zeigen. Dies ist bloß eines von vielen Beispielen für den rationellen Zugriff auf Begehren, der wirtschaftlichen Wert schafft. Unterdessen rufen solche marktgesteuerten Operationsweisen Entfremdungseffekte hervor. Menschen fühlen sich beharrlich von der Werbewelt bedrängt, sie wissen um die ökonomischen und biopolitischen Mechanismen, die sie und ihr Leben steuern. Gerade deshalb erscheint authentischer Ausdruck so kostbar. Die Soziologin Cornelia Koppetsch diagnostiziert in der Generation der nach 1975 in der BRD Geborenen einen Hang zum Konformismus. Sie schildert den Wandel von Authentizität als Widerstandsort, von dem aus man die Autoritätsstrukturen anficht, zur Ressource, die sich markt- und machtkonform einsetzen lässt. Demnach

> taugen die einst gegenkulturellen Ideale, wie Selbstverwirklichung, Expressivität und Authentizität, wie sie von den älteren Generationen als junge Erwachsene vertreten wurden, heute nicht mehr als Orte des Widerstandes und der Gesellschaftskritik. Längst sind sie dem Kapitalismus selbst einverleibt worden und damit zu Herrschaftsinstrumenten geronnen. So verlangen Arbeitgeber insbesondere von jüngeren Mitarbeitern ganz selbstverständlich Kreativität, Begeisterungsfähigkeit und Eigenständigkeit. Doch diese Tugenden – so sehen es viele der Jüngeren – sind heute Teil des Mainstreams und nichts Besonderes mehr. Sie führen auch nicht zwangsläufig zu mehr Selbstverwirklichung im Beruf, sondern eher in die kreative Selbstausbeutung. Viele Jüngere entziehen sich deshalb dem Anspruch auf berufliche Totalverfügbarkeit. Eine gelungene Balance von Arbeit und Leben ist ihnen wichtiger als Karriere, ein hohes Einkommen oder die berufliche Selbstverwirklichung. Die Familie, das Private soll dem Beruflichen nicht untergeordnet werden. (Koppetsch 2014b)

Somit drückt sich das Streben nach authentischen Lebensbezügen und -erfahrungen als Sehnsucht nach konventionellen Lebensweisen aus. Zugleich setzt man authentisches Auftreten am Arbeitsplatz gezielt ein, um den eigenen Stellenwert zu verbessern. Authentizität akkumuliert Begehrenswert. Der sympathische Selbstausdruck von Kollegen und Arbeitgeberinnen, die *Facebook*-Freundinnen oder *Instagram*-Follower, ob in der *WhatsApp*-Gruppe, beim Carsharing auf dem Weg ins Büro oder der Afterworkparty verbessert den sozioökonomischen Status. Während man im Professionellen authentisches Auftreten strategisch als Ressource einsetzt, ersehnt man im Privaten das authentische Leben. Dabei setzen sich die Bewertungsmechanismen des Begehrenswerts auch in intimen Sphären durch. Je stärker die Entfremdung erfahren wird, desto dringlicher wird der authentische Ausdruck gesucht. Ob man Ratgeberliteratur über Lebensführung liest, Yoga macht, sich in Kunst- oder Gesprächstherapie begibt, der Selbstsorgemarkt bietet zahlreiche Angebote. Doch indem die gesellschaftspolitische Aufmerksamkeit derart stark auf das Individuelle ausgerichtet ist, wird Identität im Sinne von Begierden bekräftigt.

Begehren als politische Kraft

Ganz im Gegensatz dazu machen feministische Bewegungen wie die #Metoo-Bewegung die strukturellen Machtverhältnisse in den bestehenden Begehrensordnungen sichtbar und treten für sexuelle Selbstbestimmung und damit für das Bestimmungsrecht über den eigenen Körper und das eigene Begehren ein. Dabei wenden sie sich gegen Gesellschaftsstrukturen, die sexualisierte Gewalt ermöglichen sowie verharmlosen. Diese strukturelle Perspektive verweist darauf, dass die Frage des Begehrens dem Politischen und der Politik inhärent ist.

Schließlich wird in den Krisen und Konflikten in Geschichte und Gegenwart stets mitverhandelt, wie sich Begehren und Ökonomie zueinander verhalten – dies dürfte der theoriegeschichtliche Rückblick deutlich dargelegt haben. In dieser sozialphilosophischen Perspektive stellen gesellschaftspolitische Kämpfe immer begehrenspolitische Kämpfe dar, indem sie einen bestimmten Willen ausdrücken, der sich in einem Wunschbild des Sozialen artikuliert (vgl. Hetzel 2016). Darin zeigt sich Begehren zunächst als soziale Kraft, verstanden als Bezugnahme zu anderen, die Gesellschaftsgefüge bedingt und bestimmt. Indem die gesellschaftlichen Beziehungsweisen infrage gestellt werden und damit Begehren als soziale Kraft politisch thematisiert wird, zeigt sich Begehren als genuin politische Kraft. Dass diese begehrenspolitischen Kämpfe besonders auf dem Schauplatz des Sexuellen ausgetragen werden, begründet sich – neben der engen, kulturgeschichtlichen Assoziation von Begehren und Erotik – dadurch, dass Sexualität als biopolitische Schnittstelle von Individualität und Gesellschaft, von Identität und Alterität, von Intimität und Entfremdung wirkt und damit den Einsatzpunkt bildet, um Affekte zu mobilisieren. Nachdem wir die progressiven Politiken der sexuellen Revolution betrachtet haben, müssen wir das aktuelle Aufkommen von reaktionären Sexualpolitiken in den Blick nehmen. Daher behandelt der folgende Abschnitt die begehrenspolitischen Kämpfe der Gegenwart.

Sexualität als Arena reaktionärer Politiken

Wie aufgezeigt, zeugt die Sexualitätsgeschichte im Spätkapitalismus von einem äußerst ambivalenten Umgang mit Begehren. Anscheinend führt der rationelle Zugriff auf Affektivität und Intimität zu Entfremdungserscheinungen, die von konservativen und reaktionären Kräften adressiert werden, um sexualpolitisch zu agitieren:

> Insbesondere die Omnipräsenz des kommerziellen ‚Sex', der Pornografie und der mit hoher Sensibilität wahrgenommenen Formen sexueller Gewalt lassen Misstrauen und Ablehnung gegenüber einer ‚ungezügelten' Sexualisierung aufkommen. Diverse politische Parteien und viele Kirchenvertreter sehen darin auch eine Chance [...] ihre gesellschaftspolitischen Vorhaben an die Wählerschaft zu bringen. Wie das Beispiel der USA seit den späten 1980er Jahren zeigt, können solche konservativ-fundamentalistischen Politiken durchaus neben bzw. in einer hoch-sexualisierten Kultur realisiert werden. (Eder 2015, S. 51)

Da diese reaktionären Sexualpolitiken in den vergangenen Jahren in Europa sowie in weiten Teilen der Welt an Einfluss gewonnen haben, scheinen die gesellschaftspolitischen Errungenschaften der sexuellen Revolution gefährdet. Sie werden vehement angegriffen, da reaktionäre Stimmen lautstark antifeministische und antiegalitäre Forderungen stellen. Anzuführen sind hier beispielsweise christliche Abtreibungsgegnerinnen, die Kämpfe gegen die Legalisierung der *Ehe für Alle* in Frankreich, die Diffamierungen der Geschlechterforschung, der offene Aufruf zur Trans- und Homofeindlichkeit (vgl. Villa 2017).

Da Sexualität stets ein Kampfplatz für reaktionäre Kräfte darstellte, lassen sich die autoritären Begehrenspolitiken der Gegenwart besonders im Blick auf ihre Geschichte begreifen. Hierbei zeigt sich das geschlechterpolitische Bestreben, maskuline Souveränität herzustellen. Shepard hält in seiner Studie zu den sexuellen Politiken in Frankreich nach dem algerischen Unabhängigkeitskrieg fest, dass die Rechte die Alteritätskonstruktion von rassifizierter Maskulinität mobilisierte, die sie mit sexueller sowie krimineller Devianz assoziierte und als Gegenfigur zu ihrem Ideal hegemonialer weißer Männlichkeit darstellte. Diese geschlechterpolitische Imagination ist von einer tiefliegenden Binarität geprägt, die reaktionäre Politiken stets aufs Neue reproduzieren. „The binary of healthy virility versus a disturbing sexual perversion was foundational for the modern ultranationalist French far right, which had emerged in the late nineteenth century." (Shepard 2017, S. 28) Allerdings bildet diese geschlechterpolitische Gegenüberstellung kein Alleinstellungsmerkmal von rechten Diskursen in Frankreich, sondern ist ein Grundmotiv reaktionärer Denkmuster.

Aktuell äußern sich diese binäre Opposition ebenfalls in antimuslimischen Ressentiments. Um einen direkten Bogen vom Kontext, den Shepards Studie

untersucht, zur Gegenwart in Frankreich zu machen, sei erneut auf Renaud Camus verwiesen, der schon in den 1970er Jahren arabische Männer diffamierte und
die antirassistische Solidarisierung des *FHAR* kritisierte. Heutzutage ist er als
Autor der rassistischen Verschwörungstheorie des angeblichen ‚Großen Austau-
sches' bekannt, die international in rechtsextremen Kreisen kursiert. Beispielsweise bezog sich der Attentäter, der 2019 in Neuseeland in Christchurch zwei
Moscheen angriff und 51 Menschen ermordete und viele weitere verletzte, in
seinem Manifest darauf.[132] Camus' biografischer Bruch bietet womöglich das
krasseste Beispiel für Hocquenghems kritische Perspektive auf Homosexualität
als Einbürgerlichung in die heterosexuelle Normalität, schließlich ist Camus
darum bemüht, sich in einem Umfeld einzurichten, dass Homosexualität als das
verfemte Andere verachtet. Mithin verkörpert er einen drastischen Fall von homosexueller Identität, wie sie Hocquenghem kritisiert, indem er intersektionale
Perspektiven ablehnt und stattdessen rassistisch agitiert. Dergestalt nutzt ein
rechter Homosexueller wie Camus den eigenen errungenen Status und die bürgerliche Anerkennung dazu, diskriminierende Denkformen zu übernehmen und
zu verbreiten. Zugleich lässt die Tatsache, dass sich Camus als geouteter Homosexueller in rechten Kreisen etablieren konnte, vermuten, dass diese von dem
gesamtgesellschaftlichen Wandel von Männlichkeitsvorstellungen insoweit beeinflusst sind, dass sie bisweilen die homosexuelle Ausnahme als Bestätigung der
heterosexuellen Regel betrachten. Um akzeptiert zu werden darf Homosexualität
jedoch nicht als politische Forderung vorgebracht werden, sondern soll in der
Diskretion des Privaten verborgen bleiben. Diese bedingte und beschränkte Akzeptanz mag auch von der aktuellen, äußert ambivalenten Strategie herrühren,
dass rechte Parteien wie der *Front National* oder die *AfD* – die sogenannte *Alternative für Deutschland* – pro-homosexuelle Argumente verwenden, um antimuslimische Ressentiments zu stärken. Damit einhergehend präsentieren sie Lesben
oder Schwule wie Florian Philippot, der bis 2017 enger Vertrauter der Parteichefin
Marine Le Pen war, oder die *AfD*-Fraktionsvorsitzende Alice Weidel in ihren Reihen, während sie vehement trans- und homofeindliche Positionen vertreten.

Ein weiteres Beispiel für neue rechte Rhetorik bildet die Diskursstrategie des
sogenannten ‚Familismus', die reaktionäre Bewegungen in verschiedenen Kon-
texten Europas und allen voran die *Manif Pour Tous* verfolgen. Sie setzt das Kind
als „Chiffre für Unschuld" und der Zukunft, um für rigide Geschlechterrollen zu
werben (vgl. Schmincke 2015a). Man stellt das Wohl der heterosexuellen Familie
in den Vordergrund und hetzt offen gegen alle, die nicht diesem sexualkonservativen Weltbild entsprechen (vgl. Robics 2015b). In Frankreich steht das Bündnis

---

132 Vgl. https://www.bbc.com/news/world-europe-38661621.

Manif Pour Tous im Zentrum dieser Aushandlungen, ein Bündnis aus fundamentalistisch-katholischen und royalistischen Gruppen. Ihr Leitbild ist die weiße, heterosexuelle, christliche Familie, wodurch sich Ideale nationaler, kultureller, sexueller und geschlechtlicher Identität miteinander verschalten (vgl. Robics 2015a). Aus dieser politischen Haltung heraus werden queere Menschen dafür angegriffen, die ,natürliche' Familienordnung zu gefährden. Der neoliberale Wirtschaftsliberalismus wird mit sexueller Liberalisierung gleichgesetzt, um im kapitalismuskritischen Jargon Homosexualität als gesellschaftszersetzendes Übel und postmoderne Perversion zu diffamieren, während die autoritär-patriarchale Familienordnung als antikapitalistische Alternative dargestellt wird.

Bezüglich rechter Diskursstrategien unterscheidet Boltanski zwischen der ökonomischen Achse, auf die ökonomiekritische Argumente abzielen, und der biopolitischen Achse, auf die sexualpolitische Argumente abzielen. Linke Positionen argumentieren auf der ökonomischen Achse gegen neoliberale Politiken der Deregulierung, während sie auf biopolitischer Achse für Politiken der Liberalisierung und damit gegen Politiken eintreten, die „bestrebt sind, die Deregulierung und Entinstitutionalisierung der Reproduktionsbedingungen menschlichen Lebens zu begrenzen" (Boltanski 2007, S. 13). Im Umkehrschluss heißt das, dass sich rechte Kräfte linke Ökonomiekritik im Feld der Biopolitik aneignen können. Sie übertragen die linken ökonomiekritischen Positionen auf die biopolitische Achse und verwenden sie als Argumente für sexuelle Regulierung und Reglementierung. Somit stellen sie Entfremdung und Vereinzelung im Neoliberalismus als Folge der sexuellen Emanzipationsbewegungen dar. Plötzlich erscheint die konservative Kernfamilie als Schutzraum vor der spätkapitalistischen Vereinzelung.

Die Krise des Begehrens als Krise des Ökonomischen

Diese sexualautoritären Begehrenspolitiken sind eng mit Wirtschaftspolitiken verbunden, da die reaktionären Krisenerzählungen des Sexuellen auf Krisenerzählungen des Ökonomischen aufbauen. Sie adressieren ökonomische Unsicherheit und übersetzen sie in soziales Ressentiment. Dadurch profitieren sie von der tatsächlichen Wirtschaftskrise. Die Dynamiken der Globalisierung erzeugen Ressentiments, da der Druck auf Staaten und Gesellschaften im internationalen Rating und Ranking und die dadurch beschleunigte, wirtschaftliche Konkurrenzdynamik gestiegen ist (vgl. Appadurai 2006, S. 49–87). Reaktionäre oppositionelle Parteien und Organisationen nutzen dieses Klima sozialer Unsicherheit. Sie verbinden die Forderung nach nationaler Souveränität mit der Sehnsucht nach maskuliner Souveränität und attackieren die Schwäche des Staats mit geschlechterpolitischen Argumentationen und Assoziationen (vgl. Brown 2018; vgl. Kämper 2005). Sofern artikulieren sie das politische Begehren nach geschlossener nationaler und kultureller Identität. Dies geht bisweilen mit einer Rhetorik des wirtschaftspolitischen Protektionismus einher – bestes Beispiel ist hierfür die Präsidentschaft Donald Trumps. Zugleich äußert sich dieses Begehren als Wunsch nach autoritären, patriarchalen Geschlechterverhältnissen – auch hierfür bildet dessen Präsidentschaft ein geeignetes Beispiel. Man kann diese ersehnte Rückkehr zu einer rigiden Geschlechterordnung als Reterritorialisierung des Begehrens begreifen.

Wenn man Deleuze und Guattaris Verbindung der Reterritorialisierung mit dem paranoiden und faschistischen Pol aufnimmt, dann zeigen sich diese reaktionären Reterritorialisierungsbewegungen in Gefügen aus militarisierten Männerbünden. Besonders beispielhaft sind hier sogenannte *Prepper,* die sich verschwörungstheoretisch vernetzt auf den vermeintlichen Tag X mit Waffen, Munition und Überlebensutensilien ausstatten. In derartigen Netzwerken, wie sie neulich in der BRD aufgedeckt wurden, wirken auffällig oft Mitglieder aus Bund und Polizei mit, die offensichtlich einen Drang zu autoritären Ordnungen und militarisieren Männlichkeitsperformanzen hegen.[133] Derartige Beispiele machen deutlich, wie sich die staatspolitische Sehnsucht nach nationaler Souveränität mit dem geschlechterpolitischen Wunsch nach souveräner Männlichkeit verbündet.[134] Solche maskulinistischen Identitätspolitiken, wie sie die Politikwissenschaftlerin Birgit Sauer bezeichnet,[135] zielen darauf ab, die eigene Identität zu verhärten, das eigene Selbst einzupanzern. Sie artikulieren sich in geschichtlich reproduzierten Ressentiments, da die angereizten Affekte bereits bestehende Ressentiments reaktivieren und intensivieren. Diese Entwicklung lässt sich auch als reterritorialisierende Reaktion auf eine Deterritorialisierung verstehen, die sozioökonomisch durch globalisierte Wirtschaftsdynamiken bedingt ist und die sich gesellschaftspolitisch als ökonomische Unsicherheit äußert. Diese Bedrohungsgefühle greifen reaktionäre Kräfte auf und bekunden in einer Rhetorik der Reterritorialisierung und Renationalisierung, die sie anstreben, die nationale und männliche Souveränität zurückerlangen. Ihr derzeitiger Erfolg begründet sich

---

133 Die *tageszeitung* hat zum rechtsterroristischen Netzwerk *Nordkreuz* recherchiert. Ihre Reportage legt offen, dass zu dessen Vorbereitungsmaßnahmen auch die Anschaffung von Leichensäcken gehörte, außerdem wurde bekannt, dass man dort Listen von politischen Gegnern angefertigt hatte. https://taz.de/Rechter-Terror-in-Deutschland/!5608261/
134 Für die spannenden Diskussionen über den Zusammenhang von nationaler und maskuliner Souveränität gilt mein Dank Eliah Arcuri.
135 Sauer verwendete diesen Begriff in ihrem Vortrag *Rechtspopulismus als maskulinistische Identitätspolitik und anti-demokratisches Projekt,* den sie 2019 an der Freien Universität hielt.

auch darin, dass neoliberalen Wirtschaftspolitiken zwar deutlich autoritäre Tendenzen innewohnen, sie sich allerdings als progressiv präsentieren. Dies erlaubt es rechten Diskursen, die neoliberale Hegemonie mit einer angeblichen linken Hegemonie zu assoziieren. Dieser Zusammenhang wird im kommenden Abschnitt näher betrachtet.

Der Mehrwert fluider Identitäten

In dem neoliberalen Begehrensregime arbeitet ein Identitätsmuster, das Subjekte als nomadisch und flexibel diskursiviert und somit anpassungsfähige Agenten und Konsumententypen produziert. Indem sich der Markt global beschleunigt, immer schneller Territorien des Sozialen vernichtet und sie als Territorien des Ökonomischen wiederaufbaut, benötigt er deterritorialisierte Subjektivierungen, die als „prêt-à-porter identities" funktionieren und sich den veränderten Lebenslagen und Marktbedingungen zügig fügen. Diesbezüglich warnt Rolnik:

> Such identities are defined not only by certain abilities, but also by a certain appearance, a body ‚style', clothes and behavior dictated by the most recent tendencies of the market. The identity principle is thus maintained, the only difference being that the images on which subjectivity is formatted cease to be fixed and local to become flexible and globalized. Therefore to enter the game it is imperative to have a certain subjective capital: to be a ‚flexibility athlete', the must of the entrepreneurial season that has taken over the planet. But attention! It is a flexibility serving a total quality of production, which requires a subjectivity whose body and soul are invested on the market. Within this strategy of desire, to have a good performance in the surf of changes implies being able to consume the new, and not to create it based on the indications of the body's vibratility. It is a subjectivity cut off from the sensitive body, numbed to its estrangements, without any freedom to create meaning, totally devoid of uniqueness. (Rolnik 1998, S. 17 f.)

Wie ihre Beobachtung verdeutlicht, wird Flexibilität zum kulturellen Kapital und führt zu elastischen Subjektivierungen, die den Anforderungen des Marktes folgen, der stetig neu einsetzbare Arbeitskräfte und Konsumententypen benötigt. Die Flexibilitätsathleten, wie Rolnik sie nennt, repräsentieren einen Vulgärdeleuzianismus, der unkritisch das Neue affirmiert. In diesem begehrensökonomischen Regime wird Individualität zum kostbaren Kapital, insofern wandelt sich die Idee der Identität vom Ideal des soliden Selbstverständnisses zum Ideal von möglichst kreativer, höchst origineller, äußerst authentisch wirkender, sich stetig neu erfindender Identität. Indem sich Prêt-à-Porter-Identitäten an Konsumententypologien anlehnen, sind sie weit davon entfernt, den deleuzianischen Prozess des Werdens zu vollführen. Dennoch scheinen diese zeitgenössischen Recodierungen des Begehrens von Deleuze und Guattaris Vokabular des Nomadischen, Produktiven, Affirmativen, Intensiven beeinflusst zu sein. Man kann also davon ausgehen, dass deren Bände zu Schizophrenie und Kapitalismus in ihren performativen Theorieeffekten das gegenwärtige Denken des Begehrens geprägt haben (vgl. Angerer 2007, S. 18; S. 103). Schließlich lässt sich heutzutage eine Form von Vulgärdeleuzianismus beobachten, der sich einseitig auf Affirmation, Produktivität, Flexibilität bezieht. Insofern erweist sich das Vokabular des *Anti-Ödipus* passförmig mit neoliberalen Diskursen. Das nomadische Subjekt wird zum netzwerkenden Subjekt, das sich bestmöglich präsentiert und optimiert. Indessen werden Identität und Individualität als wandelbar und gestaltbar begriffen. Dies führt keineswegs zur Auflösung des Identitätsprinzips. Vielmehr lässt sich diese Bewegung als zeitgleiche Verflüssigung und Verhärtung von Identitäten verstehen. Im spätkapitalistischen Regime des Hyperindividualismus vervielfältigen sich Identitäten, ohne sich aufzulösen. Identität – auch in ihrer flexiblen Form – operiert als begehrensökonomische Recheneinheit, um die Menschen in Marktverhältnisse zu setzen. Im Ringen um Anerkennung der eigenen Individualität verschärft sich der Konkurrenzkampf um Begehrenswert in den sozialen Medien. Als grelles Beispiel bietet sich das oben angeführte Phänomen des Onlinedatings an. Im Paradigma der Mannigfaltigkeit und Wandelbarkeit deterritorialisieren sich Identitäten, indessen reterritorialisieren sie sich im Imperativ des Individuellen. Diese Entwicklungen gehen mit der Erosion des Sozialen einher. In dem Wettstreit der Individuen werden die politischen Prinzipien von Gemeinschaft und Solidarität an den Rand gedrängt, während die meritokratischen Motive der Leistung und Eigenverantwortung im Zentrum stehen. Wie aufgezeigt, ruft die Auflösung der Solidargemeinschaft Entfremdungserscheinungen hervor, die rechtsgerichtete Kräfte aufgreifen und in einer Rhetorik des Ressentiments ansprechen. Sie zielen darauf ab, die Geschlechterverhältnisse zu reterritorialisieren und antiegalitäre, autoritäre Ordnungen zu errichten. Diese Sehnsuchtsimaginationen von Souveränität äußern sich in Begierden nach hegemonialer Maskulinität.

Der Todestrieb als kapitalismuskritische Analysekategorie

Angesichts des marktkompatiblen, vulgärdeleuzianischen Vokabulars, das die progressive Rhetorik der Gegenwart prägt, sollte man sich auf Culps Kritik an dem „canon of joy" (Culp 2016, S. 1f.) rückbesinnen, der dazu auffordert, sich dem Düsteren in Deleuzes Denken zu widmen. Auch wenn Culp sie in seinem Vorhaben vernachlässigt, bedarf es dafür der Analysekategorie des Todestriebs, welcher als verfemter Teil des *Anti-Ödipus* wirkt. Man muss ihn in seiner Zerstörungskraft und sprichwörtlich in seiner Tödlichkeit begreifen, um ihn als kapitalismuskritische Kategorie zu schärfen. Zugleich bildet die Idee vom Thanatos als Aufbegehren die Möglichkeit, den Todestrieb als disruptive Kraft zu denken, die Identitäten aufbricht und neue Beziehungsweisen hervorbringt. Angesichts dessen ist Hocquenghems Begehrenskonzept des Antisozialen hilfreich, um die glatten, flüssigen Hyperindividualitätsideen im spätkapitalistischen Denken aufzubrechen. Wie wir im letzten Kapitel gesehen haben, kann ein antisoziales, thanatologisch geprägtes Verständnis von Begehren die antiidentitätspolitischen Tendenzen der Queer Theory aktualisieren. Ob namentlich genannt oder nicht, in der Lektüre von Hocquenghems, Bersanis und Lauretis' Texten zeigt sich, dass der Todestrieb in seiner Negativität politisches und analytisches Potenzial birgt. Daher eignet sich der Todestrieb als doppelte Denkfigur zur Analytik der Macht: Einerseits erinnert er an die Kraft des Begehrens, Identitätsgrenzen aufzubrechen und damit die Möglichkeit für neue Begehrensgefüge zu erschaffen. Andererseits warnt er vor dem tödlichen Kreislauf des Kapitals.

Anstatt den Antagonismus von Eros und Thanatos als metaphysische Universaltheorie aufzufassen, muss man ihn als Analysewerkzeug anwenden, um die strukturell wiederkehrenden Krisen des Kapitals in ihrer Zerstörungskraft zu verstehen. Wenn man Freuds Idee des Todestriebs in dieser Perspektive betrachtet, wird ersichtlich, wie sehr sie sich dem kapitalistischen Fortschrittsnarrativ verwehrt. Es ist dieses späte Konzept Freuds, das dessen Psychoanalyse widerspenstig macht. Weil sie den Glauben an menschlichen Fortschritt erschüttert, bereitet ebenjene Denkfigur des Todestriebs Freuds Zeitgenossen Unbehagen. Womöglich bereitet der Todestrieb deswegen auch Deleuze und Guattari Unbehagen, deren Begehrenstheorie dagegen dem Progressions- und Produktivitätsparadigma verhaftet bleibt. Doch gerade in seiner kulturpessimistischen Konzeption eignet sich der Todestrieb zur Kritik der politischen Ökonomie des Begehrens.

Thanatos im tödlichen Wirtschaftskreislauf

Die Gegenwart zeigt sich, wie die Medienwissenschaftlerin Marie-Luise Angerer festhält, als affektiver Überlebens- und Anpassungskampf (vgl. Angerer 2007, S. 10). Ferner übersetzt sie Freuds antagonistische Begriffe von Eros und Thanatos, Lebens- und Todestrieb, in die Begrifflichkeiten der Bio- und Nekropolitik. Sie führt an, wie Politiken des Todes und des Lebens im Neoliberalismus Hand in Hand gehen. Einerseits existiert das ‚nackte Leben', das nichts wert ist, nicht zählt, nicht betrauerbar ist, während als wertvoll betrachtetes Leben biopolitisch gefördert und regiert wird (vgl. Angerer 2007, S. 112). Die Biopolitik geht mit der Nekropolitik einher. Der Begriff der Nekropolitik, den der Philosoph Achille

Mbembe (2011) einbringt, bezeichnet staatliche Todespolitiken, in denen mit dem Sterben derjenigen kalkuliert wird, denen kein wirtschaftlicher Nutzen abgerungen werden kann, deren Tod gezielt oder fahrlässig in Kauf genommen wird – eine Auswertung von Humanressourcen, die sich durch die wirtschaftlichen Ungleichheiten zwischen dem sogenannten Globalen Norden und dem Globalen Süden durchsetzt und diese verstärkt. Die nekropolitische Spekulation mit Menschenleben, die als wertlos erachtet werden, da ihre Arbeitskraft nicht gebraucht wird, deren Sterben in Zahlenreihen aufgelistet wird, während das verwertbare Leben biopolitisch kultiviert wird, ist ein Wesensmerkmal der wirtschaftlichen Globalisierung.

Dabei entspricht das wirtschaftspolitische Wechselspiel von Bio- und Nekropolitik weitgehend dem antagonistischen Denkmodell von Eros und Thanatos, wie es Freud beschreibt. Lauretis hebt die Resonanz von dessen Triebtheorie und den wirtschaftstheoretischen Arbeiten von Schumpeter hervor, da der von Freud angelegte Antagonismus stark mit dem makroökonomischen Modell der kreativen Zerstörung korrespondiert (vgl. Lauretis 2010, S. 97–100). Während Freud jedoch die Zerstörungskraft der Kultur düster diagnostiziert, sieht Schumpeter in den Zyklen aus Kreation und Destruktion eine progressive Entwicklung. Lauretis überträgt die Beobachtungen Schumpeters auf den Neoliberalismus, wobei sie Freuds fortschrittskritische Perspektive übernimmt. Wenn beispielsweise Unternehmen neue Technologien einführen und dabei Arbeitsplätze abschaffen, wird zugleich erschaffen und zerstört. In dieser Dynamik des Zergliederns und Neuformierens lassen sich die Arbeitsweisen von Thanatos und Eros erkennen. Kapitalismus untersteht zwar dem Imperativ fortwährender Produktion, doch um Mehrwert abzuringen, sind verheerende Verwüstungen und Zerstörungen nötig. Um diese destruktiven, tödlichen Tendenzen, die dem Kapitalismus inhärent sind, aufzuzeigen, eignet sich Mbembes Begriff der Nekropolitik.

Angesichts dessen erscheint es für die Analyse von kapitalistischen Prozessen und Strukturen aufschlussreich, antagonistisch angelegte Begriffswerkzeuge anzuwenden, sei es das Begriffspaar von Eros und Thanatos oder dasjenige der Bio- und Nekropolitik. Deren Stärke gegenüber dem *Anti-Ödipus* besteht darin, dass ein antagonistischer Analysezugriff eine komplexere Analyse ermöglicht, die die Progressionslogik und das Produktivitätsparadigma hinterfragt. Dabei ist gerade die doppelte Analyseperspektive, welche Freuds Idee des Todestriebs eröffnet, spannend, um die Umschlagbewegungen von Aufbegehren und Begierden nachzuvollziehen. Während der Todestrieb auf der Ebene von Identität transgressiv wirkt und sich als letzter Avatar des ungebändigten Sexuellen erweist, zeigt er sich auf der Ebene des Kapitals als zerstörerische, todbringende Kraft.

Death Drive as Debt Drive: Austerität und Autoritarismus

Wie Nietzsches Streitschrift zur *Genealogie der Moral* (1887/1968) aufzeigt, begründen sich die rationalen Regelungen des merkantilen Handels auf aggressiven, affektiven Dynamiken, die nicht dem fairen Wettbewerbsgeist folgen, sondern subtil sadistisch sind (vgl. Nietzsche 1887/1968, S. 299). Für Nietzsche ist das vertragliche Tauschverhältnis keine Zivilisationsleistung, das sich unter Gleichen abspielt, da es auf der Ungleichheitsbeziehung von ökonomischer Schuld und moralischer Schuldigkeit aufbaut. Der Idee einer grundlegenden Gleichheit in wirtschaftlichen Vertragsverhältnissen liegt somit eine machtvolle Asymmetrie zugrunde (vgl. Nietzsche 1887a/1968, S. 298 f.). Es reicht ein Blick auf die austeritätspolitischen Sparzwangsmaßnahmen der Europäischen Union und die institutionell vorangetriebene Verschuldung von Ländern aus dem Globalen Süden, um die Stichhaltigkeit seiner Überlegungen in der Gegenwart zu erkennen (vgl. Klein 2016; vgl. Varoufakis 2017).

In dem neoliberalen Imperativ der Eigenverantwortlichkeit sieht der postoperaistische Philosoph Maurizio Lazzarato eine Fortsetzung der von Nietzsche beschriebenen Schuldbeziehung (vgl. Lazzarato 2012, S. 25). Lazzarato legt dar, wie Arbeitsrechtsreformen wie Hartz 4 in Deutschland oder die Umgestaltung der Arbeitslosenunterstützung RMI in RSA in Frankreich das Heer der Reservearbeitskräfte gezielt vergrößern, wobei diese „schnell anwachsende Armee arbeitender Armer [...] nicht ausschließlich aus prekär Arbeitenden, sondern auch aus Zeitarbeitern und Vollbeschäftigten" besteht (Lazzarato 2012, S. 12). Dadurch stellt sich die Schuldfrage anders. Nicht der Staat ist es seinen Bürgern schuldig, für sie zu sorgen, stattdessen stehen sie in dessen Schuld und müssen Leistung erbringen. Indem die Arbeitslosen- und Sozialversicherungen umstrukturiert werden, werden nicht allein „arbeitende Arme' geschaffen, sondern auch deren Schuld, insofern sie implizit oder explizit dazu verpflichtet sind, Verantwortung für ihre Lage zu übernehmen, dadurch „werden sie schuldig gegenüber der Gesellschaft und dem Staat" (Lazzarato 2012, S. 18).

Im Blick auf eine kritische Genealogie des Neoliberalismus beginnt dieses Schuldenregime der Gegenwart in den 1970er Jahren. Gemeinhin gilt die Regierung der britischen Premierministerin Margarete Thatcher, die für das Dogma der Alternativlosigkeit *TINA – There is no alternative* einsteht, in den 1980er Jahren als Beginn konkreter neoliberaler Politiken. In globaler Perspektive zeigt sich jedoch, dass deren erste frühe Phase in Lateinamerika stattfand. Gemäß dem Politikwissenschaftler Oliver Marchart lässt sich 1973, das Jahr des Putsches an Salvador Allende in Chile, als Geburtsstunde des Neoliberalismus ausmachen (vgl. Marchart 2013, S. 110). In den 1960er Jahren strebte die vom Ökonomen Milton Friedman geführte Chicagoer Schule an, gegen das damals herrschende Modell des Keynesianismus vorzugehen, welches staatliche Regulierungen des Marktes vorsah. Friedman und andere neokonservative Ökonomen verfochten dagegen die Idee einer unbedingten Freiheit des Marktes und plädierten für den absoluten Rückzug des Staates aus Wirtschaftsprozessen. Um ihre Theorien in die Tat umzusetzen, bemühten sie sich, ihren Einfluss auf Lateinamerika zu stärken. Daher wurden gezielt lateinamerikanische Ökonomen, insbesondere aus Chile, im Rahmen eines großangelegten Austauschprogramms in den wirtschaftswissenschaftlichen Ansätzen der Denkschule ausgebildet. Wie Marchart schreibt:

> Zur experimentellen Vorbereitung unter diktatorischen Durchsetzungsbedingungen dienten autoritäre Regime Lateinamerikas, darunter das durch den Putsch 1973 an die Macht gekommene Regime der chilenischen Junta unter General Pinochet, das von den US-amerikanischen neoliberalen Ökonomen – den sogenannte ‚Chicago Boys' – beraten wurde. Nach 1975 wurden in Chicago ausgebildete chilenische Ökonomen in die Regierung Pinochets geholt, um die chilenische Wirtschaft in enger Zusammenarbeit mit dem IWF neoliberal zu restrukturieren. (Marchart 2013, S. 110)

Die *Chicago Boys* besetzten wichtige wirtschaftspolitische Posten in Pinochets Regime und setzten ihr radikales Reformprogramm um. Friedman bezeichnete dieses Programm und diese Politik als Schocktherapie (vgl. Klein 2016; S. 75 – 105). Es war darauf ausgerichtet, sozialstaatliche Strukturen abzubauen, Gewerkschaftsstrukturen zu zerschlagen, die staatlichen Infrastrukturen zu privatisieren und den Markt für internationale, insbesondere US-amerikanische Investoren zu öffnen. Währenddessen hielt das Militärregime die Bevölkerung mit dem Terror von Verhaftungswellen, Massenerschießungen und der Erprobung neuer Foltertechniken im ständigen Schockzustand, sodass sie gelähmt war und kaum Widerstand gegen den Ausverkauf der staatlichen Infrastruktur und den Abbau ihrer Arbeiterrechte leisten konnte. Friedman und seine Anhänger machten in der Folgezeit weitere lateinamerikanische Staaten wie Argentinien, Bolivien und Brasilien, die ebenfalls autoritären Regimen unterstanden, zu ihren wirtschaftswissenschaftlichen Laboratorien. Er und die *Chicago Boys* vertraten ihre Ideen der Privatisierung und Deregulierung als rationale, wertneutrale Wissenschaftspositionen und verweigerten jegliche politische Verantwortung. Nach Friedman, der 1975 nach Chile reiste, um Pinochet Ratschläge zu erteilen, sollte die absolute Freiheit des Marktes zu einer Freiheit der Individuen führen. Er verurteilte zwar öffentlich die Gewaltmaßnahmen von Pinochets Militärjunta, nahm aber die politische Unfreiheit der Bevölkerung billigend in Kauf, um sein Leitideal der Marktfreiheit durchzusetzen. In marktfundamentalistischem Glauben rechtfertigten er und seine Anhänger die verheerenden Auswirkungen von Armut und Arbeitslosigkeit, die Folge ihrer Wirtschaftspolitik.

In derartigen Dynamiken zeigt sich die Allianz zwischen Marktfundamentalismus, wie der Ökonom Joseph Stiglitz den absoluten Glauben an den freien Markt nennt (vgl. Stiglitz 2002), und reaktionären, autoritären Kräften als historischer Teufelskreis. In dieser Frühphase neoliberaler Experimente zeigt sich die Genealogie des Neoliberalismus als Gewaltgeschichte, welche die kapitalistische Gewaltgeschichte bis bis in Gegenwart fortführt. Die Verbindung von Autoritarismus und Austerität verweist auf die Asymmetrie, die Nietzsches Verständnis der Schuldbeziehung aufzeigt. Deleuze und Guattari, die das Begehren nach autoritären Ordnungen aus der von Nietzsche beschriebenen Schuldbeziehung herleiten, legen dar, wie sich die reterritorialisierenden Tendenzen im Kapitalismus faschistisch äußern. Diese Einsicht bestätigt sich im Blick auf die Genealogie des Neoliberalismus. Wenn man die Geburt der Austeritätspolitiken im Experimentierraum in autoritativen Regimen betrachtet, wird deutlich, wie stark die Allianzen zwischen reaktionärem Autoritarismus und neoliberaler Austerität sind.

Das globale Schuldensystem des Spätkapitalismus

In den nachfolgenden Jahrzehnten spielten Staatsschulden eine Schlüsselrolle in dieser neuen wirtschaftlichen Weltordnung, wobei der IWF als globaler Player in dieser neu entstehenden Schuldenökonomie agierte. Die Globalisierungskritikerin Naomi Klein legt dar, wie im Schockmoment nach politischen Umbrüchen Regierungen, die aus den ersten demokratischen Wahlen nach dem Widerstand gegen autoritäre Regime hervorgingen, vom IWF unter Druck gesetzt wurden, um brutale Sparmaßnahmen gegen ihre Bevölkerungen durchzusetzen, beispielsweise in den 1990ern nach dem Ende der Sowjetunion in Polen oder nach dem Apartheidsregime in Südafrika (vgl. Klein 2016, S. 239 – 271; S. 275 – 286). Der IWF konnte folglich Staatsschulden als Machthebel ansetzen, um Regierungen dazu zu drängen, dem von Friedman gepredigten Wirtschaftskurs der Privatisierung und Deregulierung zu folgen. In der Gegenwart zeigt sich, wie das Schuldensystem zur Neuordnung der Welt führt.

> Der neoliberale, finanzialisierte Kapitalismus ist etwas ganz anderes: Weit davon entfernt, Staaten zu befähigen, die gesellschaftliche Reproduktion durch öffentliche Zuwendungen zu stabilisieren, autorisiert er das Finanzkapital, Staaten und Bevölkerungen zu disziplinieren, im unmittelbaren Interesse der Privatinvestoren. Schulden sind seine Waffe der Wahl. Das Finanzkapital lebt von der öffentlichen Verschuldung, die es einsetzt, um selbst noch die mildeste Form sozialdemokratischer Fürsorge zu verbieten. Es zwingt Staaten, ihre Wirtschaften zu liberalisieren, ihre Märkte zu öffnen und schutzlosen Bevölkerungen ,Austerität' aufzuoktroyieren. (Arruzza/Bhattacharya/Fraser 2019, S. 98)

In dieser geschichtlichen, globalen Perspektive erscheinen neoliberale Politiken als Projekt einer neokolonialen Umstrukturierung der Welt, die wohlgemerkt eine Umverteilung von unten nach oben darstellt. Wenn man an Nietzsches Paradigma der asymmetrischen Schuldenökonomie zurückdenkt und die verheerenden Auswirken der Austeritätspolitiken unter dem Aspekt der Nekropolitik betrachtet, dann lassen sich diese Beobachtungen in folgender Formel zusammenfassen: „[D]eath drive becomes debt drive." (Schuster 2016, S. 172) Die technokratischen, post-demokratischen Mittel, welche Staaten ihre politische Souveränität entziehen, führen nach dem Ethnologen Arjun Appadurai (2006) dazu, dass sich innerhalb dieser Staaten Politiken des Ressentiments verstärken. Im neoliberalen Nummernspiel (vgl. Crouch 2015) stehen Staaten unter globalem Konkurrenzdruck, dass sie Rating-Agenturen wie *Moody's* oder *Fitch* niedrig einstufen könnten (vgl. Mau 2018, S. 94). Diese Angst vor internationaler Abwertung, die ökonomische Unsicherheit und der politische Druck führen nach Appadurai zu verstärkten staats- und gesellschaftspolitischen Angriffen auf Minderheiten, wobei diese ethischen und soziokulturellen Konflikte von den ökonomischen Ursachen gesellschaftspolitischer Schwierigkeiten ablenken (vgl. Appadurai 2006, S. 49–53).

Diese Geschichte setzt sich in Europa fort. In den letzten Jahren sind linken Protesten und Parteien, die sich gegen die austeritätspolitischen Maßnahmen der EU richteten, mit Härte begegnet worden. Ein Beispiel bietet hierbei der Umgang der Eurogruppe mit der griechischen *Syriza*-Regierung. Der Ökonom und damalige griechische Finanzminister Yanis Varoufakis, der 2015 an den Aushandlungen teilnahm, beschreibt, wie ihn Mitglieder der Eurogruppe bedrängten, gegen den Auftrag der linken Regierung und gegen die Volksentscheidung, einer weiteren Verschuldung Griechenlands zuzustimmen und damit die Zwangssparmaßnahmen zu verlängern (vgl. Varoufakis 2017). Das Aufkommen rechter Gruppen und Parteien, die Regierungsbeteiligungen erreichen, wie in Ungarn, Italien und Österreich, erscheint als Folge des autoritären Auftretens der EU und verweist darauf, wie sich technokratischer und reaktionärer Autoritarismus in die Hände spielen. Der Anschein, dass Technokraten, ob in nationalen Regierungen, auf EU-Ebene oder in globalen Instituten wie dem IWF, losgelöst von demokratischen Willensbildungen schalten und walten, ermöglicht es rechten Kräften, die daraus entstehenden Entfremdungseffekte auszunutzen und sich als ‚authentische' Autoritäten zu inszenieren, die vorgeben, den ‚wahren' Willen des Volkes zu vertreten. Wenn sich soziale Ungleichheiten verstärken, ist es außerdem für reaktionäre Bewegungen einfach, ihre verkürzte Globalisierungskritik auf einige wenige Sündenböcke auszurichten – die Migration, den Feminismus, den Islam – und Fragen der globalen Gesellschaftsgestaltungen mit dem Rückzug ins Nationale zu beantworten.

Politiken der Enteignung

Man kann derartige Dynamiken der Globalisierung und der globalen Schuldenökonomie als Bewegungen der De- und Reterritorialisierungen begreifen. Die
Zugriffe des Kapitals, die Menschen ihre Lebensgrundlage rauben, bilden Deterritorialisierungen. Die Phänomene, die man hierzu anführen kann, sind zahl-
reich, um nur einige zu nennen: der Ausverkauf an sozialem Wohnungsbau an
private Investoren, die Gentrifizierungsprozesse beschleunigen; die Austeritätspolitiken wie in Spanien oder Griechenland, die Menschen die Möglichkeit nehmen, ihre Miete zu bezahlen; die unterlassenen Hilfeleistungen in ökologischen
Krisen wie 2005 in Sri Lanka oder in New Orleans (vgl. Klein 2016, S. 539–570;
S. 585).

Solche Politiken sind dergestalt deterritorialisierend, als dass sie Menschen
ihr Land und ihren Lebensraum entziehen. In ihrer Analyse der neoliberalen
Prekarisierung führen Butler und die Philosophin Athena Athanasiou den doppelt
gefassten Begriff der Enteignung ein. Er bezeichnet zugleich die ökonomische und
materielle als auch die ontologische und symbolische Enteignung. Ökonomische
Enteignung vollzieht sich durch Prekarisierung, Gentrifzierung, Austeritätsmaßnahmen und Migrationspolitik. Ontologische Enteignung betrifft diejenigen, deren Subjektpositionen nicht derjenigen weißer, bürgerlicher, heteronormativer
Maskulinität entsprechen und die damit auch stärker von ökonomischer Enteignung bedroht sind. In ontologischer Hinsicht werden also Subjekte enteignet, die
nicht diesen unmarkierten Normen des liberalen Subjekts entsprechen. Dabei
markiert die ontologische Enteignung „eine Grenze der autonomen, undurch-
dringlichen Selbstgenügsamkeit des liberalen Subjekts und bringt eine relationale
Ontologie hervor, die der grundlegenden, gleichermaßen verletzbaren wie befä-
higenden Abhängigkeit und Beziehungsförmigkeit geschuldet ist" (Athanasiou/
Butler 2014, S. 14). Zugleich bedeutet die ontologische Enteignung eine beständige
Bedrohung und impliziert „Übergriffe, verletzende Anrufungen, Verwerfungen
und Blockaden – Arten der Unterwerfung" (Athanasiou/Butler 2014, S. 14).

Für Butler und Athanasiou liegt in diesem ontologischen Enteignet-Sein die
Möglichkeit, das liberale Ideal des souveränen, autonomen Subjekts zu überwinden. Die symbolische Enteignung verweist auf eine grundlegende Abhängigkeit der Menschen zueinander, die grundlegend für das Soziale ist. „Nur weil wir
schon Enteignete sind, können wir enteignet werden. Unsere Abhängigkeit voneinander begründet unsere Verwundbarkeit durch gesellschaftliche Formen des
Entzugs." (Athanasiou/Butler 2014, S. 17) Diese Ideen des ek-statischen Begehrens
und der ent-eigneten Subjekte eröffnen Einblicke in eine relationale Ontologie.
Dergestalt betrachtet liegt im symbolischen Enteignet-Werden das politische Potenzial des Aufbegehrens, des Ek-statisch-Werdens. In dem doppelten Verständnis

von Enteignung zeigt sich zudem die finanzkapitalistische Deterritorialisierung von Land und Lebensräumen, zugleich zeigt sie sich als sozialontologische Deterritorialisierung, die neue Sorge- und Sozialverhältnisse ermöglicht.

Rhetoriken des Ressentiments als Reterritorialisierung

Politiken der Enteignung zielen nicht nur auf die materielle Enteignung ab, die mit ontologischer Enteignung einhergehen, wie Butler und Athanasiou hervorheben. Indessen werden die Empfindungen von ökonomischer Angst und Sorge der weißen Mittelklassen, die ebenfalls von materiellen Enteignungen bedroht sind, in einer Rhetorik des Ressentiments gegen diejenigen aufgebracht, die auch ontologisch enteignet sind. Damit werden, wie Appadurai aufzeigt (2006), die ökonomischen Ursachen verschleiert und in einer Sündenbocklogik Minderheiten als Ursache des Übels ausgemacht.

In derartigen gesellschaftspolitischen Konflikten zeigen sich Bewegungen der Reterritorialisierung. Angesichts der Entfremdung und der Ohnmacht gegenüber post-demokratischen, globalen Konkurrenzdynamiken reklamieren rechte Stimmen die Formierung geschlossener nationaler und kultureller Identität. Hier zeigt sich das Erleben der eigenen Verwundbarkeit in den Unsicherheitszeiten der Globalisierungen als erstarkender Wunsch nach nationaler und maskuliner Souveränität (vgl. Brown 2018). Dieser artikuliert sich innerhalb von maskulinistischen Identitätspolitiken. Dabei zeigt sich das Ressentiment als Bewegung der Begierde, denn im Ressentiment verschließt sich das Selbst vor Anderen, positioniert sich als überlegen, verdrängt die Aspekte, die es mit ihnen teilt, und versperrt sich dem Wissen um die geteilte Abhängigkeit. Zugleich mauert sich das Selbst innerhalb der fiktiven Grenzen seiner Souveränität ein, in der Idee einer klar bestimmten geschlechtlichen, sexuellen, nationalen oder kulturellen Identität. Auch wenn sich diese Fest-Stellung des Begehrens als Begierden artikuliert, kann der Drang zum Reaktionären durchaus Aufbegehren hervorrufen. Ressentiments können affektive Allianzen stiften und neue Gefüge bewegen und insofern im schöpferischen Sinne von Aufbegehren wirken. Dennoch zielt es darauf ab, sich im Sinne der Begierden von Anderen abzuschotten. Diese Bewegungen mögen sich als Aufbegehren äußern, treibend bleibt die Begierde, die auf geschlossene Einheiten und Identitäten abzielt und hierfür Grenzen ziehen und Territorium besetzen will. Um besser zu begreifen, wie Begehren in politischen Prozessen und Praktiken zwischen Aufbegehren und Begierden wechselwirkt, eignet sich die Betrachtung von Protestbewegungen.

Politische Prozesse und Proteste zwischen Aufbegehren und Begierden

Als politische Kraft verstanden, wohnen Begehren konservative wie transgressive Tendenzen inne, wobei Aufbegehren und Begierden – trotz des emanzipatorisch-kämpferischen Assoziationsfelds von *Aufbegehren* – nicht passgenau normativ besetzt sind. Aufbegehren als Aufbrechen alter Strukturen kann durchaus innerhalb von reaktionären Bewegungen wirken, wenn beispielsweise pro-feministische und pro-homosexuelle Argumente dazu benutzt werden, sich als fortschrittlich, demokratisch und modern zu inszenieren und sich somit neue agitatorische Allianzen bilden. Dabei schlägt diese Bewegung schnell in Begierden um, wenn im Gegenzug muslimisch geprägte Lebensweisen als rückständig pauschalisiert werden. Derartige Grenzziehungen verbreiten ein stereotypes Schreckensbild von Musliminnen als ‚Andere‘, das reaktionären und xenophoben Parteien und Gruppierungen Aufwind gibt. Indessen versuchen sie sich als modern und moderat zu geben, wie der *Rassemblement National*, dessen Parteivorsitzende Marine Le Pen zwar Gleichstellungsmaßnahmen und die gleichgeschlechtliche Ehe ablehnt, aber den Schutz von Frauen und Homosexuellen hochhält, um antimuslimisch zu argumentieren (vgl. Scott 2005; vgl. Puar 2007; vgl. Govrin 2016). In solch einer paradox anmutenden Allianz, die pro-feministische und homosexuelle Argumente instrumentalisieren, um ein xenophobes Feindbild zu verhärten, wird ersichtlich, wie Aufbegehren in Begierden umschlägt.

Als ergänzendes Beispiel ließe sich auf linke, soziale Proteste verweisen wie die „repräsentations- und identitätskritischen Bewegungen der Platzbesetzungen" (Lorey 2014), die sich ab 2011 in zahlreichen Städten abspielten. Außerhalb Europas sind besonders die Besetzung des Tahir-Platzes in Kairo 2011 und in Nachfolge dessen die Besetzung des Zuccotti-Parks in New York durch *Occupy Wall Street* bekannt (vgl. Kraushaar 2010). In Europa besetzte das *Movimiento 15-M* im gleichen Jahr mehrere Plätze in Spanien. Die Versammlungen zeigten sich in ereignishafter Erscheinung, in der sich Aufbegehren artikulierte. In der Aneignung und Besetzung des öffentlichen Raums organisieren sich Körper in anderen Beziehungsweisen, daher entsteht, wie Athanasiou und Butler schreiben, eine „alternative Ökonomie von Körpern", die einen neuen soziosomatischen Raum eröffnet (Athanasiou/Butler 2014, S. 241). Aufbegehren manifestiert sich darin, dass die Körper, indem sie sich dem Leben auf öffentlichen Plätzen aussetzen und ihre Unversehrtheit riskieren, *Agencements* bilden, in denen Sorge- und Reproduktionsarbeit neu verteilt wird.[136] Wie die Politikwissenschaftlerin Isabell Lorey in ihrer Analyse des Präsenzcharakters der Proteste darlegt, konstituieren

> [a]ffektive Bezogenheit und Praxen der Solidarität [...] die Demokratiebewegungen seit den Platzbesetzungen 2011. Von Beginn an wurde soziale Reproduktion neu organisiert, was eine immer bedeutendere Rolle in den aus den Besetzungen sich entwickelnden Solidaritäts-netzwerken im Gesundheits-, Bildungs- und Wohnbereich spielt. Feministische Überlegun-gen zur Neuorganisation von Arbeitsteilung und Reproduktion erlangen hier neue Aktuali-tät, etwa jene des Madrider Kollektivs *Precarias a la deriva zur cuidadanía*, zu einer auf Sorge beruhenden Sozialität. (Lorey 2014)

Begierden spielen hier eine Rolle, indem sie die Effekte des politischen Ereig-nisses verfestigen und damit ermöglichen, längerfristige Infrastrukturen zu er-richten, welche über den konkreten Protestmoment hinausreichen. Hierbei wird erkenntlich, wie Aufbegehren und Begierden ineinandergreifen und verschiedene Phasen, Schnelligkeiten und affektive Intensitäten innerhalb von Protestbewe-gungen markieren. Somit lassen sich politische Proteste nicht im Zeichen von Aufbegehren oder Begierden unterscheiden. Wenn man soziale Proteste be-trachtet, ist es wichtig, deren Begehren zu befragen und zu beobachten, wie es sich bewegt. Schließlich ist es aufschlussreich, den Umschlagbewegungen zwi-schen Aufbegehren und Begierden nachzuspüren und diese sichtbar zu machen, die Bruchstellen und Kontinuitäten nachzuvollziehen, die sich auftun und er-halten, um soziale Wandlungs- und politische Aushandlungsprozesse in ihrer Komplexität zu verstehen.

Angesichts dessen ist es sinnvoll, linke und reaktionäre Proteste anhand des Begehrens zu unterscheiden, das sie antreibt. Wenn man politische Bewegungen wie *Occupy* und *15-M* auf der einen und Pegida auf der anderen Seite beispielhaft gegenüberstellt und Begehren als Konvergenzpunkt setzt, ergeben sich – grob umrissen – zwei unterschiedliche Bilder des Politischen. Was diese Demonstra-tionen antreibt, sind verschiedene Bestrebungen, die als *Politiken der Kontingenz* und *Politiken des Ressentiments* zu unterscheiden sind. Gemäß Deleuze stellt Begehren *Agencements* her – immer wieder neue, stets unvorhersehbare En-sembles. Im *Abécédaire* beschreibt er politische Bewegungen mit Referenz auf 1968 als Revolutionär-Werden, als eine Politik des Ereignisses, die aus der je-weiligen Konfliktlage heraus erwächst und sich mit neu auftauchenden Pro-

---

136 Butler arbeitet diese Perspektive, in der sie Proteste als körperpolitische Performativität betrachtet, in ihren 2016 erschienenen *Anmerkungen zu einer performativen Theorie der Ver-sammlung* aus.

blemstellungen verändert, verfestigt und wieder verflüssigt.[137] Sicherlich sind Politiken der Kontingenz nicht davor gefeit, dass Aufbegehren in Begierden umschlägt und Heterogenität homogenisiert wird, sobald Machtverhältnisse sedimentiert werden. Dennoch artikulieren sie sich als Wunsch nach Wandel, dem ein Verlangen nach der Rückkehr zu einem verklärten Vergangenheitsideal und damit zu autoritären Strukturen, rigiden Geschlechterverhältnissen, konservativer Familienmoral und einer patriotischen bis völkisch-nationalistischen Gesinnung gegenübersteht. In diesen Differenzen kann man linke, soziale Bewegungen als *Politiken der Kontingenz* bezeichnen, wohingegen sich reaktionäre, autoritativ ausgerichtete Politiken als *Politiken des Ressentiments* benennen lassen. *Pegida* ist hierfür ein paradigmatisches Beispiel. In Politiken des Ressentiments werden Strukturen, Sicherheiten, eindeutige Werte und feste kulturelle, nationale, geschlechtliche Identitäten gewünscht und gefordert. Dennoch gibt es Momente des Aufbegehrens, wenn neue Allianzen entstehen oder sich im Massenkörper Körpergrenzen affektiv auflösen. Dabei unterscheiden sich Politiken des Ressentiments von Politiken der Kontingenz vor allem darin, dass sie eine andere Kraft antreibt. Und zwar, wie Butler an anderer Stelle formuliert, das Begehren, keine offene Zukunft zu haben (vgl. Butler 2006, S. 239). Ein weiteres Unterscheidungsmerkmal bildet die Frage der Gleichheit. Während reaktionäre Politiken zutiefst antiegalitär sind, teilen linke Politiken trotz all ihrer Differenzen die Idee grundlegender Gleichheit.

Ausdrücke eines solchen Aufbegehrens finden sich in gegenwärtigen feministischen Streikbewegungen wie *Ni Una Menos*, die in Argentinien, Mexiko, Polen, Spanien, Deutschland und vielen anderen Ländern weltweit stattfinden. Diese Proteste kämpfen nicht nur für geschlechtliche und sexuelle Selbstbestimmung, sie verbinden geschlechterpolitische Forderungen mit antikapitalistischen Anliegen. Mithin zeigen sie auf, wie Gewalt gegen Frauen aus ökonomischer Gewalt resultiert, die besonders in Argentinien Folge der Austeritätsmaßnahmen ist (vgl. Arruzza/Bhattacharya/Fraser 2019, S. 15 – 21; S. 38 – 48). Da die unbezahlte Reproduktionsarbeit vor allem auf den Schultern der Frauen lastet und der Abbau von sozialstaatlichen Strukturen diese Last weiter erschwert, gilt es, wie die Philosophinnen Cinzia Arruzza und Nancy Fraser und die Historikerin Tithi Bhattacharya argumentieren, einen Feminismus für die 99 % zu verfolgen, der auf einen gleichzeitigen Wandel von Wirtschaftsstrukturen und Geschlechterordnungen abzielt (vgl. Arruzza/Bhattacharya/Fraser 2019, S. 15 – 21). Schließlich bedeutet das Begehren nach einer offenen Zukunft keineswegs, auf die Forderung

---

137 Vgl. L'Abécédaire de Gilles Deleuze. Boutang, Pierre-André. FR: SODAPERAGE, Guy Seligmann 1988 – 89/1996. DVD. 2004. 453 min.

nach ökonomischen Sicherheiten zu verzichten. So unterschiedlich sie sind, in Politiken der Kontingenz drückt sich ein Wunsch nach alternativen Ökonomien aus, die solidarische Formen des Wirtschaftens beinhalten. Kontingenz steht hierbei für den utopischen Wunsch nach neuen Formen des Gesellschaftlichen und nicht für die Absage an materielle Absicherung. Sie eröffnet eine Perspektive auf das Soziale im Sinne einer relationalen Ontologie.

Schlussbemerkungen

Angesichts der gegenwärtigen Gesellschaftsverhältnisse müssen die politischen Vokabeln von 1968 und damit die Begrifflichkeiten des *Anti-Ödipus* neu justiert werden. So identitätszersetzend der Differenzbegriff von Deleuze und Guattari ist, so sehr stärkt der neoliberale Differenzbegriff den Wettbewerbsgeist, dividiert Individuen auseinander, spielt sie gegeneinander aus und spekuliert mit ihrem Widerstreit. Damit erodiert das Soziale und wandelt sich zum meritokratischen Überlebenskampf, in dem weiterhin die Wenigen gegenüber den Vielen gewinnen. Auch das von Deleuze und Guattari vertretene Primat der Produktivität zeigt sich angesichts des spätkapitalistischen Wachstumswahns äußerst fragwürdig, und ein Paradigmenwechsel hin zu Postwachstum und *Buen Vivir* erscheint damit politisch umso wünschens- und erstrebenswerter. Ansätze wie diese bieten Alternativen zum wirtschaftlichen Wachstumstreben und Wettbewerbsgeist, wie kommunale und solidarische Ökonomien, in denen sich das Verhältnis der Menschen untereinander und zur Natur im Sinne einer relationalen Ontologie wandelt (vgl. Schmelzer/Vetter 2019, S. 99). Deleuze und Guattaris Begriffspaar der De- und Reterritorialisierung erweist sich hingegen als hilfreich, um das gegenwärtige Wiedererstarken autoritärer Kräfte zu verstehen. Die Deterritorialisierung des Sozialen geht mit der reterritorialisierenden Rhetorik der Renationalisierung einher. Hierhin entfaltet sich die Sogkraft rechter Parolen, die für rigide nationale, kulturelle und sexuelle Identitäten werben, da sie vom Klima ökonomischer Unsicherheit, wirtschaftspolitischer Härte und informationstechnischer Überforderung profitieren. In verkürzter Ökonomiekritik prangern reaktionäre Kräfte Entfremdungserscheinungen an und antworten mit dem Versprechen authentischer Volksgemeinschaften. Diese autoritativen Politiken sind die Folge des autoritären Charakters des Neoliberalismus, der im Wahlspruch der Eigenverantwortung solidarische und sozialstaatliche Verträge aufkündigt und den sozialdarwinistischen Schlüsselmechanismus im Leistungsimperativ weiterführt. Dieses spätkapitalistische Regime bildet bei Weitem kein freies Spiel flottierender Identitäten, stattdessen bringt es Menschen in wirtschafts- und identitätspolitische Konkurrenz und sortiert sie anhand ihres biopolitischen Begehrenswerts. Mit Blick auf globalisierte Dynamiken zeigt sich der Wirtschaftskreislauf als Spekulation mit Leben und Sterben, da das Leben der einen biopolitisch regiert wird, während das Sterben der anderen, die durch ihre Arbeitskraft und als Humanressource unnütz sind, nekropolitisch eingerechnet wird. Der Kapitalismus ist grundlegend darauf ausgerichtet, Menschen in Wert zu setzen, sie verwertbar zu machen. In den biopolitischen Verwaltungs- und Regierungsweisen werden sie durch den Einsatz der Identität voneinander getrennt und

https://doi.org/10.1515/9783110686975-017

gegeneinander ausgespielt. Daher müssen sich Befreiungskämpfe des Begehrens als antiidentitäre, grenzüberschreitend globale Kämpfe verstehen, die in ihren Grundbestreben antikapitalistisch sind. Trotz aller identitätspolitischen Differenzen ist das, was Menschen miteinander verbindet, das Leiden, welches Leben im Kapitalismus erzeugt. Die ökonomischen Begierden danach, Menschen in Wert zu setzen, bringt das soziale Aufbegehren hervor, die bestehenden Beziehungsweisen aufzubrechen und andere Begehrensökonomien hervorzubringen.

Literaturverzeichnis

Adamczak, Bini (2004): Kommunismus: Kleine Geschichte, wie es endlich anders wird. Münster: Unrast.

Adorno, Theodor W. (1951/2012): Minima Moralia. Reflexionen aus einem beschädigten Leben. Frankfurt/Main: Suhrkamp.

Andermann, Kerstin (2019): Substanz, Körper und Affekte. Immanente Individuation bei Spinoza und Deleuze. In: Kisser, Thomas; Wille Katrin (Hrsg.): Spinozismus als Modell? Lektüren zu Deleuze und Spinoza. München: Wilhelm Fink. S. 13–49.

Andrade, Oswald de (1928/1995): Manifesto antropófago. In: Schwartz, Jorge (Hrsg.): Vanguardas Latino-Americanas. Polêmicas, Manifestos e Textos Críticos. São Paulo: Editora da Universidade de São Paulo, S. 142–147.

Angerer, Marie-Luise (2007): Vom Begehren nach dem Affekt. Zürich: Diaphanes.

Appadurai, Arjun (2006): Fear of Small Numbers. An Essay on the Geography of Anger. Durham/London: Duke University Press.

Arbeitsgruppe Gender (2004): Begehrende Körper und verkörpertes Begehren. Interdisziplinäre Studien zu Performativität und Gender. In: Paragrana. Praktiken des Performativen 13, S. 251–302.

Arruza, Cinzia; Bhattacharya, Tithi; Fraser, Nancy (2019): Feminismus für die 99 %. Ein Manifest. Berlin: Matthes & Seitz.

Arthur, Chris (1983): Hegel's Master-Slave Dialectic and a Myth of Marxology. In: New Left Review 142 (1). S. 67–76.

Athanasiou, Athena; Butler, Judith (2014): Die Macht der Enteigneten. Zürich: Diaphanes.

Baas, Bernard (1995): Das reine Begehren. Wien: Turia + Kant.

Bähr, Christine; Bauschmid, Susan; Lenz, Thomas; Ruf, Oliver (2009) (Hrsg.): Überfluss und Überschreitung. Die kulturelle Praxis des Verausgabens. Bielefeld: Transcript.

Balibar, Étienne (2011): Ideas of Europe: Civilization and Constitution. In: Moving Worlds. A Journal of Transcultural Writings 11/2011, S. 12–19.

Bänziger, Peter-Paul; Beljan, Magdalena; Eder, Franz X.; Eitler, Pascal (Hrsg.) (2015): Sexuelle Revolution? Zur Geschichte der Sexualität im deutschsprachigen Raum seit den 1960er Jahren. Bielefeld: transcript.

Barthes, Roland (1964): Die Mythen des Alltags. Frankfurt/Main: Suhrkamp.

Barthes, Roland (1974): Die Lust am Text. Frankfurt/Main: Suhrkamp.

Barthes, Roland (1985): Die Sprache der Mode. Frankfurt/Main: Suhrkamp.

Barthes, Roland (1988): Fragmente einer Sprache der Liebe. Frankfurt/Main: Suhrkamp.

Bataille, Georges (1966): Ma mère. Paris: Jean Jacques Pauvert.

Barthes, Roland (1975): Die Aufhebung der Ökonomie. Das theoretische Werk I. München: Rogner & Berhard.

Barthes, Roland (1978): Die psychologische Struktur des Faschismus – Die Souveränität. München: Matthes & Seitz.

Barthes, Roland (1994): Die Erotik. München: Matthes & Seitz.

Barthes, Roland (1997). Die psychologische Struktur des Faschismus. Die Souveränität. Berlin: Matthes & Seitz.

Barthes, Roland (1999): Wiedergutmachung an Nietzsche. Berlin: Matthes & Seitz.

Baudrillard, Jean (1983): Oublier Foucault. München: Raben.

https://doi.org/10.1515/9783110686975-018

Baudrillard, Jean (2015): Die Konsumgesellschaft. Ihre Mythen, ihre Strukturen. Wiesbaden: Springer VS.

Beljan, Magdalena (2015): ‚Unlust bei der Lust?' – Aids, HIV und Sexualität in der BRD. In: Bänziger, Peter-Paul; Beljan, Magdalena; Eder, Franz X.; Eitler, Pascal (Hrsg.): Sexuelle Revolution? Zur Geschichte der Sexualität im deutschsprachigen Raum seit den 1960er Jahren. Bielefeld: transcript, S. 323–347.

Benjamin, Jessica (1994): Die Fesseln der Liebe. Psychoanalyse, Feminismus und das Problem der Macht. Frankfurt/Main: Fischer.

Benjamin, Walter (1935/1989): Das Kunstwerk im Zeitalter seiner Reproduzierbarkeit: In: Tiedemann, Rolf; Schweppenhäuer, Hermann (Hrsg.): Gesammelte Schriften VII–I. Frankfurt/Main: Suhrkamp, S. 350–385.

Benjamin, Walter (1950/2010): Berliner Kindheit um neunzehnhundert. Berlin: Suhrkamp.

Bersani, Leo (1995): Homos. Cambridge/London: Harvard University Press.

Bersani, Leo (2009): Is The Rectum A Grave? And Other Essays. Chicago: The University of Chicago Press.

Bischof, Rita (1997): Über den Gesichtspunkt, von dem aus gedacht wird. In: Bataille, Georges (1997). Die psychologische Struktur des Faschismus. Die Souveränität. Berlin: Matthes & Seitz, S. 87–119.

Bluhm, Harald (2004): Herr und Knecht. Transformationen einer Denkfigur. Eine Skizze. In: Arndt, Andreas; Müller, Ernst (Hrsg.): Hegels ‚Phänomenolgie des Geistes' heute. Berlin: Akademie, S. 61–83.

Böhme, Gernot (2016): Ästhetischer Kapitalismus. Berlin: Suhrkamp.

Boltanski, Luc; Chiapello, Ève (2003): Der neue Geist des Kapitalismus. Konstanz: UVK.

Boltanski, Luc (2007): Leben als Projekt. Prekarität in der schönen neuen Netzwerkwelt. In: Polar. Politik. Theorie. Alltag 2, S. 7–15.

Borch, Christian; Stäheli, Urs (2009): Einleitung. Tardes Soziologie der Nachahmung des Begehrens. In: dies. (Hrsg.): Soziologe der Nachahmung des Begehrens. Materalen zu Gabriel Tarde. Frankfurt/Main: Suhrkamp, S. 7–39.

Bourdieu, Pierre (2001): Meditationen. Zur Kritik der scholastischen Vernunft. Frankfurt/Main: Suhrkamp.

Bourg, Julien (2007): From Revolution to Ethics. May 1968 and Contemporary French Thought. Montreal: McGill-Queen's University Press.

Braidotti, Rosi (2005): Affirming the Affirmative: On Nomadic Affectivity. In: Rhizomes 11/12. http://www.rhizomes. net/issue11/braidotti.html#_ftnref1. Besucht am 7.8.2017.

Brown, Wendy (2018): Mauern. Die neue Abschottung und der Niedergang der Souveränität. Berlin: Suhrkamp.

Buchanan, Ian (2008): Deleuze and Guattari's Anti Oedipus: A Reader's Guide. London/New York: Continuum.

Buchanan, Ian (2015). Assemblage Theory and its Discontents. In: Deleuze Studies 9 (3), S. 382–92.

Buck-Morss, Susan (2000): Hegel and Haiti. In: Critical Inquiry 26 (4), S. 821–65.

Bürger, Peter (1992): Das Denken des Herrn. Bataille zwischen Hegel und dem Surrealismus. Frankfurt/Main: Suhrkamp.

Butler, Judith (2001): Psyche der Macht – Das Subjekt der Unterwerfung. Frankfurt/Main: Suhrkamp.

Butler, Judith (2004): Undoing Gender. New York: Routledge.

Butler, Judith (2005): Gefährdetes Leben. Politische Essays. Frankfurt/Main: Suhrkamp.

Butler, Judith (2006): Hass spricht. Zur Politik des Performativen. Frankfurt/Main: Suhrkamp.

Butler, Judith (2009): Die Macht der Geschlechternormen und die Grenzen des Menschlichen. Frankfurt/Main: Suhrkamp.

Butler, Judith (2010): Raster des Krieges. Warum wir nicht jedes Leid beklagen. Frankfurt/Main: Campus.

Butler, Judith (2011): Bodies in Alliance and the Politics of the Street In: Transversal Texts – eipc – Europäisches Institut für Progressive Kulturpolitik. https://transversal.at/transversal/1011/butler/en?hl=Bodies%20in%20Alliance. Besucht am 12.12.2019.

Butler, Judith (2012): Subjects of Desire. Hegelian Reflections in Twentieth-Century France. New York: Columbia University Press.

Butler, Judith (2014): Politik des Todestriebes. Der Fall Todesstrafe. Sigmund Freud Vorlesung 2014. Wien: Turia + Kant.

Butler, Judith (2016): Anmerkungen zu einer performativen Theorie der Versammlung. Berlin: Suhrkamp.

Butler, Judith, Catherine, Malabou (2011): You Be My Body for Me: Body, Shape, and Plasticity in Hegel's *Phenomenology of Spirit*. In: Baur, Michael; Houlgate, Stephen (Hrsg.): A Companion to Hegel. Oxford: Wiley-Blackwell, S. 611–641.

Caserio, Robert; Edelman, Lee; Halberstam, Judith; Muñoz, José Esteban; Dean, Tim (2006): The Antisocial Thesis in Queer Theory. In: PMLA 121 (3), S. 819–828.

Cavarero, Adriana (1992): Platon zum Trotz. Berlin: Rotbuch.

Chambers, Samuel; Carver, Terrell (2008): Judith Butler and Political Theory. Troubling Politics. London/New York: Routledge.

Clam, Jean (2009): Lässt sich postsexuell begehren? Zur Frage nach der Denkbarkeit postsexueller Begehrensregime. In: Berkel, Irene (Hrsg.): Postsexualität. Zur Transformation des Begehrens. Gießen: Psychosozial-Verlag, S. 11–31.

Clam, Jean (2011): Die Gegenwart des Sexuellen. Analytik ihrer Härte. Wien: Turia + Kant.

Colebrook, Claire (2009): Queer Vitalism. In: New Formations 68, S. 77-93.

Coyle, Charmaine (2007): Lyotard's Writing the Body: A Feminist Approach? In: Grebowicz, Margret (Hrsg.): Gender after Lyotard. New York: State University of New York Press, S. 67–82.

Crouch, Colin (2015): Die bezifferte Welt. Wie die Logik des Finanzmarkts das Wissen bedroht. Berlin: Suhrkamp.

Culp, Andrew (2016): Dark Deleuze. Minneapolis: University of Minnesota Press.

Deleuze, Gilles (1976): Nietzsche und die Philosophie. München: Rogner und Bernhard.

Deleuze, Gilles (1979a): Nietzsche. Ein Lesebuch. Berlin: Merve.

Deleuze, Gilles (1979b): Pierre Klossowski oder Die Sprache des Körpers. In: Merve (Hrsg.): Sprachen des Körpers. Marginalien zum Werk Pierre Klossowskis. Berlin: Merve, S. 39–67.

Deleuze, Gilles (1985): Nietzsche und die Philosophie. Frankfurt/Main: Syndikat.

Deleuze, Gilles (1988): Spinoza – Praktische Philosophie. Berlin: Merve.

Deleuze, Gilles (1992): Differenz und Wiederholung. München: Fink.

Deleuze, Gilles (1993): Logik des Sinns. Frankfurt/Main: Suhrkamp.

Deleuze, Gilles (1995): Logik der Sensation. Francis Bacon. München: Fink.

Deleuze, Gilles (1996a): Lust und Begehren. Berlin: Merve.

Deleuze, Gilles (1996b): Das Zeit-Bild – Kino 2. Frankfurt/Main: Suhrkamp.

Deleuze, Gilles (2000): Kritik und Klinik. Frankfurt/Main: Suhrkamp.

Deleuze, Gilles (2003a): Deux régimes des fous. Et autres textes (1975–1995). Paris: Minuit.

Deleuze, Gilles (2003b): Die einsame Insel. Texte und Gespräche von 1953–1874. Frankfurt/ Main: Suhrkamp.

Deleuze, Gilles (2005): Schizophrenie und Gesellschaft. Texte und Gespräche 1975–1995. Frankfurt/Main: Suhrkamp.

Deleuze, Gilles (2007): Das Aktuelle und das Virtuelle. In: Gente, Peter; Weibel, Peter (Hrsg.): Deleuze und die Künste. Frankfurt/Main: Suhrkamp, S. 249–254.

Deleuze, Gilles; Guattari, Félix (1976): Kafka. Für eine kleine Literatur. Frankfurt/Main: Suhrkamp.

Deleuze, Gilles; Guattari, Félix (1974): Anti-Ödipus. Kapitalismus und Schizophrenie I. Frankfurt/Main: Suhrkamp.

Deleuze, Gilles; Guattari, Félix (1996): Was ist Philosophie. Frankfurt/Main: Suhrkamp.

Deleuze, Gilles; Guattari, Félix (1992). Tausend Plateaus. Kapitalismus und Schizophrenie. Berlin: Merve.

Derrida, Jacques (1976): Die Schrift und die Differenz. Frankfurt/Main: Suhrkamp.

Derrida, Jacques (1999): Signatur Ereignis Kontext. In: Engelmann, Peter (Hrsg.): Randgänge der Philosophie. Wien: Passagen, S. 325–353.

Descombes, Vincent (1981): Das Selbst und der Andere. Fünfundvierzig Jahre Philosophie in Frankreich 1933–1978. Frankfurt: Suhrkamp.

Dhawan; Nikita; Engel, Antke; Govrin, Jule; Holzhey, Christoph; Woltersdorff, Volker (2015): Introduction. In: Dhawan; Nikita; Engel, Antke; Holzhey, Christoph; Woltersdorff, Volker (Hrsg.): Global Justice and Desire. Queering Economy. London/New York: Routledge, S. 1–29.

Diefenbach, Katja (2018): Über das Un/Sinnliche. Ereignis- und Zeitbegriffe in Deleuzes und Badious Ontologien unendlicher Mannigfaltigkeit. In: Liebsch, Burkhard (Hrsg.): Sensibilität der Gegenwart. Wahrnehmung, Ethik und poltische Sensibilisierung im Kontext westlicher Gewaltgeschichte. Hamburg: Felix Meiner, S. 151–177.

Dröge, Kai; Voirol, Olivier (2011): Online Dating: The Tensions Between Romantic Love and Economic Rationalization. In: Zeitschrift für Familienforschung – Journal of Family Research 23 (3), S. 337–358.

Duggan, Lisa (2003): The Twilight of Equality? Neoliberalism, Cultural Politics, and the Attack on Democracy. Boston: Beacon.

Edelman, Lee (2004): No Future. Queer Theory and the Death Drive. Durham/London: Duke University Press.

Eder, Frank X. (2015): Die lange Geschichte der ‚Sexuellen Revolution' in Westdeutschland (1950er bis 1980er Jahre). In: Bänziger, Peter-Paul; Beljan, Magdalena; Eder, Franz X.; Eitler, Pascal (Hrsg.): Sexuelle Revolution? Zur Geschichte der Sexualität im deutschsprachigen Raum seit den 1960er Jahren. Bielefeld: transcript, S. 25–63.

Eidelpes, Rosa (2013): Lebendes Geld. Pierre Klossowskis anthropomorphe Ökonomie. In: ilinx. Berliner Beiträge zur Kulturwissenschaft 3, S. 100–106.

d'Emilio, John (1983): Sexual Politics, Sexual Communities. The Making of a Homosexual Minority in the United States, 1940–1970. Chicago: The University of Chicago Press.

d'Emilio, John (1993): Capitalism and Gay Identity. In: Abelove, Henry; Barale, Michèle; Halperin, David (Hrsg.): The Lesbian and Gay Studies Reader. London/New York: Routledge, S. 467–479.

Engel, Antke (2009): Bilder von Sexualität und Ökonomie. Queere kulturelle Politiken im Neoliberalismus. Bielefeld: transcript.

Engel, Antke (2011): Queer/Assemblage. Begehren als Durchquerung multipler Herrschaftsverhältnisse. In: Transversal Texts – eipc – Europäisches Institut für Progressive Kulturpolitik. https://transversal.at/transversal/0811/engel/de?hl=antke%20engel. Besucht am 12.12.2019.

Eribon, Didier (2016): Rückkehr nach Reims. Berlin: Suhrkamp.

Eusterschulte, Anne (2000a): Organismus versus Mechanismus. Zur Rolle metamorpher Modelle in Naturkonzeptionen der frühen Neuzeit. In: Fehrbach, Frank (Hrsg.): Leonardo da Vinci. Natur im Übergang. München: Wilhelm Fink, S. 97–137.

Eusterschulte, Anne (2000b): Wenn Gott im Sprechen offenbart wird. Transzendenzerfahrung bei Emmanuel Lévinas und Maurice Blanchot. In: Amthor, Wiebke; Brittmacher, Hans (Hrsg.): Profane Mystik? Andacht und Ekstase in Literatur und Philosophie des 20. Jahrhunderts. Berlin: Wiedler, S. 95–121.

Ewald, François (1996): Vorwort. In: Deleuze, Gilles: Lust und Begehren. Berlin: Merve, S. 9–14.

Fanon, Frantz (1985) Schwarze Haut, weiße Masken. Frankfurt/Main: Suhrkamp.

Federici, Silvia (2012): Aufstand aus der Küche – Reproduktionsarbeit im globalen Kapitalismus und die unvollendete feministische Revolution. Münster. Edition Assemblage.

Felsch, Philipp (2015): Der lange Sommer der Theorie. Geschichte einer Revolte 1960–1990. München: C.H. Beck.

Foucault, Michel (1971/2002): Nietzsche, die Genealogie, die Historie. In: Défert, Daniel; Ewald, François (Hrsg.): Schriften in vier Bänden. Dits et Écrits II. Frankfurt/Main: Suhrkamp, S. 166–191.

Foucault, Michel (1976): Überwachen und Strafen. Die Geburt des Gefängnisses. Frankfurt/Main: Suhrkamp.

Foucault, Michel (1977): Sexualität und Wahrheit I: Der Wille zum Wissen. Frankfurt/Main: Suhrkamp.

Foucault, Michel (1977/2003): Vorwort. In: Défert, Daniel; Ewald, François (Hrsg.): Schriften in vier Bänden. Dits et Écrits III. Frankfurt/Main: Suhrkamp, S. 176–181.

Foucault, Michel (1980/1998): Das wahre Geschlecht. In: Schäffner, Wolfgang; Vogl, Joseph (Hrsg.): Michel Foucault. Über Hermaphrodismus. Der Fall Barbin. Frankfurt/Main: Suhrkamp, S. 7–19.

Foucault, Michel (1984/2005): Michel Foucault, ein Interview: Sex, Macht und die Politik der Identität. In: Défert, Daniel; Ewald, François (Hrsg.): Schriften in vier Bänden. Dits et Écrits IV. Frankfurt/Main: Fischer, S. 909–924.

Foucault, Michel (1989): Sexualität und Wahrheit II: Der Gebrauch der Lüste. Frankfurt/Main: Suhrkamp.

Foucault, Michel (2006): Die Geburt der Biopolitik. Geschichte der Gouvernementalität II. Frankfurt/Main: Suhrkamp.

Frank, Manfred (1983): Was ist Neostrukturalismus. Frankfurt/Main: Suhrkamp.

Freud, Sigmund (1900/75): Die Traumdeutung. In: Mitscherlich, Alexander; Richards, Angela; Strachey, James (Hrsg.): Studienausgabe II. Frankfurt/Main: Fischer.

Freud, Sigmund (1905/75): Drei Abhandlungen zur Sexualtheorie. In: Mitscherlich, Alexander; Richards, Angela; Strachey, James (Hrsg.): Studienausgabe V. Frankfurt/Main: Fischer, S. 37–147.

Freud, Sigmund (1911/75): Psychoanalytische Bemerkungen über einen autographisch beschriebenen Fall von Paranoia. In: Mitscherlich, Alexander; Richards, Angela; Strachey, James (Hrsg.): Studienausgabe VII. Frankfurt/ Main: Fischer, S. 133–205.

Freud, Sigmund (1912/1975): Totem und Tabu (Einige Übereinstimmungen im Seelenleben der Wilden und der Neurotiker). In: Mitscherlich, Alexander; Richards, Angela; Strachey, James (Hrsg.): Studienausgabe IX. Frankfurt/Main: Fischer, S. 287–445.

Freud, Sigmund (1914/75): Zur Einführung des Narzissmus. In: Mitscherlich, Alexander; Richards, Angela; Strachey, James (Hrsg.): Studienausgabe III. Frankfurt/Main: Fischer, S. 37–68.

Freud, Sigmund (1917/75): Trauer und Melancholie. In: Mitscherlich, Alexander; Richards, Angela; Strachey, James (Hrsg.): Studienausgabe III. Frankfurt/Main: Fischer, S. 94–213.

Freud, Sigmund (1920/75): Jenseits des Lustprinzips. In Mitscherlich, Alexander; Richards, Angela; Strachey, James (Hrsg.): Studienausgabe III. Frankfurt/Main: Fischer, S. 213–273.

Freud, Sigmund (1922/75): Über einige neurotische Mechanismen bei Eifersucht, Paranoia und Homosexualität. In: Mitscherlich, Alexander; Richards, Angela; Strachey, James (Hrsg.): Studienausgabe VII. Frankfurt/ Main: Fischer, S. 217–229.

Freud, Sigmund (1923/75): Das Ich und das Es. In: Mitscherlich, Alexander; Richards, Angela; Strachey, James (Hrsg.): Studienausgabe III. Frankfurt/Main: Fischer, S. 237–331.

Freud, Sigmund (1924/75): Ökonomie des Masochismus. In: Mitscherlich, Alexander; Richards, Angela; Strachey, James (Hrsg.): Studienausgabe III. Frankfurt/Main: Fischer, S. 341–355.

Freud, Sigmund (1930/75): Das Unbehagen in der Kultur. In: Mitscherlich, Alexander; Richards, Angela; Strachey, James (Hrsg.): Studienausgabe IX. Frankfurt/Main: Fischer, S. 191–271.

Gehring, Petra (1994): Innen des Außen – Außen des Innen. Foucault – Derrida – Lyotard. München: Wilhelm Fink.

Genet, Jean (2011): Querelle. Reinbek: Rowohlt.

Genosko, Gary; Watson, Janell Young, Eugene R. (2013): The Deleuze & Guattari Dictionary. London/New York Bloomsbury.

Gourgé, Klaus (2001): Ökonomie und Psychoanalyse. Perspektiven einer Psychoanalytischen Ökonomie. Frankfurt/New York: Campus.

Govrin, Jule (2016): Sex, Gott und Kapital. Houellebecqs Unterwerfung zwischen neoreaktionärer Rhetorik und postsäkularen Politiken. Münster: Edition Assemblage.

Govrin, Jule (2019): *More Substance Than a Selfie?* Affektökonomien des Authentischen beim Onlinedating. In: Breljak, Anja; Mühlhoff, Rainer; Slaby, Jan (Hrsg.): Affekt – Macht – Netz. Beiträge zur Sozialtheorie der digitalen Gesellschaft. Bielefeld: Transcript, S. 183–203.

Guattari, Félix (1965): La transversalité. In: Revue de psychothérapie institutionnelle 1, S. 91–106.

Guattari, Félix; Rolnik, Suely; (2008): Molecular Revolution in Brazil. Cambridge/London: MIT Press.

Guattari, Félix (2012a): Écrits pour l'Anti-Œdipe. Paris: Lignes.

Guattari, Félix (2012b): La Révolution Moléculaire. Paris: Les Prairies Oridinaires.

Guattari, Félix (2014): Chaosmose. Wien: Turia + Kant.

Hakim, Catherine (2011): Erotisches Kapital. Das Geheimnis erfolgreicher Menschen. Frankfurt/ Main: Campus.

Halperin, David (1985): Platonic Erôs and What Men Call Love. In: Ancient Philosophy 5 (2), S. 161–204.

Halperin, David (1986a): Plato and Erotic Reciprocity. In: Classical Antiquity 5 (1), S. 60–80.

Halperin, David (1986b): Sexual Ethics and Technologies of the Self in Classical Greece. In: The American Journal of Philology 107 (2), S. 274–286.

Halperin, David (1990): One Hundred Years of Homosexuality: And Other Essays on Greek Love. London/New York: Routledge.

Halperin, David (1992): Plato and the Erotics of Narrativity. In: Oxford Studies in Ancient Philosophy 2, S. 93–129.

Halperin, David (1993): Is There a History of Sexuality? In: Abelove, Henry; Barale, Michèle; Halperin, David (Hrsg.): The Lesbian and Gay Studies Reader. London/ New York: S. 416–432.

Halperin, David (2005): Love's Irony. Six Remarks on Platonic Eros. In: Bartsch, Shadi; Bartscherer, Thomas (Hrsg.): Erotikon: Essays on Eros, Ancient and Modern. Chicago: University of Chicago Press, S. 48–59.

Heenen-Wolff, Susann (2009): Abschied von Schiboleth? Über das Verschwinden der Sexualität in der zeitgenössischen Psychoanalyse. In: Berkel, Irene (Hrsg.): Postsexualität. Zur Transformation des Begehrens. Gießen: Psychosozial-Verlag, S. 169–191.

Hegel, Georg Wilhelm Friedrich (1807/2006): Die Phänomenologie des Geistes. Werk III. Frankfurt/Main: Suhrkamp.

Heinemann, Elisabeth (2015): ‚Zu unzüchtigem Gebrauche bestimmt'. Natürlichkeit, Künstlichkeit und sexuelle Hilfsmittel in der BRD. 1949–1980. In: Bänziger, Peter-Paul; Beljan, Magdalena; Eder, Franz X.; Eitler, Pascal (Hrsg.): Sexuelle Revolution? Zur Geschichte der Sexualität im deutschsprachigen Raum seit den 1960er Jahren. Bielefeld: transcript, S. 113–131.

Heinz, Jochen (1985): ‚Den 20. Janner ging Lenz durch's Gebirge' – Zur Funktion von Dichtung im Anti-Ödipus. In: Heinz, Rudolf; Tholen, Georg Christoph (Hrsg.) (1985): Schizo-Schleichwege. Beiträge zum Anti-Ödipus. Bremen: Impuls, S. 13–25.

Hennessy, Rosemary (2000): Profit and Pleasure. Sexual Identities in Late Capitalism. London/ New York: Routledge.

Herzog, Dagmar (2005): Die Politisierung der Lust. Sexualität in der deutschen Geschichte des 20. Jahrhunderts. München: Siedler.

Herzog, Dagmar (2011): Sexuality in Europe. A Twentieth-Century History. Cambridge: Cambridge University Press.

Herzog, Dagmar (2015): Die ‚Sexuelle Revolution' in Westeuropa und ihre Ambivalenzen. In: Bänziger, Peter-Paul; Beljan, Magdalena; Eder, Franz X.; Eitler, Pascal (Hrsg.): Sexuelle Revolution? Zur Geschichte der Sexualität im deutschsprachigen Raum seit den 1960er Jahren. Bielefeld: transcript, S. 347–369.

Herzog, Dagmar (2016): Cold War Freud. Psychonalysis in an Age of Catastrophes. Cambridge: Cambridge University Press.

Herzog, Lisa; Honneth, Axel (2014): Versuche einer moralischen Einhegung des Marktes vom 19. Jahrhundert bis zur Gegenwart. In: dies. (Hrsg.): Der Wert des Marktes. Ein ökonomisch-philosophischer Diskurs vom 18. Jahrhundert bis zur Gegenwart. Berlin: Suhrkamp, S. 357–382.

Hetzel, Andreas (2016): Das demokratische Begehren. Politische Leidenschaften in der Postdemokratie, in: Hetzel, Andreas; Unterthurner, Gerhard (Hrsg.): Postdemokratie und die Verleugnung des Politischen. Baden-Baden: Nomos, S. 187–207.

Hetzel, Andreas; Wiechens, Peter (1999) (Hrsg.): Georges Bataille. Vorreden zur Überschreitung. Würzburg: Koenigshausen & Neumann.

Hochschild, Arlie Russell (2006): Das gekaufte Herz. Die Kommerzialisierung der Gefühle. Frankfurt/New York: Campus.

Hocquenghem, Guy (2018): Wir können nicht alle im Bett sterben. In: Voß, Heinz-Jürgen (Hrsg.): Die Idee der Homosexualität musikalisieren. Zur Aktualität von Guy Hocquenghem. Gießen: Psychosozial-Verlag, S. 101–107.

Hocquenghem, Guy (2019): Das homosexuelle Begehren. Hamburg: Edition Nautilus.

Holland, Eugene (1999): Deleuze and Guattari's Anti-Ödipus. Introduction on Schizoanalysis. London/New York: Routledge.

Hollier, Denis (2012) (Hrsg.): Das Collège de Sociologie 1937–1939. Berlin: Suhrkamp.

hooks, bell (1994): Black Looks. Popkultur – Medien – Rassismus. Berlin: Orlanda.

Honneth, Axel (1994): Kampf um Anerkennung. Zur moralischen Grammatik sozialer Konflikt. Frankfurt/Main: Suhrkamp.

Hörisch, Jochen (1994): Monetäre Simulation – Die Im/Materialität des Geldes. In: Bohn, Ralf; Fuder, Dieter (Hrsg.): Baudrillard – Simulation und Verführung. München: Fink, S. 71–92.

Hoth, Sabina (2007): Jean Hyppolite: Logique et Existence. In: Schneider, Ulrich Johannes (Hrsg.): Der französische Hegel. Berlin: Akademie, S. 91–105.

Hyppolite, Jean (1946/1974): Genèse et structure de la ‚Phénoménologie de l'esprit' de Hegel. Paris: Aubier-Montaigne.

Ilouz, Eva (2007a): Der Konsum der Romantik. Frankfurt/Main: Suhrkamp.

Ilouz, Eva (2007b): Gefühle in Zeiten des Kapitalismus. Frankfurt/Main: Suhrkamp.

Ilouz, Eva (2011): Warum Liebe weh tut. Berlin: Suhrkamp.

Ilouz, Eva (2013): Die neue Liebesordnung. Frauen, Männer und Shades of Grey. Berlin: Suhrkamp.

Irigaray, Luce (1980): Speculum, Spiegel des anderen Geschlechts. Frankfurt/Main: Suhrkamp.

Irigaray, Luce (1989): Sorcerer Love: A Reading of Plato's Symposium, Diotima's Speech. In: Hypatia 3 (3), S. 32–44.

Islam, Gazi (2011): Can the Subaltern Eat? Anthropophagic Culture as a Brazilian Lens on Post-Colonial Theory. In: Organization 19 (2), S. 159–180.

Kafka, Franz (1919/1994): In der Strafkolonie. In: Koch, Hans-Gerd; Kittler, Wolf; Neumann, Gerhard (Hrsg.): Drucke zu Lebzeiten. Frankfurt/Main: Fischer, S. 201–249.

Kämper, Gabriele (2004): Von der Selbstbewussten Nation zum nationalen Selbstbewusstsein. In: Werkstatt Geschichte 37, S. 64–79.

Kämper, Gabriele (2005): Die männliche Nation: politische Rhetorik der neuen intellektuellen Rechten. Köln: Böhlau.

Kantorowicz, Ernst (1990): Die zwei Körper des Königs. München: dtv.

Klossowski, Pierre (1969): Der ruchlose Philosoph. In: Tel Quel (Hrsg.): Das Denken von Sade. München: Carl Hanser, S. 7–39.

Klossowski, Pierre (1986): Nietzsche und der Circulus vitiosus deus. München: Matthes & Seitz.

Klossowski, Pierre (1998): Die lebende Münze: Berlin: Kadmos.

Klein, Naomi (2016): Die Schock-Strategie. Der Aufstieg des Katastrophen-Kapitalismus. Frankfurt/Man: Fischer.

Kojève, Alexandre (1975): Hegel. Eine Vergegenwärtigung seines Denkens. Kommentar zur Phänomenologie des Geistes. Frankfurt/Main: Suhrkamp.

Koppetsch, Cornelia (2014a): Die Wiederkehr der Konformität. Streifzüge durch die gefährdete Mitte. Bonn: Bundeszentrale für politische Bildung.

Koppetsch, Cornelia (2014b): Die Wiederkehr der Konformität? Wandel der Mentalitäten – Wandel der Generationen. In: Bundeszentrale für Poltische Bildung. http://www.bpb.de/apuz/196713/die-wiederkehr-der-konformitaet?p=all. Besucht am 12.12.2019.

Krämer, Sybille (2001): Sprache, Sprechakt, Kommunikation. Sprachtheoretische Positionen des 20. Jahrhunderts. Frankfurt/Main: Suhrkamp.

Kraushaar, Wolfgang (2010): Der Aufruhr der Ausgebildeten. Vom Arabischen Frühling zur Occupy-Bewegung. Hamburg: Hamburger Edition.

Kuch, Hannes (2013): Herr und Knecht. Anerkennung und symbolische Macht im Anschluss an Hegel. Frankfurt/Main: Campus.

Lacan, Jacques (1978): Die vier Grundbegriffe der Psychoanalyse. Olten/Freiburg: Walter.

Lacan, Jacques (1986): Das Spiegelstadium als Bildner der Ichfunktion, wie sie uns in der psychoanalytischen Erfahrung erscheint. In: Haas, Norbert (Hrsg.): Schriften I. Weinheim/Berlin: Quadriga, S. 61–70.

Lange, Thomas (1989): Ordnung des Begehrens. Bielefeld: Aisthesis.

Laplanche, Jean; Pontalis, Jean-Bertrand (1973): Das Vokabular der Psychoanalyse. Frankfurt/Main: Suhrkamp.

Laplanche, Jean; Pontalis, Jean-Bertrand (1992): Urphantasie. Phantasien über den Ursprung, Ursprünge der Phantasie. Frankfurt/Main: Fischer.

Laplanche, Jean (2005): Die unvollendete kopernikanische Wende in der Psychoanalyse. Gießen: Psychosozial.

Laplanche, Jean (2011): Neue Grundlagen der Psychoanalyse. Gießen: Psychosozial.

Laplanche, Jean (2014): Leben und Tod in der Psychoanalyse. Gießen: Psychosozial.

Lauretis, Teresa de (1999): Die andere Szene. Psychoanalyse und lesbische Sexualität. Frankfurt/Main: Suhrkamp.

Lauretis, Teresa de (2010): Freud's Drive. Psychoanalysis, Literature and Film. New York: Palgrave Macmillan.

Lazzarato, Maurizio (2012): Die Fabrik des verschuldeten Menschen. Essay über das neoliberale Leben. Berlin: b_books.

Leiris, Michel (1938/2012): Das Sakrale im Alltag. In: Hollier, Denis (Hrsg.): Das Collège de Sociologie 1937–1939. Berlin: Suhrkamp, S. 98–110.

Lévi-Strauss, Claude (1993): Die elementaren Strukturen der Verwandtschaft. Frankfurt/Main: Suhrkamp.

Lingis, Alphonso (1979): A New Philosophical Interpretation of the Libido. In: SubStance, 25 (8), S. 87–97.

List, Eveline (2009): Psychoanalyse: Geschichte, Theorien, Anwendungen. Wien: Facultas.

Lorey, Isabelll (2014): Präsentische Demokratie. Exodus und Tigersprung. In: Transversal multilingual webjournal. https://transversal.at/blog/praesentische-demokratie. Besucht am 12.12.2019.

Ludwig, Gundula (2014): Staatstheoretische Perspektiven auf die rassisierende Grammatik des westlichen Sexualitätsdispositivs. Kontinuitäten und Brüche. In: Grubner, Barbara; Ott,

Veronika (Hrsg.): Sexualität und Geschlecht. Feministische Annäherungen an ein unbehagliches Verhältnis. Sulzbach/Taunus: Ulrike Helmer, S. 87–105.

Lyotard, Jean-François (1989): Streifzüge. Gesetz, Form, Ereignis. Wien: Passagen.

Lyotard, Jean-François (1994): Des Dispositifs pulsionels. Paris: Galilée.

Lyotard, Jean-François (2007): Libidinöse Ökonomie. Zürich: Diaphanes.

Maasen, Sabine (1998): Genealogie der Unmoral – Zur Therapeutisierung sexueller Selbste. Frankfurt/Main: Suhrkamp.

Marchart, Oliver (2012): Die Prekarisierungsgesellschaft. Prekäre Proteste. Politik und Ökonomie im Zeichen der Prekarisierung. Bielefeld: Transcript.

Marcuse, Herbert (1971): Triebstruktur und Gesellschaft. Frankfurt/Main: Suhrkamp.

Marcuse, Herbert (1941): Reason and Revolution. Hegel, and the Rise of Social Theory. London/New York: Oxford University Press.

Marx, Karl (1844/1968): Ökonomisch-philosophische Manuskripte. In: Marx-Engels-Werke. Bd. 40. Berlin: Dietz, S. 467–589.

Marx, Karl (1867/1962): Das Kapital I. In: Marx-Engels-Werke. Bd. 23. Berlin: Dietz.

Marx, Karl (1894/1964): Das Kapital III. In: Marx-Engels-Werke. Bd. 25. Berlin: Dietz.

Massad, Jospeh (2007): Desiring Arabs. Chicago: University of Chicago Press.

Massumi, Brian (1992): A User's Guide to Capitalism and Schizophrenia. Deviations from Deleuze and Guattari. Cambridge/London: MIT Press.

Mau, Steffen (2018) Das metrische Wir. Über die Quantifizierung des Sozialen: Berlin: Suhrkamp.

Mauss, Marcel (1990): Die Gabe. Form und Funktion des Austauschs in archaischen Gesellschaften. Frankfurt/Main: Suhrkamp.

Mattheus, Bernd (1984): Georges Bataille. Eine Thanatographie. München: Matthes & Seitz.

Mattheus, Bernd (2001): Die Tränen der Liebenden. Über Colette Peignot (Laure) und Georges Bataille. In: Lettre International 052, S. 18.

Mbembe, Achille (2017): Kritik der schwarzen Vernunft. Berlin: Suhrkamp.

Melville, Hermann (1853/1985): Bartleby. Stuttgart: Reclam.

Moebius, Stephan (2006): Die Zauberlehrlinge. Soziologiegeschichte des Collège de Sociologie (1937–1938). Konstanz: UVK.

Nadaud, Stéphane (2012): Introduction. Les Amours d'une guêpe et d'une orchidée. In: Guattari, Félix: Écrits pour l'Anti-Œdipe. Paris: Lignes, S. 9–31.

Neubaur, Carolline (1978): Nachwort. In: Chasseguet-Smirgel, Janine (Hrsg.): Wege des Anti-Ödipus. Berlin: Ulstein, S. 136–174.

Nietzsche, Friedrich (1873/1973): Über Wahrheit und Lüge im aussermoralischen Sinne. In: Colli, Giorgio; Montinari, Mazzino (Hrsg.): Kritische Gesamtausgabe. III. Abteilung 2. Bd. Berlin/New York: de Gruyter, S. 367–385.

Nietzsche, Friedrich (1883/1969): Also sprach Zarathustra. In: Colli, Giorgio; Montinari, Mazzino (Hrsg.): Kritische Gesamtausgabe. VI. Abteilung 1. Bd. Berlin/New York: de Gruyter.

Nietzsche, Friedrich (1886/1968): Jenseits von Gut und Böse. In: Colli, Giorgio; Montinari, Mazzino (Hrsg.): Kritische Gesamtausgabe. VI. Abteilung 2. Bd. Berlin/New York: de Gruyter, S. 3–259.

Nietzsche, Friedrich (1887a/1968): Zur Genealogie der Moral. Eine Streitschrift. In: Colli, Giorgio; Montinari, Mazzino (Hrsg.): Kritische Gesamtausgabe. VI. Abteilung 2. Bd. Berlin/New York: de Gruyter, S. 246–413.

Nietzsche, Friedrich (1887b/1973): Die fröhliche Wissenschaft. In: Colli, Giorgio; Montinari, Mazzino (Hrsg.): Kritische Gesamtausgabe. VI. Abteilung 3. Bd. Berlin/New York: de Gruyter, S. 13–339.
Nietzsche, Friedrich (1888a/1969): Ruhm und Ewigkeit. In: Colli, Giorgio; Montinari, Mazzino (Hrsg.): Kritische Gesamtausgabe. VI. Abteilung 3. Bd. Berlin/New York: de Gruyter, S. 400–404.
Nietzsche, Friedrich (1888b/1969): Götzendämmerung. In: Colli, Giorgio; Montinari, Mazzino (Hrsg.): Kritische Gesamtausgabe. VI. Abteilung 3. Bd. Berlin: de Gruyter, S. 51–161.
Nietzsche, Friedrich (1889/1969): Ecce Homo. In: Colli, Giorgio; Montinari, Mazzino (Hrsg.): Kritische Gesamtausgabe. VI. Abteilung 3. Bd. Berlin: de Gruyter, S. 253–373.
Nitzschke, Bernd (1997): ‚Ich muß mich dagegen wehren, still kaltgestellt zu werden‘. Voraussetzungen, Umstände und Konsequenzen des Ausschlusses Wilhelm Reichs aus der DPV/IPV in den Jahren 1933/34. In: Nitzschke, Bernd; Fallend, Karl (Hrsg.): Der ‚Fall‘ Wilhelm Reich. Beiträge zum Verhältnis von Psychoanalyse und Politik. Frankfurt/Main: Suhrkamp, S. 68–131.
Oudai Celso, Yamina (2013): Nietzsche: The ‚First Psychologist‘ and Genealogist of *Ressentment*. In: Fantini, Bernardino; Martin Moruno, Dolores; Moscoso, Javier (Hrsg.): On Resentment: Past and Present, Newcastle: Camrbidge Scholar Publishing, S. 37–55.
Ötzekin, Aysegül (2018): Love at frist Like. In: Arranca! 52, S. 67 f.
Penz, Otto (2015): Die Somatisierung des Sex Appeal. In: Bänziger, Peter-Paul; Beljan, Magdalena; Eder, Franz X.; Eitler, Pascal (Hrsg.): Sexuelle Revolution? Zur Geschichte der Sexualität im deutschsprachigen Raum seit den 1960er Jahren. Bielefeld: transcript, S. 285–303.
Pfaller, Robert (2009): Strategien des Beutverzichts. Die narzistischen Grundlagen aktueller Sexualunlust und Politohnmacht. In: Berkel, Irene (Hrsg.): Postsexualität. Zur Transformation des Begehrens. Gießen: Psychosozial-Verlag, S. 31–49.
Platon (2005a): Phaidon. Symposion. Kratylos. Werke in acht Bänden. Bd. 3. Übersetzung von Friedrich Schleiermacher. Darmstadt: Wissenschaftliche Buchgesellschaft.
Platon (2005b): *Phaidros*. Werke in acht Bänden. Bd. 5. Übersetzung von Friedrich Schleiermacher. Darmstadt: Wissenschaftliche Buchgesellschaft.
Postone, Moishe (2003): Zeit, Arbeit und gesellschaftliche Arbeit. Eine neue Interpretation der kritischen Theorie von Marx. Freiburg: Ça Ira.
Preciado, Beatriz (2009): Anal Terror. In: Baeden Nr. 5, S. 123–167.
Preciado, Beatriz (2012): Porntopia. Architektur, Sexualität und Multimedia im 'Playboy'. Berlin: Klaus Wagenbach.
Preciado, Paul B. (2016): Testo Junkie. Sex, Drogen und Biopolitik in der Ära der Pharmapornographie. Berlin: b_books.
Probyn, Elspeth (1996): Outside Belongings. London/New York: Routledge.
Puar, Jasbir (2007): Terrorist Assemblages. Homonationalism in Queer Times. Durham/London: Duke University Press.
Puar, Jasbir (2012): ‚I would rather be a goddess than a cyborg‘. Becoming-intersectional in Assemblage Theory. In: philoSOPHIA 2 (1), S. 49–66.
Quindeau, Ilka (2008): Verführung und Begehren… die psychoanalytische Sexualtheorie nach Freud. Stuttgart: Klett-Cotta.

Redecker, Eva von (2015): Marx's concept of radical needs in the guise of queer desire. In: Dhawan, Nikita; Engel, Antke; Holzhey, Christoph; Woltersdorff, Volker (Hrsg.): Global Justice and Desire. Queering Economy. London/New York: Routledge, S. 31–47.

Reese-Schäfer, Walter (1988): Lyotard zur Einführung. Hamburg: Junius.

Reich, Wilhelm (1932): Der masochistische Charakter. Eine sexualökonomische Widerlegung des Todestriebes und des Wiederholungszwanges. In: Internationale Zeitschrift für Psychoanalyse 18, S. 303–351.

Reich, Wilhelm (1933/2003): Massenpsychologie des Faschismus. Köln: Kiepenhauer & Witsch.

Reichhardt, Sven (2014): Authentizität und Gemeinschaft. Linksalternatives Leben in den siebziger und frühen achtziger Jahren. Berlin: Suhrkamp.

Reiche, Reimut (1971): Sexualität und Klassenkampf: zur Abwehr repressiver Entsublimierung. Frankfurt/Main: Fischer.

Rehberg, Peter (2019): Energie ohne Macht. Christian Maurels Theorie des Anus im Kontext von Guy Hocquenghem und der Geschichte von Queer Theory. In: Maurel, Christian: Für den Arsch. Berlin: August, S. 99–140.

Ribeiro, João Ubaldo (2013): Brasilien, Brasilien. Frankfurt/Main: Suhrkamp.

Robics, Camille (2015a): Liberté, Egalité, Hétérosexualité: Race and Reproduction in the French Marriage Debates. In: Constellations 22 (3), S. 447–461.

Robics, Camille (2015b): Catholics, the ,Theory of Gender', and the Turn to the Human in France: A ,New Dreyfus Affair'? In: The Journal of Modern History 87 (4), S. 892–923.

Röd, Wolfgang (2009): Der Weg der Philosophie. Bd. II. München: C. H. Beck.

Rölli, Marc (2009): Der Gedanke der Ewigen Wiederkunft in den Nietzsche-Lektüren des Gilles Deleuze. In: Pornschlegel, Clemens; Stingelin, Martin (Hrsg.) (2009): Nietzsche und Frankreich. Berlin/New York: de Gruyter, S. 255–275.

Rolnik, Suely (1998): ,Antropophagic Subjectivity'. In: Arte Contemporânea Brasileira: Um e/entre Outro/S. São Paulo: Fundação Bienal de São Paulo.

Rosa, Hartmut (2016): Resonanz – Eine Soziologie der Weltbeziehung. Berlin: Suhrkamp.

Roudinesco, Élisabeth (2007): La Part obscure de nous-mêmes: Une histoire des pervers. Paris: Albin Michel.

Rubin, Gayle (1975): The Traffic in Women. Notes on the ,Political Economy' of Sex. In: Reiter, Rayna R. (Hrsg.): Toward an Anthropology of Women. New York: Monthly Review Press, S. 157–211.

Rubin, Gayle (2003): Sex denken. Anmerkungen zu einer radikalen Theorie der sexuellen Politik. In: Kraß, Andreas (Hrsg.): Queer denken. Gegen die Ordnung der Sexualität (Queer Studies). Frankfurt/Main: Suhrkamp, S. 31–79.

Ruf, Oliver (2009): Ökonomie der Vergeudung. Die Figur des Verausgabens bei Georges Bataille. In: Bähr, Christine; Bauschmid, Suse; Lenz, Thomas; Ruf, Oliver (Hrsg.): Überfluss und Überschreitung. Die kulturelle Praxis des Verausgabens. Bielefeld: transcript.

de Sade, Donatien-Alphonse-François (1795/1985): Die Philosophie im Boudoir oder Die lasterhaften Lehrmeister. Gifkendorf: Merlin.

Said, Edward (2009): Orientalismus. Frankfurt/Main: Fischer.

SAMOIS (1983): Coming to Power: Writings and Graphics on Lesbian S/M. New York: Alyson.

Schaub, Mirjam (2004): Die Rolle der ,Dispositive der Macht' für die Körperpolitik bei Foucault und Deleuze. In: Schaub, Mirjam; Wenner, Stefanie (Hrsg.): Körper-Kräfte. Diskurse der Macht über den Körper. Bielefeld: transcript, S. 79–131.

Schérer, René (2000): Préface. In: Hocquenghem, Guy (2000): Le désir homosexuel. Paris: Fayard.

Schmelzer, Matthias; Vetter, Andrea (2019): Degrowth/Postwachstum zur Einführung. Hamburg: Junius.

Schmid, Wilhelm (1987): Die Geburt der Philosophie im Garten der Lüste. Frankfurt/Main: Suhrkamp.

Schmidgen, Henning (1997): Das Unbewußte der Maschinen. Konzeptionen des Psychischen bei Guattari, Deleuze und Lacan. München: Wilhelm Fink.

Schmidt, Gunter (1998): Sexuelle Verhältnisse. Über das Verschwinden der Sexualmoral. Reinbek: Rowohlt.

Schmincke, Imke (2015a): Das Kind als Chiffre politischer Auseinandersetzung am Beispiel neuer konservativer Protestbewegungen in Frankreich und Deutschland. In: Villa, Paula-Irene; Hark, Sabine (Hrsg.): Anti-Genderismus. Sexualität und Geschlecht als Schauplätze aktueller politischer Auseinandersetzungen. Bielefeld: transcript, S. 93–107.

Schmincke, Imke (2015b): Sexualität als ‚Angelpunkt der Frauenfrage'? In: Bänziger, Peter-Paul; Beljan, Magdalena; Eder, Franz X.; Eitler, Pascal (Hrsg.): Sexuelle Revolution? Zur Geschichte der Sexualität im deutschsprachigen Raum seit den 1960er Jahren. Bielefeld: transcript, S. 199–223.

Schneider, Ulrich Johannes (2007) (Hrsg.): Der französische Hegel. Berlin: Akademie.

Schülting, Sabine (2002): „Wa(h)re Liebe. Geldgeschäfte und Liebesgaben in der Frühen Neuzeit". In: Schabert, Ina; Boenke, Michaela (Hrsg.): Imaginationen des Anderen im 16. und 17. Jahrhundert. Wiesbaden: Harrassowitz, S. 263–285.

Schumpeter, Joseph (1942/1993): Kapitalismus, Sozialismus und Demokratie. Stuttgart: UTB.

Schuster, Aaron (2016): The Trouble With Pleasure. Deleuze And Psychoanalysis. Cambridge/London: MIT.

Scott, Joan W. (2005): Symptomatic Politics. The Banning of Islamic Head Scarves in French Public Schools. In: French Politics, Culture & Society 23 (3), S. 106–128.

Sheffield, Frisbee (2006): Plato's Symposium: The Ethics of Desire. New York: Oxford University Press.

Shepard, Todd (2017): Sex, France & Arab Men, 1962–1979. Chicago/London: The University of Chicago Press.

Sigusch, Volkmar (2002): Kritische Sexualwissenschaft und die Große Erzählung vom Wandel. In: Schmidt, Gunter; Strauß, Bernhard (Hrsg.): Sexualität und Spätmoderne. Über den kulturellen Wandel der Sexualität. Gießen: Psychosozial, S. 11–29.

Sigusch, Volkmar (2005): Sexuelle Welten. Zwischenrufe eines Sexualforschers. Gießen: Psychosozial.

Sigusch, Volkmar (2013): Sexualitäten. Eine kritische Theorie in 99 Fragmenten. Frankfurt/Main: Campus.

Silverman, Kaja (1992): Male Subjectivity at the Margins. London/New York: Routledge.

Simmel, Georg (1900/2011): Gesamtausgabe, Band 6: Philosophie des Geldes. Berlin: Suhrkamp.

Smith, Adam (1776/2005): Untersuchung über Wesen und Ursachen des Reichtums der Völker. Tübingen: UTB.

Spinoza, Baruch de (1677/2007): Ethik in geometrischer Ordnung dargestellt. Übersetzung von Jakob Stern. Lateinisch – Deutsch. Stuttgart: Reclam.

Sombart, Werner (1993): Liebe, Luxus und Kapitalismus. Über die Entstehung der modernen
  Welt aus dem Geist der Verschwendung. Berlin: Klaus Wagenbach.
Stäheli, Alexandra (2004): Materie und Melancholie. Die Postmoderne zwischen Adorno,
  Lyotard und dem ‚pictorial turn'. Wien: Passagen.
Stäheli, Urs (2007): Spektakuläre Spekulation. Das Populäre der Ökonomie. Frankfurt/Main:
  Suhrkamp.
Stäheli, Urs (2009): Übersteigerte Nachahmung – Tardes Massentheorie. In: Borch, Christian;
  Stäheli, Urs (Hrsg.): Soziologe der Nachahmung des Begehrens. Materialen zu Gabriel
  Tarde. Frankfurt/Main: Suhrkamp, S. 397–417.
Stegagno Picchio, Luciana (1988): Brazilian Anthropophagy: Myth and Literature. In: Diogenes
  36 (144), S. 116–39.
Stiglitz, Joseph (2002): Die Schatten der Globalisierung. Berlin: Siedler.
Sullivan, Nikki (2002): Queer Material(ities): Lyotard, Language, and the Libidinal Body. In:
  Australian Feminist Studies 17 (37), S. 43–54.
Sullivan, Nikki (2007): Inclusive Bodies: Lolo, Lyotard, and the ‚Exorbitant Law of Listening to
  the Inaudible'. In: Grebowicz, Margret (Hrsg.): Gender after Lyotard. New York: State
  University of New York Press, S. 47–67.
Tarde, Gabriel (1890/2009): Die Gesetze der Nachahmung. Frankfurt/Main: Suhrkamp.
Varoufakis, Yanis (2017): Die ganze Geschichte: Meine Auseinandersetzung mit Europas
  Establishment. München: Antje Kunstmann.
Veblen, Thorstein (1958): Theorie der feinen Leute. Eine ökonomische Untersuchung der
  Institutionen. Köln: Kiepenheuer & Witsch.
Verheyen, Nina (2015): Der ausdiskutierte Orgasmus. Beziehungsgespräche als kommunikative
  Praxis des Intimen seit den 1960er Jahren. In: Bänziger, Peter-Paul; Beljan, Magdalena;
  Eder, Franz X.; Eitler, Pascal (Hrsg.): Sexuelle Revolution? Zur Geschichte der Sexualität
  im deutschsprachigen Raum seit den 1960er Jahren. Bielefeld: transcript, S. 181–199.
Villa, Paula-Irene Villa (2017): German Angst? In: Kuhar, Roman Kuhar, Palernole, David (Hrsg.):
  Anti- Gender Campaigns in Europe. Mobilizing against Equality. London/New York:
  Rowman & Littlefield, S. 99–117.
Vogl, Joseph (2011): Kalkül und Leidenschaft: Poetik des ökonomischen Menschen. Zürich:
  Diaphanes.
Vogl, Joseph (2012): Das Gespenst des Kapitals. Zürich: Diaphanes.
Voß, Heinz-Jürgen; Wolter, Salih Alexander (2013): Queer und (Anti-)Kapitalismus. Stuttgart:
  Schmetterling.
Voß, Heinz-Jürger (2018): Guy Hocquenghem revisted. Seine Aktualität für queere Positionen.
  In: ders. (Hrsg.): Die Idee der Homosexualität musikalisieren. Zur Aktualität von Guy
  Hocquenghem. Gießen: Psychosozial-Verlag, S. 7–27
Weber, Max (1905/2005): Die protestantische Ethik und der Geist des Kapitalismus. Erftstadt:
  Area.
Weiss, Margot (2011): Techniques of Pleasure: BDSM and the Circuits of Sexuality. Durham/
  London: Duke University Press.
Weiß, Volker (2017): Die autoritäre Revolte. Die Neue Rechte und der Untergang des
  Abendlandes. Stuttgart.
Weiß, Volker (2019): Nachwort. In: Adorno, Theodor W.: Aspekte des neuen
  Rechtsradikalismus. Berlin: Suhrkamp, S. 59–89.

Wex, Thomas (1999): Ökonomik der Verschwendung. Batailles Allgemeine Ökonomie und die Wirtschaftswissenschaft. In: Hetzel, Andreas; Wiechens, Peter (Hrsg.): Georges Bataille. Vorreden zur Überschreitung. Würzburg: Königshausen & Neumannn, S. 187 – 211.

Wiechens, Peter (1995): Bataille zur Einführung. Hamburg: Junius.

Williams, James (1998): Lyotard. Towards a Postmodern Philosophy. Cambridge: Polity Press.

Williams, James (2000): Lyotard and the Political. London/New York: Routledge.

Wittig, Monique (1992): La Pensée Straight. Paris: Balland.

Woltersdorff, Volker aka Lore Logorrhoe (2007): Dies alles und noch viel mehr! – Paradoxien prekärer Sexualitäten. In: Das Argument 273, S. 179 – 194.

Woltersdorff, Volker aka Lore Logorrhoe (2011a): Masochistic Self-Shattering between Destructiveness and Productiveness. In: Lagaay, Alice; Lorber, Michael (Hrsg.): Destructive Dynamics and Performativity. Amsterdam/New York: Rodopi, S. 133 – 152.

Woltersdorff, Volker aka Lore Logorrhoe (2011b) The Paradoxes of Precarious Sexualities – Sexuality in Neoliberalism. In: Cultural Studies 25 (2), S. 164 – 182.

Stichwortverzeichnis

https://doi.org/10.1515/9783110686975-019

www.ingramcontent.com/pod-product-compliance
Lightning Source LLC
Chambersburg PA
CBHW020524270326
41927CB00006B/435